Portuguese-English Dictionary

Dicionário Inglês-Português

Berlitz Dictionaries

Dansk	Engelsk, Fransk, Italiensk, Spansk, Tysk
Deutsch	Dänisch, Englisch, Finnisch, Französisch, Italienisch, Niederländisch, Norwegisch, Portugiesisch, Schwedish, Spanisch
English	Danish, Dutch, Finnish, French, German, Italian, Norwegian, Portuguese, Spanish, Swedish, Turkish
Español	Alemán, Danés, Finlandés, Francés, Holandés, Inglés, Noruego, Sueco
Français	Allemand, Anglais, Danois, Espagnol, Finnois, Italien, Néerlandais, Norvégien, Portugais, Suédois
Italiano	Danese, Finlandese, Francese, Inglese, Norvegese, Olandese, Svedese, Tedesco
Nederlands	Duits, Engels, Frans, Italiaans, Portugees, Spaans
Norsk	Engelsk, Fransk, Italiensk, Spansk, Tysk
Português	Alemão, Francês, Holandês, Inglês, Sueco
Suomi	Englanti, Espanja, Italia, Ranska, Ruotsi, Saksa
Svenska	Engelska, Finska, Franska, Italienska, Portugisiska, Spanska, Tyska

Portuguese-English Dictionary

Dicionário Inglês-Português

Berlitz Publishing Company, Inc.
Princeton Mexico City Dublin Eschborn Singapore

Berlitz Trademark Reg. U.S. Patent Office
and other countries—Marca Registrada

Library of Congress Catalog Card Number: 78-78080

Revised edition—4th printing–March 1999

ISBN 2-8315-6383-6

Printed in the Netherlands

Contents

Índice

Preface

In selecting the 12.500 word-concepts in each language for this dictionary, the editors have had the traveller's needs foremost in mind. This book will prove invaluable to all the millions of travellers, tourists and business people who appreciate the reassurance a small and practical dictionary can provide. It offers them—as it does beginners and students—all the basic vocabulary they are going to encounter and to have to use, giving the key words and expressions to allow them to cope in everyday situations.

Like our successful phrase books and travel guides, these dictionaries—created with the help of a computer data bank—are designed to slip into pocket or purse, and thus have a role as handy companions at all times.

Besides just about everything you normally find in dictionaries, there are these Berlitz bonuses:

● imitated pronunciation next to each foreign-word entry, making it easy to read and enunciate words whose spelling may look forbidding

● a unique, practical glossary to simplify reading a foreign restaurant menu and to take the mystery out of complicated dishes and indecipherable names on bills of fare

● useful information on how to tell the time and how to count, on conjugating irregular verbs, commonly seen abbreviations and converting to the metric system, in addition to basic phrases.

While no dictionary of this size can pretend to completeness, we expect the user of this book will feel well armed to tackle foreign travel with confidence. We should, however, be very pleased to receive comments, criticism and suggestions that you think may be of help in preparing future editions.

Prefácio

Ao seleccionarem as 12.500 referências em cada língua para este dicionário, os editores pensaram sobretudo nas necessidades dos viajantes. Este livro será de um valor inestimável para os milhões de turistas e homens de negócios que apreciarão a confiança que lhes pode dar um pequeno e prático dicionário. O dicionário oferece-lhes, assim como aos principiantes e estudantes, todo o vocabulário de base que vão encontrar e que deverão utilizar, e as palavras-chave e expressões que lhes permitirão enfrentar situações correntes.

Como os nossos apreciados livros de frases e guias de viagem, estes dicionários – criados com a ajuda de um banco de dados de computador – são feitos de maneira a caberem facilmente no bolso ou no saco de mão e a serem prontamente acessíveis em qualquer momento.

Para além de quase tudo o que normalmente se encontra num dicionário, estão incluídas as seguintes vantagens da edição Berlitz:

● a pronúncia simulada que aparece junto a cada vocábulo na língua estrangeira, o que torna fácil a leitura e a enunciação de palavras com uma ortografia complicada

● um único e prático glossário destinado a simplificar a leitura da ementa de um restaurante estrangeiro e a tornar compreensíveis os nomes misteriosos e complicados das iguarias e os termos indecifráveis que nela aparecem

● informação útil sobre a maneira de dizer as horas e de contar, sobre a conjugação de verbos irregulares e abreviaturas mais comuns, para além das frases de base.

Embora nenhum dicionário deste tamanho possa ter a pretensão de ser completo, esperamos que o leitor se sinta preparado para enfrentar com confiança as suas viagens ao estrangeiro. Teríamos o maior prazer, no entanto, em receber comentários, críticas e sugestões que o leitor julgue úteis à preparação de edições futuras.

portuguese-english

português-inglês

Abbreviations

adj	adjective	*n*	noun
adv	adverb	*nAm*	noun (American)
Am	American		
art	article	*num*	numeral
Br	Brazilian	*p*	past tense
conj	conjunction	*pl*	plural
f	feminine	*plAm*	plural (American)
fBr	feminine (Brazilian)		
fpl	feminine plural	*pp*	past participle
fplBr	feminine plural (Brazilian)	*pr*	present tense
		pref	prefix
m	masculine	*prep*	preposition
mBr	masculine (Brazilian)	*pron*	pronoun
mpl	masculine plural	*v*	verb
mplBr	masculine plural (Brazilian)	*vAm*	verb (American)
		vBr	verb (Brazilian)

Introduction

This dictionary has been designed to take account of your practical needs. Unnecessary linguistic information has been avoided. The entries are listed in alphabetical order, regardless of whether the entry is printed in a single word or in two or more separate words. As the only exception to this rule, a few idiomatic expressions are listed alphabetically as main entries, according to the most significant word of the expression. When an entry is followed by sub-entries, such as expressions and locutions, these are also listed in alphabetical order.

Each main-entry word is followed by a phonetic transcription (see guide to pronunciation). Following the transcription is the part of speech of the entry word whenever applicable. If an entry word is used as more than one part of speech, the translations are grouped together after the respective part of speech.

Irregular plurals are given in brackets after the part of speech.

Whenever an entry word is repeated in irregular forms or sub-entries, a tilde (~) is used to represent the full word. In plurals of long words, only the part that changes is written out fully, whereas the unchanged part is represented by a hyphen (-).

Entry word:	Plural
abre-latas *m* (pl ~)	abre-latas
actual *adj* (pl -ais)	actuais

An asterisk (*) in front of a verb indicates that it is irregular. For more details, refer to the list of irregular verbs.

The dictionary is based on the Portuguese written and spoken in Portugal. All words and uses of words that are exclusively Brazilian have been marked as such.

Guide to Pronunciation

Each main entry in this part of the dictionary is followed by a phonetic transcription which shows you how to pronounce the words. This transcription should be read as if it were English. It is based on Standard British pronunciation, though we have tried to take account of General American pronunciation also. Below, only those letters and symbols are explained which we consider likely to be ambiguous or not immediately understood.

The syllables are separated by hyphens, and stressed syllables are printed in *italics*.

Of course, the sounds of any two languages are never exactly the same, but if you follow carefully our indications, you should be able to pronounce the foreign words in such a way that you'll be understood. To make your task easier, our transcriptions occasionally simplify slightly the sound system of the language while still reflecting the essential sound differences.

Consonants

bh	an indistinct **b**-sound, slightly like a **v**
dh	an indistinct **d**-sound, slightly like **th** in **this**
g	always hard, as in **go**
g	an indistinct **g**-sound, like a soft, voiced version of **ch** in Scottish lo**ch**
lʸ	like **lli** in million
ng	as in si**ng**, not as in fi**ng**er (no **g**-sound!)
ñ	as in Spanish se**ñ**or, or like **ni** in o**ni**on
r	like Scottish **r** (rolled with the tip of the tongue)
rr	a strongly rolled **r**
s	always hard, as in **so**
zh	a soft, voiced **sh**, like **s** in plea**s**ure

Vowels and Diphthongs

ah	a short version of the **a** in c**a**r, i.e. a sound between **a** in c**a**t and **u** in c**u**t
eh	like **e** in g**e**t
er	more or less as in oth**er**, without any **r**-sound

i	like **i** in b**i**t
igh	as in h**igh**
o	always as in h**o**t (Standard British pronunciation)
oa	as in r**oa**d (but a *pure* vowel, i.e. the lips and tongue don't move while you're pronouncing it)
oo	as in r**oo**t
ou	as in l**ou**d

1) Portuguese vowels are fairly short.

2) Raised letters (e.g. **er^ee^**, **^y^oo**) should be pronounced only fleetingly.

3) Portuguese contains nasal vowels, which we transcribe with a vowel symbol plus **ng** (e.g. **ahng**). This **ng** should *not* be pronounced, and serves solely to indicate nasal quality of the preceding vowel. A nasal vowel is pronounced simultaneously through the mouth and the nose. It can calso be part of a diphthong (e.g. **erng^w^**).

Brazilian Pronunciation

Brazilian Portuguese differs from the Portuguese spoken in Portugal in several important respects. The Brazilian pronunciation is slower and the words are less linked together than in Portugal. Unstressed vowels sound clearer when spoken by Brazilians, while in Portugal they are rapidly slurred over; s and z at the end of a syllable tend to be pronounced like s in sit and z in razor (rather than like sh in shut or s in pleasure). Vowel groups or diphthongs are often simplified.

A

a (er) *pron* her; *prep* to, at; on

abadia (er-bher-*dhee*-er) *f* abbey

abaixar (er-*bhigh*-*shahr*) *v* lower

abaixo (er-*bhigh*-shoo) *adv* over; down

abaixo-assinado (er-*bhigh*-shoo-er-
see-*nah*-dhoo) *m* the undersigned

abajur (er-bher-*zhoor*) *m* lampshade

abalroamento (er-bhahl-rrwer-*mayngn*-
too) *m* collision

abanar (er-bher-*nahr*) *v* *shake

abandonar (er-bherngn-doo-*nahr*) *v*
*leave, abandon, desert, *leave be-
hind

abastado (er-bhersh-*tah*-dhoo) *adj*
well-to-do, well-off

abastecimento (er-bhersh-ter-see-
mayngn-too) *m* supply

abatido (er-bher-*tee*-dhoo) *adj* down,
discouraged

abcesso (erbh-*seh*-soo) *m* abscess

abelha (er-*bhay*-lyer) *f* bee

abençoar (er-bhayng-*swahr*) *v* bless

aberração (er-bhee-rrer-*serngw*) *f* (pl
-ções) aberration

aberto (er-*bhehr*-too) *adj* open

abertura (er-bherr-*too*-rer) *f* overture;
opening

abibe (er-*bhee*-bher) *m* pewit

abismo (er-*bheezh*-moo) *m* abyss

abóbada (er-*bho*-bher-dher) *f* vault;
arch

*abolir (er-bhoo-*leer*) *v* abolish

aborrecer (er-bhoo-rrer-*sayr*) *v* annoy

aborrecido (er-bhoo-rrer-*see*-dhoo) *adj*
boring; unpleasant; bored; annoyed

aborrecimento (er-bhoo-rrer-see-
mayngn-too) *m* annoyance

aborto (er-*bhoar*-too) *m* abortion;
miscarriage

abotoaduras (er-bhoo-twer-*dhoo*-rersh)
fpl Br cuff-links *pl*

abotoar (er-bhoo-*twahr*) *v* button

abraçar (er-bhrer-*sahr*) *v* hug, embrace

abraço (er-*bhrah*-soo) *m* embrace,
hug; grip

abrandar (er-bhrerngn-*dahr*) *v* slow
down

abre-garrafas (ah-bhrer-ger-*rrah*-fersh)
m (pl ~) bottle opener

abre-latas (ah-bhrer-*lah*-tersh) *m* (pl
~) tin-opener, can opener

abreviatura (er-bhrer-vYer-*too*-rer) *f*
abbreviation

abrigar (er-bhree-*gahr*) *v* shelter

abrigo (er-*bhree*-goo) *m* cover, shelter

Abril (er-*bhreel*) April

abrir (er-*bhreer*) *v* open; unlock; turn
on

absolutamente (erbh-soo-loo-ter-
mayngn-ter) *adv* absolutely

absoluto (erbh-soo-*loo*-too) *adj* sheer; total

absolvição (erbh-soal-vee-*serng*ʷ) *f* (pl -ções) acquittal

abstémio (erbhsh-*teh*-mʸoo) *m* teetotaller

*abster-se de (erbhsh-*tayr*-ser) abstain from

abstracto (erbhsh-*trah*-too) *adj* abstract

absurdo (er-bher-*soor*-dhoo) *adj* absurd; foolish

abundância (er-bhoongn-*derng*-sʸer) *f* plenty, abundance

abundante (er-bhoongn-*derngn*-ter) *adj* plentiful, abundant

abuso (er-*bhoo*-zoo) *m* abuse; misuse

abutre (er-*bhoo*-trer) *m* vulture

acabado (er-ker-*bhah*-dhoo) *adj* over, finished; ~ de just

acabar (er-ker-*bhahr*) *v* finish; stop, end

academia (er-ker-dher-*mee*-er) *f* academy; ~ das belas-artes art school

acalmar (er-kahl-*mahr*) *v* calm down; acalmar-se calm down

acampamento (er-kerngm-per-*mayngn*-too) *m* camp

acampar (er-kerngm-*pahr*) *v* camp

acaso (er-*kah*-zoo) *m* chance; ao ~ at random; por ~ by chance

acção (ah-*serng*ʷ) *f* (pl acções) action, deed; share; acções stocks and shares

aceder (er-ser-*dhayr*) *v* grant; consent

aceitar (er-say-*tahr*) *v* accept

acelerador (er-ser-ler-rer-*dhoar*) *m* accelerator

acelerar (er-ser-ler-*rahr*) *v* accelerate

acenar (er-ser-*nahr*) *v* wave

acender (er-sayngn-*dayr*) *v* *light; turn on

acento (er-*sayngn*-too) *m* accent

acentuar (er-sayngn-*twahr*) *v* stress, emphasize

acepipe (er-ser-*pee*-per) *m* delicacy; acepipes hors-d'œuvre

ácer (*ah*-sehr) *m* maple

acerca de (er-*sayr*-ker) about

acertar (er-serr-*tahr*) *v* *hit; adjust

acessível (er-ser-*see*-vehl) *adj* (pl -eis) accessible; attainable

acesso (er-*seh*-soo) *m* access; entrance, approach

acessório (er-ser-*so*-rʸoo) *adj* additional; acessórios accessories *pl*

achaque (er-*shah*-ker) *m* ailment

achar (er-*shahr*) *v* consider; *find; achados e perdidos lost and found

acidentado (er-see-dhayngn-*tah*-dhoo) *adj* hilly; bumpy

acidental (er-see-dhayngn-*tahl*) *adj* (pl -ais) accidental

acidente (er-see-*dhayngn*-ter) *m* accident

ácido (*ah*-see-dhoo) *m* acid

acima (er-*see*-mer) *adv* up

aclamar (er-kler-*mahr*) *v* cheer

aclarar (er-kler-*rahr*) *v* clarify

acne (*ahk*-ner) *f* acne

aço (*ah*-soo) *m* steel; ~ inoxidável stainless steel

acolher (er-koo-*lʸayr*) *v* welcome; lodge

acolhimento (er-koo-*lʸee*-*mayngn*-too) *m* welcome; reception

acomodação (er-koo-moo-dher-*serng*ʷ) *f* (pl -ções) accommodation

acomodar (er-koo-moo-*dhahr*) *v* accommodate

acompanhar (er-kawngm-per-*ñahr*) *v* accompany; conduct, escort

aconchegado (er-kawng-sher-*gah*-dhoo) *adj* cosy

aconselhar (er-kawng-sı-*lʸahr*) *v* advise; recommend

acontecer (er-kawngn-ter-*sayr*) *v* happen, occur

acontecimento (er-kawngn-ter-see-mayngn-too) *m* event; happening

acordado (er-koor-dhah-dhoo) *adj* awake

acordar (er-koor-dahr) *v* *awake; *wake; wake up

acordo (er-koar-doo) *m* agreement; settlement; **de acordo!** okay!

acostumar (er-koosh-too-mahr) *v* accustom

acreditar (er-krer-dhee-tahr) *v* believe

acrescentar (er-krish-sayngn-tahr) *v* add; increase

acta (ah-ter) *f* minutes

actividade (ah-tee-vee-dhah-dher) *f* activity

activo (ah-tee-voo) *adj* active

acto (ah-too) *m* act

actor (ah-toar) *m* actor

actriz (ah-treesh) *f* actress

actuação (ah-twer-serngʷ) *f* (pl -ções) appearance, performance

actual (ah-twahl) *adj* (pl -ais) topical; present

actualmente (ah-twahl-mayngn-ter) *adv* now; at present

actuar (ah-twahr) *v* operate

açúcar (er-soo-kahr) *m* sugar

acusação (er-koo-zer-serngʷ) *f* (pl -ções) charge

acusado (er-koo-zah-dhoo) *m* accused

acusar (er-koo-zahr) *v* accuse, charge; blame

adaptador (er-dahp-ter-dhoar) *m* adaptor

adaptar (er-dahp-tahr) *v* adapt; ~ **a** suit

adega (er-dhay-ger) *f* wine-cellar

adepto (er-dhehp-too) *m* supporter

adequado (er-dher-kwah-dhoo) *adj* appropriate

***aderir a** (er-dher-reer) join

adesivo (er-dher-zee-voo) *m* adhesive tape

adestrar (er-dhish-trahr) *v* train; drill

adeus (er-dhayʷʷsh) *m* farewell; **adeus!** good-bye!

adiamento (er-dhʸer-mayngn-too) *m* delay; postponement

adiantadamente (er-dhʸerngn-tah-dher-mayngn-ter) *adv* in advance

adiantado (er-dhʸerngn-tah-dhoo) *adj* advanced

adiantamento (er-dhʸerngn-ter-mayngn-too) *m* advance

adiantar (er-dhʸerngn-tahr) *v* advance

adiante (er-dhʸerngn-ter) *adv* before; onward, forward; ~ **de** ahead of

adiar (er-dhʸahr) *v* postpone; adjourn, delay, *put off

adição (er-dhee-serngʷ) *f* (pl -ções) addition

adicional (er-dhee-sʸoo-nahl) *adj* (pl -ais) additional

adicionar (er-dhee-sʸoo-nahr) *v* add

adivinha (er-dher-vee-ñer) *f* riddle

adivinhar (er-dher-vee-ñahr) *v* guess

adjectivo (er-jeh-tee-voo) *m* adjective

administração (erdh-mer-neesh-trer-serngʷ) *f* (pl -ções) administration; direction

administrar (erdh-mer-neesh-trahr) *v* manage; administer

administrativo (er-dh-mer-neesh-trer-tee-voo) *adj* administrative

admiração (erdh-mee-rer-serngʷ) *f* (pl -ções) admiration; wonder

admirador (erdh-mee-rer-dhoar) *m* fan

admirar (erdh-mee-rahr) *v* admire

admissão (erdh-mee-serngʷ) *f* (pl -sões) admission

admitir (erdh-mer-teer) *v* admit; acknowledge

adoçar (er-dhoo-sahr) *v* sweeten

adolescente (er-dhoo-lish-sayngn-ter) *m* teenager

adoptar (er-dho-tahr) *v* adopt

adorar (er-dhoo-*rahr*) v worship

adorável (er-dhoo-*rah*-vehl) adj (pl -eis) adorable

adormecer (er-dhoor-mer-*sayr*) v *put to sleep; *fall asleep

adormecido (er-dhoor-mer-*see*-dhoo) adj asleep

adquirir (erdh-ker-*reer*) v acquire; *buy

adulto (er-*dhool*-too) adj adult, grown-up; m adult, grown-up

advérbio (erdh-*vehr*-bhYoo) m adverb

adversário (erdh-verr-*sah*-rYoo) m opponent

adverso (erdh-*vehr*-soo) adj averse

*advertir (erdh-verr-*teer*) v caution, warn

advogado (erdh-voo-*gah*-dhoo) m solicitor, barrister, attorney, lawyer

advogar (erdh-voo-*gahr*) v plead

aéreo (er-*eh*-rYoo) adj airy; **correio** ~ airmail

aeroporto (er-eh-roo-*poar*-too) m airport

afastado (er-fersh-*tah*-dhoo) adj out of the way

afável (er-*fah*-vehl) adj (pl -eis) friendly

afecção (er-fehk-*serng*ʷ) f (pl -ções) affection

afectado (er-feh-*tah*-dhoo) adj affected

afectar (er-feh-*tahr*) v affect

afectuoso (er-feh-*twoa*-zoo) adj affectionate

afeição (er-fay-*serng*ʷ) f (pl -ções) affection

afiado (er-*fYah*-dhoo) adj sharp

afiar (er-*fYahr*) v sharpen

afinal (er-fee-*nahl*) adv finally; at last

afirmar (er-feer-*mahr*) v claim

afirmativo (er-feer-mer-*tee*-voo) adj affirmative

aflição (er-flee-*serng*ʷ) f (pl -ções) grief

afligir-se (er-flee-*zheer*-ser) v worry

afluente (er-flwayngn-ter) m tributary

afogador (er-foo-ger-*dhoar*) mBr choke

afogar (er-foo-*gahr*) v drown; **afogar-se** *be drowned

afortunado (er-foor-too-*nah*-dhoo) adj fortunate; lucky

África (*ah*-free-ker) f Africa; **África do Sul** South Africa

africano (er-free-*ker*-noo) adj African; m African

afrouxar (er-froa-*shahr*) v slow down

afugentar (er-foo-zhayngn-*tahr*) v chase

afundar-se (er-foongn-*dahr*-ser) v *sink

agarrar (er-ger-*rrahr*) v seize, grip, grasp, *catch; *take; **agarrar-se** *hold on

agência (er-*zhayng*-sYer) f agency; ~ **de colocação** employment exchange; ~ **de informações** information bureau; ~ **de turismo** tourist office; ~ **de viagens** travel agency

agenda (er-*zhayngn*-der) f diary; notebook; agenda

agente (er-*zhayngn*-ter) m agent; ~ **de viagens** travel agent; ~ **imobiliário** house agent

ágil (*ah*-zheel) adj (pl ágeis) supple

agir (er-*zheer*) v act

agitação (er-zhee-ter-*serng*ʷ) f (pl -ções) unrest

agora (er-*go*-rer) adv now; **até** ~ so far; **de** ~ **em diante** henceforth

Agosto (er-*goash*-too) August

agradar (er-grer-*dhahr*) v please

agradável (er-grer-*dhah*-vehl) adj (pl -eis) agreeable, nice, pleasant, enjoyable, pleasing

agradecer (er-grer-dher-*sayr*) v thank

agradecido (erg-rer-dher-*see*-dhoo) *adj* thankful

agrafo (er-*grah*-foo) *m* staple

agrário (er-*grah*-rYoo) *adj* agrarian

*agredir (er-grer-*dheer*) *v* attack, assault

agressivo (er-grer-*see*-voo) *adj* aggressive

agrião (er-grYerng^W) *m* (pl -iões) watercress

agrícola (er-*gree*-koo-ler) *adj* agrarian

agricultor (er-gree-kool-*toar*) *m* farmer

agricultura (er-gree-kool-*too*-rer) *f* agriculture

agrupar (er-groo-*pahr*) *v* arrange; group

água (*ah*-gwer) *f* water; ~ **corrente** running water; ~ **doce** fresh water; ~ **do mar** sea-water; ~ **gasificada** soda-water; ~ **gelada** iced water; ~ **mineral** mineral water; ~ **oxigenada** peroxide; ~ **potável** drinking-water

aguaceiro (er-gwer-*say*-roo) *m* downpour, shower

água-forte (ah-gwer-*for*-ter) *f* etching

aguarela (er-gwer-*reh*-ler) *f* water-colour

agudo (er-*goo*-dhoo) *adj* acute; pointed

aguentar (er-gwayngn-*tahr*) *v* *hold up, *put up with

águia (*ahg*-Yer) *f* eagle

agulha (er-*goo*-lYer) *f* needle; spire

aí (er-*ee*) *adv* there

ainda (er-*eengn*-der) *adv* yet, still; ~ **agora** just now, a moment ago; ~ **assim** nevertheless; ~ **bem** fortunately; ~ **que** though

aipo (*igh*-poo) *m* celery

ajoelhar (er-zhwı-*lYahr*) *v* *kneel

ajuda (er-*zhoo*-dher) *f* assistance, aid

ajudante (er-zhoo-*dherngn*-ter) *m* helper

ajudar (er-zhoo-*dhahr*) *v* help, aid

ajustar (er-zhoosh-*tahr*) *v* adjust

ajuste (er-*zhoosh*-ter) *m* settlement

alabote (er-ler-*bo*-ter) *m* halibut

alargar (er-lerr-*gahr*) *v* widen

alarido (er-ler-*ree*-dhoo) *m* racket

alarmar (er-lerr-*mahr*) *v* alarm

alarme (er-*lahr*-mer) *m* alarm; ~ **de incêndio** fire-alarm

alavanca (er-ler-*verngñ*-ker) *f* lever; ~ **das mudanças** gear lever

albergue (ahl-*bhehr*-ger) *m* hostel; ~ **de juventude** youth hostel

álbum (*ahl*-bhoong) *m* album

alcachofra (ahl-ker-*shoa*-frer) *f* artichoke

alcançar (ahl-kerng-*sahr*) *v* reach; achieve

alcance (ahl-*kerng*-ser) *m* reach, range

alçapão (ahl-ser-*perng^W*) *m* (pl -pões) hatch

alcatrão (ahl-ker-*trerng^W*) *m* tar

alce (*ahl*-ser) *m* moose

álcool (*ahl*-kwol) *m* (pl -ois) alcohol; ~ **desnaturado** methylated spirits; **lamparina de** ~ spirit stove

alcoólico (ahl-*kwo*-lee-koo) *adj* alcoholic; *m* alcoholic

alcunha (ahl-*koo*-ñer) *f* nickname

aldeia (ahl-*day*-er) *f* village

aldeola (ahl-*dYo*-ler) *f* hamlet

alegrar (er-ler-*grahr*) *v* cheer up

alegre (er-*leh*-grer) *adj* joyful, merry, gay, cheerful

alegria (er-ler-*gree*-er) *f* joy, gaiety; gladness

aleijado (er-lay-*zhah*-dhoo) *adj* crippled

além (er-*lerng*Y) *adv* beyond; ~ **de** past, beyond; besides; ~ **disso** besides; furthermore, moreover; **mais** ~ further

Alemanha (er-ler-*merng*-ñer) *f* Germany

alemão (er-ler-*merng*ᵂ) *adj* (f -mã; pl -ães) German; *m* German

alergia (er-lerr-*zhee*-er) *f* allergy

alfabeto (ahl-fer-*bheh*-too) *m* alphabet

alface (ahl-*fah*-ser) *f* lettuce

alfaiate (ahl-fer-*Yah*-ter) *m* tailor

alfândega (ahl-*ferng*-der-ger) *f* Customs *pl*

alfinete (ahl-fee-*nay*-ter) *m* pin; ~ **de segurança** safety-pin; **prender com alfinetes** pin

alforreca (ahl-foo-*rreh*-ker) *f* jellyfish

algarismo (ahl-ger-*reezh*-moo) *m* figure; number; digit

álgebra (*ahl*-zher-bhrer) *f* algebra

algemas (ahl-*zhay*-mersh) *fpl* handcuffs *pl*

algibeira (ahl-zhee-*bhay*-rer) *f* pocket

algo (*ahl*-goo) *adv* somewhat, a little; *pron* something, anything

algodão (ahl-goo-*dherng*ᵂ) *m* (pl -dões) cotton; cotton-wool; **de ~** cotton

alguém (ahl-*gerng*ᵞ) *pron* someone, somebody

algum (ahl-*goong*) *pron* some; any

alguns (ahl-*goongsh*) *adj* some

alho (*ah*-lᵞoo) *m* garlic

ali (er-*lee*) *adv* over there; **para ~** there

aliado (er-lᵞ*ah*-dhoo) *m* associate

aliança (er-lᵞ*erng*-ser) *f* alliance; wedding-ring

alicate (er-lee-*kah*-ter) *m* pliers *pl*

alicerce (er-lee-*sehr*-ser) *m* base, foundation

alimentação (er-lee-mayngn-ter-*serng*ᵂ) *f* (pl -ções) fare, food

alimentar (er-lee-mayngn-*tahr*) *v* *feed; adj* alimentary; **intoxicação ~** food poisoning

alimentício (er-lee-mayngn-*tee*-sᵞoo) *adj* nourishing

alimento (er-lee-*mayngn*-too) *m* food

alínea (er-*lee*-nᵞer) *f* paragraph

aliviar (er-lee-vᵞ*ahr*) *v* relieve

alívio (er-*lee*-vᵞoo) *m* relief

alma (*ahl*-mer) *f* soul

almanaque (*ahl*-mer-*nah*-ker) *m* almanac

almirante (ahl-mee-*rerng*-ter) *m* admiral

almoçar (ahl-moo-*sahr*) *v* lunch

almoço (ahl-*moa*-soo) *m* dinner, lunch, luncheon; **pequeno ~** breakfast

almofada (ahl-moo-*fah*-dher) *f* pillow; cushion; **~ eléctrica** heating pad

almofadão (ahl-moo-fer-*dherng*ᵂ) *m* (pl -dões) pillow

almofadinha (ahl-moo-fer-*dhee*-ñer) *f* pad

alocução (er-loo-koo-*serng*ᵂ) *f* (pl -ções) speech

alojamento (er-loo-zher-*mayngn*-too) *m* accommodation, lodgings *pl*

alojar (er-loo-*zhahr*) *v* accommodate

alongar (er-lawng-*gahr*) *v* lengthen

alperche (ahl-*pehr*-sher) *m* apricot

alpinismo (ahl-pee-*neezh*-moo) *m* mountaineering

altar (ahl-*tahr*) *m* altar

alteração (ahl-ter-rer-*serng*ᵂ) *f* (pl -ções) alteration

alterar (ahl-ter-*rahr*) *v* alter

altercar (ahl-terr-*kahr*) *v* dispute

alternado (ahl-terr-*nah*-dhoo) *adj* alternate

alternativa (ahl-terr-ner-*tee*-ver) *f* alternative

altifalante (ahl-tee-fer-*lerng*-ter) *m* loud-speaker

altitude (ahl-tee-*too*-dher) *f* altitude

altivo (ahl-*tee*-voo) *adj* haughty

alto (*ahl*-too) *adj* tall, high; loud; *m*

lump; **alto!** stop!

altura (ahl-*too*-rer) *f* height

alugar (er-loo-*gahr*) *v* lease, rent, hire, *let; **para** ~ for hire

aluguer (er-loo-*gehr*) *m* letting; ~ **de carros** car hire

alumiar (er-loo-*mʸahr*) *v* illuminate

aluno (er-*loo*-noo) *m* pupil, scholar

alvará (ahl-ver-*rah*) *m* patent

alvo (ahl-voo) *m* target; mark

âmago (er-mer-goo) *m* heart

amaldiçoar (er-mahl-dee-*swahr*) *v* curse

amamentar (er-mer-mayngn-*tahr*) *v* nurse

amanhã (ah-mer-*ñerng*) *adv* tomorrow

amanhecer (ah-mer-ñer-*sayr*) *m* daybreak

amante (er-*merngn*-ter) *m* lover; *f* mistress

amar (er-*mahr*) *v* love

amarelo (er-mah-*reh*-loo) *adj* yellow

amargo (er-*mahr*-goo) *adj* bitter

amarrotar (er-mer-rroo-*tahr*) *v* crease

ama-seca (er-mer-*say*-ker) *f* nurse

amável (er-*mah*-vehl) *adj* (pl -eis) amiable, kind

âmbar (*erngm*-bahr) *m* amber

ambicionar (erngm-bee-sʸoo-*nahr*) *v* wish, *strive for

ambicioso (erngm-bee-sʸoa-zoo) *adj* ambitious

ambiente (erngm-bʸayngn-ter) *m* atmosphere

ambíguo (erngm-*bee*-gwoo) *adj* ambiguous

ambos (*erngm*-boosh) *pron* either, both

ambulância (erngm-boo-*lerng*-sʸer) *f* ambulance

ameaça (er-mʸah-ser) *f* threat

ameaçador (er-mʸer-ser-*dhoar*) *adj* threatening

ameaçar (er-mʸer-*sahr*) *v* threaten

ameixa (er-*may*-sher) *f* plum; ~ **passada** prune

amêndoa (er-*mayngn*-dwer) *f* almond

amendoim (er-mayngn-*dweeng*) *m* peanut

América (er-*meh*-ree-ker) *f* America; ~ **Latina** Latin America

americano (er-mer-ree-*ker*-noo) *adj* American; *m* American

ametista (er-mer-*teesh*-ter) *f* amethyst

amianto (er-mʸerngn-too) *m* asbestos

amiga (er-*mee*-ger) *f* friend

amígdalas (er-*meeg*-der-lersh) *fpl* tonsils *pl*

amigdalite (er-*meeg*-dher-lee-ter) *f* tonsilitis

amigo (er-*mee*-goo) *m* friend

amimar (er-mee-*mahr*) *v* *spoil; fondle

amistoso (er-meesh-*toa*-zoo) *adj* friendly

amizade (ah-mee-*zah*-dher) *f* friendship

amnistia (er-mnersh-*tee*-er) *f* amnesty

amoníaco (er-moo-*nee*-er-koo) *m* ammonia

amontoar (er-mawngn-*twahr*) *v* pile

amor (er-*moar*) *m* love; darling; **meu** ~ sweetheart

amora (er-*mo*-rer) *f* mulberry; ~ **silvestre** blackberry

amortecedor (er-moor-ter-ser-*dhoar*) *m* shock absorber

amostra (er-*mosh*-trer) *f* sample; specimen

ampliação (erngm-plʸer-*serng*ʷ) *f* (pl -ções) extension; enlargement

ampliar (erngm-*plʸahr*) *v* enlarge; extend

amplo (*erngm*-ploo) *adj* extensive; broad

amuleto (er-moo-*lay*-too) *m* charm

analfabeto (er-nahl-fer-*bheh*-too) *m* illiterate

analisar (er-ner-lee-*zahr*) *v* analyse;

*break down

análise (er-*nah*-lee-zer) f analysis

analista (er-ner-*leesh*-ter) m analyst

análogo (er-*nah*-loo-goo) adj similar

anamnese (er-nerm-*neh*-zer) f history of a disease

ananás (er-ner-*nahsh*) m pineapple

anão (er-*nerng*ᵂ) m (f anã; pl anões) dwarf

anarquia (er-nerr-*kee*-er) f anarchy

anatomia (er-ner-too-*mee*-er) f anatomy

anca (*erngñ*-ker) f hip

anchova (erng-*shoa*-ver) f anchovy

ancinho (erng-*see*-ñoo) m rake

âncora (*erng*-koo-rer) f anchor

andaime (erngn-*digh*-mer) m scaffolding

andar (erngn-*dahr*) v *go, walk, step; m pace, gait; floor, storey; apartment *nAm*; ~ **com** associate with; ~ **térreo** *Br* ground floor

andorinha (erngn-doo-*ree*-ñer) f swallow

anedota (er-ner-*dho*-ter) f joke

anel (er-*nehl*) m (pl anéis) ring; ~ **de noivado** engagement ring

anemia (er-ner-*mee*-er) f anaemia

anestesia (er-nɪsh-ter-*zee*-er) f anaesthesia

anestésico (er-nɪsh-*teh*-zee-koo) m anaesthetic

anexar (er-nehk-*sahr*) v annex

anexo (er-*nehk*-soo) m enclosure, annex

ângulo (*erng*-goo-loo) m angle

animado (er-nee-*mah*-dhoo) adj crowded; lively

animal (er-nee-*mahl*) m (pl -ais) animal; beast; ~ **de estimação** pet; ~ **de rapina** beast of prey

animar (er-nee-*mahr*) v cheer up

aniversário (er-nee-verr-*sah*-rᵞoo) m anniversary

anjo (*erng*-zhoo) m angel

ano (er-noo) m year; ~ **bissexto** leap-year; **Ano Novo** New Year

anoitecer (er-noi-ter-*sayr*) m dusk

anónimo (er-*no*-nee-moo) adj anonymous

anormal (er-noor-*mahl*) adj (pl -ais) abnormal

anotar (er-noo-*tahr*) v note; *write down

ansiedade (erng-sᵞay-*dhah*-dher) f anxiety

ansioso (erng-sᵞoa-zoo) adj anxious

antecedente (erngn-ter-ser-*dhayngn*-ter) adj former

antecipadamente (erngn-ter-see-pah-dher-*mayngn*-ter) adv in advance

do anteguerra (doo erngn-ter-*geh*-rer) pre-war

antena (erngn-*tay*-ner) f aerial

anteontem (erngn-ter-*awngn*-terngᵞ) adv the day before yesterday

antepassado (erngn-ter-per-*sah*-dhoo) m ancestor

anterior (erngn-ter-rᵞoar) adj previous; prior

anteriormente (erngn-ter-rᵞoar-*mayngn*-ter) adv formerly

antes (*erngn*-tɪsh) adv before; rather, sooner; ~ **de** before; ~ **que** before

antibiótico (erngn-tee-*bh*ᵞo-tee-koo) m antibiotic

anticongelante (erngn-tee-kawng-zher-*lerngn*-ter) m antifreeze

antigamente (erngn-tee-ger-*mayngn*-ter) adv formerly

antigo (erngn-*tee*-goo) adj former; antique; ancient

antiguidade (erngn-tee-gwee-*dhah*-dher) f antiquity; antique

antipatia (erngn-tee-per-*tee*-er) f dislike, antipathy

antipático (erngn-tee-*pah*-tee-koo) adj unfriendly, nasty

antiquado (erngn-tee-*kwah*-dhoo) *adj* quaint, old-fashioned, ancient

antiquário (erngn-tee-*kwah*-r^Yoo) *m* antique dealer

antisséptico (erngn-tee-*sehp*-tee-koo) *m* antiseptic

antologia (erngn-too-loo-*zhee*-er) *f* anthology

anual (er-*nwahl*) *adj* (pl -ais) annual; yearly

anualmente (er-nwahl-*mayngn*-ter) *adv* per annum

anuário (er-nwah-r^Yoo) *m* annual

anular (er-noo-*lahr*) *v* cancel

anunciar (er-noong-s^yahr) *v* announce

anúncio (er-noong-s^Yoo) *m* announcement; advertisement; commercial

anzol (erng-*zol*) *m* (pl anzóis) fishing hook

apagado (er-per-*gah*-dhoo) *adj* dull

apagar (er-per-*gahr*) *v* extinguish; *put out

apaixonado (er-pigh-shoo-*nah*-dhoo) *adj* in love; passionate

apalpar (er-pahl-*pahr*) *v* *feel

apanhar (er-per-*ñahr*) *v* *catch; pick up

aparafusar (er-*pah*-rer-foo-*zahr*) *v* screw

apara-lápis (er-pah-rer-*lah*-peesh) *m* (pl ∼) pencil-sharpener

aparar (er-per-*rahr*) *v* trim

aparecer (er-per-rer-*sayr*) *v* appear

aparelho (er-per-*ray*-l^Yoo) *m* apparatus; appliance

aparência (er-per-*rayng*-s^Yer) *f* appearance; look, semblance

aparentado (er-per-rayngn-*tah*-dhoo) *adj* related

aparente (er-per-*rayngn*-ter) *adj* apparent

aparentemente (er-per-rayngn-ter-*mayngn*-ter) *adv* apparently

aparição (er-per-ree-*serng*^w) *f* (pl -ções) apparition

apartamento (er-perr-ter-*mayngn*-too) *m* flat; suite; apartment *nAm*

***apear-se** (er-p^Yahr-ser) *v* *get off

apelido (er-per-*lee*-dhoo) *m* surname; family name; *mBr* nickname; ∼ de solteira maiden name

apelo (er-*pay*-loo) *m* appeal

apêndice (er-*payngn*-dee-ser) *m* appendix

apendicite (er-payng-dee-*see*-ter) *f* appendicitis

aperceber (er-perr-ser-*bhayr*) *v* perceive

aperitivo (er-per-ree-*tee*-voo) *m* aperitif; **aperitivos** appetizer

apertado (er-perr-*tah*-dhoo) *adj* narrow, tight

apertar (er-perr-*tahr*) *v* tighten; **apertar-se** tighten

aperto (er-*payr*-too) *m* clutch, grasp; ∼ de mão handshake

apesar de (er-per-*zahr* der) despite, in spite of

apetecer (er-per-ter-*sayr*) *v* *feel like

apetite (er-per-*tee*-ter) *m* appetite

apetitoso (er-per-tee-*toa*-zoo) *adj* appetizing

apinhado (er-pee-*ñah*-dhoo) *adj* crowded

apito (er-*pee*-too) *m* whistle

aplanar (er-pler-*nahr*) *v* level

aplaudir (er-plou-*dheer*) *v* clap; cheer

aplausos (er-plou-*zoosh*) *mpl* applause

aplicação (er-plee-ker-*serng*^w) *f* (pl -ções) application; diligence

aplicado (er-plee-*kah*-dhoo) *adj* diligent

aplicar (er-plee-*kahr*) *v* apply; **aplicar-se a** apply to

apogeu (er-poo-*zhay*^{oo}) *m* peak; height, zenith

apoiar-se (er-poa-^yahr-ser) *v* *lean

apólice (er-*po*-lee-ser) *f* policy

apontador (er-pawngn-ter-*doar*) *mBr* pencil-sharpener

apontamento (er-pawngn-ter-*mayngn*-too) *m* note

apontar (er-pawngn-*tahr*) *v* point, point out; ~ **para** aim at

aposta (er-*posh*-ter) *f* bet

apostar (er-*posh*-tahr) *v* *bet

apreciação (er-prer-s*Yer*-*serng*ᵂ) *f* (pl -ções) appreciation

apreciar (er-prer-s*Yahr*) *v* appreciate

apreender (er-pr*Yayngn*-*dayr*) *v* impound

aprender (er-prayngn-*dayr*) *v* *learn

apresentação (er-prer-zayngn-ter-*serng*ᵂ) *f* (pl -ções) introduction

apresentar (er-prer-zayngn-*tahr*) *v* present, introduce; **apresentar-se** report; appear

apressadamente (er-prer-sah-dher-*mayngn*-ter) *adv* in a hurry

apressado (er-prer-*sah*-dhoo) *adj* hasty

apressar-se (er-prer-*sahr*-ser) *v* rush, hurry, hasten

apropriado (er-proo-*pr*Yah-dhoo) *adj* suitable, convenient, proper, fit, appropriate

aprovação (er-proo-ver-*serng*ᵂ) *f* (pl -ções) approval

aprovar (er-proo-*vahr*) *v* approve; consent

aproveitar-se (er-proo-vay-*tahr*-ser) *v* profit; *take advantage of

aproximadamente (er-pro-see-mah-dher-*mayngn*-ter) *adv* approximately; about

aproximado (er-pro-see-*mah*-dhoo) *adj* approximate

aproximar-se (er-pro-see-*mahr*-ser) *v* approach

aptidão (erp-tee-*dherng*ᵂ) *f* (pl -dões) faculty

aquecedor (er-keh-ser-*dhoar*) *m* heater; ~ **de imersão** immersion heater

aquecer (er-keh-*sayr*) *v* warm, heat

aquecimento (er-keh-see-*mayngn*-too) *m* heating; ~ **central** central heating

aquele (er-*kay*-ler) *adj* that; *pron* that, that one; **aqueles** those

aqui (er-*kee*) *adv* here; ~ **está** here you are

aquilo (er-*kee*-loo) *pron* that

aquisição (er-kee-zee-*serng*ᵂ) *f* (pl -ções) acquisition

ar (ahr) *m* sky, air; **ao ~ livre** outdoors; ~ **condicionado** air-conditioning; **corrente de ~** draught

árabe (*ah*-rer-bher) *adj* Arab; *m* Arab

Arábia Saudita (er-*rah*-bh*Yer* sou-*dee*-ter) Saudi Arabia

arado (er-*rah*-dhoo) *m* plough

arame (er-*rer*-mer) *m* wire

aranha (er-*rer*-ñer) *f* spider; **teia de ~** cobweb, spider's web

arbitrário (err-bhee-*trah*-r*Yoo*) *adj* arbitrary

árbitro (*ahr*-bhee-troo) *m* umpire

arborizado (err-bhoo-ree-*zer*-dhoo) *adj* wooded

arbusto (err-*bhoosh*-too) *m* shrub; bush

arca (*ahr*-ker) *f* chest

arcada (err-*kah*-dher) *f* arcade

arcebispo (err-ser-*bheesh*-poo) *m* archbishop

archote (err-*sho*-ter) *m* torch

arco (*ahr*-koo) *m* arch, bow

arco-íris (ahr-koo-*ee*-reesh) *m* (pl ~) rainbow

arder (err-*dayr*) *v* *burn

ardil (err-*deel*) *m* (pl -is) ruse

ardósia (err-*do*-z*Yer*) *f* slate

área (*ahr*-*Yer*) *f* area

areia (er-*ray*-er) *f* sand

arejamento (er-rer-zher-*mayngn*-too) *m* ventilation

arejar (er-rer-*zhahr*) *v* air, ventilate

arenoso (er-rer-*noa*-zoo) *adj* sandy

arenque (er-*rayngng*-ker) *m* herring

Argélia (err-*zheh*-l^yer) *f* Algeria

argelino (err-zher-*lee*-noo) *adj* Algerian; *m* Algerian

Argentina (err-zhayngn-*tee*-ner) *f* Argentina

argentino (err-zhayngn-*tee*-noo) *adj* Argentinian; *m* Argentinian

argila (err-*zhee*-ler) *f* clay

argumentar (err-goo-mayngn-*tahr*) *v* argue

argumento (err-goo-*mayngn*-too) *m* argument

árido (*ah*-ree-dhoo) *adj* arid

arinca (*ah*-reeng-ker) *f* haddock

aritmética (er-reet-*meh*-tee-ker) *f* arithmetic

arma (*ahr*-mer) *f* arm, weapon

armação (err-mer-*serng*^w) *f* (pl -ções) frame

armadilha (err-mer-*dhee*-l^yah) *f* trap

armado (err-*mer*-dhoo) *adj* armed

armador (err-mer-*dhoar*) *m* shipowner

armadura (err-mer-*dhoo*-rer) *f* armour

armar (er-*mahr*) *v* arm

armarinho (ahr-mah-*ree*-ñoo) *m* Br haberdashery

armário (err-*mah*-r^yoo) *m* closet, cupboard

armazém (err-mer-*zerng*^y) *m* warehouse; depository, store-house, depot; department store

armazenagem (err-mer-zer-*nah*-zherng^y) *f* storage

armazenar (err-mer-zer-*nahr*) *v* store

armazenista (err-mer-zer-*neesh*-ter) *m* wholesale dealer

aroma (er-*roa*-mer) *m* aroma

arqueado (err-k^yah-dhoo) *adj* arched

arquejar (err-kı-*zhahr*) *v* pant

arqueologia (err-k^yoo-loo-*zhee*-er) *f* archaeology

arqueólogo (err-k^yo-loo-goo) *m* archaeologist

arquitecto (err-kee-*teh*-too) *m* architect

arquitectura (err-kee-teh-*too*-rer) *f* architecture

arquivo (err-*kee*-voo) *m* archives *pl*; file

arrancar (er-rrerng-*kahr*) *v* extract

arranha-céus (er-rrer-ñer-*seh*-oosh) *m* (pl ~) skyscraper

arranhão (er-rrer-*nerng*^w) *m* (pl -hões) graze, scratch

arranhar (er-rrer-*ñahr*) *v* scratch

arranjar (er-rrerng-*zhahr*) *v* arrange; **arranjar-se com** *make do with

arrastar (er-rrersh-*tahr*) *v* drag, haul

arrecadação (er-rrer-ker-dher-*serng*^w) *f* (pl -ções) shed

arredondado (er-rrer-dhawngn-*dah*-dhoo) *adj* rounded

arredores (er-rrer-*dhoa*-rısh) *mpl* surroundings *pl*, environment; outskirts *pl*

arreliar (er-rrer-l^yahr) *v* tease; annoy

arremessar (er-rrer-mer-*sahr*) *v* toss

arrendamento (er-rrayngn-dah-*mayngn*-too) *m* lease

arrendar (er-rrayngn-*dahr*) *v* rent; lease

arrependimento (er-rrer-payngn-dee-*mayngn*-too) *m* repentance

arrepio (er-rrer-*pee*^{oo}) *m* shiver

arriscado (er-rreesh-*kah*-dhoo) *adj* risky

arriscar (er-rreesh-*kahr*) *v* risk

arrogante (er-rroo-*gerngn*-ter) *adj* snooty

arrojado (er-rroo-zhah-dhoo) *adj* bold

arroz (er-*rroash*) *m* rice

arruinar (er-rrwee-*nahr*) *v* ruin

arrumador (er-rroo-mer-*dhoar*) *m* usher

arrumadora (er-rroo-mer-*dho*-rer) *f* usherette

arrumar (er-rroo-*mahr*) *v* tidy up

arte (*ahr*-ter) *f* art; **artes e ofícios** arts and crafts

artéria (ahr-*teh*-r^Yer) *f* artery; ~ **principal** thoroughfare

artesanato (ahr-ter-zer-*nah*-too) *m* handicraft

articulação (ahr-tee-koo-ler-*serng^w*) *f* (pl -ções) joint

artificial (err-ter-fi-s^Y*ahl*) *adj* (pl -ais) artificial

artifício (err-ter-*fee*-s^Yoo) *m* artifice

artigo (err-*tee*-goo) *m* article, item; **artigos de toalete** toiletry

artista (err-*teesh*-ter) *m* artist; *f* artist

artístico (err-*teesh*-tee-koo) *adj* artistic

árvore (*ahr*-voo-rer) *f* tree; ~ **de cames** camshaft

asa (*ah*-zer) *f* wing

ascendência (ersh-sayngn-*dayng*-s^Yer) *f* origin

ascender (ersh-sayngn-*dayr*) *v* ascend

ascensão (ersh-sayng-*serng^w*) *f* (pl -sões) ascent

ascensor (ersh-sayng-*soar*) *m* lift

asfalto (ersh-*fahl*-too) *m* asphalt

Ásia (er-z^Yer) *f* Asia

asiático (er-z^Y*ah*-tee-koo) *adj* Asian; *m* Asian

asilo (er-*zee*-loo) *m* asylum

asma (*ahzh*-mer) *f* asthma

asneira (erzh-*nay*-rah) *f* rubbish; blunder; mistake

aspas (*ahsh*-persh) *fpl* quotation marks

aspecto (ersh-*peh*-too) *m* aspect; look

áspero (*ahsh*-per-roo) *adj* rough, harsh

aspirador (ersh-pee-rer-*dhoar*) *m* vacuum cleaner

aspirar (ersh-pee-*rahr*) *v* aim at, aspire; hoover; ~ **a** aim at

aspirina (ersh-pee-*ree*-ner) *f* aspirin

assaltar (er-sahl-*tahr*) *v* burgle

assalto (er-*sahl*-too) *m* assault, attack

assar (er-*sahr*) *v* roast

assassinar (er-ser-see-*nahr*) *v* murder

assassínio (er-ser-see-n^Yoo) *m* assassination

assassino (er-ser-*see*-noo) *m* murderer

assaz (er-*sahsh*) *adv* enough, sufficiently; rather

asseado (er-s^Y*ah*-dhoo) *adj* neat; tidy

assegurar (er-ser-goo-*rahr*) *v* assure

assembleia (er-sayngm-*blay*-er) *f* assembly, meeting

assemelhar-se (er-ser-mi-l^Y*ahr*-ser) *v* resemble

assento (er-*sayngn*-too) *m* seat; chair

assim (er-*seeng*) *adv* so; thus; ~ **como** as well as; ~ **por diante** and so on; ~ **que** as soon as

assinalar (er-see-ner-*lahr*) *v* indicate

assinante (er-see-*nerngn*-ter) *m* subscriber

assinar (er-see-*nahr*) *v* sign

assinatura (er-see-ner-*too*-rer) *f* signature; subscription; ~ **de temporada** season-ticket

assistência (er-seesh-*tayng*-s^Yer) *f* attendance; assistance, relief

assistente (er-seesh-*tayngn*-ter) *m* assistant

assistir (er-seesh-*teer*) *v* assist; ~ **a** assist at; attend

assobiar (er-soo-bh^Y*ahr*) *v* whistle

associação (er-soo-s^Yer-*serng^w*) *f* (pl -ções) association; club, society

associar (er-soo-s^Y*ahr*) *v* associate; **associar-se a** join

assoprar (er-soo-*prahr*) *v* *blow

assunto (er-*soongn*-too) *m* matter; theme, concern, affair, subject, business

assustado (er-soosh-*tah*-dhoo) *adj* frightened; afraid

assustador (er-soosh-ter-*dhoar*) *adj* scary; creepy

assustar (er-soosh-*tahr*) *v* frighten; scare; **assustar-se** *be frightened

astronomia (ersh-troo-noo-*mee*-er) *f* astronomy

astuto (ersh-*too*-too) *adj* clever; sly

atacador (ah-tah-ker-*dhoar*) *m* shoe-lace, lace

atacar (er-ter-*kahr*) *v* attack, assault; *strike

atalho (er-*tah*-lYoo) *m* trail

ataque (er-*tah*-ker) *m* attack, fit; stroke

atar (er-*tahr*) *v* tie; bundle, *bind, attach, fasten; ~ **num molho** bundle

atarefado (er-ter-rer-*fah*-dhoo) *adj* busy

até (er-*teh*) *prep* till; until; to; ~ a-gora so far; ~ **que** till

atenção (er-tayng-*serng*ᵂ) *f* (pl -ções) attention; notice, consideration; **prestar** ~ mind; **prestar** ~ a attend to; *pay attention to, mind

atencioso (er-tayng-sᵞoa-zoo) *adj* considerate; thoughtful

atender (er-tayng-*dayr*) *v* attend on

atento (er-*tayng*n-too) *adj* attentive

aterrador (er-ter-rrer-*dhoar*) *adj* terrifying

aterrar (er-ter-*rrahr*) *v* land

aterrorizar (er-ter-rroo-ree-*zahr*) *v* terrify

atestado (er-tɪsh-*tah*-dhoo) *adj* full up; *m* certificate; ~ **de saúde** health certificate

atestar (er-tɪsh-*tahr*) *v* fill up

ateu (er-*tay*ᵒᵒ) *m* (f ateia) atheist

atingir (er-teeng-*zheer*) *v* attain; *hit

atirar (er-tee-*rahr*) *v* *throw, *cast

atitude (er-tee-*too*-dher) *f* attitude; position

Atlântico (ert-*lerng*n-tee-koo) *m* Atlantic

atleta (ert-*leh*-ter) *m* athlete

atletismo (ert-ler-*teezh*-moo) *m* athletics *pl*

atmosfera (ert-moosh-*feh*-rer) *f* atmosphere

atómico (er-*to*-mee-koo) *adj* atomic

átomo (*ah*-tuu-muu) *m* atom

atordoado (er-toor-*dhwah*-dhoo) *adj* dizzy, giddy

atormentar (er-toor-mayngn-*tahr*) *v* torment

atracar (er-trer-*kahr*) *v* moor

atracção (er-trah-*serng*ᵂ) *f* (pl -ções) attraction

atractivo (er-trah-*tee*-voo) *m* attraction

atraente (er-trer-*ayng*n-ter) *adj* attractive

*atrair (er-trer-*eer*) *v* attract

atrás (er-*trahsh*) *adv* behind; back; ~ **de** behind

atrasado (er-trer-*zah*-dhoo) *adj* late; overdue

atrasar (er-trer-*zahr*) *v* delay

atraso (er-*trah*-zoo) *m* delay

através (er-trer-*vehsh*) *adv* across, through; ~ **de** through

atravessar (er-trer-ver-*sahr*) *v* cross, pass through; *go through

atrevido (er-trer-*vee*-dhoo) *adj* bold

*atribuir (er-tree-*bhweer*) *v* allot ~ **a** assign to

átrio (*ah*-trᵞoo) *m* lobby

atroz (er-*trosh*) *adj* horrible

atum (er-*toong*) *m* tuna

audácia (ou-*dhah*-sᵞer) *f* nerve

audiência (erᵒᵒ-*dh*ᵞayng-sᵞer) *f* audience

auditório (erᵒᵒ-dhee-*to*-rᵞoo) *m* auditorium

audível (ou-*dhee*-vehl) *adj* (pl -eis)

audible

aula (ou-ler) f lesson

aumentar (ou-mayngn-tahr) v increase; raise

aumento (ou-mayngn-too) m increase; rise; raise nAm; ~ **de salário** raise nAm

aurora (ou-ro-rah) f dawn

auscultador (oush-kool-ter-dhoar) m receiver; stethoscope

ausência (ou-zayng-sYer) f absence

ausente (ou-zayngn-ter) adj absent; away

Austrália (oush-trah-lYer) f Australia

australiano (oush-trer-lYer-noo) adj Australian; m Australian

Áustria (oush-trYer) f Austria

austríaco (oush-tree-er-koo) m Austrian, adj Austrian

autêntico (ou-tayngn-tee-koo) adj authentic; original

autocarro (ou-too-kah-rroo) m coach, bus

auto-estrada (ou-tōōᵉᵉsh-trah-dher) f motorway; highway nAm

automático (ou-too-mah-tee-koo) adj automatic; **distribuidor** ~ **de selos** stamp machine

automatização (ou-too-mer-tee-zer-serngʷ) f (pl -ções) automation

automobilismo (ou-too-moo-bhee-leezh-moo) m motoring

automobilista (ou-too-moo-bhee-leesh-ter) m motorist

automóvel (ou-too-mo-vehl) m (pl -eis) automobile; motor-car; **andar de** ~ *ride

autonomia (ou-too-noo-mee-er) f self-government

autónomo (ou-to-noo-moo) adj independent, autonomous

autópsia (ou-top-sYer) f autopsy

autor (ou-toar) m author

autoridade (ou-too-ree-dhah-dher) f authority

autoritário (ou-too-ree-tah-rYoo) adj authoritarian

autorização (ou-too-ree-zer-serngʷ) f (pl -ções) permission, authorization, permit; ~ **de residência** residence permit; ~ **de trabalho** work permit; labor permit Am

autorizar (ou-too-ree-zahr) v license; ~ **a** allow to; *estar **autorizado** *be allowed

auto-serviço (ou-too-serr-vee-soo) m self-service

auxiliar (ou-see-lYahr) v assist, aid

avalanche (er-ver-lerng-sher) f avalanche

avaliação (er-ver-lYer-serngʷ) f (pl -ções) appreciation

avaliar (er-ver-lYahr) v value; appreciate, evaluate

avançar (er-verng-sahr) v *get on, advance; *go ahead, *go on

avanço (er-verng-soo) m lead; advance

avante (er-verngn-ter) adv forward

avarento (er-ver-rayngn-too) adj avaricious

avaria (er-ver-ree-er) f breakdown

avariado (er-ver-rYah-dhoo) adj out of order, broken

avariar-se (er-ver-rYahr-ser) v *break down

ave (ah-ver) f bird; ~ **marinha** seabird; **aves de criação** poultry, fowl

aveia (er-vay-er) f oats pl

avelã (er-ver-lerng) f hazelnut

avenida (er-ver-nee-dher) f avenue

avental (er-vayngn-tahl) m (pl -ais) apron

aventura (er-vayngn-too-rer) f adventure; affair

aventurar (er-vayngn-too-rahr) v venture

aversão (er-verr-serngʷ) f (pl -sões)

dislike, aversion

do avesso (doo er-*veh*-soo) inside out

avestruz (er-vish-*troosh*) f ostrich

avião (er-v^{Y}er*ng*^{W}) m (pl aviões) aeroplane; aircraft, plane; airplane *nAm*; ~ **a jacto** jet

avisar (er-vee-*sahr*) v caution, warn; notify

aviso (er-*vee*-zoo) m warning; notice

avistar (er-veesh-*tahr*) v *see

avó (er-vo) f grandmother; **avozinha** grandmother

avô (er-*voa*) m grandfather; granddad; **avós** grandparents pl; **avozinho** grandfather

à-vontade (ah-vawngn-*tah*-dher) m at ease, ease

azáfama (er-*zah*-fer-mer) f bustle

azar (er-*zahr*) m bad luck; chance

azedo (er-*zay*-dhoo) adj sour

azeite (er-*zay*-ter) m olive oil

azeitona (er-zay-*toa*-ner) f olive

azia (er-*zee*-er) f heartburn

azinhaga (er-zee-*ñah*-ger) f lane

azoto (er-*zoa*-too) m nitrogen

azul (er-*zool*) adj (pl azuis) blue

azulejo (er-zoo-*lay*-zhoo) m tile

B

bacalhau (ber-ker-l^{Y}ou) m cod

bacia (ber-*see*-er) f basin

baço (*bah*-soo) adj mat, dull, dim

bacon (bay-*kern*) m bacon

bactéria (berk-*teh*-r^{Y}er) f bacterium

baga (*bah*-ger) f berry

bagageira (ber-ger-*zhay*-rer) f luggage rack

bagagem (ber-*ger*-zher*ng*^{Y}) f baggage, luggage; ~ **de mão** hand luggage; hand baggage *Am*

baía (ber-*ee*-er) f bay

bailado (bigh-*lah*-dhoo) m ballet

baile (*bigh*-ler) m ball

bainha (ber-*ee*-ñer) f hem

bairro (*bigh*-rroo) m district, quarter; ~ **pobre** slum

baixa-mar (bigh-sher-*mahr*) f low tide

baixar (bigh-*shahr*) v lower

baixo (*bigh*-shoo) adj short; low; m bass; **em** ~ below; downstairs; **para** ~ down; downwards, downstairs

bala (*bah*-ler) f bullet

balança (ber-*lerng*-ser) f scales; weighing-machine

balançar (ber-lerng-*sahr*) v *swing; **balançar-se** *swing

balancé (ber-lerng-*seh*) m seesaw

balanço (ber-*lerng*-soo) m balance; *mBr* swing

balão (ber-*lerng*^{W}) m (pl balões) balloon

balas (*bah*-lersh) fpl*Br* sweets

balaustrada (ber-loush-*trah*-dher) f rail

balbuciar (bahl-boo-s^{Y}ahr) v falter

balcão (bahl-*kerng*^{W}) m (pl -cões) counter; circle

balde (*bahl*-der) m bucket, pail

balé (bah-*leh*) m*Br* ballet

baleia (ber-*lay*-er) f whale

baliza (ber-*lee*-zer) f goal

balofo (ber-*loa*-foo) adj flaccid

baloiçar (ber-loi-*sahr*) v rock

baloiço (ber-*loi*-soo) m swing

bambu (ber*ng*m-boo) m bamboo

banana (ber-*ner*-ner) f banana

banco (*ber*ng-koo) m bench; bank

banda (*ber*ng-der) f band

bandeira (ber*ng*n-*day*-rer) f flag

bandido (ber*ng*n-*dee*-dhoo) m bandit

banhar-se (ber-*ñahr*-ser) v bathe

banheira (ber-*ñay*-rer) f bathtub

banheiro (ber-*ñay*-roo) m*Br* bathroom

banho (*ber*-ñoo) m bath; ~ **turco**

Turkish bath; **tomar** ∼ bathe; **tomar um** ∼ **de sol** sunbathe; **touca de** ∼ bathing-cap; **traje de** ∼ *Br* bathing-suit

banquete (berng-kay-ter) *m* banquet

baptismo (bah-*teezh*-moo) *m* christening, baptism

baptizar (bah-tee-*zahr*) *v* christen, baptize

bar (bahr) *m* saloon, bar; public house

baralhar (ber-rer-*lʸahr*) *v* shuffle

barato (ber-*rah*-too) *adj* cheap, inexpensive

barba (*bahr*-ber) *f* beard; ***fazer a** ∼ shave

barbaridade (berr-ber-ree-*dhah*-dher) *f* barbarity

*barbear-se (berr-*bʸahr*-ser) *v* shave

barbeiro (berr-*bay*-roo) *m* barber

barco (*bahr*-koo) *m* boat; ∼ **a motor** launch, motor-boat; ∼ **a remos** rowing-boat; ∼ **a vapor** steamer; ∼ **à vela** sailing-boat

barítono (ber-*ree*-too-noo) *m* baritone

barómetro (ber-*ro*-mer-troo) *m* barometer

barquinho (berr-*kee*-ño) *m* dinghy

barra (*bah*-rrer) *f* bar; rail

barraca (ber-*rrah*-ker) *f* shed

barragem (ber-*rrah*-zherngʸ) *f* dam

barreira (ber-*rray*-rer) *f* barrier; ∼ **de protecção** crash barrier

barrete (ber-*rray*-ter) *m* cap

barrica (ber-*rree*-ker) *f* keg

barriga (ber-*rree*-ger) *f* stomach; ∼ **da perna** calf

barril (ber-*rreel*) *m* (pl -is) cask; barrel

barro (*bah*-roo) *m* terracotta

barroco (ber-*rroa*-koo) *adj* baroque

barulho (ber-*roo*-lʸoo) *m* noise

base (*bah*-zer) *f* basis, base

*basear (ber-*zʸahr*) *v* base

basebol (*bayz*-bhol) *m* baseball

basílica (ber-*zee*-lee-ker) *f* basilica

bastante (bersh-*terng*-ter) *adj* sufficient, enough; *adv* quite, rather, pretty, fairly

bastar (bersh-*tahr*) *v* *do, suffice

bastardo (bersh-*tahr*-dhoo) *m* bastard

bata (*bah*-ter) *f* smock

batalha (ber-*tah*-lʸer) *f* battle

batata (ber-*tah*-ter) *f* potato; **batatas fritas** chips

batedeira (ber-ter-*dhay*-rer) *f* mixer

bater (ber-*tayr*) *v* *beat; whip, bump, knock, tap, smack, *strike, slap, *hit; ∼ **as palmas** clap

bateria (ber-ter-*ree*-er) *f* battery

baton (bah-*tawng*) *m* lipstick

baú (ber-*oo*) *m* trunk

baunilha (bou-*nee*-lʸer) *f* vanilla

bêbado (*bay*-bher-dhoo) *adj* drunk

bebé (beh-*bheh*) *m* baby; **alcofa de** ∼ carry-cot; **carrinho de** ∼ pram; baby carriage *Am*

beber (ber-*bhayr*) *v* *drink

beberete (ber-bher-*ray*-ter) *m* cocktail

bebida (ber-*bhee*-dher) *f* beverage, drink; ∼ **não alcoólica** soft drink; **bebidas alcoólicas** spirits, liquor

beco (*bay*-koo) *m* alley; ∼ **sem saída** cul-de-sac

bege (behzh) *adj* beige

beijar (bay-*zhahr*) *v* kiss

beijo (*bay*-zhoo) *m* kiss

beira (*bay*-rer) *f* bank; **à** ∼ **de** on the edge of

beira-mar (bay-rer-*mahr*) *f* seashore; shore

beira-rio (bay-rer-*rreeoo*) *f* riverside

belas-artes (beh-lerz-*ahr*-tısh) *fpl* fine arts

belbutina (behl-boo-*tee*-ner) *f* velveteen

beleza (ber-*lay*-zer) *f* beauty

belga (*behl*-ger) *adj* Belgian; *m* Belgian

Bélgica (behl-zhee-ker) f Belgium

beliche (ber-lee-sher) m bunk, berth

beliscar (ber-leesh-kahr) v pinch

belo (beh-loo) adj fine, beautiful; handsome

bem (bernɡY) adv well; **bem!** well!; **está bem!** all right!

bem-estar (bernɡY-ɪsh-tahr) m comfort; welfare

benção (baynɡ-sernɡW) f (pl ~s) blessing

*****bendizer** (bernɡY-dee-zayr) v bless

beneficiar (ber-ner-fee-sYahr) v benefit

beneficiário (ber-ner-fee-sYah-rYoo) m payee

benefício (ber-neh-fee-koo) m benefit, profit

bengala (baynɡnɡ-gah-ler) f cane; walking-stick

bengaleiro (baynɡnɡ-ger-lay-roo) m hat rack

bens (baynɡeesh) mpl possessions; goods pl, belongings pl

benvindo (bernɡY-veenɡn-doo) adj welcome

berço (bayr-soo) m cradle

beringela (ber-reenɡ-zheh-ler) f eggplant

berlinde (berr-leenɡn-der) m marble

berma (behr-mer) f roadside

berrar (ber-rrahr) v yell

berro (beh-rroo) m yell

betão (ber-ternɡW) m concrete

beterraba (ber-ter-rrah-bher) f beet; beetroot

bétula (beh-too-ler) f birch

bexiga (ber-shee-ger) f bladder; **bexigas doidas** chicken-pox

bíblia (bee-bhlYer) f bible

biblioteca (bee-bhlYoo-teh-ker) f library

bicha (bee-sher) f queue; *****fazer ~**

queue

bicho (bee-shoo) m worm; animal

bicicleta (ber-see-kleh-ter) f cycle, bicycle; ~ **a motor** moped; motor-bike nAm

bico (bee-koo) m point; nozzle; beak

bicudo (bee-koo-dhoo) adj pointed

biela (bYeh-ler) f piston-rod

bife (bee-fer) m steak

bifurcação (bee-foor-ker-sernɡW) f (pl -cões) road fork, fork

bifurcar (bee-foor-kahr) v fork

bigode (bee-go-dher) m moustache

bilha (bee-lYer) f pitcher

bilhar (bee-lYahr) m billiards pl

bilhete (bee-lYay-ter) m ticket; ~ **de gare** platform ticket; ~ **gratuito** free ticket; ~ **postal** postcard

bilheteira (bee-lYer-tay-rer) f box-office; ~ **automática** ticket machine; ~ **de reservação** box-office

bilheteria (bee-lYer-ter-ree-er) fBr box-office

bilião (bee-lYernɡW) m (pl -iões) billion

bilingue (bee-leenɡ-gwer) adj bilingual

bílis (bee-leesh) f bile; gall; **vesícula biliar** gall bladder

binóculo (bee-no-koo-loo) m binoculars pl; field glasses

biologia (bYoo-loo-zhee-er) f biology

biombo (bYawnɡm-boo) m screen

biscoito (beesh-koi-too) m biscuit; cookie nAm

bispo (beesh-poo) m bishop

bloco (blo-koo) m block; ~ **de notas** writing-pad; pad; ~ **de papel** writing-pad; ~ **habitacional** house block Am

*****bloquear** (bloo-kYahr) v block

blusa (bloo-zer) f blouse

boate (bwaht) f nightclub

bobagem (boa-bhah-zhernɡY) fBr rubbish

bobina (boo-*bhee*-ner) *f* spool; ~ **de ignição** ignition coil

boca (*boa*-ker) *f* mouth

bocadinho (poa-koo-*shee*-ñoo) *m* bit

bocado (boo-*kah*-dhoo) *m* bite; fragment; morsel, part, lump

bocejar (boo-sı-*zhahr*) *v* yawn

bode (*bo*-dher) *m* goat; ~ **expiatório** scapegoat

bofetada (boo-fer-*tah*-dher) *f* slap

boi (boi) *m* ox

bóia (*bo*-ᵛer) *f* buoy

boina (*boi*-ner) *f* beret

bola (*bo*-ler) *f* ball; ~ **de futebol** football

bolacha (boo-*lah*-sher) *f* waffle; ~ **de baunilha** wafer

bolbo (*boal*-bhoo) *m* bulb

boletim (boo-ler-*teeng*) *m* bulletin; ~ **meteorológico** weather forecast

bolha (*boa*-lᵛer) *f* bubble; blister

Bolívia (boo-*lee*-v·ᵛer) *f* Bolivia

boliviano (boo-lee-v·ᵛah-noo) *adj* Bolivian; *m* Bolivian

bolo (*boa*-loo) *m* cake

bolor (boo-*loar*) *m* mildew

bolorento (boo-loo-*rayngn*-too) *adj* mouldy

bolota (boo-*lo*-ter) *f* acorn

bolsa (*boal*-ser) *f* pouch, bag; stock market, exchange, stock exchange; ~ **de estudos** scholarship; ~ **de valores** stock exchange

bolso (*boal*-soo) *m* pocket

bom (bawng) *adj* (f **boa**; pl **bons**) good; kind; well; nice; **é boa!** indeed!

bomba (*bawngm*-ber) *f* bomb; pump; ~ **de água** water pump; ~ **de gasolina** petrol pump; fuel pump *Am;* *dar à ~ pump

*bombardear** (bawngm-berr-d·ᵛahr) *v* bomb

bombazina (bawngm-ber-*zee*-ner) *f* corduroy

*bombear** (bawngm-b·ᵛahr) *vBr* pump

bombeiros (bawngm-*bay*-roosh) *mpl* fire-brigade

bombom (bawngm-*bawng*) *m* chocolate

bombordo (bawngm-*boar*-dhoo) *m* port

bonde (*boan*-der) *mBr* tram, streetcar *nAm*

bondoso (bawngn-*doa*-zoo) *adj* good-natured; kind

boné (boo-*neh*) *m* cap

boneca (boo-*neh*-ker) *f* doll

bonito (boo-*nee*-too) *adj* pretty; nice, fair, good-looking

boquilha (boo-*kee*-lᵛer) *f* cigarette-holder

borboleta (boor-boo-*lay*-ter) *f* butterfly

borbulha (boor-*boo*-lᵛer) *f* pimple

borda (*bor*-dher) *f* verge, edge, brim, border, rim

bordado (boor-*dah*-dhoo) *m* embroidery

bordar (boor-*dahr*) *v* embroider

bordel (boor-*dehl*) *m* (pl -déis) brothel

a bordo (er *bor*-doo) aboard

borracha (boo-*rrah*-sher) *f* rubber; eraser

borrão (boo-*rrerng*ᵂ) *m* (pl -rões) blot

borrego (boo-*rray*-goo) *m* lamb

bosque (*boash*-ker) *m* wood

bota (*bo*-ter) *f* boot; **botas de esqui** ski boots

botânica (boo-*ter*-nee-ker) *f* botany

botão (boo-*terng*ᵂ) *m* (pl **botões**) button; push-button; bud; ~ **de colarinho** collar stud; **botões de punho** cuff-links *pl*; **casa de ~** buttonhole

boutique (boo-*tee*-ker) *f* boutique

bowling (*boa*-leeng) *m* bowling

braço (*brah*-soo) *m* arm; **de ~ dado** arm-in-arm

brado (*brah*-dhoo) *m* cry

braguilha (*brer*-*gee*-lYah) *f* fly

bramir (*brer*-*meer*) *v* roar

branco (*brerng*-koo) *adj* white; **em ~** blank

brando (*brerng*-dhoo) *adj* tender, soft; smooth

Brasil (*brer*-*zeel*) *m* Brazil

brasileiro (*brer*-zee-*lay*-roo) *adj* Brazilian; *m* Brazilian

brecha (*breh*-sher) *f* breach; gap

breve (*breh*-ver) *adj* brief; **dentro em ~** shortly; **em ~** soon

brevemente (*breh*-ver-*mayng*-ter) *adv* shortly, soon

bridge (breej) *m* bridge

briga (*bree*-ger) *f* quarrel, dispute

brilhante (*bree*-*lYerng*-ter) *adj* brilliant; *m* diamond

brilhar (*bree*-*lYahr*) *v* *shine; glow

brilho (*bree*-*lYoo*) *m* glare; glow

brincar (*breeng*-*kahr*) *v* play

brinco (*breeng*-koo) *m* earring

brinde (*breeng*-der) *m* toast

brinquedo (*breeng*-*kay*-dhoo) *m* toy

brioche (*bree*-osh) *m* bun

brisa (*bree*-zer) *f* breeze

britânico (*bree*-*ter*-nee-koo) *adj* British; *m* Briton

broca (*bro*-ker) *f* drill

brocar (*broo*-*kahr*) *v* bore; drill

broche (*bro*-sher) *m* brooch

brochura (*broo*-*shoo*-rer) *f* brochure

bronquite (*brawng*-*kee*-ter) *f* bronchitis

bronze (*brawng*-zer) *m* bronze; **de ~** bronze

bronzeado (*brawng*-z*Y*ah-dhoo) *adj* tanned

bruços (*broo*-soosh) *mpl* breast-stroke; **de ~** face downwards

bruma (*broo*-mer) *f* haze

brutal (*broo*-*tahl*) *adj* (pl -ais) brutal

bruto (*broo*-too) *adj* gross; *m* brute

bruxa (*broo*-sher) *f* witch

bufete (*boo*-*fay*-ter) *m* buffet

bule (*boo*-ler) *m* teapot

Bulgária (*bool*-*gah*-r*Y*er) *f* Bulgaria

búlgaro (*bool*-ger-roo) *adj* Bulgarian; *m* Bulgarian

buraco (*boo*-*rah*-koo) *m* hole

burguês (*boor*-*gaysh*) *adj* middle-class, bourgeois

burla (*boor*-ler) *f* swindle

burlão (*boor*-*lerng*w) *m* (pl -lões) swindler

burlar (*boor*-*lahr*) *v* swindle

burocracia (*boo*-roo-krer-*see*-er) *f* bureaucracy

burro (*boo*-rroo) *m* ass, donkey

busca (*boosh*-ker) *f* search

buscar (*boosh*-*kahr*) *v* look for; *ir ~** fetch; collect

bússola (*boo*-soo-ler) *f* compass

busto (*boosh*-too) *m* bust

buzina (*boo*-zee-ner) *f* horn; hooter

buzinar (*boo*-zee-*nahr*) *v* hoot

búzio (*boo*-z*Y*oo) *m* winkle

C

cá (kah) *adv* here

cabana (*ker*-*bher*-ner) *f* cabin; hut

cabeça (*ker*-*bhay*-ser) *f* head; **~ do motor** cylinder head

cabeçalho (*ker*-bher-*sah*-lYoo) *m* headline

cabeçudo (*ker*-bhay-*soo*-dhoo) *adj* head-strong

cabedal (*ker*-bher-*dhahl*) *m* (pl -ais) leather

cabeleireiro (*ker*-bay-lay-*ray*-roo) *m* hairdresser

cabelo (ker-*bhay*-loo) m hair; ~ **postiço** hair piece

cabeludo (ker-bher-*loo*-dhoo) adj hairy

*****caber** (ker-*bhayr*) v *be contained in: fit in

cabide (ker-*bhee*-dher) m hanger; coat-hanger

cabina (ker-*bhee*-ner) f booth, cabin; ~ **telefónica** telephone booth

cabo (*kah*-bhoo) m handle; cape; cable

cabra (*kah*-bhrer) f goat

caça (*kah*-ser) f chase, hunt; game

caçador (ker-ser-*dhoar*) m hunter

caçar (ker-*sahr*) v hunt; ~ **furtivamente** poach

caçarola (ker-ser-*ro*-ler) f saucepan

cacete (ker-*say*-ter) m club, cudgel

cachimbo (kah-*sheengm*-boo) m pipe

cada (*kah*-dher) adj each, every; ~ **um** everyone

cadáver (ker-*dhah*-vehr) m corpse

cadeado (ker-dh^y^ah-dhoo) m padlock

cadeia (ker-*dhay*-er) f chain; gaol

cadeira (ker-*dhay*-rer) f chair; ~ **de braços** armchair; ~ **de lona** deck chair; ~ **de rodas** wheelchair

cadela (kah-*dheh*-ler) f bitch

café (ker-*feh*) m coffee; café

cafeína (ker-feh-ee-ner) f caffeine

cafetaria (ker-fer-*ter*-r^y^er) f cafeteria

cafeteira (ker-fer-*tay*-rer) f coffee-pot; ~ **de filtro** percolator

cãibra (*kerng*^y^m-brer) f cramp

*****cair** (ker-*eer*) v *fall; **deixar** ~ drop

cais (kighsh) m wharf, quay, dock

caixa (*kigh*-sher) f box; pay-desk; cashier; m carton; cashier; ~ **automática** cash dispenser, ATM; ~ **de cartão** carton; ~ **de ferramenta** tool-box; ~ **de fósforos** matchbox; ~ **de papelão** Br carton; ~ **de primeiros socorros** first-aid kit; ~ **de tintas** paint-box; ~ **de velocidades** gear-box; ~ **económica** savings bank

cal (kahl) f lime

calado (kah-*lah*-dhoo) adj silent; *****estar** ~ *be silent

calafrio (kah-ler-*free*^oo^) m chill

calamidade (kah-ler-mee-*dhah*-dher) f calamity

calar (ker-*lahr*) v silence: **calar-se** *keep quiet

calçada (kahl-*sah*-dher) f causeway

calçado (kahl-*sah*-dhoo) m footwear

calcanhar (kahl-ker-*ñahr*) m heel

calcar (kahl-*kahr*) v stamp

calças (*kahl*-sersh) fpl slacks pl, trousers pl; pants plAm; ~ **de esqui** ski pants; ~ **de ganga** jeans pl

calcinhas (kahl-*see*-ñersh) fpl knickers pl, panties pl

cálcio (*kahl*-s^Yoo^) m calcium

calções (kahl-*sawng*-ish) mpl shorts pl; briefs pl; ~ **de banho** swimming-trunks pl; ~ **de ginástica** gym-trunks

calculadora (kahl-koo-ler-*dhoarer*) f calculator

calcular (kahl-koo-*lahr*) v calculate, reckon

cálculo (*kahl*-koo-loo) m calculation; ~ **biliar** gallstone

calendário (ker-layngn-*dah*-r^Yoo^) m calendar

calista (ker-*leesh*-ter) m chiropodist

calmante (kahl-*merngn*-ter) m tranquillizer

calmo (*kahl*-moo) adj calm, quiet; sedate

calo (*kah*-loo) m callus; corn

calor (ker-*loar*) m warmth, heat

caloria (ker-loo-*ree*-er) f calorie

calúnia (ker-*loo*-n^Yer^) f slander

calvinismo (kahl-vee-*neezh*-moo) m Calvinism

cama (*ker*-mer) f bed; ~ **de acampa-**

mento camp-bed; cot *nAm;* ~ **e mesa** room and board; **duas camas** twin beds

camada (ker-*mah*-dher) *f* layer

camafeu (ker-mer-*fay*^{oo}) *m* cameo

câmara municipal (*ker*-mer-rer moo-ner-see-*pahl*) town hall

camarada (ker-mer-*rah*-dher) *m* comrade

câmara-de-ar (ker-mer-rer-*dhahr*) *f* inner tube

camarão (ker-mer-*rerng*^{w}) *m* (pl -rões) shrimp; ~ **grande** prawn

cambiante (kerngm-b^y*erng*n-ter) *m* nuance

câmbio (*kerng*m-b^{y}oo) *m* exchange rate; **casa de** ~ money exchange, exchange office

cambota (kerngm-*bo*-ter) *f* crankshaft

camelo (ker-*may*-loo) *m* camel

camião (ker-m^y*erng*^{w}) *m* (pl -iões) lorry; truck *nAm*

caminhar (ker-mee-*ñahr*) *v* step, walk

caminho (ker-*mee*-ñoo) *m* way; **a** ~ **de** bound for; **a meio** ~ halfway; **beira do** ~ wayside

caminho-de-ferro (ker-mee-ñoo-der-*feh*-roo) *m* railway; railroad *nAm*

camisa (ker-*mee*-zer) *f* shirt; vest; ~ **de dormir** nightdress

camiseta (ker-mee-*zay*-ter) *f Br* undershirt

camisola (ker-mee-*zo*-ler) *f* sweater, jumper; *fBr* nightdress; ~ **interior** undershirt

campainha (kerngm-per-*ee*-ñer) *f* bell; ~ **da porta** doorbell

campanário (kerngm-per-*nah*-r^{y}oo) *m* steeple

campanha (kerngm-*per*-ñer) *f* campaign

campeão (kerngm-p^y*erng*^{w}) *m* (pl -eões) champion

campismo (kerngm-*peezh*-moo) *m* camping; **parque de** ~ camping site

campista (kerngm-*peesh*-ter) *m* camper

campo (*kerng*m-poo) *m* field; country, countryside; ~ **de aviação** airfield

camponês (kerngm-poo-*naysh*) *m* peasant

camurça (ker-*moor*-ser) *f* suede

cana (*ker*-ner) *f* cane; reed

Canadá (ker-*nah*-dher) *m* Canada

canadiano (ker-nah-d^{y}er-noo) *adj* Canadian; *m* Canadian

canal (ker-*nahl*) *m* (pl -ais) channel; canal; **Canal da Mancha** English Channel

canalizador (ker-ner-lee-zer-*dhoar*) *m* plumber

canário (ker-*nah*-r^{y}oo) *m* canary

canção (kerng-*serng*^{w}) *f* (pl -ções) song; ~ **popular** folk song

cancela (kerng-*seh*-ler) *f* barrier; gate

cancelamento (kerng-ser-ler-*mayng*n-too) *m* cancellation

cancelar (kerng-ser-*lahr*) *v* cancel

cancro (*kerng*-kroo) *m* cancer

candeeiro (kerngn-d^y*ay*-roo) *m* lamp; ~ **de mesa** reading-lamp

candelabro (kerngn-der-*lah*-bhroo) *m* candelabrum

candidato (kerngn-dee-*dhah*-too) *m* candidate

candidatura (kerngn-dee-dhah-*too*-rer) *f* application

caneca (ker-*neh*-ker) *f* mug

canela (ker-*neh*-ler) *f* cinnamon; shinbone

caneta (ker-*nay*-ter) *f* pen; ~ **de tinta permanente** fountain-pen; ~ **esferográfica** ballpoint-pen

canga (*kerng*-ger) *f* yoke

canguru (*kerng*-goo-*roo*) *m* kangaroo

cânhamo (*ker*-ñer-moo) *m* hemp; canvas

canhão (ker-*ñerng*ʷ) *m* (pl -hões) gun
canhoto (ker-*ñoa*-too) *adj* left-handed
canil (ker-*neel*) *m* (pl -is) kennel
canivete (ker-nee-*veh*-ter) *m* pocket-knife, penknife
cano (ker-*noo*) *m* pipe; tube
canoa (ker-*noa*-er) *f* canoe
cansaço (kerng-*sah*-soo) *m* tiredness
cansado (kerng-*sah*-dhoo) *adj* weary, tired
cansar (kerng-*sahr*) *v* tire
cantar (kerngn-*tahr*) *v* *sing
canteiro (kerngn-*tay*-roo) *m* flowerbed
cantina (kerngn-*tee*-ner) *f* canteen
canto (kerngn-*too*) *m* singing; corner
cantor (kerngn-*toar*) *m* singer
cantora (kerngn-*toa*-rer) *f* singer
cão (kerng ʷ) *m* (pl cães) dog; ~ de cego guide-dog; **casota do** ~ kennel
caos (*koush*) *m* chaos
caótico (ker-*o*-tee-koo) *adj* chaotic
capa (*kah*-per) *f* cape; cover; jacket, sleeve; ~ **de chuva** *Br* raincoat, mackintosh
capacete (ker-per-*say*-ter) *m* helmet
capacidade (ker-per-see-*dhah*-dher) *f* capacity; ability; faculty
capataz (ker-per-*tahsh*) *m* foreman
capaz (ker-*pahsh*) *adj* able, capable; *ser ~ de *be able to
capela (ker-*peh*-ler) *f* chapel
capelão (ker-per-*lerng*ʷ) *m* (pl -ães) chaplain
capelista (ker-per-*leesh*-ter) *m* haberdashery
capital (ker-pee-*tahl*) *adj* (pl -ais) capital; *f* capital; *m* capital
capitalismo (ker-pee-ter-*leez*-moo) *m* capitalism
capitão (ker-pee-*terng*ʷ) *m* (pl -ães) captain
capitulação (ker-pee-too-ler-*serng*ʷ) *f* (pl -ções) capitulation

capricho (ker-*pree*-shoo) *m* fancy, whim, fad
cápsula (*kahp*-soo-ler) *f* capsule
captura (kerp-too-rer) *f* capture
capturar (kerp-too-*rahr*) *v* capture
capuz (ker-*poosh*) *m* hood
caqui (ker-*kee*) *m* khaki
cara (*kah*-rer) *f* face
caracol (ker-rer-*kol*) *m* (pl -cóis) snail; curl
carácter (ker-*rah*-tehr) *m* character
característica (ker-rer-ter-*reesh*-tee-ker) *f* characteristic; quality; feature
característico (ker-rer-ter-*reesh*-tee-koo) *adj* characteristic; typical
caracterizar (ker-rer-ter-ree-*zahr*) *v* mark, characterize
caramelo (ker-rer-*meh*-loo) *m* caramel; toffee
caranguejo (ker-rerng-*gay*-zhoo) *m* crab
caravana (kah-rah-*ver*-ner) *f* caravan; trailer *nAm*
carburador (kerr-boo-rer-*dhoar*) *m* carburettor
carcaça (kerr-*kah*-ser) *f* wreck
carcereiro (kerr-ser-ray-roo) *m* jailer
cardápio (kahr-*dhahp*-Yoo) *mBr* menu
cardeal (kerr-*dh*ʸ*ahl*) *m* (pl -ais) cardinal; *adj* cardinal
cardo (*kahr*-doo) *m* thistle
careca (ker-*reh*-ker) *adj* bald
carecer de (ker-rer-*sayr*) lack
carência (ker-*rayng*ʸer) *f* shortage, lack, want
careta (ker-*ray*-ter) *f* grin
carga (*kahr*-ger) *f* cargo, freight; charge
cargo (*kahr*-goo) *m* office, duty, function
caridade (ker-ree-*dhah*-dher) *f* charity
caril (ker-*reel*) *m* curry
carimbo (ker-*reengm*-boo) *m* stamp

Carnaval (kerr-ner-*vahl*) *m* (pl -ais) carnival

carne (*kahr*-ner) *f* flesh; meat; ~ **de carneiro** mutton; ~ **de porco** pork; ~ **de vaca** beef

carneiro (kerr-*nay*-roo) *m* sheep, ram

caro (*kah*-roo) *adj* dear, expensive; precious

caroço (ker-*roa*-soo) *m* pip; stone

carpa (*kahr*-per) *f* carp

carpinteiro (kerr-peengn-*tay*-roo) *m* carpenter

carrasco (ker-*rrahsh*-koo) *m* executioner

carregador (ker-rrer-ger-*dhoar*) *m* porter

carregamento (ker-rrer-ger-*mayngn*-too) *m* cargo, charge, load

carregar (ker-rrer-*gahr*) *v* charge, load; press; ~ **em** press

carreira (ker-*rray*-rer) *f* career

carreiro (ker-*rray*-roo) *m* path

carrilhão (ker-rree-*lYerngw*) *m* (pl -hões) chimes *pl*

carro (*kah*-rroo) *m* car; **carrinho de mão** wheelbarrow; ~ **de desporto** sports-car

carroça (ker-*rro*-ser) *f* cart

carroçaria (ker-rroo-ser-*rree*-er) *f* body-work

carro-esporte (kah-rroo-ish-*por*-ter) *mBr* sportscar

carrossel (ker-rroo-*sehl*) *m* (pl -séis) merry-go-round

carruagem (ker-*rrwah*-zherngY) *f* coach, carriage

carruagem-cama (ker-rrwah-zherngY-ker-mer) *f* sleeping-car, Pullman

carruagem-restaurante (ker-rrwah-zherngY-rrish-tou-*rerngn*-ter) *f* dining-car

carta (*kahr*-ter) *f* letter; ~ **de condução** driving licence; ~ **de crédito** letter of credit; ~ **de jogar** play-ing-card; ~ **de recomendação** letter of recommendation; ~ **registada** registered letter; ~ **verde** green card

cartão (kerr-*terngw*) *m* (pl -tões) cardboard; card; ~ **de crédito** credit card; charge plate *Am*; ~ **de visita** visiting-card; **de** ~ cardboard

cartaz (kerr-*tahsh*) *m* placard; poster

carteira (kerr-*tay*-rer) *f* wallet, pocket-book; bag; desk; ~ **de escola** desk; ~ **de motorista** *Br* driving licence

carteiro (kerr-*tay*-roo) *m* postman

cárter (*kahr*-terr) *m* crankcase

cartilagem (kerr-tee-*lah*-zherngY) *f* cartilage

cartucho (kerr-*too*-shoo) *m* cartridge

carvalho (kerr-*vah*-lYoo) *m* oak

carvão (kerr-*verngw*) *m* coal; ~ **de lenha** charcoal

casa (*kah*-zer) *f* house; ~ **de banho** bathroom; ~ **de campo** cottage, country house; ~ **de repouso** rest-home; ~ **flutuante** houseboat; **dentro de** ~ indoors; **dona de** ~ housewife; mistress; **em** ~ at home; **em** ~ **de** with; **lida da** ~ housekeeping, housework; **para** ~ home

casacão (ker-zer-*kerngw*) *m* (pl -cões) coat; cloak

casaco (ker-*zer*-koo) *m* coat; jacket; ~ **de malha** cardigan; ~ **de peles** fur coat; ~ **desportivo** sports-jacket, blazer

casa-forte (kah-zer-*for*-ter) *f* vault

casal (ker-*zahl*) *m* (pl -ais) farm-house; married couple

casamento (ker-zer-*mayngn*-too) *m* marriage; wedding

casar-se (ker-*zahr*-ser) *v* marry

casca (*kahsh*-ker) *f* bark; peel; skin;

shell; ~ **de noz** nutshell

cascalho (kersh-*kah*-lᵞoo) *m* gravel

casco (*kahsh*-koo) *m* hoof

caseiro (ker-*zay*-roo) *adj* home-made

casino (ker-*zee*-noo) *m* casino

caso (*kah*-zoo) *m* case; instance, event; ~ **que** in case; **em** ~ **algum** by no means; **em** ~ **de** in case of; *****fazer** ~ **de** *****pay attention to

caspa (*kahsh*-per) *f* dandruff

casquilho (kersh-*kee*-lᵞoo) *m* socket

cassino (kah-*see*-noo) *mBr* casino

castanha (kersh-*ter*-ñer) *f* chestnut

castanho (kersh-*ter*-ñoo) *adj* brown; ~ **claro** fawn; ~ **encarniçado** auburn

castelo (kersh-*teh*-loo) *m* castle

castigar (kersh-tee-*gahr*) *v* punish

castigo (kersh-*tee*-goo) *m* penalty, punishment

casto (*kahsh*-too) *adj* chaste

castor (kersh-*toar*) *m* beaver

casual (ker-*zwahl*) *adj* (pl -ais) casual

catacumba (ker-ter-*koom*-ber) *f* catacomb

catálogo (ker-*tah*-loo-goo) *m* catalogue

catarro (ker-*tah*-rroo) *m* catarrh

catástrofe (ker-*tahsh*-troo-fer) *f* calamity, disaster, catastrophe

catedral (ker-ter-*dhrahl*) *f* (pl -ais) cathedral

categoria (ker-ter-goo-*ree*-er) *f* category; sort

categórico (ker-ter-*go*-ree-koo) *adj* explicit; downright

católico (ker-*to*-lee-koo) *adj* catholic; Roman Catholic

catorze (ker-*toar*-zer) *num* fourteen

caução (kou-*serng*ʷ) *f* (pl -ções) guarantee, bail

cauda (*kou*-dher) *f* tail

causa (*kou*-zer) *f* reason, cause; case; ~ **judicial** lawsuit; **por** ~ **de** be-

cause of, for; on account of

causar (kou-*zahr*) *v* cause

cautela (kou-*teh*-ler) *f* caution

cavaco (ker-*vah*-koo) *m* chat

cavala (ker-*vah*-ler) *f* mackerel

cavaleiro (ker-ver-*lay*-roo) *m* horseman, rider; knight

cavalheiro (ker-ver-*lᵞay*-roo) *m* gentleman

cavalho-de-batalha (ker-vah-loo-der-ber-*tah*-lᵞer) *m* hobby-horse

cavalo (ker-*vah*-loo) *m* horse; ~ **de corridas** race-horse

cavalo-vapor (ker-vah-loo-ver-*poar*) *m* horsepower

*****cavaquear** (ker-ver-*kᵞahr*) *v* chat

cavar (ker-*vahr*) *v* *****dig

cave (*kah*-ver) *f* basement; cellar

caverna (kah-*vehr*-ner) *f* cavern; cave

caviar (ker-*vᵞahr*) *m* caviar

cavidade (kah-vee-*dhah*-dher) *f* cavity

cavilha (kah-*vee*-lᵞer) *f* bolt

caxemira (ker-sher-*mee*-rer) *f* cashmere

cebola (ser-*bhoa*-ler) *f* onion; bulb

cebolinho (ser-bhoo-*lee*-ñoo) *m* chives *pl*

ceder (ser-*dhayr*) *v* indulge, *****give in

cedo (*say*-dhoo) *adv* early

cegar (ser-*gahr*) *v* blind

cego (*seh*-goo) *adj* blind

cegonha (ser-*goa*-ñer) *f* stork

ceia (*say*-er) *f* supper

ceifa (*say*-fer) *f* harvest

ceifar (*say*-fahr) *v* harvest

celebração (ser-ler-bhrer-*serng*ʷ) *f* (pl -ções) celebration

celebrar (ser-ler-*bhrahr*) *v* celebrate

celebridade (ser-ler-bhree-*dhah*-dher) *f* celebrity

celeiro (ser-*lay*-roo) *m* barn

celibatário (ser-lee-bher-tah-rᵞoo) *m* bachelor

celibato (ser-lee-*bhah*-too) *m* celibacy

celofane (ser-loo-*fer*-ner) m cellophane

célula (*seh*-loo-ler) f cell

cem (serngᵞ) num hundred

cemitério (ser-mee-*teh*-rᵞoo) m cemetery, churchyard, graveyard

cena (*say*-ner) f scene

cenário (ser-*nah*-rᵞoo) m setting

cenoura (ser-*noa*-rer) f carrot

censura (sayng-*soo*-rer) f censorship; reproach; blame

censurar (sayng-soo-*rahr*) v reproach; blame; censor

centavo (sayng-*tah*-voo) m 1/100 of an escudo or a cruzeiro

centena (sayng-*tay*-ner) f some hundred

centímetro (sayngn-*tee*-mer-troo) m centimetre

central (sayngn-*trahl*) adj (pl -ais) central; ~ **eléctrica** power-station; ~ **telefónica** telephone exchange

centralizar (sayngn-trer-lee-*zahr*) v centralize

centro (*sayngn*-troo) m centre; ~ **comercial** shopping centre; ~ **da cidade** town centre; ~ **de saúde** health centre; ~ **recreativo** recreation centre

cera (*say*-rer) f wax

cerâmica (ser-*rer*-mee-ker) f pottery, ceramics

cerca (*sayr*-ker) f fence; ~ **de** about

cercar (serr-*kahr*) v surround; encircle

cerco (*sayr*-koo) m siege

cereal (ser-rᵞahl) m (pl -ais) grain; **cereais** cereals pl

cérebro (*seh*-rer-bhroo) m brain

cereja (ser-*ray*-zher) f cherry

cerimónia (ser-ree-*mo*-nᵞer) f ceremony; **sem** ~ informal

certamente (sehr-ter-*mayngn*-ter) adv surely, naturally

certeza (serr-*tay*-zer) f certainty; **com** ~ of course

certidão (serr-tee-*dherng*ᵂ) f (pl -dões) certificate

certificado (serr-ter-fee-*kah*-dhoo) m certificate

certificar (serr-ter-fee-*kahr*) v certify; **certificar-se de** ascertain

certo (*sehr*-too) adj sure, certain; correct; **certos** some

cerveja (serr-*vay*-zher) f ale, beer; **fábrica de** ~ brewery; **fabricar** ~ brew

cervejaria (serr-vɪ-zher-*ree*-er) f pub

cessar (ser-*sahr*) v quit, stop, discontinue, cease

cesta (*saysh*-ter) f hamper

cesto (*saysh*-too) m basket; ~ **dos papéis** wastepaper-basket

cetim (ser-*teeng*) m satin

céu (seh°°) m heaven, sky

cevada (ser-*vah*-dher) f barley

chá (shah) m tea; **salão de** ~ teashop

chalé (shah-*leh*) m chalet

chaleira (shah-*lay*-rer) f kettle

chama (*sher*-mer) f flame

chamada (sher-*mah*-dher) f call; ~ **interurbana** trunk-call; ~ **local** local call; ~ **telefónica** telephone call

chamar (sher-*mahr*) v cry, call; name; recall; **chamar-se** *be called

chaminé (sher-mee-*neh*) f chimney

champanhe (sherngm-*per*-ñer) m champagne

champô (sherngm-*poa*) m shampoo

chantagem (sherngn-*tah*-zherngᵞ) f blackmail; *fazer ~ blackmail

chão (sherng*ᵂ*) m (pl ~s) floor

chapa (*shah*-per) f sheet; plate; ~ **da matrícula** registration plate

chapéu (sher-*peh*°°) m hat; **chapeleira de senhoras** milliner

charco (*shahr*-koo) m puddle

charlatão (shahr-ler-*terng*ᵂ) *m* (pl -ães) quack

charneca (shahr-*neh*-ker) *f* heath; moor

charuto (sher-*roo*-too) *m* cigar

chassi (sher-*see*) *m* chassis

chatear (*shah*-tᵛahr) *v* annoy, bother (someone)

chave (*sher*-ver) *f* key; ~ **de parafusos** screw-driver; ~ **de porcas** spanner; ~ **de trinco** latchkey

chave-inglesa (shah-ver-*eeng-glay*-zer) *f* wrench

chávena *f* cup; ~ **de chá** teacup

checo (*sheh*-koo) *adj* Czech; *m* Czech

chefe (*sheh*-fer) *m* chief; boss, leader, manager; chieftain; ~ **de estação** station-master; ~ **de estado** head of state; ~ **de mesa** head-waiter

chegada (sher-*gah*-dher) *f* arrival, coming

chegado (sher-*gah*-dhoo) *adj* near

chegar (sher-*gahr*) *v* arrive

cheio (*shay*-oo) *adj* full

cheirar (shay-*rahr*) *v* *smell; ~ **mal** *stink, *smell

cheiro (*shay*-roo) *m* smell; **mal cheiroso** smelly

cheque (*sheh*-ker) *m* cheque; check *nAm;* **livro de cheques** cheque-book; check-book *nAm*

chicote (shee-*ko*-ter) *m* whip

chifre (*shee*-frer) *m* horn

Chile (*shee*-ler) *m* Chile

chileno (shee-*lay*-noo) *adj* Chilean; *m* Chilean

China (*shee*-ner) *f* China

chinês (shee-*naysh*) *adj* Chinese; *m* Chinese

chocante (shoo-*kerng*-ter) *adj* revolting, shocking

chocar (shoo-*kahr*) *v* shock; bump, collide; ~ **com** knock against

chocolate (shoo-koo-*lah*-ter) *m* chocolate

choque (*sho*-ker) *m* shock; crash, collision

chorar (shoo-*rahr*) *v* *weep, cry

chover (shoo-*vayr*) *v* rain

chumbo (*shoongm*-boo) *m* lead

chupar (shoo-*pahr*) *v* suck

churrasqueira (shoo-rrah-*shkay*-rer) *f* grill-room

chuva (*shoo*-ver) *f* rain; ~ **miudinha** drizzle

chuvada (shoo-*vah*-dher) *f* cloud-burst

chuvoso (shoo-*voa*-zoo) *adj* rainy

cicatriz (see-ker-*treesh*) *f* scar

ciclista (see-*kleesh*-ter) *m* cyclist

ciclo (*see*-kloo) *m* cycle

cidadania (see-dher-dher-*nee*-er) *f* citizenship

cidadão (see-dher-*dherng*ᵂ) *m* (pl ~s) citizen

cidade (see-*dhah*-dher) *f* town, city

ciência (sᵛ*ayng*-sᵛer) *f* science; **ciências naturais** physics

ciente (sᵛ*ayng*-ter) *adj* aware

científico (sᵛ*ayngn*-*tee*-fee-koo) *adj* scientific

cientista (sᵛ*ayngn*-*teesh*-ter) *m* scientist

cigano (see-*ger*-noo) *m* gipsy

cigarreira (see-ger-*rray*-rer) *f* cigarette-case

cigarro (see-*gah*-rroo) *m* cigarette

cilindro (see-*leengn*-droo) *m* cylinder

cima (*see*-mer) *m* summit; **em** ~ above; up; overhead, upstairs; **em** ~ **de** on top of; **para** ~ up, upwards; upstairs; **por** ~ over; **por** ~ **de** over

cimento (see-*mayngn*-too) *m* cement

cimo (*see*-moo) *m* top

cinco (*seeng*-koo) *num* five

cinema (see-*nay*-mer) *m* pictures, cinema

cinquenta (seeng-*kwayngn*-ter) *num* fifty

cinta (*seengn*-ter) *f* girdle

cintilante (seeengn-tee-*lerngn*-ter) *adj* sparkling

cinto (*seengn*-too) *m* belt; ~ **de ligas** suspender belt; ~ **de segurança** safety-belt, seat-belt

cintura (seeengn-*too*-rer) *f* waist

cinza (*seeng*-zer) *f* ash

cinzeiro (seeng-*zay*-roo) *m* ashtray

cinzel (seeng-*zehl*) *m* (pl -zéis) chisel

cinzento (see-*zayngn*-too) *adj* grey

circo (*seer*-koo) *m* circus

circuito turístico (seer-*kōo ᵉᵉ*-too too-reezh-tee-koo) tour

circulação (seer-koo-ler-*serng*ʷ) *f* (pl -ções) circulation

círculo (*seer*-koo-loo) *m* ring, circle; club; ~ **eleitoral** constituency

circundar (seer-koongn-*dahr*) *v* circle

circunstância (seer-koongsh-*terng*-sʸer) *f* circumstance; condition

cirurgião (see-roor-zh*ʸ*erng*ᵍʷ*) *m* (pl -iões) surgeon

cisne (*seezh*-ner) *m* swan

cistite (seesh-*tee*-ter) *f* cystitis

citação (see-ter-*serng*ʷ) *f* (pl -ções) quotation

citadino (see-ter-*dhee*-noo) *m* towns-people *pl*

citar (see-*tahr*) *v* quote

ciúme (sʸoo-mer) *m* jealousy

ciumento (sʸoo-*mayngn*-too) *adj* en-vious, jealous

cívico (*see*-vee-koo) *adj* civic

civil (see-*veel*) *adj* (pl -is) civil, civil-ian; *m* civilian

civilização (see-ver-lee-zer-*serng*ʷ) *f* (pl -ções) civilization

civilizado (see-ver-lee-*zah*-dhoo) *adj* civilized

clareira (kler-*ray*-rer) *f* clearing

claro (*klah*-roo) *adj* bright, light, clear; plain

classe (*klah*-ser) *f* class, form; ~ **média** middle class; ~ **turística** tour-ist class

clássico (*klah*-see-koo) *adj* classical

classificar (kler-ser-fee-*kahr*) *v* classi-fy; sort, grade, assort

cláusula (*klou*-soo-ler) *f* clause

clavícula (kler-*vee*-koo-ler) *f* collar-bone

clemência (kler-*mayng*-sʸer) *f* mercy

clérigo (*kleh*-ree-goo) *m* clergyman

cliente (kl*ʸ*ayngn-ter) *m* customer, client

clima (*klee*-mer) *m* climate

clínica (*klee*-nee-ker) *f* clinic

cloro (*klo*-roo) *m* chlorine

clube (*kloo*-bher) *m* club; **automóvel** ~ automobile club; ~ **náutico** yacht-club; ~ **nocturno** cabaret

coador (kwer-*dhoar*) *m* strainer

coagular (kwer-goo-*lahr*) *v* coagulate

cobarde (koo-*bhahr*-der) *adj* coward-ly; *m* coward

cobertor (koo-bherr-*toar*) *m* blanket

cobiçar (koo-bhee-*sahr*) *v* desire

cobrador (koo-bhrer-*dhoar*) *m* conduc-tor

cobre (*ko*-bhrer) *m* copper

*cobrir (koo-*bhreer*) *v* cover

coçado (koo-*sah*-dhoo) *adj* thread-bare

cocaína (koo-ker-*ee*-ner) *f* cocaine

*fazer cócegas (fer-zayr *ko*-ser-gersh) tickle

coche (*koa*-sher) *m* coach, carriage

coco (*koa*-koo) *m* coconut

côdea (*koa*-dhᵉʸer) *f* crust

código (*ko*-dhee-goo) *m* code; ~ **pos-tal** zip code *Am*

codorniz (koo-dhoor-*neesh*) *f* quail

coelho (*kway*-lʸoo) *m* rabbit

coerência (kwer-*rayng*-sʸer) *f* coher-ence

cofre-forte (ko-frer-*for*-ter) *m* safe

cogumelo (koo-goo-*meh*-loo) *m* mushroom; toadstool

coincidência (kweeng-see-*dhayng*-s Yer) *f* concurrence, coincidence

coincidir (kweeng-see-*dheer*) *v* coincide

coisa (*koi*-zer) *f* thing; **alguma ~** something; **entre outras coisas** among other things; **qualquer ~** anything

cola (*ko*-ler) *f* glue, gum

colaborador (koo-ler-bhoo-rer-*dhoar*) *adj* co-operative; *m* collaborator

colar (koo-*lahr*) *v* paste; *stick; *m* beads, necklace

colarinho (koo-ler-*ree*-ñoo) *m* collar

colcha (*koal*-sher) *f* quilt; counterpane

colchão (koal-*sherng* W) *m* (pl -hões) mattress

colecção (koo-leh-*serng* W) *f* (pl -ções) collection; **~ de obras de arte** art collection

coleccionador (koo-leh-s Yoo-ner-*dhoar*) *m* collector

coleccionar (koo-leh-s Yoo-*nahr*) *v* gather, collect

colectivo (koo-leh-*tee*-voo) *adj* collective

colector (koo-leh-*toar*) *m* collector

colega (koo-*leh*-ger) *m* colleague; **~ de classe** *Br* class-mate; **~ de turma** class-mate

colégio (koo-*leh*-z Yoo) *m* college; **~ interno** boarding-school

coleira (koo-*lay*-rer) *f* collar

cólera (*ko*-ler-rer) *f* anger

colete (koo-*lay*-ter) *m* waistcoat; vest *nAm*; **~ salva-vidas** life jacket

colheita (koo-*lYay*-ter) *f* crop, harvest

colher[1] (koo-*lYayr*) *f* spoon; **~ de chá** teaspoon; **~ de sopa** soup-spoon, tablespoon

colher[2] (koo-*lYayr*) *v* pick; gather

colherada (koo-lYer-*rah*-dher) *f* spoonful

colidir (koo-lee-*dheer*) *v* collide, crash

colina (koo-*lee*-ner) *f* hill

colisão (koo-lee-*zerng* W) *f* (pl -sões) collision

collants (koo-*lerngnsh*) *mpl* tights *pl*

colmeia (koal-*may*-er) *f* beehive

colocar (koo-loo-*kahr*) *v* *put; *lay, place

Colômbia (koo-*lawngm*-b Yer) *f* Colombia

colombiano (koo-lawngm-b Yer-noo) *adj* Colombian; *m* Colombian

colónia (koo-*lo*-n Yer) *f* colony; **~ de férias** holiday camp

colorido (koo-loo-*ree*-dhoo) *adj* colourful

*colorir (koo-loo-*reer*) *v* colour, paint

coluna (koo-*loo*-ner) *f* pillar, column; **~ de direcção** steering-column

com (kawng) *prep* with

coma (*koa*-mer) *m* coma

comandante (koo-merngn-*derngn*-ter) *m* commander, captain

comandar (koo-merngn-*dahr*) *v* command

comando (koo-*merngn*-doo) *m* order

combate (kawngm-*bah*-ter) *m* battle, struggle, combat

combater (kawngm-ber-*tayr*) *v* combat; *fight, battle

combinação (kawngm-bee-ner-*serng* W) *f* (pl -ções) combination

combinar (kawngm-bee-*nahr*) *v* combine

comboio (kawngm-*boi*-oo) *m* train; **~ correio** stopping train; **~ de mercadorias** goods train; **~ de passageiros** passenger train; **~ directo** through train; **~ nocturno** night train; **~ rápido** express train; **~ suburbano** local train

combustível (kawngm-boosh-tee-vehl) *m* (pl -eis) fuel

começar (koo-mer-sahr) *v* *begin, commence, start

começo (koo-mer-soo) *m* start

comédia (koo-meh-dh Yer) *f* comedy; ~ **musical** musical comedy

comediante (koo-mer-dh Yerngn-ter) *m* comedian

comemoração (koo-mer-moo-rer-serng W) *f* (pl -ções) commemoration

comentar (koo-mayngn-tahr) *v* comment

comentário (koo-mayngn-tah-rYoo) *m* comment

comer (koo-mayr) *v* *eat

comercial (koo-merr-sYahl) *adj* (pl -ais) commercial

comerciante (koo-merr-sYerngn-ter) *m* merchant, tradesman, trader

comércio (koo-mehr-sYoo) *m* commerce; business, trade; ~ **a retalho** retail trade

comestível (koo-mersh-tee-vehl) *adj* (pl -eis) edible

cometer (koo-mer-tayr) *v* commit

comichão (koo-mee-sherng W) *f* (pl -hões) itch; ***ter** ~ itch

cómico (ko-mee-koo) *adj* comic; *m* comedian

comida (koo-mee-dher) *f* food; fare; ~ **congelada** frozen food

comigo (koo-mee-goo) with me

comissão (koo-mee-serng W) *f* (pl -sões) commission; committee

comissário (koo-mee-sahr-Yoo) *m* commissioner; ~ **de bordo** steward

comité (koo-mee-teh) *m* committee

como (koa-moo) *conj* as, like; *adv* how; ~ **se** as if

comoção cerebral (koo-moo-serng W ser-rer-bhrahl) concussion

cómoda (ko-moo-dher) *f* chest of drawers; bureau *nAm*

comodidade (koo-moo-dhee-dhah-dher) *f* comfort

cómodo (ko-moo-dhoo) *adj* convenient, easy

comover (koo-moo-vayr) *v* move

compacto (kawngm-pahk-too) *adj* compact

compaixão (kawngm-pigh-sherng W) *f* sympathy

companheiro (kawngm-per-ñay-roo) *m* companion; associate

companhia (kawngm-per-ñee-er) *f* company; society; ~ **de aviação** airline; ~ **de navegação** shipping line

comparação (kawngm-per-rer-serng W) *f* (pl -ções) comparison

comparar (kawngm-per-rahr) *v* compare

compartimento (kawngm-perr-tee-mayngn-too) *m* compartment; ~ **para fumadores** smoker; smoking-compartment

compatriota (kawngm-per-trYo-ter) *m* countryman

compêndio (kawngm-payngn-dYoo) *m* textbook

compensação (kawngm-payng-ser-serng W) *f* (pl -ções) indemnity, compensation

compensar (kawngm-payng-sahr) *v* compensate; *pay; *make good

competência (kawngm-per-tayng-sYer) *f* capacity, competence

competente (kawngm-per-tayngn-ter) *adj* qualified, expert, competent

competição (kawngm-per-tee-serng W) *f* (pl -ções) competition

***competir** (kawngm-per-teer) *v* compete

compilar (kawngm-pee-lahr) *v* compile

completamente (kawngm-pler-ter-

mayngn-ter) *adv* completely; quite, wholly

completar (kawngm-pler-*tahr*) *v* complete

completo (kawngm-*pleh*-too) *adj* complete; utter, total, whole

complexo (kawngm-*pleh*-ksoo) *adj* complex; *m* complex

complicado (kawngm-plee-*kah*-dhoo) *adj* complicated

*compor** (kawngm-*poar*) *v* *make up, compose

comporta (kawngm-*por*-ter) *f* sluice, lock

comportamento (kawngm-poor-ter-*mayngn*-too) *m* behaviour

comportar-se (kawngm-poor-*tahr*-ser) *v* act

composição (kawngm-poo-zee-*serng*ᵂ) *f* (pl -ções) composition; essay

compositor (kawngm-poo-zee-*toar*) *m* composer

compra (*kawngm*-prer) *f* purchase; *fazer compras** shop

comprador (kawngm-prer-*dhoar*) *m* buyer, purchaser

comprar (kawngm-*prahr*) *v* *buy, purchase

compreender (kawngm-prᵞayngn-*dayr*) *v* *understand; *take, conceive, *see; comprise; ~ **mal** *misunderstand

compreensão (kawngm-prᵞayngn-*serng*ᵂ) *f* (pl -sões) insight; understanding

compreensivo (kawngm-prᵞayng-*see*-voo) *adj* sympathetic, understanding

comprido (kawngm-*pree*-dhoo) *adj* long

comprimento (kawngm-pree-*mayngn*-too) *m* length; ~ **de onda** wavelength

comprimido (kawngm-pree-*mee*-dhoo)

m pill; ~ **para dormir** sleeping-pill

comprometer-se (kawngm-proo-mer-*tayr*-ser) *v* engage

compromisso (kawngm-proo-*mee*-soo) *m* compromise; engagement

computador (kawngm-poo-ter-*dhoar*) *m* computer

comum (koo-*moong*) *adj* common; plain

comuna (koo-*moo*-ner) *f* commune

comunicação (koo-moo-nee-ker-*serng*ᵂ) *f* (pl -ções) information, communication

comunicar (koo-moo-nee-*kahr*) *v* inform, communicate

comunidade (koo-moo-nee-*dhah*-dher) *f* community; congregation

comunismo (koo-moo-*neezh*-moo) *m* communism

comunista (koo-moo-*neesh*-ter) *m* communist

conceber (koo-ser-*bhayr*) *v* conceive

conceder (kawng-ser-*dayr*) *v* extend, grant

conceito (kawng-*say*-too) *m* idea

concentração (kawng-sayngn-trer-*serng*ᵂ) *f* (pl -ções) concentration

concentrar (kawng-sayngn-*trahr*) *v* concentrate

concepção (kawng-sehp-*serng*ᵂ) *f* (pl -ções) conception

concerto (kawng-*sayr*-too) *m* concert

concessão (kawng-ser-*serng*ᵂ) *f* (pl -sões) concession

concha (*kawng*-sher) *f* sea-shell, shell

conciso (kawng-*see*-zoo) *adj* concise

conclusão (kawng-kloo-*zerng*ᵂ) *f* (pl -sões) conclusion; end, issue

concordar (kawng-koor-*dahr*) *v* agree; ~ **com** approve of

concorrência (kawng-koo-*rrayng*-sᵞer) *f* rivalry, competition

concorrente (kawng-koo-*rrayngn*-ter)

m competitor

concreto (kawng-*kreh*-too) *adj* concrete; *mBr* concrete

concurso (kawng-*koor*-soo) *m* contest; quiz

condenação (kawngn-der-ner-*serng*ʷ) *f* (pl -ções) conviction

condenado (kawngn-der-*nah*-dhoo) *m* convict

condenar (kawngn-der-*nahr*) *v* sentence; condemn; disapprove

condição (kawngn-dee-*serng*ʷ) *f* (pl -ções) condition; term; à ~ on approval

condicionador de cabelos (kawngn-dee-sʸoo-ner-*dhoar* der ker-*bhay*-loosh) *m* conditioner

condicional (kawngn-dee-sʸoo-*nahl*) *adj* (pl -ais) conditional

condimentado (kawngn-dee-mayngn-tah-dhoo) *adj* spiced

*condizer** (kawngn-dee-*zayr*) *v* fit; ~ com match

*condoer-se de** (kawngn-*dwayr*-ser) pity

conduta (kawngn-*doo*-tah) *f* conduct

condutor (kawngn-doo-*toar*) *m* driver

*conduzir** (kawngn-doo-*zeer*) *v* carry, conduct; *drive

confederação (kawng-fer-dher-rer-*serng*ʷ) *f* (pl -ções) union

confeitaria (kawng-fay-ter-*ree*-er) *f* sweetshop

confeiteiro (kawng-fay-*tay*-roo) *m* confectioner

conferência (kawng-fer-*rayng*-sʸer) *f* conference; lecture; ~ de imprensa press conference

*conferir** (kawng-fer-*reer*) *v* check; award

confessar-se (kawng-fer-*sahr*-ser) *v* confess

confiança (kawng-*fʸerng*-ser) *f* confidence; trust, faith; de ~ reliable;

digno de ~ trustworthy; **indigno de ~** unreliable; untrustworthy

confiante (kawng-*fʸerngn*-ter) *adj* confident

confiar (kawng-*fʸahr*) *v* commit; entrust; ~ em trust

confidencial (kawng-fee-dhayng-*sʸerl*) *adj* (pl -ais) confidential

confirmação (kawng-feer-mer-*serng*ʷ) *f* (pl -ções) confirmation

confirmar (kawng-feer-*mahr*) *v* confirm

confiscar (kawng-feesh-*kahr*) *v* confiscate

confissão (kawng-fee-*serng*ʷ) *f* (pl -sões) confession

conflito (kawng-*flee*-too) *m* conflict

conforme (kawng-*for*-mer) *adv* according to; in accordance with; *adj* conform

confortar (kawng-foor-*tahr*) *v* comfort

confortável (kawng-foor-*tah*-vehl) *adj* (pl -eis) comfortable

conforto (kawng-*foar*-too) *m* comfort

confundir (kawng-foongn-*deer*) *v* confuse; *mistake

confusão (kawng-foo-*zerng*ʷ) *f* (pl -sões) confusion; muddle

confuso (kawng-*foo*-zoo) *adj* confused; obscure

congelador (kawng-zher-ler-*dhoar*) *m* deep-freeze

congelar (kawng-zher-*lahr*) *v* *freeze

congratular (kawng-grer-too-*lahr*) *v* congratulate

congregação (kawng-grer-ger-*serng*ʷ) *f* (pl -ções) congregation

congresso (kawng-*greh*-soo) *m* congress

conhaque (ko-*ñah*-ker) *m* cognac

conhecedor (koo-ñer-ser-*dhoar*) *m* connoisseur

conhecer (koo-ñer-*sayr*) *v* *know

conhecido (koo-ñer-*see*-dhoo) *adj*

well-known; *m* acquaintance
conhecimento (koo-ñer-see-*mayngn*-too) *m* knowledge; acquaintance
conjectura (kawng-zheh-*too*-rah) *f* guess
conjuntamente (kawng-zhoongn-ter-*mayngn*-ter) *adv* jointly
conjunto (kawng-*zhoon*-too) *adj* joint; *m* a whole
conjura (kawng-*zhoo*-rer) *f* plot
connosco (kawng-*noash*-koo) with us
conquista (kawng-*keesh*-ter) *f* conquest
conquistador (kawng-keesh-ter-*dhoar*) *m* conqueror
conquistar (kawng-keesh-*tahr*) *v* conquer
consciência (kawngsh-sᵛ*ayng*-sᵛer) *f* consciousness; conscience
consciente (kawngsh-sᵛ*ayngn*-ter) *adj* conscious
***conseguir** (kawng-ser-*geer*) *v* obtain; manage, succeed in
conselheiro (kawng-ser-*lᵛay*-roo) *m* counsellor; councillor
conselho (kawng-*say*-lᵛoo) *m* advice; council, counsel; board
consentimento (kawng-sayngn-tee-*mayngn*-too) *m* consent
***consentir** (kawng-sayngn-*teer*) *v* agree, consent; allow
consequência (kawng-ser-*kwayng*-sᵛer) *f* consequence; issue, result; **em ~ de** as a result of
consequentemente (kawng-ser-kwayngn-ter-*mayngn*-ter) *adv* consequently
consertar (kawng-serr-*tahr*) *v* repair, mend
conserto (kawng-*sayr*-too) *m* repair
conservação (kawng-serr-ver-*serng*ʷ) *f* (pl -ções) preservation
conservador (kawng-serr-ver-*dhoar*) *adj* conservative

conservar (kawng-serr-*vahr*) *v* preserve; maintain
conservas (kawng-*sehr*-versh) *fpl* tinned food; **~ em vinagre** pickles *pl*; ***pôr em conserva** preserve
conservatório (kawng-serr-ver-to-rᵛoo) *m* music academy
consideração (kawng-see-dher-rer-*serng*ʷ) *f* (pl -ções) consideration
considerar (kawng-see-dher-*rahr*) *v* regard, consider, count, reckon
considerável (kawng-see-dher-*rah*-vehl) *adj* (pl -eis) considerable
consigo (kawng-*see*-goo) with you
consistir em (kawng-seesh-*teer*) consist of
consolação (kawng-soo-ler-*serng*ʷ) *f* (pl -ções) comfort
consolar (kawng-soo-*lahr*) *v* comfort
conspiração (kawngsh-pee-rer-*serng*ʷ) *f* (pl -ções) plot
conspirar (kawngsh-pee-*rahr*) *v* conspire
constante (kawngsh-*terngn*-ter) *adj* constant; even, steadfast
constatar (kawngsh-ter-*tahr*) *v* ascertain; note, diagnose
constipação (kawngsh-tee-per-*serng*ʷ) *f* (pl -ções) cold
constipar-se (kawngsh-tee-*pahr*-ser) *v* *catch a cold
constituição (kawngsh-tee-twee-*serng*ʷ) *f* (pl -ções) constitution
construção (kawngsh-troo-*serng*ʷ) *f* (pl -ções) construction
***construir** (kawngsh-*trweer*) *v* *build, construct
cônsul (*kawng*-sool) *m* (pl ~es) consul
consulado (kawng-soo-*lah*-dhoo) *m* consulate
consulta (kawng-*sool*-ter) *f* consultation; appointment
consultar (kawng-sool-*tahr*) *v* consult

consultório (kawng-sool-to-rᵞoo) m
surgery

consumidor (kawng-soo-mee-dhoar) m
consumer

*consumir (kawng-soo-meer) v use up

conta (kawng-ter) f account; bill;
bead; check nAm; ~ **bancária**
bank account

contactar com (kawngn-ter-tahr) contact

contacto (kawngn-tah-too) m contact;
touch

contador (kawngn-ter-dhoar) m meter

contagioso (kawngn-ter-zhᵞoa-zoo)
adj contagious

contanto que (kawngn-terngn-too ker)
provided that

contar (kawngn-tahr) v count; relate,
*tell; ~ **com** rely on

contemporâneo (kawngn-tayngm-poo-
rer-nᵞoo) adj contemporary; m contemporary

contente (kawngn-tayngn-ter) adj
happy, glad, joyful

*conter (kawngn-tayr) v contain;
comprise; restrain

contestar (kawngn-tısh-tahr) v dispute

conteúdo (kawngn-tᵞoo-dhoo) m contents pl

contextura (kawngn-tısh-too-rer) f
texture

contigo (kawngn-tee-goo) with you

contíguo (kawngn-tee-gwoo) adj
neighbouring

continental (kawngn-tee-nayngn-tahl)
adj (pl -ais) continental

continente (kawngn-tee-nayngn-ter) m
continent

continuação (kawngn-tee-nwer-
serngᵂ) f (pl -ções) sequel

continuamente (kawngn-tee-nwer-
mayngn-ter) adv continually, all the
time

continuar (kawngn-tee-nwahr) v carry

on, continue; *keep on; *go on, *go
ahead

contínuo (kawngn-tee-nwoo) adj continuous; continual

conto (kawngn-too) m tale

contornar (kawngn-toor-nahr) v by-
pass

contorno (kawngn-toar-noo) m contour, outline

contra (kawngn-trer) prep versus,
against

*contrabandear (kawngn-trer-
bherngn-dᵞahr) v smuggle

contraceptivo (kawngn-trer-seh-tee-
voo) m contraceptive

contraditório (kawngn-trer-dhee-to-
rᵞoo) adj contradictory

*contradizer (kawngn-trer-dhee-zayr)
v contradict

*contrair (kawngn-trer-eer) v contract

contralto (kawngn-trahl-too) m alto

contrário (kawngn-trah-rᵞoo) adj opposite, contrary; m reverse, contrary; **ao** ~ the other way round;
pelo ~ on the contrary

contraste (kawngn-trahsh-ter) m contrast

contratar (kawngn-trer-tahr) v engage

contrato (kawngn-trah-too) m agreement, contract; ~ **de arrendamento** lease

contribuição (kawngn-tree-bhwee-
serngᵂ) f (pl -ções) contribution

controlar (kawngn-troo-lahr) v control

controle (kawngn-troa-ler) m control

controverso (kawngn-troo-vehr-soo)
adj controversial

contudo (kawngn-too-dhoo) conj however, yet

contusão (kawngn-too-zerngᵂ) f (pl
-sões) bruise

convencer (kawng-vayng-sayr) v convince; persuade

conveniente (kawng-ver-nᵞayngn-ter)

adj convenient

convento (kawng-*vayngn*-too) *m* cloister, convent; nunnery

conversa (kawng-*vehr*-ser) *f* talk, discussion, conversation; chat

conversação (kawng-verr-ser-*serng*ʷ) *f* (pl -ções) conversation

conversar (kawng-verr-*sahr*) *v* chat

converter (kawng-verr-*tayr*) *v* convert

convés (kawng-*vehsh*) *m* deck; **camarote de** ~ deck cabin; ~ **principal** main deck

convicção (kawng-veek-*serng*ʷ) *f* (pl -ções) conviction, persuasion

convidado (kawng-vee-*dhah*-dhoo) *m* guest

convidar (kawng-vee-*dhahr*) *v* invite; ask

***convir** (kawng-*veer*) *v* suit

convite (kawng-*vee*-ter) *m* invitation

convocação (kawng-voo-ker-*serng*ʷ) *f* (pl -ções) summons

convulsão (kawng-vool-*serng*ʷ) *f* (pl -sões) convulsion

cooperação (kwoa-per-rer-*serng*ʷ) *f* (pl -ções) co-operation

cooperador (kwoa-perrer-*dhoar*) *adj* co-operative

cooperativa (kwoa-per-rer-*tee*-ver) *f* co-operative

cooperativo (kwoa-per-rer-*tee*-voo) *adj* co-operative

coordenação (kwoar-der-ner-*serng*ʷ) *f* (pl -ções) co-ordination

coordenar (kwoar-der-*nahr*) *v* co-ordinate

cópia (*ko*-pʸer) *f* copy

copiar (koo-pʸahr) *v* copy

copo (*ko*-poo) *m* glass; tumbler; **copinho para os ovos** egg-cup

coquetel (ko-ker-*tehl*) *m* Br cocktail

cor (koar) *f* colour; **de** ~ **coloured**; by heart; **de** ~ **fixa** fast-dyed

coração (koo-rer-*serng*ʷ) *m* (pl -ções)

heart; core; **ataque de** ~ heart attack

coragem (koo-*rah*-zherngʸ) *f* courage; guts

corajoso (koo-rer-*zhoa*-zoo) *adj* brave, courageous

coral (koo-*rahl*) *m* (pl -ais) coral

corante (ko-*rerngn*-ter) *m* colourant

corar (ko-*rahr*) *v* blush

corda (*kor*-der) *f* rope; cord; ***dar** ~ *wind

cordão (koor-*derng*ʷ) *m* (pl -dões) string, cord

cordeiro (koor-*dhay*-roo) *m* lamb

cordel (koor-*dehl*) *m* (pl -déis) string

cor-de-laranja (koar-der-ler-*rerng*-zher) *adj* orange

cor-de-rosa (koar-der-*rro*-zer) *adj* pink

cordial (koor-*dʸahl*) *adj* (pl -ais) cordial, amiable

cordilheira (koor-dee-*lʸay*-rer) *f* mountain range

coro (*koa*-roo) *m* choir

coroa (koo-*roa*-er) *f* crown

coroar (koo-*rwahr*) *v* crown

coronel (koo-roo-*nehl*) *m* (pl -néis) colonel

corpete (koor-*pay*-ter) *m* corset

corpo (*koar*-poo) *m* body

corpulento (koor-poo-*layngn*-too) *adj* corpulent; stout

correcção (koo-rreh-*serng*ʷ) *f* (pl -ções) correction

correcto (koo-*reh*-too) *adj* correct; right

corredor (koo-rrer-*dhoar*) *m* corridor

correia (koo-*rray*-er) *f* strap; ~ **de relógio** watch-strap; ~ **de ventoinha** fan belt

correio (koo-*rray*-oo) *m* post, mail; **caixa do** ~ letter-box; pillar-box; mailbox *nAm;* ~ **aéreo** airmail; **correios** postal service; post-office; **deitar no** ~ post; ***pôr no** ~ mail

corrente (koo-rrayngn-ter) *adj* current; regular; *f* stream, current; chain; ~ **alterna** alternating current; ~ **contínua** direct current; ***pôr ao** ~ inform

correr (koo-rrayr) *v* *run; stream, flow

correspondência (koo-rrish-pawngn-dayng-sYer) *f* correspondence; connection

correspondente (koo-rrish-pawngn-dayngn-ter) *m* correspondent

corresponder (koo-rrish-pawngn-dayr) *v* correspond

corretor (koo-rrer-toar) *m* broker; ~ **de apostas** bookmaker

corrida (koo-rree-dher) *f* race; ~ **de cavalos** horserace; **pista de corridas** race-course, race-track

corrigir (koo-rree-zheer) *v* correct

corrimão (koo-rree-merngᵂ) *m* (pl ~s) banisters *pl*

corromper (koo-rrawngm-payr) *v* corrupt

corrupção (koo-rroo-serngᵂ) *f* (pl -ções) corruption

corrupto (koo-rroop-too) *adj* corrupt

corta-papel (kor-ter-per-pehl) *m* paper-knife

cortar (koor-tahr) *v* *cut; *cut off, chip

corte¹ (kor-ter) *m* cut; ~ **de cabelo** haircut

corte² (koar-ter) *f* court

cortejo (koor-tay-zhoo) *m* procession

cortês (koor-taysh) *adj* courteous

cortina (koor-tee-ner) *f* curtain

corvo (koar-voo) *m* raven

coser (koo-zayr) *v* *sew

cosméticos (koozh-meh-tee-koosh) *mpl* cosmetics *pl*

costa (kosh-ter) *f* coast; **costas** back

costela (koosh-teh-ler) *f* rib

costeleta (koosh-ter-lay-ter) *f* cutlet, chop

costumado (er-koosh-too-mah-dhoo) *adj* accustomed, customary

costume (koosh-too-mer) *m* custom; **como de** ~ as asual; **costumes** morals; ***ter por** ~ *be in the habit of

costura (koosh-too-rer) *f* needlework; seam; **sem** ~ seamless

cotovelo (koo-too-vay-loo) *m* elbow

cotovia (koo-too-vee-ah) *f* lark

couro (koa-roo) *m* leather

couve (koa-ver) *f* cabbage; **couve-de-bruxelas** sprouts *pl*; **couve-flor** cauliflower

cova (ko-ver) *f* pit, hole

coxa (koa-sher) *f* thigh

***coxear** (koo-shYahr) *v* limp

coxo (koa-shoo) *adj* lame

cozer (koo-zayr) *v* cook, boil, bake

cozinha (koo-zee-ñer) *f* kitchen; **livro de** ~ cookery-book

cozinhar (koo-zee-ñahr) *v* cook; ~ **no forno** bake

cozinheiro (koo-zee-ñay-roo) *m* cook

cozinheiro-chefe (koo-zee-ñay-roo-sheh-fer) *m* chef

crânio (krer-nYoo) *m* skull

cratera (krer-teh-rer) *f* crater

cravo (krer-voo) *m* harpsichord; carnation

creche (kreh-sher) *f* nursery

creditar (krer-dhee-tahr) *v* credit

crédito (kreh-dhee-too) *m* credit

credor (kreh-dhoar) *m* creditor

crédulo (kreh-dhoo-loo) *adj* credulous

creme (kreh-mer) *m* cream; *adj* cream; ~ **de base** foundation cream; ~ **de beleza** face-cream; ~ **de noite** night-cream; ~ **hidratante** moisturizing cream; ~ **para a barba** shaving-cream; ~ **para a pele** skin cream; ~ **para as mãos** hand cream; ~ **para o cabelo** hair cream

cremoso (krer-*moa*-zoo) *adj* creamy

crença (*krayng*-ser) *f* belief

crepúsculo (krer-*poosh*-koo-loo) *m* twilight

***crer** (krayr) *v* believe

crescer (krɪsh-*sayr*) *v* *grow; increase

crescimento (krɪsh-see-*mayng*-too) *m* growth

criada (krʸah-dher) *f* maid; ~ **de quarto** chambermaid

criado (krʸah-dhoo) *m* servant; valet, boy, waiter; ~ **de café** waiter; ~ **de quarto** valet

criança (krʸerng-ser) *f* child, kid; ~ **de peito** infant; ~ **pequena** tot; ~ **pequenina** toddler

criar (krʸahr) *v* create; *bring up, rear; raise, *breed

criatura (krʸer-*too*-rer) *f* creature

crime (*kree*-mer) *m* crime

criminal (kree-mee-*nahl*) *adj* (pl -ais) criminal

criminalidade (kree-mee-ner-lee-*dhah*-dher) *f* criminality

criminoso (kree-mee-*noa*-zoo) *adj* criminal; *m* criminal

críquete (*kree*-kert) *m* cricket

crise (*kree*-zer) *f* crisis

cristal (kreesh-*tahl*) *m* (pl -ais) crystal; **de** ~ crystal

cristão (kreesh-*terng*ʷ) *adj* (pl ~s) Christian; *m* Christian

Cristo (*kreesh*-too) Christ

crítica (*kree*-tee-ker) *f* criticism; review

criticar (kree-tee-*kahr*) *v* criticize

crítico (*kree*-tee-koo) *adj* critical; *m* critic

crocodilo (kroo-koo-*dhee*-loo) *m* crocodile

crómio (*kro*-mʸoo) *m* chromium

crónico (*kro*-nee-koo) *adj* chronic

cronológico (kroo-noo-*lo*-zhee-koo) *adj*

chronological

cru (kroo) *adj* raw

crucificação (kroo-ser-fee-ker-*serng*ʷ) *f* (pl -ções) crucifixion

crucificar (kroo-ser-fee-*kahr*) *v* crucify

crucifixo (kroo-ser-*feek*-soo) *m* crucifix

cruel (krwehl) *adj* (pl cruéis) harsh, cruel

cruz (kroosh) *f* cross

cruzada (kroo-*zah*-dher) *f* crusade

cruzamento (kroo-zer-*mayng*n-too) *m* crossroads; junction

cruzar (kroo-*zahr*) *v* cross

cruzeiro (kroo-*zay*-roo) *m* cruise; *mBr* Brazilian monetary unit

Cuba (*koo*-bher) *f* Cuba

cubano (koo-*bhah*-noo) *adj* Cuban; *m* Cuban

cubo (*koo*-bhoo) *m* cube

cuco (*koo*-koo) *m* cuckoo

cuecas (*kweh*-kersh) *fpl* pants *pl*, drawers, briefs *pl*; shorts *plAm*

cuidado (kwee-*dhah*-dhoo) *m* care; *ter ~ beware, look out; **tomar** ~ watch out

cuidadoso (kwee-dher-*dhoa*-zoo) *adj* careful

cuidar (kwee-*dahr*) *v* tend; ~ **de** *take care of; look after

culpa (*kool*-per) *f* fault, blame; guilt

culpado (kool-*pah*-dhoo) *adj* guilty

culpar (kool-*pahr*) *v* blame

cultivar (kool-tee-*vahr*) *v* raise, cultivate; *grow

culto (*kool*-too) *adj* cultured; *m* worship

cultura (kool-*too*-rer) *f* culture

cume (*koo*-mer) *m* peak

cumeada (koo-mʸah-dher) *f* ridge

cúmplice (*koongm*-plee-ser) *m* accomplice

cumprimentar (koongm-pree-*mayng*n-tahr) *v* greet; compliment

cumprimento (koongm-pree-*mayngn*-too) *m* compliment

cumprir (koongm-*preer*) *v* perform

cunha (koo-ñer) *f* wedge

cunhada (koo-*ñah*-dher) *f* sister-in-law

cunhado (koo-*ñah*-dhoo) *m* brother-in-law

cupão (koo-*perng*ʷ) *m* (pl cupões) coupon

cupidez (koo-pee-*dhaysh*) *f* greed

cúpula (*koo*-poo-ler) *f* dome

cura (*koo*-rer) *f* cure; recovery

curandeiro (koo-rerngn-*day*-roo) *m* quack

curar (koo-*rahr*) *v* cure; heal; **curar-se** recover

curiosidade (koo-rʸoo-zee-*dhah*-dher) *f* curiosity; curio

curioso (koo-rʸoa-zoo) *adj* curious; inquisitive

curso (*koor*-soo) *m* course; ~ **intensivo** intensive course

curto (*koor*-too) *adj* short

curto-circuito (koor-too-seer-k$\overline{oo}$ᵉᵉ-too) *m* short circuit

curva (*koor*-ver) *f* turn, bend; turning, curve

curvado (koor-*vah*-dhoo) *adj* curved

curvar (koor-*vahr*) *v* *bend; **curvar-se** *bend down

curvatura (koor-ver-*too*-rer) *f* bend

curvo (*koor*-voo) *adj* curved; bent

***cuspir** (koosh-*peer*) *v* *spit

cuspo (*koosh*-poo) *m* spit

custar (koosh-*tahr*) *v* *cost

custo (*koosh*-too) *m* cost

custódia (koosh-*to*-dhʸer) *f* custody

D

dactilógrafa (dahk-tee-*lo*-grer-fer) *f* ty-pist

dactilografado (dahk-tee-loo-grer-*fah*-dhoo) *adj* typewritten

dactilografar (dahk-tee-loo-grer-*fahr*) *v* type

dado (*dah*-dhoo) *m* data *pl*

daltónico (dahl-*to*-nee-koo) *adj* colour-blind

dança (*derng*-ser) *f* dance; ~ **folclórica** folk-dance

dançar (derng-*sahr*) *v* dance

danificar (der-ner-fee-*kahr*) *v* damage

dano (*der*-noo) *m* damage; mischief; harm

***dar** (dahr) *v* *give; donate

data (*dah*-ter) *f* date

de (der) *prep* from; of; out of; with; off

debaixo (der-*bhigh*-shoo) *adv* below, underneath, beneath; ~ **de** below, under; beneath

debate (der-*bhah*-ter) *m* debate, discussion

debater (der-bher-*tayr*) *v* discuss

débito (*deh*-bhee-too) *m* debit

debruçar-se (der-bhroo-*sahr*-ser) *v* *lean out; *bend down

decência (der-*sayng*-sʸer) *f* decency

decente (der-*sayngn*-ter) *adj* decent

decepcionar (der-seh-sʸoo-*nahr*) *v* *be disappointing

decerto (der-*sehr*-too) *adv* certainly

decidido (der-see-*dhee*-dhoo) *adj* resolute

decidir (der-see-*dheer*) *v* decide

décimo (*deh*-see-moo) *num* tenth; ~ **nono** nineteenth; ~ **oitavo** eighteenth; ~ **primeiro** eleventh; ~ **quarto** fourteenth; ~ **quinto** fifteenth; ~ **segundo** twelfth; ~ **sétimo** seventeenth; ~ **sexto** sixteenth; ~ **terceiro** thirteenth

decisão (der-see-*zerng*ʷ) *f* (pl -sões) decision

declaração (der-kler-rer-*serng*ʷ) *f* (pl -ções) declaration; statement

declarar (der-kler-*rahr*) *v* declare; state; ~ **culpado** convict

declive (der-*klee*-ver) *m* incline

decoração (der-koo-rer-*serng*ʷ) *f* (pl -ções) decoration

decorar (der-koo-*rahr*) *v* memorize; decorate

decorativo (der-koo-rer-*tee*-voo) *adj* decorative

dedal (der-*dhahl*) *m* (pl -ais) thimble

dedicado a (der-dhee-*kah*-dhoo er) attached to, devoted to

dedicar (der-dhee-*kahr*) *v* devote, dedicate

dedo (*day*-dhoo) *m* finger; ~ **do pé** toe; ~ **mínimo** little finger

***deduzir** (der-dhoo-*zeer*) *v* subtract, deduct; infer, deduce

defeito (der-*fay*-too) *m* fault

defeituoso (der-fay-*twoa*-zoo) *adj* defective, faulty

defender (der-fayngn-*dayr*) *v* defend

defensor (der-fayng-*soar*) *m* advocate, champion

defesa (der-*fay*-zer) *f* defence; plea

défice (*deh*-fee-ser) *m* deficit

deficiência (der-fee-sˠayng-sˠer) *f* deficiency

definição (der-fer-nee-*serng*ʷ) *f* (pl -ções) definition

definido (der-fer-*nee*-dhoo) *adj* definite

definir (der-fer-*neer*) *v* define; determine

deformado (der-foor-*rah*-dhoo) *adj* deformed

defraudar (der-frou-*dhahr*) *v* cheat

defronte de (der-*frawngn*-ter der) facing

degelar (der-zher-*lahr*) *v* thaw

degelo (der-*zhay*-loo) *m* thaw

degrau (der-*grou*) *m* step

deitar (day-*tahr*) *v* *throw; pour; **deitar-se** *lie down, *go to bed; ***estar deitado** *lie

deixar (day-*shahr*) *v* *leave, *let

delapidado (der-ler-pee-*dher*-dhoo) *adj* dilapidated

delegação (der-ler-ger-*serng*ʷ) *f* (pl -ções) delegation

delegado (der-ler-*gah*-dhoo) *m* delegate

deleite (der-*lay*-ter) *m* delight

deles (deh-*lish*) their; of them

delgado (dehl-*gah*-dhoo) *adj* slim

deliberação (der-lee-bher-rer-*serng*ʷ) *f* (pl -ções) deliberation

deliberado (der-lee-bher-*rah*-dhoo) *adj* deliberate

deliberar (der-lee-bher-*rahr*) *v* deliberate

delicado (der-lee-*kah*-dhoo) *adj* tender, delicate; gentle; sheer; polite

delícia (der-*lee*-sˠer) *f* delight

deliciar (der-lee-sˠ*ahr*) *v* delight

delicioso (der-lee-sˠ*oa*-zoo) *adj* delicious, delightful; wonderful, lovely

delinquente (der-leeng-*kwayngn*-ter) *m* criminal

demais (der-*mighsh*) *adv* besides, moreover; ~ **a mais** moreover; **os** ~ the rest, the others

demasiado (der-mer-zˠ*yah*-dhoo) *adv* too, too much

demência (der-*mayng*-sˠer) *f* madness

demente (der-*mayngn*-ter) *adj* mad

demissão (der-mee-*serng*ʷ) *f* (pl -sões) resignation

demitir-se (der-mee-*teer*-ser) *v* resign

democracia (der-moo-krer-*see*-er) *f* democracy

democrático (der-moo-*krah*-tee-koo) *adj* democratic

demolição (der-moo-lee-*serng*ʷ) *f* (pl -ções) demolition

***demolir** (der-moo-*leer*) *v* demolish

demonstração (der-mawngsh-trer-serng^w) f (pl -ções) demonstration

demonstrar (der-mawngsh-trahr) v prove, demonstrate; *show

demora (der-mo-rer) f delay

demorar-se (der-moo-rahr-ser) v *be late; *be long; linger

denegar (der-ner-gahr) v deny

denso (dayng-soo) adj dense

dentadura (dayngh-ter-dhoo-rer) f denture; false teeth

dente (dayngn-ter) m tooth

dente-de-leão (dayngn-ter-der-lYerng^w) m dandelion

dentista (dayngn-teesh-ter) m dentist

dentro (dayngn-troo) adv inside; in; ~ **de** inside; into, in, within; **para** ~ inwards; **por** ~ inside, within

deparar com (der-per-rahr) run into

departamento (der-perr-ter-mayngn-too) m department

depenar (der-per-nahr) v *bleed, extort money from; pluck

dependente (der-payngn-dayngn-ter) adj dependant

depender de (der-payngn-dayr) depend on

depois (der-poish) adv afterwards; then; ~ **de** after; ~ **que** after

depositar (der-poo-zee-tahr) v deposit; bank

depósito (der-po-zee-too) m deposit; ~ **da gasolina** petrol tank; ~ **de bagagens** left luggage office; ~ **de gás** gasworks; ~ **de objectos perdidos** lost property office

depressa (der-preh-ser) adv fast, quickly

depressão (der-prer-serng^w) f (pl -sões) depression

deprimente (der-pree-mayngn-ter) adj depressing

deprimido (der-pree-mee-dhoo) adj blue, low, depressed

deprimir (der-pree-meer) v depress

deputado (der-poo-tah-dhoo) m deputy; Member of Parliament

derramar (der-rrer-mahr) v *shed; *spill

derrapar (der-rrer-pahr) v skid

derreter (der-rrer-tayr) v melt

derrota (der-rro-ter) f defeat

derrotar (der-rroo-tahr) v defeat

derrubar (der-rroo-bhahr) v knock down

desabitado (der-zer-bhee-tah-dhoo) adj uninhabited

desabotoar (der-zer-bhoo-twahr) v unbutton

desacostumado (der-zer-koosh-too-mah-dhoo) adj unaccustomed

desafiar (der-zer-fYahr) v dare; challenge

desafio (der-zer-fee^{oo}) m challenge; match

desagradar (der-zer-grer-dhahr) v displease

desagradável (der-zer-grer-dhah-vehl) adj (pl -eis) disagreeable; unpleasant, nasty; unkind

desajeitado (der-zer-zhay-tah-dhoo) adj clumsy

desalinhado (der-zer-lee-ñah-dhoo) adj untidy

desaparafusar (der-zer-per-rer-foo-zahr) v unscrew

desaparecer (der-zer-per-rer-sayr) v disappear; vanish

desaparecido (der-zer-per-rer-see-dhoo) adj lost; m missing person

desapertar (der-zer-perr-tahr) v loosen

desapontar (der-zer-pawngn-tahr) v disappoint

desaprender (der-zer-prayngn-dayr) v unlearn

desaprovar (der-zer-proo-vahr) v disapprove

desarrazoado (der-zer-rrer-zwah-dhoo)

adj unreasonable

desarrolhar (der-zer-rroo-*lYahr*) *v* un-cork

desassossego (der-zer-soo-*say*-goo) *m* unrest

desastrado (der-zersh-*trah*-dhoo) *adj* awkward

desastre (der-*zahsh*-trer) *m* disaster; accident; ~ **de aviação** plane crash

desastroso (der-zahsh-*troa*-zoo) *adj* disastrous

desatar (der-zer-*tahr*) *v* untie

desavergonhado (der-zer-verr-goo-*ñah*-dhoo) *adj* impudent

desbotar (dizh-bhoo-*tahr*) *v* fade

descafeinado (dish-ker-fay-*nah*-dhoo) *adj* decaffeinated

descansar (dish-kerng-*sahr*) *v* rest

descanso (dish-*kerng*-soo) *m* rest

descarado (dish-ker-*rah*-dhoo) *adj* bold; shameless

descarregar (dish-ker-rrer-*gahr*) *v* discharge, unload

descascar (dish-kersh-*kahr*) *v* peel

descendente (dish-sayngn-*dayngn*-ter) *m* descendant

descer (dish-*sayr*) *v* descend; *get off

descida (dish-*see*-dher) *f* descent

descoberta (dish-koo-*bhehr*-ter) *f* discovery

descoberto (dish-koo-*bhayr*-too) *adj* bare

***descobrir** (dish-koo-*bhreer*) *v* discover; detect

descolagem (dish-koo-*lah*-zherngY) *f* take-off

descolar (dish-koo-*lahr*) *v* *take off

descolorir (dish-koo-loo-*reer*) *v* discolour; bleach

desconcertar (dish-kawng-serr-*tahr*) *v* overwhelm

desconfiado (dish-kawng-*fYah*-dhoo) *adj* suspicious

desconfiança (dish-kawng-*fYerng*-ser) *f* suspicion

desconfiar (dish-kawng-*fYahr*) *v* mistrust; suspect

desconfortável (dish-kawng-foor-*tah*-vehl) *adj* (pl -eis) uncomfortable

descongelar (dish-kawng-zher-*lahr*) *v* thaw

desconhecido (dish-koo-ñer-*see*-dhoo) *adj* unknown; unfamiliar

descontar (dish-kawngn-*tahr*) *v* cash

descontente (dish-kawngn-*tayngn*-ter) *adj* discontented

desconto (dish-*kawngn*-too) *m* discount; rebate, reduction

descontracção (dish-kawngn-trah-*serngW*) *f* (pl -ções) relaxation

descontraído (dish-kawngn-*trer*-ee-dhoo) *adj* easy-going

***descontrair-se** (dish-kawngn-trer-*eer*) *v* relax

descrever (dish-krer-*vayr*) *v* describe

descrição (dish-kree-*serngW*) *f* (pl -ções) description

descuidado (dish-kwee-*dhah*-dhoo) *adj* careless; slovenly

descuidar (dish-kwee-*dhahr*) *v* neglect

desculpa (dish-*kool*-per) *f* excuse; apology; **pedir** ~ apologize

desculpar (dish-kool-*pahr*) *v* excuse; **desculpar-se** apologize; **desculpe!** sorry!

desde (*dayzh*-dher) *prep* since; as from; ~ **então** since; ~ **que** since

desdém (dizh-*dherngY*) *m* contempt

desdobrar (dizh-dhoo-*bhrahr*) *v* unfold

desejar (der-zi-*zhahr*) *v* desire, wish; want; long for

desejável (der-zi-*zhah*-vehl) *adj* (pl -eis) desirable

desejo (der-*zay*-zhoo) *m* desire; wish; longing

desejoso (der-zay-*zhoa*-zoo) *adj* eager

desembarcar (der-zayngm-berr-*kahr*) *v*

land, disembark

desembrulhar (der-zayngm-broo-*l^yahr*) *v* unwrap

desempacotar (der-zayngm-per-koo-*tahr*) *v* unpack

desempenhar (der-zayngm-per-*ñahr*) *v* perform; execute

desempregado (der-zayngm-prer-*gah*-dhoo) *adj* unemployed

desemprego (der-zayngm-*pray*-goo) *m* unemployment

desencaminhar (der-zayngng-ker-mee-*ñahr*) *v* *mislay

desenhar (der-zɪ-*ñahr*) *v* *draw; sketch, design

desenho (der-*zay*-ñoo) *m* sketch, drawing; pattern; **banda desenhada** comics *pl*; **caderno de ~** sketch-book; **~ animado** cartoon

desenvolver (der-zayng-voal-*vayr*) *v* develop; expand

desenvolvimento (der-zayng-voal-vee-*mayngn*-too) *m* development

desertar (der-zerr-*tahr*) *v* desert

deserto (der-*zehr*-too) *adj* desert; *m* desert

desesperado (der-zɪsh-per-*rah*-dhoo) *adj* hopeless, desperate

desesperar (der-zɪsh-per-*rahr*) *v* despair

desespero (der-zɪsh-*pay*-roo) *m* despair

desfalecido (dɪsh-fer-ler-*see*-dhoo) *adj* faint

desfavorável (dɪsh-fer-voo-*rah*-vehl) *adj* (pl -eis) unfavourable

***desfazer** (dɪsh-fer-*zayr*) *v* *undo; ***desfazer-se de** discard

desfiar (dɪsh-*f^yahr*) *v* fray

desfiladeiro (dɪsh-fee-ler-*dhay*-roo) *m* mountain pass

desfile (derz-*fee*-ler) *m* parade

desfrutar (dɪsh-froo-*tahr*) *v* enjoy

desgostar (dɪsh-goosh-*tahr*) *v* dis-

please

desgosto (dɪsh-*goash*-too) *m* grief, sorrow; ***ter desgosto** grieve

desgostoso (dish-goosh-*toa*-zoo) *adj* sad

desgraça (dɪsh-*grah*-ser) *f* disaster

desgraçado (dɪsh-grah-*sah*-dhoo) *adj* unfortunate

designação (der-zee-gner-*serng^w*) *f* (pl -ções) denomination

designar (der-zeeg-*nahr*) *v* designate; appoint

desigual (der-zee-*gwahl*) *adj* (pl -ais) uneven, unequal

desiludir (der-zee-loo-*dheer*) *v* *let down; disappoint

desilusão (der-zee-loo-*zerng^w*) *f* (pl -sões) disappointment

desinfectante (der-zeeng-feh-*terngn*-ter) *m* disinfectant

desinfectar (der-zeeng-feh-*tahr*) *v* disinfect

desinteressado (der-zeeng-ter-rer-*sah*-dhoo) *adj* unselfish

desistir (der-zeesh-*teer*) *v* *give up

desligar (dɪzh-lee-*gahr*) *v* disconnect; switch off

deslizar (dɪzh-lee-*zahr*) *v* *slide, slip

deslize (dɪzh-*lee*-zer) *m* slide

deslocado (dɪsh-loo-*ker*-dhoo) *adj* dislocated

deslocar (dɪzh-loo-*kahr*) *v* move

deslumbrante (dɪzh-loongm-*brerngn*-ter) *adj* glaring

desmaiar (dɪzh-mer-*^yahr*) *v* faint

desmantelado (dɪzh-merngn-ter-*lah*-dhoo) *adj* ramshackle

desmobilado (dɪzh-moo-bhee-*lah*-dhoo) *adj* unfurnished

desmoronar-se (dɪzh-moo-roo-*nahr*-ser) *v* collapse

desnecessário (dɪzh-ner-ser-*sah*-r^yoo) *adj* unnecessary

desocupado (der-zoa-koo-*pah*-dhoo)

adj unoccupied

desodorante (dɪ-zo-dhoa-*rerng*-ter) *mBr* deodorant

desodorizante (der-zoo-dhoo-ree-*zerngn*-ter) *m* deodorant

desolado (der-zoo-*lah*-dhoo) *adj* sorry; desolate

desonesto (der-zoo-*nehsh*-too) *adj* dishonest; crooked

desonra (derz-*awng*-rrer) *f* disgrace; shame

desordem (derz-or-*derng*ⁿ) *f* disorder, mess; riot

desossar (der-zoo-*sahr*) *v* bone

despachar (dɪsh-per-*shahr*) *v* despatch; **despachar-se** hurry

despedida (dɪsh-per-*dhee*-dher) *f* parting; departure

***despedir** (dɪsh-per-*dheer*) *v* dismiss; fire

despenhar-se (dɪsh-per-*ñahr*-ser) *v* crash

despensa (dɪsh-*payng*-ser) *f* larder

desperdiçar (dɪsh-perr-dee-*sahr*) *v* waste

desperdício (dɪsh-perr-*dee*-sⁱoo) *m* waste

despertador (dɪsh-perr-ter-*dhoar*) *m* alarm-clock

despertar (dɪsh-perr-*tahr*) *v* wake up; *awake

despesa (dɪsh-*pay*-zer) *f* expense; expenditure; **despesas de viagem** travelling expenses

despido (dɪsh-*pee*-dhoo) *adj* bare; naked

***despir-se** (dɪsh-*peer*-ser) *v* undress

desportista (dɪsh-poor-*teesh*-tah) *m* sportsman

desporto (dɪsh-*poar*-too) *m* sport; **desportos de inverno** winter sports

desposar (dɪsh-poo-*zahr*) *v* marry

desprender (dɪsh-*prayng*ⁿ-*dayr*) *v*

loosen; unfasten

despreocupado (dɪsh-prʸoo-koo-*pah*-dhoo) *adj* carefree

desprezar (dɪsh-prer-*zahr*) *v* despise; scorn

desprezo (dɪsh-*pray*-zoo) *m* contempt; scorn

despropositado (dɪsh-proo-poo-zee-*tah*-dhoo) *adj* misplaced

desprotegido (dɪsh-proo-tɪ-*zhee*-dhoo) *adj* unprotected

destapar (dɪsh-ter-*pahr*) *v* uncover

destinar (dɪsh-tee-*nahr*) *v* destine

destinatário (dɪsh-tee-ner-*tah*-rʸoo) *m* addressee

destino (dɪsh-*tee*-noo) *m* fate, destiny, lot; destination

destro (*dehsh*-troo) *adj* skilful

destruição (dɪsh-trwee-*serng*ʷ) *f* (pl -ções) destruction

***destruir** (dɪsh-*trweer*) *v* destroy; wreck

desusado (der-zoo-*zah*-dhoo) *adj* unusual

desvalorização (dɪzh-ver-loo-ree-zer-*serng*ʷ) *f* (pl -ções) devaluation

desvalorizar (dɪzh-ver-loo-ree-*zahr*) *v* devalue

desvanecer (dɪzh-ver-ner-*sayr*) *v* fade

desvantagem (dɪzh-verngn-*tah*-zherngⁿ) *f* disadvantage

desviar (dɪzh-vʸahr) *v* avert; hijack; **desviar-se** deviate

desvio (dɪzh-*vee*ᵒᵒ) *m* detour; diversion

detalhado (der-ter-*lʸah*-dhoo) *adj* detailed

detalhe (der-*tah*-lʸer) *m* detail

detective (der-tehk-*tee*-ver) *m* detective

detenção (der-*tayng*-⊗oo) *f* (pl -ções) custody

detergente (der-terr-*zhayng*ⁿ-ter) *m* detergent; ~ **em pó** washing-powder

deteriorável (der-ter-r𝖸oo-*rah*-vehl) *adj* (pl -eis) perishable

determinar (der-terr-mee-*nahr*) *v* determine; define; **determinado** definite

detestar (der-tɪsh-*tahr*) *v* hate, dislike

detido (der-*tee*-dhoo) *m* prisoner

deus (day⁰⁰sh) *m* god

deusa (day⁰⁰-zer) *f* goddess

dever (der-*vayr*) *v* *have to (*must); owe; *m* duty

devido (der-*vee*-dhoo) *adj* due; proper; ~ a owing to

devolver (der-voal-*vayr*) *v* *bring back; *send back

dez (dehsh) *num* ten

dezanove (der-zer-*no*-ver) *num* nineteen

dezasseis (der-zer-*saysh*) *num* sixteen

dezassete (der-zer-*seh*-ter) *num* seventeen

Dezembro (der-*zayngm*-broo) December

dezena (der-*zay*-ner) *f* ten, about ten

dezoito (der-*zoi*-too) *num* eighteen

dia (*dee*-er) *m* day; **bom dia!** hello!; de ~ by day; ~ **de semana** weekday; ~ **dos anos** birthday; ~ **útil** working day; **por** ~ per day; **qualquer** ~ some day

diabetes (d𝖸er-*bheh*-tersh) *f* diabetes

diabético (d𝖸er-*bheh*-tee-koo) *m* diabetic

diabo (d𝖸ah-bhoo) *m* devil

diabrura (d𝖸er-*bhroo*-rer) *f* mischief

diagnosticar (dee-erg-noosh-tee-*kahr*) *v* diagnose

diagnóstico (dee-erg-*nosh*-tee-koo) *m* diagnosis

diagonal (dee-er-goo-*nahl*) *adj* (pl -ais) diagonal; *f* diagonal

diagrama (dee-er-*grah*-mer) *m* diagram

dialecto (dee-er-*leh*-too) *m* dialect

diamante (d𝖸er-*merngn*-ter) *m* diamond

diante de (d𝖸*erngn*-ter der) in front of; before

diário (d𝖸ah-r𝖸oo) *adj* daily; *m* diary; daily

diarreia (d𝖸er-*rray*-er) *f* diarrhoea

dicionário (dee-s𝖸oo-*nah*-r𝖸oo) *m* dictionary

dieta (d𝖸*eh*-ter) *f* diet

diferença (dee-fer-*rayng*-ser) *f* difference; contrast, distinction

diferente (dee-fer-*rayngn*-ter) *adj* different; unlike

*diferir** (dee-fer-*reer*) *v* vary, differ

difícil (dee-*fee*-sɪl) *adj* (pl -ceis) difficult; hard

dificuldade (dee-fee-kool-*dhah*-dher) *f* difficulty; pains

*digerir** (dee-zher-*reer*) *v* digest

digestão (dee-zhersh-*terng*ʷ) *f* digestion

digestivo (dee-zhersh-*tee*-voo) *adj* digestible

digital (dee-zhee-*tahl*) *adj* digital

digno de (*dee*-gnoo der) worthy of

*diluir** (dee-*lweer*) *v* dissolve; dilute

dimensão (dee-mayng-*serng*ʷ) *f* (pl -sões) extent, size

diminuição (dee-mee-nwee-*serng*ʷ) *f* (pl -ções) decrease; subtraction

*diminuir** (dee-mee-*nweer*) *v* reduce; decrease, lessen

Dinamarca (dee-ner-*mahr*-ker) *f* Denmark

dinamarquês (dee-ner-mahr-*kaysh*) *adj* Danish; *m* Dane

dínamo (*dee*-ner-moo) *m* dynamo

dinheiro (dee-ñay-roo) *m* money; cash

diploma (dee-*ploa*-mer) *m* certificate, diploma

diplomar-se (dee-ploo-*mahr*-ser) *v* graduate

diplomata (dee-ploa-*mah*-ter) *m* diplomat

direcção (dee-reh-*serng*ʷ) *f* (pl -ções) leadership, management, lead, direction; way; **em ~ a** towards

directamente (dee-reh-ter-*mayngn*-ter) *adv* straight; straight away

directiva (dee-reh-*tee*-ver) *f* directive

directo (dee-reh-too) *adj* direct

director (dee-reh-*toar*) *m* executive; manager, director; principal; **~ de escola** head teacher, headmaster

direita (dee-*ray*-ter) *f* right side; **à ~** on the right

direito (dee-*ray*-too) *adj* straight, right; upright, right-hand; level; *m* justice, law, right; **~ administrativo** administrative law; **~ civil** civil law; **~ comercial** commercial law; **~ de importação** duty; **~ de voto** franchise; **~ penal** criminal law; **direitos** dues *pl*; **direitos alfandegários** Customs duty; **direitos de importação** import duty; **isento de direitos** duty-free; **sempre a ~** straight ahead

dirigente (dee-ree-*zhayngn*-ter) *m* leader

dirigir (dee-ree-*zheer*) *v* direct; conduct, head, *lead; **dirigir-se a** address

disciplina (dee-shee-*plee*-ner) *f* discipline

disco (*deesh*-koo) *m* disc; record; **~ de longa duração** long-playing record; **~ laser** compact disc; **toca-discos laser** CD player

discordar (deesh-koor-*dhahr*) *v* disagree

discreto (deesh-*kreh*-too) *adj* inconspicuous

discurso (deesh-*koor*-soo) *m* speech

discussão (deesh-koo-*serng*ʷ) *f* (pl -sões) discussion; argument

discutir (deesh-koo-*teer*) *v* quarrel; discuss; argue, deliberate

disenteria (dee-zayngn-ter-*ree*-er) *f* dysentery

disfarçar-se (deesh-ferr-*sahr*-ser) *v* disguise

disfarce (deesh-*fahr*-ser) *m* disguise

disforme (deesh-*for*-mer) *adj* deformed

disparar (deesh-per-*rahr*) *v* fire, *shoot

disparatado (deesh-per-rer-*tah*-dhoo) *adj* silly

disparate (deesh-per-*rah*-ter) *m* nonsense; **disparates** rubbish; ***dizer disparates** talk rubbish

dispensar (deesh-payng-*sahr*) *v* exempt; spare; **~ de** discharge of

dispersar (deesh-perr-*sahr*) *v* scatter

disponível (deesh-poo-*nee*-vehl) *adj* (pl -eis) available

***dispor de** (deesh-*poar*) *have at one's disposal

disposição (deesh-poo-zee-*serng*ʷ) *f* (pl -ções) disposal; mood

dispositivo (deesh-poo-zee-*tee*-voo) *m* apparatus

disposto (deesh-*poash*-too) *adj* willing; inclined; **bem ~** good-tempered

disputa (deesh-*poo*-ter) *f* dispute; argument

disputar (bree-*gahr*) *v* quarrel

dissolver (dee-soal-*vayr*) *v* dissolve

dissuadir (dee-swer-*dheer*) *v* dissuade from

distância (deesh-*terng*-sʸer) *f* way, space, distance

distante (deesh-terngn-ter) *adj* distant; remote, far-away; **o mais ~** furthest

distensão (deesh-tayng-*serng*ʷ) *f* (pl -sões) sprain

distinção (deesh-teeng-*serng*ʷ) *f* (pl

-ções) distinction; difference

distinguir (deesh-teeng-*geer*) v distinguish

distinto (deesh-*teengn*-too) adj distinct; separate; dignified, distinguished

distracção (deesh-trah-*serng*ᵂ) f (pl -ções) amusement

distribuidor (deesh-tree-bhwee-*dhoar*) m distributor

*distribuir (deesh-tree-*bhweer*) v *deal, distribute; issue

distrito (deesh-*tree*-too) m district

distúrbio (deesh-*toor*-bʸoo) m disturbance

ditado (dee-*tah*-dhoo) m dictation

ditador (dee-ter-*dhoar*) m dictator

ditafone (dee-ter-*foa*-ner) m dictaphone

ditar (dee-*tahr*) v dictate

divã (dee-*verng*) m couch

diversão (dee-verr-*serng*ᵂ) f (pl -sões) diversion; entertainment

diversos (dee-*vehr*-soosh) adj various

divertido (dee-verr-*tee*-dhoo) adj amusing; entertaining

divertimento (dee-verr-tee-*mayngn*-too) m entertainment, amusement; fun, pleasure

*divertir (dee-verr-*teer*) v amuse; entertain

dívida (*dee*-vee-dher) f debt

dividir (dee-vee-*dheer*) v divide; ~ **ao meio** halve

divino (der-*vee*-noo) adj divine

divisa (der-*vee*-zer) f motto

divisão (der-vee-*zerng*ᵂ) f (pl -sões) division; section; room

divorciar-se (dee-voor-sʸahr-ser) v divorce

divórcio (dee-*vor*-sʸoo) m divorce

*dizer (dee-*zayr*) v *say; *tell; ***querer dizer** *mean

doação (dwer-*serng*ᵂ) f (pl -ções) donation

doador (dwer-*dhoar*) m donor

dobra (*do*-bhrer) f fold, crease

dobradiça (doo-bhrer-*dhee*-ser) f hinge

dobrar (doo-*bhrahr*) v fold; *bend

o dobro (oo *doa*-bhroo) the double

doca (*do*-ker) f dock

doce (*doa*-ser) adj sweet; m sweet; ~ **de fruta** jam; ~ **de laranja** marmalade

documento (doo-koo-*mayngn*-too) m document

doença (*dwayng*-ser) f illness; sickness, disease; ~ **venérea** venereal disease

doente (*dwayng*n-ter) adj ill, sick; m patient

doentio (dwayngn-*tee*ᵒᵒ) adj unhealthy, unsound

*doer (dwayr) v ache

doido (*doi*-dhoo) adj crazy

dois (doish) num (f duas) two

dólar (*do*-lahr) m dollar

doloroso (doo-loo-*roa*-zoo) adj painful; sore

dom (dawng) m gift

domesticado (doo-*mehsh*-tee-kah-dhoo) adj tame

domesticar (doo-mɪsh-tee-*kahr*) v tame

doméstico (doo-*mehsh*-tee-koo) adj domestic

domicílio (doo-mee-*see*-lʸoo) m domicile

dominação (doo-mee-ner-*serng*ᵂ) f (pl -ções) domination

dominante (doo-mee-*nerng*n-ter) adj leading

dominar (doo-mee-*nahr*) v master

domingo (doo-*meeng*-goo) m Sunday

domínio (doo-*mee*-nʸoo) m field; rule, dominion

donativo (doo-ner-*tee*-voo) m donation

dono (*doa*-noo) *m* master; owner

dor (doar) *f* ache, pain; sore; grief, sorrow; **~ de barriga** stomach-ache; **~ de cabeça** headache; **~ de dentes** toothache; **~ de estômago** stomach-ache; **~ de garganta** sore throat; **~ de ouvidos** earache; **dores** labour; **dores nas costas** backache; **sem ~** painless

***dormir** (door-*meer*) *v* *sleep; **~ demais** *oversleep

dormitório (door-mee-*to*-r^yoo) *m* dormitory

dose (*do*-zer) *f* dose

dotado (doo-*tah*-dhoo) *adj* talented, gifted

dourado (doa-*rah*-dhoo) *adj* gilt

doutor (doa-*toar*) *m* doctor

doze (*doa*-zer) *num* twelve

dragão (drer-*gerng*^w) *m* (pl -gões) dragon

drama (*drer*-mer) *m* drama

dramático (drer-*mah*-tee-koo) *adj* dramatic

dramaturgo (drer-mer-*toor*-goo) *m* dramatist; playwright

drenar (drer-*nahr*) *v* drain

drogaria (droo-ger-*ree*-er) *f* pharmacy, chemist's; drugstore *nAm*

duche (*doo*-sher) *m* shower

duna (*doo*-ner) *f* dune

duplo (*doo*-ploo) *adj* double

duque (*doo*-ker) *m* duke

duquesa (doo-*kay*-zer) *f* duchess

duração (doo-rer-*serng*^w) *f* (pl -ções) duration

duradouro (doo-rer-*dhoa*-roo) *adj* lasting; permanent

durante (doo-*rerngn*-ter) *prep* for, during

durar (doo-*rahr*) *v* last; continue

duro (*doo*-roo) *adj* hard; tough

dúvida (*doo*-vee-dher) *f* doubt; ***pôr em ~** query; **sem ~** undoubtedly

duvidar (doo-vee-*dhahr*) *v* doubt

duvidoso (doo-vee-*dhoa*-zoo) *adj* doubtful

dúzia (*doo*-z^yer) *f* dozen

E

e (ee) *conj* and

ébano (*eh*-bher-noo) *m* ebony

eclipse (er-*kleep*-ser) *m* eclipse

eco (*eh*-koo) *m* echo

economia (ee-koo-noo-*meeer*) *f* economy; **economias** savings *pl*

económico (ee-koo-*no*-mee-koo) *adj* economic; thrifty, economical; cheap

economista (ee-koo-noo-*meesh*-ter) *m* economist

economizar (ee-koo-noo-mee-*zahr*) *v* economize

écran (ehk-*rerng*) *m* screen

eczema (ehk-*zay*-mer) *m* eczema

edição (er-dhee-*serng*^w) *f* (pl -ções) edition; issue; **~ da manhã** morning edition

edificar (ee-dher-fee-*kahr*) *v* erect; construct

edifício (ee-dher-*fee*-s^yoo) *m* construction, building

editor (er-dhee-*toar*) *m* publisher

edredão (ee-dher-*dherng*^w) *m* (pl -dões) eiderdown

educação (ee-dhoo-ker-*serng*^w) *f* (pl -ções) education

educado (ee-dhoo-*kah*-dhoo) *adj* polite, civil; **bem ~** well brought-up; **mal ~** badly brought-up

educar (ee-dhoo-*kahr*) *v* educate; raise, *bring up

efectivamente (ee-feh-tee-ver-*mayngn*-ter) *adv* indeed; as a matter of fact

efectuar (ee-feh-*twahr*) *v* effect

efeito (ee-*fay*-too) *m* effect; **com ~** in fact, in effect

efervescência (ee-ferr-vish-*sayng*-sʸer) *f* fizz

eficaz (er-fee-*kahsh*) *adj* effective

eficiente (er-fee-sʸ*ayngn*-ter) *adj* efficient

efusivo (ee-foo-*zee*-voo) *adj* hearty

egípcio (er-*zheep*-sʸoo) *adj* Egyptian; *m* Egyptian

Egipto (er-*zheep*-too) *m* Egypt

egocêntrico (ee-goo-*sayngn*-tree-koo) *adj* self-centred

egoísmo (ee-*gweezh*-moo) *m* selfishness

egoísta (ee-*gweesh*-ter) *adj* egoistic; selfish

égua (*eh*-gwer) *f* mare

eixo (*ay*-shoo) *m* axle

ela (*eh*-ler) *pron* she; **~ mesma** herself

elaborar (ee-ler-bhoo-*rahr*) *v* elaborate

elas (*eh*-lersh) *pron* they; **~ mesmas** themselves

elasticidade (ee-lersh-ter-see-*dhah*-dher) *f* elasticity

elástico (ee-*lahsh*-tee-koo) *adj* elastic; *m* rubber band, elastic band

ele (*ay*-ler) *pron* he; **~ mesmo** himself

electricidade (ee-lehk-trer-see-*dhah*-dher) *f* electricity

electricista (ee-lehk-trer-*seesh*-ter) *m* electrician

eléctrico (ee-*leh*-tree-koo) *adj* electric; *m* tram; streetcar *nAm*

electrónico (ee-leh-*troa*-nee-koo) *adj* electronic

elefante (ee-ler-*ferngn*-ter) *m* elephant

elegância (ee-ler-*gerng*-sʸer) *f* elegance

elegante (ee-ler-*gerngn*-ter) *adj* smart, elegant

eleger (ee-ler-*zhayr*) *v* elect

eleição (ee-lay-*serng*ʷ) *f* (pl -ções) election

elementar (ee-ler-mayngn-*tahr*) *adj* primary, elementary

elemento (ee-ler-*mayngn*-too) *m* element

eles (*ay*-lish) *pron* they; **~ mesmos** themselves

elevação (ee-ler-ver-*serng*ʷ) *f* (pl -ções) rise

elevador (ee-ler-ver-*dhoar*) *m* elevator *nAm*

elfo (*ehl*-foo) *m* elf

eliminar (ee-ler-mee-*nahr*) *v* eliminate

elo (*eh*-loo) *m* link

elogio (ee-loo-*zhee*ᵒᵒ) *m* praise

elucidar (ee-loo-see-*dhahr*) *v* elucidate

em (erngʸ) *prep* at; in, inside

emagrecer (ee-mer-grer-*sayr*) *v* slim

emancipação (ee-merng-see-per-*serng*ʷ) *f* emancipation

embaixada (ayngm-bigh-*shah*-dher) *f* embassy

embaixador (ayngm-bigh-shah-*dhoar*) *m* ambassador

embalagem (ayngm-ber-*lah*-zhergʸ) *f* packing

embalar (ayngm-ber-*lahr*) *v* pack up, pack

embaraçado (ayngm-ber-rer-*sah*-dhoo) *adj* embarrassed

embaraçar (ayngm-ber-rer-*sahr*) *v* embarrass

embaraçoso (ayngm-ber-rer-*soa*-zoo) *adj* awkward, embarrassing

embarcação (ayngm-berr-ker-*serng*ʷ) *f* (pl -ções) embarkation; vessel

embarcar (ayngm-ber-*kahr*) *v* embark

embargo (ayngm-*bahr*-goo) *m* embargo

embeber (ayngm-ber-*bhayr*) *v* soak

emblema (ayngm-*blay*-mer) *m* emblem

embora (ayŋgm-*bo*-rer) *conj* although, though; *adv* off

emboscada (ayŋgm-boosh-*kah*-dher) *f* ambush

embotado (ayŋgm-boo-*tah*-dhoo) *adj* dull

embraiagem (ayŋgm-brer-ʸah-zherŋʸ) *f* clutch

embriagado (ayŋgm-bree-er-*gah*-dhoo) *adj* intoxicated

embrulhar (ayŋgm-broo-lʸahr) *v* wrap up, pack up; confuse

embrulho (ayŋgm-*broo*-lʸoo) *m* parcel

ementa (ee-*mayŋg*-ter) *f* menu; ~ **fixa** set menu

emergência (ee-merr-*zhayŋg*-sʸer) *f* emergency

emigração (er-mee-grer-*serŋg*ʷ) *f* (pl -ções) emigration

emigrante (er-mee-*greŋg*n-ter) *m* emigrant

emigrar (er-mee-*grahr*) *v* emigrate

eminente (er-mee-*nayŋg*n-ter) *adj* outstanding

emissão (er-mee-*serŋg*ʷ) *f* (pl -sões) issue; broadcast

emissário (er-mee-*sah*-rʸoo) *m* envoy

emissor (er-mee-*soar*) *m* transmitter

emitir (er-mee-*teer*) *v* utter; *broadcast

emoção (ee-moo-*serŋg*ʷ) *f* (pl -ções) emotion

emocionante (ee-moo-sʸoo-*neŋg*n-ter) *adj* exciting

empatar (ayŋgm-*pah*-terr) *v* hinder, disturb; tie

empena (ayŋgm-*pay*-ner) *f* gable

empenhar (ayŋgm-per-*ñahr*) *v* pawn

empilhar (ayŋgm-pee-lʸahr) *v* pile

empola (ayŋgm-*poa*-ler) *f* blister

empreender (ayŋgm-prʸayŋgn-*dayr*) *v* *undertake

empregada (ayŋgm-prer-*gah*-dher) *f* maid; employee; ~ **de bar** bar-

maid; ~ **de mesa** waitress; ~ **doméstica** housemaid

empregado (ayŋgm-prer-*gah*-dhoo) *m* employee; ~ **de balcão** shop assistant; ~ **de bar** bartender; ~ **de escritório** clerk; ~ **de mesa** waiter; ~ **doméstico** domestic

empregar (ayŋgm-prer-*gahr*) *v* employ, engage; *spend

emprego (ayŋgm-*pray*-goo) *m* employment; job

empreiteiro (ayŋgm-pray-*tay*-roo) *m* contractor

empresa (ayŋgm-*pray*-zer) *f* undertaking, enterprise; business, concern

emprestar (ayŋgm-prɪsh-*tahr*) *v* *lend

empréstimo (ayŋgm-*prehsh*-tee-moo) *m* loan

empurrão (ayŋgm-poo-*rrerŋg*ʷ) *m* (pl -rões) push

empurrar (ayŋgm-poo-*rrahr*) *v* push

encadernação (ayŋgng-ker-dherr-ner-*serŋg*ʷ) *f* (pl -ções) binding

encantado (ayŋgng-kerŋgn-*tah*-dhoo) *adj* delighted

encantador (ayŋgng-kerŋgn-ter-*dhoar*) *adj* enchanting; sweet, lovely, charming, delightful

encantamento (ayŋgng-kerŋgn-ter-*mayŋg*n-too) *m* spell

encantar (ayŋgng-kerŋgn-*tahr*) *v* bewitch; delight

encanto (ayŋgng-*kerŋgn*-too) *m* charm; glamour

encaracolado (ayŋgng-ker-rer-koo-*lah*-dhoo) *adj* curly

encaracolar (ayŋgng-ker-rer-koo-*lahr*) *v* curl

encarceramento (ayŋgng-kerr-ser-rer-*mayŋg*n-too) *m* imprisonment

encarnado (ayŋgng-kerr-*nah*-dhoo) *adj* red

encarregar (ayŋgng-ker-rrer-*gahr*) *v* charge; **encarregado de** in charge of; **encarregar-se de** *take charge of

encenador (ayng-ser-ner-*dhoar*) m director

encenar (ayng-ser-*nahr*) v direct

encerrado (ayng-ser-*rrer*-dhoo) adj closed; shut

encerrar (ayng-ser-*rrahr*) v lock up

enchente (ayng-*shayngn*-ter) f flood

encher (ayng-*shayr*) v fill; fill out Am; ~ **de ar** inflate

enciclopédia (ayng-see-kloo-*peh*-dhʸer) f encyclopaedia

encoberto (ayngng-koo-*bhehr*-too) adj cloudy

encolher (ayngng-koo-*lʸayr*) v *shrink; **não encolhe** shrinkproof

encomenda (ayngng-koo-*mayngn*-der) f parcel; order; **feito por** ~ made to order

encomendar (ayngng-koo-mayngn-*dahr*) v order

encontrão (ayngng-kawngn-*trerng*ʷ) m (pl -rões) bump

encontrar (ayngng-kawngn-*trahr*) v *find; *come across; encounter, *meet

encontro (ayngng-*kawngn*-troo) m encounter; date

encorajar (ayngng-koo-rer-*zhahr*) v encourage

encosta (ayngng-*kosh*-ter) f hillside

encruzilhada (ayngng-kroo-zee-*lʸah*-dher) f crossing

encurtar (ayngng-koor-*tahr*) v shorten

endereçar (ayngn-der-rer-*sahr*) v address

endereço (ayngn-der-*ray*-soo) m address

endireitar (ayngn-dee-ray-*tahr*) v straighten

endossar (ayngn-doo-*sahr*) v endorse

energia (ee-nerr-*zheeer*) f energy; power; ~ **nuclear** nuclear energy

enérgico (ee-*nehr*-zhee-koo) adj energetic

enevoado (ee-ner-*vwah*-dhoo) adj misty, hazy; foggy

enfadonho (ayng-fer-*dhoa*-ñoo) adj dull

ênfase (*ayng*-fer-zer) f stress

enfeitiçar (ayng-fay-tee-*sahr*) v bewitch

enfermaria (ayng-ferr-mer-*ree*-er) f infirmary

enfermeira (ayng-ferr-*may*-rer) f nurse

enfermeiro (ayng-ferr-*may*-roo) m male nurse

enfiar (ayng-*fʸahr*) v thread; pierce

enforcar (ayng-foor-*kahr*) v hang

enfrentar (ayng-frayngn-*tahr*) v face

enfurecer (ayng-foo-rer-*sayr*) v rage

enganar (ayngng-ger-*nahr*) v deceive; cheat, fool; **enganar-se** *be mistaken

engano (ayngng-*ger*-noo) m deceit; mistake

engarrafamento (ayngng-ger-rer-fer-*mayngn*-too) m bottling; obstruction; ~ **de trânsito** traffic jam

engenheiro (ayng-zhı-*ñay*-roo) m engineer

engenhoca (ayng-zhı-*ño*-ker) f gadget

***engolir** (ayngng-goo-*leer*) v swallow

engomar (ayngng-goo-*mahr*) v starch; **engomado permanente** permanent press

engordar (ayngng-goor-*dahr*) v fatten; *grow fat

engraçado (ayngng-grer-*sah*-dhoo) adj humorous, funny

engrossar (ayngng-groo-*sahr*) v thicken

enguia (ayngng-*gee*-er) f eel

enigma (ee-*neeg*-mer) m enigma, mystery; puzzle

enjoado (ayng-zhwah-dhoo) adj sick; seasick

enjoo (ayng-zhoa-oo) m sickness, air-sickness, seasickness

enorme (ee-nor-mer) adj enormous; huge, immense

enquanto (ayngng-kwerngn-too) conj whilst, while

enredo (ayng-rray-dhoo) m plot

enrolar (ayng-roo-lahr) v *wind

enrugar (ayng-roo-gahr) v crease

ensaiar (ayng-ser-Yahr) v rehearse

ensaio (ayng-sigh-oo) m rehearsal; essay

enseada (ayng-sYah-dher) f inlet, creek

ensinamentos (ayng-see-ner-mayngn-toosh) mpl teachings pl

ensinar (ayng-see-nahr) v *teach

ensopar (ayng-soo-pahr) v soak

entalhar (ayng-ter-lYahr) v carve

no entanto (noo ayng-terngn-too) though

então (ayngn-terng^w) adv then; de ~ contemporary

enteada (ayngn-tYah-dher) f step-daughter

enteado (ayngn-tYah-dhoo) m stepson, stepchild

entender (ayngn-tayngn-dayr) v *understand

enterrar (ayngn-ter-rrahr) v bury

enterro (ayng-tay-rroo) m burial

entornar (ayng-toor-nahr) v *spill

entorpecido (ayngn-toor-per-see-dhoo) adj numb

entrada (ayngn-trah-dher) f entry, way in, entrance; admittance; foyer; ~ proibida no admittance

entranhas (ayngn-trer-ñersh) fpl insides

entrar (ayngn-trahr) v enter, *go in

entravar (ayngn-trer-vahr) v impede

entre (ayngn-trer) prep between; amid, among

entrega (ayngn-treh-ger) f delivery

entregar (ayngn-trer-gahr) v deliver; hand, *give; commit

entretanto (ayngn-trer-terngn-too) adv meanwhile, in the meantime

*entreter (ayng-trer-tayr) v entertain

entrevista (ayng-trer-veesh-ter) f interview; appointment

entusiasmo (ayngn-too-zYahzh-moo) m enthusiasm

entusiasta (ayngn-too-zYahsh-ter) adj keen

entusiástico (ayngn-too-zYahsh-tee-koo) adj enthusiastic

envelhecido (ayng-veh-lYer-see-dhoo) adj old, aged

envenenar (ayng-ver-ner-nahr) v poison

envergonhado (ayng-verr-goo-ñah-dhoo) adj embarrassed; ashamed

envernizar (ayng-verr-nee-zahr) v varnish

enviar (ayng-vYahr) v *send, dispatch

envolver (ayng-voal-vayr) v wrap

envolvido (ayng-voal-vee-dhoo) adj concerned; involved

enxaguadela (ayng-sher-gwer-dhay-ler) f rinse

enxaguar (ayng-sher-gwahr) v rinse

enxaqueca (ayng-sher-keh-ker) f migraine

enxugar (ayng-shoo-gahr) v dry

épico (eh-pee-koo) adj epic

epidemia (er-pee-dher-mee-er) f epidemic

epilepsia (er-pee-lehp-see-er) f epilepsy

epílogo (er-pee-loo-goo) m epilogue

episódio (er-pee-zo-dhYoo) m episode

época (eh-poo-ker) f period; fora da ~ off season

epopeia (ee-poo-pay-er) f epic

Equador (ee-kwer-dhoar) m Ecuador

equador (ee-kwer-dhoar) m equator

equatoriano (ı-kwer-too-rYah-noo) m

Ecuadorian

equilíbrio (ee-ker-*lee*-bhrʸoo) *m* balance

equipa (ı-*kee*-per) *f* team; soccer team

equipamento (ı-kee-per-*mayngn*-too) *m* equipment; outfit, kit, gear; ~ **de pesca** fishing gear

equipar (ı-kee-*pahr*) *v* equip

equitação (ı-kee-ter-*serngʷ*) *f* riding; **escola de** ~ riding-school

equitativo (ı-kwee-ter-*tee*-voo) *adj* right

equivalente (ı-kee-ver-*layngn*-ter) *adj* equivalent

equívoco (ı-*kee*-voo-koo) *m* mistake; *adj* ambiguous

erecto (ee-*reh*-too) *adj* erect

erguer (eer-*gayr*) *v* lift; **erguer-se** *rise; *get up

erigir (ee-rer-*zheer*) *v* erect

errado (ee-*rrah*-dhoo) *adj* wrong; false, mistaken; *estar ~ *be wrong

errar (ee-*rrahr*) *v* err; wander

erro (*ay*-rroo) *m* mistake, error

erudito (ee-roo-*dhee*-too) *adj* learned; *m* scholar

erupção (ee-roop-*serngʷ*) *f* (pl -ções) rash

erva (*ehr*-ver) *f* herb; grass; ~ **daninha** weed; **folha de** ~ blade of grass

ervilha (ır-*vee*-lʸer) *f* pea

esbelto (ızh-*bhehl*-too) *adj* slender

esboçar (ızh-bhoo-*sahr*) *v* sketch

esboço (ızh-*bhoa*-soo) *m* sketch

escada (ısh-*kah*-dher) *f* ladder; stairs *pl*; staircase; ~ **de incêndio** fire-escape; ~ **do portaló** gangway; ~ **rolante** escalator

escala (ısh-*kah*-ler) *f* scale

escalar (ısh-ker-*lahr*) *v* ascend

escama (ısh-*ker*-mer) *f* scale

escândalo (ısh-*kerngn*-der-loo) *m* scandal

Escandinávia (ısh-kerngn-dee-*ner*-vʸer) *f* Scandinavia

escandinavo (ısh-kerngn-dee-*nah*-voo) *adj* Scandinavian; *m* Scandinavian

escangalhado (ısh-kerng-ger-*lʸah*-dhoo) *adj* broken

escangalhar (ısh-kerng-ger-*lʸahr*) *v* *break

escapar (ısh-ker-*pahr*) *v* slip, escape

escape (ısh-*kah*-per) *m* exhaust; **tubo de** ~ exhaust

escaravelho (ısh-ker-rer-*vay*-lʸoo) *m* beetle; bug

escarlate (ısh-kerr-*lah*-ter) *adj* scarlet

escárnio (ısh-*kahr*-nʸoo) *m* scorn

escarpado (ısh-kahr-*pah*-dhoo) *adj* steep

escassez (ısh-ker-*saysh*) *f* scarcity; shortage

escasso (ısh-*kah*-soo) *adj* scarce

escavação (ısh-ker-ver-*serngʷ*) *f* (pl -ções) excavation

escavar (ısh-ker-*vahr*) *v* *dig

esclarecer (ısh-kler-rer-*serr*) *v* clarify

esclarecimento (ısh-kler-rer-see-*mayngn*-too) *m* explanation

escocês (ısh-koo-*saysh*) *adj* Scottish, Scotch; *m* Scot

Escócia (ısh-ko-*sʸer*) *f* Scotland

escola (ısh-*ko*-ler) *f* school; ~ **secundária** secondary school

escolar (ısh-koo-*lahr*) *f* schoolgirl; *m* schoolboy; *adj* of or pertaining to school

escolha (ısh-*koa*-lʸer) *f* choice, selection; pick

escolher (ısh-koo-*lʸayr*) *v* *choose; pick; select; elect

escolta (ısh-*koal*-ter) *f* escort

escoltar (ısh-koal-*tahr*) *v* escort

esconder (ısh-kawngn-*dayr*) *v* *hide; conceal

escorregadela (ısh-koo-rrer-ger-*dheh*-

ler) f slip

escorregadio (ısh-koo-rrer-ger-*dhee*ᵒᵒ) adj slippery

escorregadouro (ısh-koo-rrer-ger-*dhoa*-roo) m slide

escorregar (ısh-koo-rrer-*gahr*) v glide, slip

escova (ısh-*koa*-ver) f brush; ~ **de cabelo** hairbrush; ~ **de dentes** toothbrush; ~ **de fato** clothes-brush; ~ **de unhas** nailbrush

escovar (ısh-koo-*vahr*) v brush

escravo (ısh-*krer*-voo) m slave

escrevaninha (ısh-kree-ver-*nee*-ñer) f bureau

escrever (ısh-krer-*vayr*) v *write; ~ **à máquina** type; **por escrito** written, in writing

escrita (ısh-*kree*-ter) f handwriting

escritor (ısh-kree-*toar*) m writer

escritório (ısh-kree-*to*-rᵞoo) m office; study; **artigos de** ~ stationery

escrivão (ısh-kree-*verng*ʷ) m (pl -ães) clerk

escultor (ısh-kool-*toar*) m sculptor

escultura (ısh-kool-*too*-rer) f sculpture

escuridão (ısh-koo-ree-*dherng*ʷ) f darkness; gloom

escuro (ısh-*koo*-roo) adj dark; obscure

escutar (ısh-koo-*tahr*) v listen

escuteira (ısh-koo-*tay*-rer) f girl guide

escuteiro (ısh-koo-*tay*-roo) m boy scout, scout

esfera (ısh-*feh*-rer) f sphere

esfomeado (ısh-foo-mᵞah-dhoo) adj hungry; famished

esforçar-se (ısh-foor-*sahr*-ser) v try

esforço (ısh-*foar*-soo) m strain, effort

esfregar (ısh-frer-*gahr*) v rub, scrub

esgalhos (ızh-gah-lᵞoosh) mpl antlers pl

esgotado (ısh-goo-*tah*-dhoo) adj sold out

esgoto (ısh-*goa*-too) m drain, sewer

esgrimir (ızh-gree-*meer*) v fence

esguicho (ızh-*gee*-shoo) m squirt

esmagar (ızh-mer-*gahr*) v mash

esmaltado (ızh-mahl-*tah*-dhoo) adj enamelled

esmaltar (ızh-mahl-*tahr*) v enamel

esmalte (ızh-*mahl*-ter) m enamel

esmeralda (ızh-mer-*rahl*-der) f emerald

espaçar (ısh-per-*sahr*) v space

espaço (ısh-*pah*-soo) m room, space

espaçoso (ısh-pah-*soa*-zoo) adj spacious; large, roomy

espada (ısh-*pah*-dher) f sword

espalhafato (ısh-per-lᵞer-*fah*-too) m fuss

espalhar (ısh-per-lᵞahr) v *spread; *shed

Espanha (ısh-*per*-ñer) f Spain

espanhol (ısh-per-*ñol*) adj (pl -hóis) Spanish; m Spaniard

espantar (ısh-perngn-*tahr*) v amaze, astonish

espanto (ısh-*perngn*-too) m astonishment, amazement

espantoso (ısh-perngn-*toa*-zoo) adj astonishing; dreadful

esparadrapo (ısh-per-rer-*drah*-poo) mBr adhesive tape, adhesive bandage, plaster

espargo (ısh-*pahr*-goo) m asparagus

especial (ısh-per-sᵞahl) adj (pl -ais) special; particular, peculiar

especialidade (ısh-per-sᵞer-lee-*dhah*-dher) f speciality

especialista (ısh-per-sᵞer-*leesh*-ter) m specialist; expert

especializado (ısh-per-sᵞer-lee-*zah*-dhoo) adj skilled

especializar-se (ısh-per-sᵞer-lee-*zahr*-ser) v specialize

especialmente (ısh-per-sᵞahl-*mayngn*-ter) adv especially

especiaria (ish-per-s^{Y}er-*ree*-er) *f* spice

espécie (ish-*peh*-s^{Y}er) *f* species; breed; **toda a ~ de** all sorts of

específico (ish-per-*see*-fee-koo) *adj* specific

espectáculo (ish-peh-*tah*-koo-loo) *m* sight; show, spectacle; **~ de variedades** variety show; floor show

espectador (ish-peh-ter-*dhoar*) *m* spectator

especular (ish-per-koo-*lahr*) *v* speculate

espelho (ish-*pay*-l^{Y}oo) *m* looking-glass, mirror

espera (ish-*peh*-rer) *f* waiting

esperado (ish-per-*rer*-doo) *adj* due

esperança (ish-per-*rerng*-ser) *f* hope

esperançado (ish-per-rerng-*sah*-dhoo) *adj* hopeful

esperar (ish-per-*rahr*) *v* expect; await, wait; hope

esperto (ish-*pehr*-too) *adj* bright; smart, clever

espesso (ish-*pay*-soo) *adj* thick

espeto (ish-*peh*-too) *m* spit

espião (ish-p^Y*erng*^{w}) *m* (pl -iões) spy

espinafres (ish-pee-*nah*-fresh) *mpl* spinach

espingarda (ish-peeng-*gahr*-dher) *f* rifle; gun

espinha (ish-*pee*-ñer) *f* bone; **~ de peixe** fishbone; **~ dorsal** backbone, spine

espinho (ish-*pee*-ñoo) *m* thorn

espírito (ish-*pee*-ree-too) *m* spirit; soul; ghost

espiritual (ish-per-ree-*twahl*) *adj* (pl -ais) spiritual

espirituoso (ish-per-ree-*twoa*-zoo) *adj* humorous; witty

espirrar (ish-pee-*rrahr*) *v* sneeze

esplanada (ish-pler-*nah*-dher) *f* esplanade

esplêndido (ish-*playngn*-dee-dhoo) *adj* splendid; glorious, enchanting, magnificent

esplendor (ish-*playngn*-*doar*) *m* splendour; glare

esponja (ish-*pawng*-zher) *f* sponge

esporte (ish-*por*-ter) *mBr* sport

esposa (ish-*poa*-zer) *f* wife

esposo (ish-*poa*-zoo) *m* husband

espreitar (ish-pray-*tahr*) *v* peep; watch for

espuma (ish-*poo*-mer) *f* froth; foam, lather; **~ de borracha** foam-rubber

espumante (ish-poo-*merngn*-ter) *adj* sparkling

espumar (ish-poo-*mahr*) *v* foam

esquadrilha (ish-kwer-*dhree*-l^{Y}er) *f* squadron

esquecer (ish-keh-*sayr*) *v* *forget

esquecido (ish-keh-*see*-dhoo) *adj* forgetful

esqueleto (ish-ker-*lay*-too) *m* skeleton

esquema (ish-*kay*-mer) *m* scheme, diagram

esquerdo (ish-*kayr*-doo) *adj* left; left-hand

esqui (ish-*kee*) *m* ski; skiing; **~ aquático** water ski; **varas de ~** ski sticks

esquiador (ish-k^{Y}er-*dhoar*) *m* skier

esquiar (ish-k^Y-*ahr*) *v* ski

esquilo (ish-*kee*-loo) *m* squirrel

esquina (ish-*kee*-ner) *f* corner

esquisito (ish-ker-*zee*-too) *adj* queer

esquivo (ish-*kee*-voo) *adj* shy

esse (*ay*-ser) *adj* that; **esses** those

essência (ee-*sayng*-s^{Y}er) *f* essence

essencial (ee-sayng-s^Y*ahl*) *adj* (pl -ais) essential

essencialmente (ee-sayng-s^{Y}ahl-*mayngn*-ter) *adv* essentially

estabelecer (ish-ter-bher-ler-*sayr*) *v* establish; found

estábulo (ish-*tah*-bhoo-loo) *m* stable

estação (ish-ter-*serng*ᵂ) f (pl -ções) station; season; depot nAm; **alta ~** high season; **baixa ~** low season; **~ balnear** seaside resort; **~ central** central station; **~ de serviço** service station, filling station; **plena ~** peak season

estacionamento (ish-ter-sᵞoo-ner-*mayngn*-too) m parking; **~ proibido** no parking

estacionar (ish-ter-sᵞoo-*nahr*) v park

estacionário (ish-ter-sᵞoo-nah-rᵞoo) adj stationary

estadia (ish-tah-dhᵞer) f stay

estádio (ish-tah-dhᵞoo) m stadium

estadista (ish-ter-*dheesh*-ter.) m statesman

estado (ish-tah-dhoo) m state; condition; **do ~ national**; **~ de emergência** emergency; **Estados Unidos** United States; the States

estalagem (ish-ter-*lah*-zherngᵞ) f inn, roadhouse

estalajadeiro (ish-ter-ler-zher-*dhay*-roo) m inn-keeper

estalar (ish-ter-*lahr*) v crack

estaleiro (ish-ter-*lay*-roo) m shipyard

estalido (ish-ter-*lee*-dhoo) m crack

estampa (ish-*terngm*-per) f engraving

estandarte (ish-terngn-*dahr*-ter) m banner

estanho (ish-*ter*-ñoo) m pewter, tin

*****estar** (ish-*tahr*) v *be

estatística (ish-ter-*teesh*-tee-ker) f statistics pl

estátua (ish-tah-twer) f statue

estatura (ish-tah-*too*-rer) f figure

estável (ish-tah-vehl) adj (pl -eis) stable; permanent

este[1] (aysh-ter) adj this; pron this; **estes** these

este[2] (ehsh-ter) m east

estenografia (ish-ter-noo-grer-*fee*-er) f shorthand

estenógrafo (ish-ter-no-grer-foo) m stenographer

esterco (ish-*tayr*-koo) m dung

estéril (ish-*teh*-reel) adj (pl -eis) sterile

esterilizar (ish-ter-rer-lee-*zahr*) v sterilize

estibordo (ish-tee-*bhor*-doo) m starboard

esticão (ish-tee-*kerng*ᵂ) m (pl -cões) tug

esticar (ish-tee-*kahr*) v stretch

estilo (ish-*tee*-loo) m style

estima (ish-*tee*-mer) f respect, esteem

estimar (ish-tee-*mahr*) v esteem; estimate

estimativa (ish-tee-mer-*tee*-ver) f estimate; *****fazer a ~** estimate

estimulante (ish-tee-moo-*lerngn*-ter) m stimulant

estimular (ish-tee-moo-*lahr*) v stimulate

estímulo (ish-*tee*-moo-loo) m impulse

estipulação (ish-tee-poo-ler-*serng*ᵂ) f (pl -ções) stipulation

estipular (ish-tee-poo-*lahr*) v stipulate

estivador (ish-tee-ver-*dhoar*) m docker

estofar (ish-too-*fahr*) v upholster

estojo (ish-*toa*-zhoo) m case; **~ de toalete** toilet case

estola (ish-*to*-ler) f stole

estômago (ish-*toa*-mer-goo) m stomach

estore (ish-*to*-rer) m blind

estorninho (ish-toor-*nee*-ñoo) m starling

estorvar (ish-toor-*vahr*) v embarras, hinder; disturb

estrábico (ish-*trah*-bhee-koo) adj cross-eyed

estrada (ish-*trah*-dher) f road, drive; **~ com portagem** turnpike nAm; **~ de circunvalação** by-pass; **~ de ferro** Br railway, railroad nAm; **~**

em obras road works, road up; ~ **principal** main road; highway, thoroughfare

estragar (ısh-trer-*gahr*) v *spoil; mess up

estrangeiro (ısh-trerng-*zhay*-roo) m alien, stranger, foreigner; adj alien, foreign; **no** ~ abroad; **para o** ~ abroad

estrangular (ısh-trerng-goo-*lahr*) v choke, strangle

estranho (ısh-*trer*-ñoo) adj funny; foreign, strange; queer, odd, quaint, peculiar; m alien

estreitar (ısh-tray-*tahr*) v tighten

estreito (ısh-*tray*-too) adj narrow; tight

estrela (ısh-*tray*-ler) f star

estremecimento (ısh-trer-mer-see-*mayngn*-too) m shudder

estribo (ısh-*tree*-bhoo) m stirrup

estrofe (ısh-*tro*-fer) f stanza

estrume (ısh-*troo*-mer) m manure

estrumeira (ısh-troo-*may*-rer) f dung-hill

estrutura (ısh-troo-*too*-rer) f structure; fabric

estuário (ısh-*twah*-rⁱoo) m estuary

estudante (ısh-too-*dherngn*-ter) m student; f student

estudar (ısh-too-*dhahr*) v study

estudo (ısh-*too*-dhoo) m study

estufa (ısh-*too*-fer) f greenhouse

estupefaciente (ısh-too-per-fer-sʸayngn-ter) m drug

estupendo (ısh-too-*payngn*-doo) adj wonderful

estúpido (ısh-*too*-pee-dhoo) adj dumb, stupid

estuque (ısh-*too*-ker) m plaster

esvaziar (ızh-ver-zʸahr) v empty

etapa (ee-*tah*-per) f stage

éter (*eh*-tehr) m ether

eternidade (ee-terr-nee-*dhah*-der) f eternity

eterno (ee-*tehr*-noo) adj eternal

etíope (ı-*tee*ᵒᵒ-per) adj Ethiopian; m Ethiopian

Etiópia (ı-tʸoa-pʸer) f Ethiopia

etiqueta (er-tee-*kay*-ter) f tag, label

etiquetar (er-tee-ker-*tahr*) v label

eu (*ay*ᵒᵒ) pron I; ~ **mesmo** myself

Europa (ay ᵒᵒ-ro-per) f Europe

europeu (ayᵒᵒ-roo-*pay*ᵒᵒ) adj European; m European

evacuar (ee-ver-*kwahr*) v evacuate

evadir (ee-ver-*dheer*) v escape

evangelho (ee-verng-*zheh*-lʸoo) m gospel

evaporar (ee-ver-poo-*rahr*) v evaporate

evasão (ee-ver-*zerng*ʷ) f (pl -sões) escape

eventual (ee-vayngn-*twahl*) adj (pl -ais) possible

evidente (er-vee-*dhayngn*-ter) adj evident

evitar (er-vee-*tahr*) v avoid; prevent

evolução (ee-voo-loo-*serng*ʷ) f (pl -ções) evolution

exactamente (ee-zah-ter-*mayngn*-ter) adv exactly

exactidão (ee-zah-tee-*dherng*ʷ) f correctness; precision

exacto (ee-*zah*-too) adj precise, exact; accurate

exagerado (ee-zer-zher-*rah*-dhoo) adj extravagant; excessive

exagerar (ee-zer-zher-*rahr*) v exaggerate

exalar (ee-zer-*lahr*) v exhale

exame (ee-*zer*-mer) m examination; ~ **médico** check-up

examinar (ee-zer-mee-*nahr*) v examine

exausto (ee-*zoush*-too) adj over-tired

excedente (ısh-ser-*dhayngn*-ter) m remnant, surplus

exceder (ısh-ser-*dhayr*) v exceed

excelente (ish-ser-*layngn*-ter) *adj* excellent; fine, first-rate

excêntrico (ish-*sayngn*-tree-koo) *adj* eccentric

excepção (ish-seh-*serng*ʷ) *f* (pl -ções) exception

excepcional (ish-seh-sʸoo-*nahl*) *adj* (pl -ais) exceptional

excepto (ish-*seh*-too) *prep* except

excessivo (ish-ser-*see*-voo) *adj* excessive

excesso (ish-*seh*-soo) *m* excess; ~ **de peso** overweight; ~ **de velocidade** speeding

excitação (ish-see-ter-*serng*ʷ) *f* (pl -ções) excitement

excitar (ish-see-*tahr*) *v* excite

exclamação (ish-kler-mer-*serng*ʷ) *f* (pl -ções) exclamation

exclamar (ish-kler-*mahr*) *v* exclaim

*****excluir** (ish-*klweer*) *v* exclude

exclusivamente (ish-kloo-see-ver-*mayngn*-ter) *adv* exclusively; solely

exclusivo (ish-kloo-*zee*-voo) *adj* exclusive

excursão (ish-koor-*serng*ʷ) *f* (pl -sões) excursion; day trip

execução (ee-zer-koo-*serng*ʷ) *f* (pl -ções) execution

executar (ee-zer-koo-*tahr*) *v* execute, perform, carry out

executivo (ee-zer-koo-*tee*-voo) *adj* executive

exemplar (ee-zayngm-*plahr*) *m* specimen; copy

exemplo (ee-*zayngm*-ploo) *m* example; instance; **por** ~ for instance, for example

exercer (ee-zerr-*sayr*) *v* exercise

exercício (ee-zerr-*see*-sʸoo) *m* exercise

exercitar (ee-zerr-see-*tahr*) *v* exercise; **exercitar-se** practise

exército (ee-*zehr*-see-too) *m* army

exibição (ee-zer-bhee-*serng*ʷ) *f* (pl -ções) exhibition

exibir (ee-zer-*bheer*) *v* exhibit; display, *show

exigência (ee-zɪ-*zhayng*-sʸer) *f* demand

exigente (ee-zɪ-*zhayngn*-ter) *adj* particular, demanding

exigir (ee-zɪ-*zheer*) *v* demand; require

exilado (ɪ-zee-*lah*-dhoo) *m* exile

exílio (ɪ-*zee*-lʸoo) *m* exile

existência (ɪ-zeesh-*tayng*-sʸer) *f* existence

existir (ɪ-zeesh-*teer*) *v* exist

êxito (*ay*-zee-too) *m* success

exótico (ee-*zo*-tee-koo) *adj* exotic

expandir (ish-perngn-*deer*) *v* expand

expectativa (ish-peh-ter-*tee*-ver) *f* expectation

expedição (ish-per-dhee-*serng*ʷ) *f* (pl -ções) expedition

*****expedir** (ish-per-*dheer*) *v* dispatch; ship, *send off

experiência (ish-per-rʸayng-sʸer) *f* experiment; trial, experience

experiente (ish-per-rʸayngn-ter) *adj* experienced

experimentar (ish-per-ree-mayngn-*tahr*) *v* try, experiment; test; experience

expiração (ish-pee-rer-*serng*ʷ) *f* (pl -ções) expiry

expirar (ish-pee-*rahr*) *v* expire

explicação (ish-plee-ker-*serng*ʷ) *f* (pl -ções) explanation

explicar (ish-plee-*kahr*) *v* explain

explícito (ish-*plee*-see-too) *adj* express, explicit

*****explodir** (ish-ploo-*dheer*) *v* explode

explorar (ish-ploo-*rahr*) *v* explore; exploit

explosão (ish-ploo-*zerng*ʷ) *f* (pl -sões) blast, explosion; outbreak

explosivo (ish-ploo-*zee*-voo) *adj* explosive; *m* explosive

*expor (ısh-*poar*) *v* exhibit, *show, display

exportação (ısh-poor-ter-*serng*ʷ) *f* (pl -ções) export, exportation

exportar (ısh-poor-*tahr*) *v* export

exposição (ısh-poo-zee-*serng*ʷ) *f* (pl -ções) display; show, exhibition, exposition; exposure; ~ de arte art exhibition

expressão (ısh-prer-*serng*ʷ) *f* (pl -sões) expression; ~ idiomática idiom

expressar (ısh-prer-*sahr*) *v* express

expresso (ısh-*preh*-soo) *adj* express; distribuição expressa special delivery

exprimir (ısh-pree-*meer*) *v* express

expulsar (ısh-pool-*sahr*) *v* chase, expel

êxtase (*aysh*-ter-zer) *m* ecstasy

extensão (ısh-tayng-*serng*ʷ) *f* (pl -sões) extension

extensivo (ısh-tayng-see-voo) *adj* comprehensive

extenso (ısh-*tayng*-soo) *adj* extensive

extenuar (ısh-ter-*nwahr*) *v* exhaust

exterior (ısh-ter-rʸoar) *m* exterior, outside; *adj* exterior, external

externo (ısh-*tehr*-noo) *adj* outward

extinguir (ısh-teeng-*geer*) *v* extinguish

extintor (ısh-teengn-*toar*) *m* fire-extinguisher

*extorquir (ısh-toor-*keer*) *v* extort

extorsão (ısh-toor-*serng*ʷ) *f* (pl -sões) extortion

extraditar (ısh-trah-dhee-*tahr*) *v* extradite

*extrair (ısh-trer-*eer*) *v* extract

extraordinário (ısh-trer-oor-dhee-*nah*-rʸoo) *adj* extraordinary; exceptional

extravagante (ısh-trer-ver-*gerngn*-ter) *adj* extravagant

extraviar (ısh-trah-vʸahr) *v* *mislay

extremidade (ısh-trer-mee-*dhah*-dher) *f* end

extremo (ısh-*tray*-moo) *adj* extreme; very; *m* extreme

exuberante (ee-zoo-bher-*rerngn*-ter) *adj* exuberant

F

fã (ferng) *mBr* fan

fábrica (*fah*-bhree-ker) *f* factory; works *pl*, plant, mill

fabricante (fah-bhree-*kerngn*-ter) *m* manufacturer

fabricar (fah-bhree-*kahr*) *v* manufacture

fábula (*fah*-bhoo-ler) *f* fable

faca (*fah*-ker) *f* knife

face (*fah*-ser) *f* cheek

fachada (fer-shah-dher) *f* façade

fácil (*fah*-seel) *adj* (pl fáceis) easy

facilidade (fer-ser-lee-*dhah*-dher) *f* facility, ease

facto (*fahk*-too) *m* fact; de ~ as a matter of fact

factor (fah-*toar*) *m* factor

factura (fah-*too*-rer) *f* invoice

facturar (fah-too-*rahr*) *v* bill

faculdade (fer-kool-*dah*-dher) *f* faculty

facultativo (fer-kool-ter-*tee*-voo) *adj* optional

fada (*fah*-dher) *f* fairy

faia (*figh*-er) *f* beech

faiança (fer-ʸerng-ser) *f* faience; crockery

faina (*figh*-ner) *f* work

faisão (figh-*zerng*ʷ) *m* (pl -sões) pheasant

faísca (fer-*eesh*-ker) *f* spark

faixa (*figh*-sher) *f* strip; ~ de rodagem carriageway

fala (*fah*-ler) *f* speech

falador (fer-ler-*dhoar*) *adj* talkative

falar (fer-*lahr*) *v* *speak; talk

falcão (fahl-*kerng*ʷ) *m* (pl -cões) hawk

falecer (fer-ler-*sayr*) *v* depart, die

falésia (fer-*leh*-sʸer) *f* cliff

falha (fah-lʸer) *f* fault; shortcoming

falhar (fer-*lʸahr*) *v* fail

falido (fer-*lee*-dhoo) *adj* bankrupt

falsificação (fahl-ser-fee-ker-*serng*ʷ) *f* (pl -cões) fake

falsificar (fahl-ser-fee-*kahr*) *v* counterfeit, forge

falso (*fahl*-soo) *adj* false; untrue; hypocritical

falta (*fahl*-ter) *f* want, lack; error; offence; **sem** ~ without fail

faltar (fahl-*tahr*) *v* fail

fama (*fer*-mer) *f* fame

família (fer-*mee*-lʸer) *f* family

familiar (fer-mee-lʸahr) *adj* familiar

famoso (fer-*moa*-zoo) *adj* famous

fanático (fer-*nah*-tee-koo) *adj* fanatical

fanfarra (ferng-*fer*-rrer) *f* brass band

fantasia (ferng-ter-*zee*-er) *f* fantasy

fantasma (ferng-*tahzh*-mer) *m* spook, phantom, ghost

fantástico (ferng-*tahsh*-tee-koo) *adj* fantastic, terrific

fardo (*fahr*-doo) *m* burden, load

farinha (fer-*ree*-ñer) *f* flour

farmacêutico (ferr-mer-*say*ᵒᵒ-tee-koo) *m* chemist

farmácia (ferr-*mah*-sʸer) *f* pharmacy, chemist's; drugstore *nAm*

farmacologia (fahr-mer-koo-loo-*zhee*-er) *f* pharmacology

farol (fer-*rol*) *m* (pl faróis) lighthouse; headlight, headlamp; ~ **de nevoeiro** foglamp; ~ **traseiro** taillight

farpa (*fahr*-per) *f* splinter

farsa (*fahr*-ser) *f* farce

farto de (*fahr*-too der) tired of, fed up with

fartura (ferr-*too*-rer) *f* plenty

fascinante (fersh-see-*nerng*-ter) *adj* glamorous

fascinar (fersh-see-*nahr*) *v* fascinate

fascismo (fersh-*seesh*-moo) *m* fascism

fascista (fersh-*seesh*-ter) *m* fascist

fase (*fah*-zer) *f* phase; stage

fastidioso (fersh-tee-*dh*ʸoa-zoo) *adj* tedious

fatal (fer-*tahl*) *adj* (pl -ais) fatal, mortal

fatia (fer-*tee*-er) *f* slice

fatigado (fer-tee-*gah*-dhoo) *adj* tired

fatigante (fer-tee-*gerng*-ter) *adj* tiring

fato (*fah*-too) *m* suit; ~ **de banho** swim-suit, bathing-suit

fato-macaco (fah-too-mer-*kah*-koo) *m* overalls *pl*

favor (fer-*voar*) *m* favour; **a** ~ **de** on behalf of; **por** ~ please; **se faz** ~ please

favorável (fer-voo-*rah*-vehl) *adj* (pl -eis) favourable

favorecer (fer-voo-rer-*sayr*) *v* favour

favorito (fer-voo-*ree*-too) *adj* pet; *m* favourite

fax (fahks) *m* fax; **mandar um** ~ send a fax

***fazer** (fer-*zayr*) *v* *do; *make; ***fazer-se** *get; *go, *grow

fé (feh) *f* faith

febre (*feh*-bhrer) *f* fever, temperature; ~ **dos fenos** hay fever

febril (feh-*breel*) *adj* (pl -is) feverish

fechado (fi-*shah*-dhoo) *adj* closed, shut

fechadura (fi-sher-*dhoo*-rer) *f* lock; **buraco da** ~ keyhole

fechar (fi-*shahr*) *v* *shut, close; lock up; *shut in; fasten; turn off; ~ **à chave** lock

fecho (fay-shoo) m fastener; ~ **éclair** zip; zipper

federação (fer-dher-rer-serng^w) f (pl -ções) federation

federal (fer-dher-rahl) adj (pl -ais) federal

feijão (fay-zherng^w) m (pl -jões) bean

feio (fay-oo) adj ugly

feira (fay-rer) f fair

feito (fay-too) m feat

felicidade (fer-ler-see-dhah-dher) f happiness

felicitação (fer-ler-see-ter-serng^w) f (pl -ções) congratulation

felicitar (fer-ler-see-tahr) v compliment, congratulate

feliz (fer-leesh) adj happy

feltro (fayl-troo) m felt

feminino (fer-mer-nee-noo) adj feminine; female

fenda (fayngn-der) f crack; cleft, chasm; slot

fender (fayngn-dayr) v *split

feno (fay-noo) m hay

feriado (fer-r^yah-dhoo) m holiday

férias (feh-r^yersh) fpl vacation, holiday; **em** ~ on holiday; **estância de** ~ holiday resort

ferida (fer-ree-dher) f wound; injury

ferido (fer-ree-dhoo) adj injured

***ferir** (fer-reer) v wound; *hurt, injure

fermentar (ferr-mayngn-tahr) v ferment

feroz (fer-rosh) adj fierce; wild

ferradura (fer-rrer-dhoo-rer) f horseshoe

ferragens (fer-rrah-zher^ee sh) fpl hardware

ferramenta (fer-rrer-mayngn-ter) f utensil, implement, tool

ferreiro (fer-rray-roo) m blacksmith, smith

ferro (feh-roo) m iron; de ~ iron; ~ de engomar iron; ~ de frisar curling-tongs pl; ~ de soldar soldering-iron; ~ fundido cast iron; não passar a ~ drip-dry

ferrolho (fer-rroa-l^oo) m bolt

ferrugem (fer-rroo-zherng^y) f rust

ferrugento (fer-rroo-zhayngn-too) adj rusty

fértil (fehr-teel) adj (pl -teis) fertile

ferver (ferr-vayr) v boil

festa (fehsh-ter) f feast; party

festival (fish-tee-vahl) m (pl -ais) festival

festivo (fish-tee-voo) adj festive

feudal (fay^oo-dhahl) adj (pl -ais) feudal

Fevereiro (fer-ver-ray-roo) February

fiador (f^yer-dhoar) m guarantor

fiança (f^yerng-ser) f security

fiar (f^yahr) v *spin

fiasco (f^yahsh-koo) m failure

fibra (fee-bhrer) f fibre

ficar (fee-kahr) v stay, remain; ~ **bem** suit; *become

ficção (feek-serng^w) f (pl -ções) fiction

ficha (fee-sher) f token, chip; plug

fiel (f^yehl) adj (pl fiéis) faithful; loyal

fígado (fee-ger-dhoo) m liver

figo (fee-goo) m fig

figura (fee-goo-rer) f figure

fila (fee-ler) f file; row, rank, line

filha (fee-l^er) f daughter

filho (fee-l^o) m son

filiação (fee-l^yer-serng^w) f membership

filiado (fee-l^yah-dhoo) adj affiliated

Filipinas (fee-lee-pee-nersh) fpl Philippines pl

filipino (fee-lee-pee-noo) adj Philippine; m Filipino

filmar (feel-mahr) v film

filme (feel-mer) m film; movie; ~ **a cores** colour film

filosofia (fee-loo-zoo-*fee*-er) *f* philosophy

filósofo (fee-*lo*-zoo-foo) *m* philosopher

filtrar (feel-*trahr*) *v* strain

filtro (*feel*-troo) *m* filter; ~ **de ar** air-filter; ~ **de óleo** oil filter

fim (feeng) *m* ending, finish, end; issue, aim; **a** ~ **de** so that; **sem** ~ unlimited

fim-de-semana (feeng-der-ser-*mer*-ner) *m* weekend

final (fee-*nahl*) *adj* (pl -ais) final; eventual

finalmente (fee-nahl-*mayngn*-ter) *adv* at last

finanças (fee-*nerng*-sersh) *fpl* finances *pl*

financeiro (fee-nerng-*say*-roo) *adj* financial

financiar (fee-nerng-*s*Yahr) *v* finance

fingir (feeng-*zheer*) *v* pretend

finlandês (feeng-lerngn-*daysh*) *adj* Finnish; *m* Finn

Finlândia (feeng-*lerngn*-dYer) *f* Finland

fino (*fee*-noo) *adj* fine; sheer, thin

fio (fee°°) *m* thread; yarn; wire; ~ **de extensão** extension cord; ~ **eléctrico** flex

fiorde (*feeor*-der) *m* fjord

firma (*feer*-mer) *f* firm; company

firme (*feer*-mer) *adj* firm; steady

fiscalização (feesh-ker-lee-zer-*serng*W) *f* supervision

fiscalizar (feesh-ker-lee-*zahr*) *v* control

física (*fee*-zee-ker) *f* physics

físico (*fee*-zee-koo) *adj* physical; *m* physicist

fisiologia (fee-zYoo-loo-*zhee*-er) *f* physiology

fita (*fee*-ter) *f* ribbon; tape; ~ **adesiva** adhesive tape; ~ **métrica** tape-measure

fitar (fee-*tahr*) *v* gaze, stare

fivela (fee-*veh*-ler) *f* buckle

fixador de cabelos (feek-ser-*dhoar* der ker-*bhay*-loosh) *m* hair gel

fixar (feek-*sahr*) *v* attach; **fixar-se** settle down

fixo (*feek*-soo) *adj* permanent, fixed

flanela (fler-*neh*-ler) *f* flannel

flauta (*flou*-ter) *f* flute

flexível (flehk-*see*-vehl) *adj* (pl -eis) flexible; supple, elastic

flor (floar) *f* flower

floresta (floo-*rehsh*-ter) *f* forest

florista (floo-*reesh*-ter) *m* florist

fluente (flwayngn-ter) *adj* fluent

fluido (flwee-dhoo) *adj* fluid

flutuar (floo-*twahr*) *v* float

foca (*fo*-ker) *f* seal

focinho (foo-*see*-ñoo) *m* snout; mouth

foco (*fo*-koo) *m* focus

fogão (foo-*gerng*W) *m* (pl fogões) stove; cooker; ~ **a gás** gas stove; gas cooker

fogo (*foa*-goo) *m* fire; **à prova de** ~ fireproof

foguete (foo-*ger*-ter) *m* rocket

folclore (foalk-*lo*-rer) *m* folklore

folha (*foa*-lYer) *f* leaf; sheet; ~ **de ouro** gold leaf

folhetim (foo-lYer-*teeng*) *m* serial

fome (*fo*-mer) *f* hunger

fonético (foo-*neh*-tee-koo) *adj* phonetic

fonte (*fawngn*-ter) *f* fountain; source; temple

fora (*fo*-rer) *adv* out; *prep* apart from; **de** ~ outside; ~ **de** out of; outside; **para** ~ outwards

forasteiro (foo-rersh-*tay*-roo) *m* stranger, foreigner

forca (*foar*-ker) *f* gallows *pl*

força (*foar*-ser) *f* force, strength, energy; ~ **armada** military force; ~ **de vontade** will-power; ~ **motriz** driving force

forçar (foor-*sahr*) *v* force, strain

forçosamente (foor-soa-zer-*mayngn*-ter) *adv* by force

forjar (foor-*zhahr*) *v* forge; form; counterfeit

forma (*for*-mer) *f* form; shape

formal (foor-*mahl*) *adj* (pl -ais) formal

formalidade (foor-mer-lee-*dhah*-dher) *f* formality

formar (foor-*mahr*) *v* shape, form; educate, train

formato (foor-*mah*-too) *m* size

formidável (foor-mee-*dhah*-vehl) *adj* (pl -eis) swell; tremendous, huge

formiga (foor-*mee*-ger) *f* ant

fórmula (*for*-moo-ler) *f* formula

formular (foor-moo-*lahr*) *v* formulate

formulário (foor-moo-*lah*-rγoo) *m* form; ~ de inscrição registration form

fornecer (foor-ner-*sayr*) *v* supply, furnish, provide

fornecimento (foor-ner-see-*mayngn*-too) *m* supply

forno (*foar*-noo) *m* oven; furnace; co-zer no ~ bake; de ir ao ~ fireproof; ~ de microonda microwave oven

forrar (foo-*rrahr*) *v* upholster

forro (*foa*-rroo) *m* lining

fortaleza (foor-ter-*lay*-zer) *f* fortress

forte (*for*-ter) *adj* powerful, strong; loud; *m* fort

fortemente (foor-ter-*mayngn*-ter) *adv* strongly, firmly

fortuna (foor-*too*-ner) *f* fortune

fósforo (*fosh*-foo-roo) *m* match

fosso (*foa*-soo) *m* moat; ditch

fotocópia (fo-toa-*ko*-pγer) *f* photocopy

fotografar (foo-too-grer-*fahr*) *v* photograph

fotografia (foo-too-grer-*fee*-er) *f* photography; photo, photograph; ~ de passe passport photograph

fotógrafo (foo-*to*-grer-foo) *m* photographer

fotómetro (foo-*to*-mer-troo) *m* exposure meter

foz (fosh) *f* mouth

fracassar (frer-ker-*sahr*) *v* fail

fracasso (frer-*kah*-soo) *m* failure

fracção (frah-*serngʷ*) *f* (pl -ções) fraction

fraco (*frah*-koo) *adj* feeble, weak, faint; poor

fractura (frah-*too*-rer) *f* fracture; break

fracturar (frah-too-*rahr*) *v* fracture

frágil (*frah*-zheel) *adj* (pl -geis) fragile

fragmento (frerg-*mayngn*-too) *m* fragment; piece

fralda (*frahl*-der) *f* nappy; diaper *nAm*

framboesa (frerngm-*bway*-zer) *f* raspberry

França (*frerng*-ser) *f* France

francês (frerng-*saysh*) *adj* French; *m* Frenchman

franco (*frerng*-koo) *adj* open

franco-atirador (frerng-koo-er-tee-rer-*dhoar*) *m* sniper

frango (*frerng*-goo) *m* chicken

franja (*frerng*-zher) *f* fringe

franquia (frerng-*kee*-er) *f* postage

franquiar (frerng-kγahr) *v* stamp

fraqueza (frer-*kay*-zer) *f* weakness

frasco (*frahsh*-koo) *m* flask

frase (*frah*-zer) *f* sentence; phrase

fraternidade (frer-terr-nee-*dhah*-dher) *f* fraternity

fraude (frou-dher) *f* fraud

***frear** (frγ*ahr*) *vBr* slow down

freguês (freh-*gaysh*) *m* customer

freira (fray-rer) *f* nun

frente (*frayngn*-ter) *f* front; em ~ forward; ahead; em ~ de opposite; para a ~ onwards; sempre em ~ straight ahead, straight on

frequência (frer-*kwayng*-s^Yer) f frequency

frequentar (frer-kwayngn-*tahr*) v mix with

frequente (frer-*kwayng*-ter) adj frequent

frequentemente (frer-kwayngn-ter-*mayngn*-ter) adv often, frequently

fresco (*fraysh*-koo) adj fresh; chilly, cool

fricção (freek-*serng*^W) f (pl -ções) friction

frieira (fr^Y*ay*-rer) f chilblain

frigideira (free-zher-*dhay*-rer) f frying-pan

frigorífico (free-goo-*ree*-fee-koo) m fridge, refrigerator

frio (*free*^{oo}) adj cold; m cold

frisar (free-*zahr*) v emphasize

fritar (free-*tahr*) v fry

fronha (*froa*-nger) f pillow-case

fronteira (frawngn-*tay*-rer) f frontier; border; boundary

frota (*fro*-ter) f fleet

frouxo (*froa*-shoo) adj limp

fruta (*froo*-ter) f fruit

fruto (*froo*-too) m fruit

fuga (*foo*-ger) f leak; escape

***fugir** (foo-*zheer*) v escape

fugitivo (foo-zhee-*tee*-voo) m runaway

fumador (foo-mer-*dhoar*) m smoker

fumar (foo-*mahr*) v smoke

fumo (*foo*-moo) m smoke

função (foong-*serng*^W) f (pl -ções) function

funcionamento (foong-s^Yoo-ner-*mayngn*-too) m operation; working

funcionar (foong-s^Yoo-*nahr*) v operate, work

funcionário (foong-s^Yoo-*nah*-r^Yoo) m civil servant; clerk; ~ **aduaneiro** Customs officer

fundação (foongn-der-*serng*^W) f (pl -ções) foundation

fundamentado (foongn-der-mayngn-*tah*-dhoo) adj well-founded

fundamental (foongn-der-mayngn-*tahl*) adj (pl -ais) fundamental, basic

fundamento (foongn-der-*mayngn*-too) m basis

fundar (foongn-*dahr*) v found

fundição (foongn-dee-*serng*^W) f (pl -ções) ironworks

fundo (*foongn*-doo) m bottom, ground; background; fund; adj deep

funeral (foo-ner-*rahl*) m (pl -ais) funeral

funil (foo-*neel*) m (pl -is) funnel

furacão (foo-rer-*kerng*^W) m (pl -cões) hurricane

furado (foo-*rah*-dhoo) adj punctured

furar (foo-*rahr*) v pierce, drill

furgão (foor-*gerng*^W) m (pl -gões) luggage van

furgoneta (foor-goo-*nay*-ter) f van; delivery van, pick-up van

fúria (*foo*-r^Yer) f passion

furibundo (foo-ree-*bhoongn*-doo) adj furious

furioso (foo-r^Y*oa*-zoo) adj furious

furo (*foo*-roo) m puncture; blow-out

furor (foo-*roar*) m anger; rage

furúnculo (foo-*roong*-koo-loo) m boil

fusco (*foosh*-koo) adj hazy

fusível (foo-*zee*-vehl) m (pl -eis) fuse

futebol (foo-ter-*bhol*) m soccer; **jogo de** ~ football match

fútil (*foo*-teel) adj (pl fúteis) petty; insignificant; idle

futuro (foo-*too*-roo) adj future; m future

G

gabardina (ger-bherr-*dee*-ner) f mackintosh

gabar-se (ger-*bhahr*-ser) *v* boast

gabinete (ger-bhee-*nay*-ter) *m* cabinet; ~ **de provas** fitting room

gado (*gah*-dhoo) *m* cattle *pl*

gafanhoto (ger-fer-*ñoa*-too) *m* grass-hopper

gaiato (ger-*Yah*-too) *m* boy

gaivota (gigh-*vo*-ter) *f* gull, seagull

galeria (ger-ler-*ree*-er) *f* gallery; ~ **de arte** art gallery

galgo (*gahl*-goo) *m* greyhound

galinha (ger-*lee*-ñer) *f* hen; **pele de** ~ goose-flesh

galo (*gah*-loo) *m* cock

galope (ger-*lo*-per) *m* gallop

gamba (*gerngm*-ber) *f* prawn

ganancioso (ger-nerng-*sYoa*-zoo) *adj* greedy

gancho (*gerng*-shoo) *m* hook; peg; ~ **de cabelo** hairpin; bobby pin *Am*

gangorra (gerng-*goa*-rrer) *fBr* seesaw

ganhar (loo-*krahr*) *v* gain; *win; earn, *make

ganhos (*ger*-ñoosh) *mpl* earnings *pl*

ganso (*gerng*-soo) *m* goose

garagem (ger-*rah*-zherngY) *f* garage; *pôr na* ~ garage

garagista (ger-rer-*zheesh*-ter) *m* garage man

garantia (ger-rerngn-*tee*-er) *f* guarantee

garantir (ger-rerngn-*teer*) *v* assure, guarantee

garça (*gahr*-ser) *f* heron

garçom (gahr-*sawng*) *mBr* waiter

garçonete (gahr-soo-*nay*-ter) *fBr* waitress

garfo (*gahr*-foo) *m* fork

gargalhada (gerr-ger-*lYah*-der) *f* burst of laughter

garganta (gerr-*gerngn*-ter) *f* throat; gorge

gargarejar (gerr-ger-rı-*zhahr*) *v* gargle

garoto (ger-*roa*-too) *m* kid

garra (*gah*-rrer) *f* claw

garrafa (ger-*rrah*-fer) *f* bottle; carafe; ~ **termos** vacuum flask

garrido (ger-*rree*-dhoo) *adj* gay

gás (gahsh) *m* gas; **gases de escape** exhaust gases

gasolina (ger-zoo-*lee*-ner) *f* petrol; gas *nAm*, gasoline *nAm*; ~ **sem chumbo** unleaded petrol; **posto de** ~ petrol station; gas station *Am*

gastador (gersh-ter-*dhoar*) *adj* wasteful

gastar (gersh-*tahr*) *v* *spend; wear out

gasto (*gahsh*-too) *adj* worn; worn-out

gástrico (*gahsh*-tree-koo) *adj* gastric

gastrónomo (gahsh-tro-noo-moo) *m* gourmet

gatilho (ger-*tee*-lYoo) *m* trigger

gato (*gah*-too) *m* cat

gaveta (ger-*vay*-ter) *f* drawer

gavião (ger-*vYerngW*) *m* (pl -iões) hawk

gaze (*gah*-zer) *f* gauze

geada (zh*Yah*-dher) *f* frost

geladeira (zher-ler-*dhay*-rer) *fBr* fridge, refrigerator

gelado (zher-*lah*-dhoo) *adj* freezing; *m* ice-cream

gelar (zher-*lahr*) *v* *freeze

geleia (zher-*lay*-er) *f* jelly; **geléia** *Br* jam

gelo (*zhay*-loo) *m* ice

gema (*zhay*-mer) *f* yolk

gémeos (*zheh*-mYoosh) *mpl* twins *pl*

gemer (zher-*mayr*) *v* moan, groan

general (zher-ner-*rahl*) *m* (pl -ais) general

género (*zheh*-ner-roo) *m* gender; sort, kind; **géneros** victuals *pl*

generosidade (zher-ner-roo-zee-*dhah*-dher) *f* generosity

generoso (zher-ner-*roa*-zoo) *adj* generous; liberal

gengibre (zhayng-zhee-bhrer) m ginger

gengiva (zhayng-zhee-ver) f gum

génio (zheh-nƳoo) m genius

genital (zher-nee-tahl) adj (pl -ais) genital

genro (zhayng-rroo) m son-in-law

gente (zhayngn-ter) f people pl; **a** ~ we; **toda a** ~ everybody, everyone

gentil (zhayngn-teel) adj (pl -is) kind

genuíno (zher-nwee-noo) adj genuine

geografia (zhƳoo-grer-fee-er) f geography

geologia (zhƳoo-loo-zhee-er) f geology

geometria (zhƳoo-mer-tree-er) f geometry

geração (zher-rer-serngᵂ) f (pl -ções) generation

gerador (zher-rer-dhoar) m generator

geral (zher-rahl) adj (pl -ais) universal, general; public; **em** ~ in general

geralmente (zher-rahl-mayngn-ter) adv as a rule

germe (zhehr-mer) m germ

gesso (zhay-soo) m plaster

gestão (zhish-terngᵂ) f (pl -tões) administration; management

gesticular (zhersh-tee-koo-lahr) v gesticulate

gesto (zhehsh-too) m sign

gigante (zhee-gerngn-ter) m giant

gigantesco (zhee-gerngn-taysh-koo) adj gigantic; enormous

gilete (zhee-leh-ter) f safety-razor

ginásio (zhee-nah-zƳoo) m gymnasium

ginasta (zhee-nahsh-ter) m gymnast

ginástica (zhee-nahsh-tee-ker) f gymnastics pl

ginecologista (zhee-ner-koo-loo-zheesh-ter) m gynaecologist

gira-discos (zhee-rer-deesh-koosh) m (pl ~) record-player

girar (zhee-rahr) v turn around

giz (zheesh) m chalk

glaciar (gler-sƳahr) m glacier

glândula (glerngn-doo-ler) f gland

global (gloo-bhahl) adj (pl -ais) broad; overall

globo (gloa-bhoo) m globe

glória (glo-rƳer) f glory

gola (go-ler) f collar

goleiro (goo-lay-roo) mBr goalkeeper

golfe (goal-fer) m golf; **campo de** ~ golf-course, golf-links; **clube de** ~ golf-club

golfo (goal-foo) m gulf

golo (goa-loo) m goal

golpe (gol-per) m cut; blow

goma (goa-mer) f gum; starch; ~ **de mascar** Br chewing-gum

gôndola (gawngn-doo-ler) f gondola

gordo (goar-doo) adj fat; stout

gordura (goor-doo-rer) f fat, grease

gordurento (goor-doo-rayngn-too) adj greasy

gorduroso (goor-doo-roa-zoo) adj fatty

gorjeta (goor-zhay-ter) f tip, gratuity

gostar de (goosh-tahr) like, *be fond of; fancy, care for

gosto (goash-too) m taste; zest; **com muito** ~ gladly

gota (goa-ter) f drop; gout

governador (goo-verr-ner-dhoar) m governor

governanta (goo-verr-nerngn-ter) f housekeeper, governess

governante (goo-verr-nerngn-ter) m ruler

governar (goo-verr-nahr) v govern, rule

governo (goo-vayr-noo) m government, rule; ~ **de casa** housekeeping, household

gozar (goo-zahr) v enjoy; ~ **com** kid

gozo (goa-zoo) m enjoyment

Grã-Bretanha (grerng-bhrer-*ter*-ñer) *f* Great Britain

graça (*grah*-ser) *f* grace; joke

gracioso (grer-s*Yoa*-zoo) *adj* graceful

grade (*grah*-dher) *f* crate

gradeamento (grer-dh*Yer*-*mayngn*-too) *m* railing

gradual (grer-*dhwahl*) *adj* (pl -ais) gradual

gradualmente (grer-dhwahl-*mayngn*-ter) *adv* gradually

gráfico (*grah*-fee-koo) *adj* graphic; *m* diagram, graph, chart

gralha (*grah*-l*Yer*) *f* crow

grama (*grer*-mer) *m* gram

gramática (grer-*mah*-tee-ker) *f* grammar

gramatical (grer-mer-tee-*kahl*) *adj* (pl -ais) grammatical

grampo (*grerngm*-poo) *m* clamp; *mBr* staple

grande (*grerngn*-der) *adj* big; great, large, major

grandioso (grerngn-d*Yoa*-zoo) *adj* magnificent; superb, grand

granito (grer-*nee*-too) *m* granite

granizo (grer-*nee*-zoo) *m* hail

grão (grerng*w*) *m* (pl ~s) corn, grain

gratidão (grer-tee-*dherng**w**) *f* (pl -dões) gratitude

grato (*grah*-too) *adj* grateful

gratuito (grer-*tōō**ee**-too) *adj* free of charge; gratis

grau (grou) *m* grade, degree; ~ **de latitude** latitude; ~ **centígrado** centigrade degree; **por graus** by degrees

gravação (grer-ver-*serng**w**) *f* (pl -cões) engraving; recording

gravador (grer-ver-*dhoar*) *m* tape-recorder; engraver; recorder

gravar (grer-*vahr*) *v* engrave; record

gravata (grer-*vah*-ter) *f* tie, necktie

grave (*grah*-ver) *adj* grave; bad, severe; serious

grávida (*grah*-vee-dher) *adj* pregnant

gravidade (grer-vee-*dhah*-dher) *f* gravity

gravura (grer-*voo*-rer) *f* picture, print

graxa (*grah*-sher) *f* shoe polish

Grécia (*greh*-s*Yer*) *f* Greece

grego (*gray*-goo) *adj* Greek; *m* Greek

grelha (*greh*-l*Yer*) *f* grate

grelhador (grı-l*Yer*-*dhoar*) *m* grill

grelhar (grı-*l**Y**ahr*) *v* grill; roast

greta (*gray*-ter) *f* chink

greve (*greh*-ver) *f* strike; ***fazer ~** *strike

grilo (*gree*-loo) *m* cricket

gripe (*gree*-per) *f* influenza, flu

gritar (gree-*tahr*) *v* cry; shriek, scream, shout

grito (*gree*-too) *m* cry; shout, scream

groom (groongm) *m* bellboy

grosa (gro-zer) *f* gross

groselha (groo-*zeh*-l*Yer*) *f* currant; ~ **negra** black-currant; ~ **verde** gooseberry

grosseiro (groo-*say*-roo) *adj* gross; coarse, impolite

grosso (*groa*-soo) *adj* big, thick

grossura (groa-*soo*-rer) *f* thickness

grotesco (groo-*taysh*-koo) *adj* ludicrous

grua (*groo*-er) *f* crane

grumo (*groo*-moo) *m* lump

grumoso (groo-*moa*-zoo) *adj* lumpy

grupo (*groo*-poo) *m* group; bunch, party, set

gruta (*groo*-ter) *f* cave, grotto

guarda (*gwahr*-dher) *m* policeman; custodian, attendant, caretaker, guard, warden

guarda-chuva (gwahr-dher-*shoo*-ver) *m* umbrella

guarda-costas (gwahr-dher-*kosh*-tersh) *m* (pl ~) bodyguard

guarda-florestal (gwahr-dher-floo-rısh-

tahl) *m* (pl -ais) forester
guarda-lama (gwahr-dher-*ler*-mer) *m*
mud-guard
guardanapo (gwahr-dher-*nah*-poo) *m*
serviette, napkin; ~ **de papel** paper napkin
guardar (gwerr-*dhahr*) *v* guard;
*keep, *hold; *put away
guarda-redes (gwahr-dher-*ray*-dhısh)
m goalkeeper
guarda-roupa (gwahr-dher-*roa*-per) *m*
cloakroom, wardrobe
guelra (*gehl*-rrer) *f* gill
guerra (*geh*-rrer) *f* war
guia (*gee*-er) *m* guide; guidebook; ~
linguístico phrase-book
guiar (g*ʸ*ahr) *v* guide; *drive
guincho (*geeng*-shoo) *m* shriek
guita (*gee*-ter) *f* twine
guloseimas (goo-loo-*zay*-mersh) *fpl*
candy *nAm*
guloso (goo-*loa*-zoo) *adj* greedy

H

há (ah) *m*) ago; ~ **pouco tempo** recently
hábil (*ah*-bheel) *adj* (pl hábeis)
skilled, skilful
habilidade (er-bher-lee-*dhah*-dher) *f*
art, skill, ability
habilidoso (er-bher-lee-*dhoa*-zoo) *adj*
skilful
habilitação (er-bher-lee-ter-*serng*ʷ) *f*
(pl -ções) qualification
habitação (er-bhee-ter-*serng*ʷ) *f* (pl
-ções) house
habitante (er-bhee-*terng*n-ter) *m* inhabitant
habitar (er-bhee-*tahr*) *v* inhabit
habitável (er-bhee-*tah*-vehl) *adj* (pl
-eis) habitable, inhabitable

hábito (*ah*-bhee-too) *m* habit; custom
habituado (er-bhee-*twah*-dhoo) *adj* accustomed
habitual (er-bhee-*twahl*) *adj* (pl -ais)
habitual; common, customary
habitualmente (er-bhee-twahl-*mayngn*-ter) *adv* usually
harmonia (err-moo-*nee*-er) *f* harmony
harpa (*ahr*-per) *f* harp
haste (*ahsh*-ter) *f* stem
***haver** (er-*vayr*) *v* *have; exist; *be
hebreu (ee-*bhrayᵒᵒ*) *m* Hebrew
hélice (*eh*-lee-ser) *f* propeller
hemorragia (eh-mo-rrer-*zhee*-er) *f*
haemorrhage; ~ **nasal** nosebleed
hemorróidas (eh-mo-*rroi*-dhersh) *fpl*
piles, haemorrhoids *pl*
hera (*eh*-rer) *f* ivy
herança (ee-*rerng*-ser) *f* inheritance
herdar (eer-*dahr*) *v* inherit
hereditário (ee-rer-dhee-*tah*-rʸoo) *adj*
hereditary
hermético (eer-*meh*-tee-koo) *adj* airtight
hérnia (*ehr*-nʸer) *f* hernia; ~ **discal**
slipped disc
herói (ee-*roi*) *m* hero
hesitar (er-zee-*tahr*) *v* hesitate
heterossexual (eh-ter-roo-sehk-*swahl*)
adj (pl -ais) heterosexual
hidrogénio (ee-dhro-*zheh*-nʸoo) *m* hydrogen
hierarquia (ʸeh-rerr-*kee*-er) *f* hierarchy
hífen (*ee*-fayn) *m* hyphen
higiene (ee-zhʸ*eh*-ner) *f* hygiene
higiénico (ee-zhʸ*eh*-nee-koo) *adj* hygienic
hino (*ee*-noo) *m* hymn; ~ **nacional**
national anthem
hipocrisia (ee-poo-kree-*zee*-er) *f* hypocrisy
hipócrita (ee-*po*-kree-ter) *adj* hypocritical; *m* hypocrite

hipódromo (ee-*po*-dhroo-moo) *m* race-course

hipoteca (ee-poo-*teh*-ker) *f* mortgage

histérico (eesh-*teh*-ree-koo) *adj* hysterical

história (eesh-*to*-r^yer) *f* history; story; ~ **da arte** art history; ~ **de amor** love-story; ~ **de fadas** fairytale

historiador (eesh-too-r^yer-*dhoar*) *m* historian

histórico (eesh-*to*-ree-koo) *adj* historic; historical

hoje (*oa*-zher) *adv* today; ~ **em dia** nowadays

Holanda (oo-*lerng*-der) *f* Holland

holandês (oo-lerng-*daysh*) *adj* Dutch; *m* Dutchman

holofote (oa-loa-*fo*-ter) *m* searchlight

homem (o-*merng*^y) *m* man; ~ **de negócios** businessman

homenagem (oo-mer-*nah*-zherng^y) *f* homage; tribute; **prestar** ~ honour

homicídio (oo-mee-*see*-dh^yoo) *m* murder

homossexual (o-mo-sayk-*swahl*) *adj* (pl -ais) homosexual

honestidade (oo-nehsh-tee-*dhah*-dher) *f* honesty

honesto (oo-*nehsh*-too) *adj* honest

honorário (oo-noo-rah-r^yoo) *m* fee

honra (*awng*-rrer) *f* honour, glory

honrado (awng-*rrah*-dhoo) *adj* honourable

honrar (awng-*rrahr*) *v* honour

honroso (awng-*rroa*-zoo) *adj* honourable

hóquei (*oa*-kay) *m* hockey

hora (*o*-rer) *f* hour; time of day; ~ **a hora** hourly; ~ **de chegada** time of arrival; ~ **de partida** time of departure; ~ **de ponta** rush-hour, peak hour; **horas de abertura** business hours; **horas de**

consulta consultation hours; **horas de serviço** office hours, business hours; **horas de visita** visiting hours; **quarto de** ~ quarter of an hour; **vinte e quatro horas** twenty-four hours

horário (oo-rah-r^yoo) *m* timetable; schedule; ~ **de Verão** summer time

horizontal (oo-ree-zawngn-*tahl*) *adj* (pl -ais) horizontal

horizonte (oo-ree-*zawngn*-ter) *m* horizon

horripilante (oo-rree-pee-*lerngn*-ter) *adj* creepy, horrible

horrível (oo-*rree*-vehl) *adj* (pl -eis) awful, horrible

horror (oo-*rroar*) *m* horror

horroroso (oo-rroo-*roa*-zoo) *adj* horrible, hideous

horta (*or*-ter) *f* kitchen garden

hortaliça (oorr-ter-*lee*-ser) *f* greens *pl*; **vendedor de** ~ greengrocer

hortelã (oorr-ter-*lerng*) *f* mint

hortelã-pimenta (oorr-ter-lerng-pee-*mayngn*-ter) *f* peppermint

horticultura (oorr-tee-kool-*too*-rer) *f* horticulture

hospedar (oosh-per-*dhahr*) *v* lodge; **hospedar-se** stay

hóspede (*osh*-per-dher) *m* guest; lodger

hospedeira (oosh-per-*dhay*-rer) *f* hostess; stewardess

hospedeiro (oosh-per-*dhay*-roo) *m* host; innkeeper

hospital (oosh-pee-*tahl*) *m* (pl -ais) hospital

hospitaleiro (oosh-pee-ter-*lay*-roo) *adj* hospitable

hospitalidade (oosh-pee-ter-lee-*dhah*-dher) *f* hospitality

hostil (oosh-*teel*) *adj* (pl -is) hostile

hotel (o-*tehl*) *m* (pl hotéis) hotel

humanidade (oo-mer-nee-*dhah*-dher) *f* humanity, mankind

humano (oo-*mer*-noo) *adj* human

humedecer (oo-mer-dher-*sayr*) *v* moisten, damp

humidade (oo-mee-*dhah*-dher) *f* moisture, humidity, damp

húmido (*oo*-mee-dhoo) *adj* wet, humid, moist, damp

humilde (oo-*meel*-der) *adj* humble

humor (oo-*moar*) *m* humour; mood; spirit; **bem humorado** good-humoured

húngaro (*oong*-ger-roo) *adj* Hungarian; *m* Hungarian

Hungria (oong-*gree*-er) *f* Hungary

I

iate (*Y*ah-ter) *m* yacht

içar (ee-*sahr*) *v* hoist

ícone (*ee*-koo-ner) *m* icon

icterícia (eek-ter-*ree*-s*Y*er) *f* jaundice

idade (ee-*dhah*-dher) *f* age; **de ~** elderly; **Idade Média** Middle Ages

ideal (ee-dh*Y*ahl) *adj* (pl -ais) ideal; *m* ideal

ideia (ee-*dhay*-er) *f* idea; **~ luminosa** brain-wave

idêntico (ee-*dhayngn*-tee-koo) *adj* identical

identidade (ee-dhayngn-tee-*dhah*-dher) *f* identity; **bilhete de ~** identity card

identificação (ee-dhayngn-tee-fee-ker-*serng*w) *f* (pl -ções) identification

identificar (ee-dhayngn-ter-fee-*kahr*) *v* identify

idiomático (ee-dh*Y*oo-*mah*-tee-koo) *adj* idiomatic

idiota (ee-dh*Y*o-ter) *m* idiot; fool; *adj* idiotic

ídolo (*ee*-dhoo-loo) *m* idol

ignição (eeg-nee-*serng*w) *f* ignition

ignorante (eeg-noo-*rerngn*-ter) *adj* ignorant

ignorar (eeg-noo-*rahr*) *v* ignore

igreja (ee-*gray*-zher) *f* church

igual (ee-*gwahl*) *adj* (pl -ais) alike, equal; even, level

igualar (ee-gwer-*lahr*) *v* equalize; equal

igualdade (ee-gwahl-*dah*-dher) *f* equality

igualmente (ee-gwahl-*mayngn*-ter) *adv* equally; likewise, also, alike

ilegal (ee-ler-*gahl*) *adj* (pl -ais) illegal; unlawful

ilegível (ee-ler-*zhee*-vehl) *adj* (pl -eis) illegible

ileso (ee-*lay*-zoo) *adj* unhurt

ilha (ee-l*Y*er) *f* island

ilícito (ee-*lee*-ser-too) *adj* unauthorized

ilimitado (ee-ler-mee-*tah*-dhoo) *adj* unlimited

iluminação (ee-loo-mee-ner-*serng*w) *f* (pl -ções) lighting, illumination

iluminar (ee-loo-mee-*nahr*) *v* illuminate

ilusão (ee-loo-*zerng*w) *f* (pl -sões) illusion

ilustração (ee-loosh-trer-*serng*w) *f* (pl -ções) picture, illustration

ilustrar (ee-loosh-*trahr*) *v* illustrate

ilustre (ee-*loosh*-trer) *adj* noted; illustrious

imaculado (ee-mer-koo-*lah*-dhoo) *adj* stainless; immaculate

imagem (ee-*mah*-zherng*Y*) *f* image; picture; **~ reflectida** reflection

imaginação (ee-mer-zhee-ner-*serng*w) *f* (pl -ções) fancy, imagination

imaginar (ee-mer-zhee-*nahr*) *v* imagine; fancy, conceive

imaginário (ee-mer-zhee-*nah*-r*Y*oo) *adj*

imaginary

imediatamente (ee-mer-dh^yah-ter-*mayngn*-ter) *adv* immediately; straight away, at once, instantly

imediato (ee-mer-dh^yah-too) *adj* immediate, prompt

imenso (ee-*mayng*-soo) *adj* immense; vast

imerecido (ee-mer-rer-*see*-dhoo) *adj* unearned

imigração (ee-mee-grer-*serng*^w) *f* (pl -ções) immigration

imigrante (ee-mee-*grerngn*-ter) *m* immigrant

imigrar (ee-mee-*grahr*) *v* immigrate

imitação (ee-mee-ter-*serng*^w) *f* (pl -ções) imitation

imitar (ee-mee-*tahr*) *v* imitate; copy

imodesto (ee-moo-*dhehsh*-too) *adj* immodest

impaciente (eengm-per-s^y*ayngn*-ter) *adj* impatient; eager

ímpar (*eengm*-pahr) *adj* odd

imparcial (eengm-perr-s^y*ahl*) *adj* (pl -ais) impartial

impecável (eengm-per-*kah*-vehl) *adj* (pl -eis) faultless

impedimento (eengm-per-dhee-*mayngn*-too) *m* impediment

*impedir (eengm-per-*dheer*) *v* prevent; impede

imperador (eengm-per-rer-*dhoar*) *m* emperor

imperatriz (eengm-per-rer-*treesh*) *f* empress

imperfeição (eengm-perr-fay-*serng*^w) *f* (pl -ções) fault, imperfection

imperfeito (eengm-perr-*fay*-too) *adj* imperfect; faulty

imperial (eengm-per-r^y*ahl*) *adj* (pl -ais) imperial

império (eengm-*peh*-r^yoo) *m* empire

impermeável (eengm-perr-m^y*ah*-vehl) *adj* (pl -eis) waterproof; rainproof;

m raincoat

impertinência (eengm-perr-tee-*nayng*-s^yer) *f* impertinence

impertinente (eengm-perr-tee-*nayngn*-ter) *adj* impertinent

impessoal (eengm-per-*swahl*) *adj* (pl -ais) impersonal

ímpeto (*eengm*-per-too) *m* impetuosity

impetuoso (eengm-per-*twoa*-zoo) *adj* violent

implicado (eengm-plee-*kah*-dhoo) *adj* involved

implicar (eengm-plee-*kahr*) *v* imply; involve; ~ **com** tease

imponente (eengm-poo-*nayngn*-ter) *adj* imposing

impopular (eengm-poo-poo-*lahr*) *adj* unpopular

importação (eengm-poor-ter-*serng*^w) *f* (pl -ções) import

importador (eengm-poor-ter-*dhoar*) *m* importer

importância (eengm-poor-*terng*-s^yer) *f* importance; ***ter** ~ matter

importante (eengm-poor-*terngn*-ter) *adj* important; considerable, capital, big

importar (eengm-poor-*tahr*) *v* import; ~ **em** amount to; **importar-se com** mind

impossível (eengm-poo-*see*-vehl) *adj* (pl -eis) impossible

imposto (eengm-*poash*-too) *m* tax; ~ **sobre a cifra de negócios** turnover tax; ~ **sobre os rendimentos** income-tax; **isento de** ~ tax-free; **lançar impostos** tax

impotência (eengm-poo-*tayng*-s^yer) *f* impotence

impotente (eengm-poo-*tayngn*-ter) *adj* impotent; powerless

impraticável (eengm-prer-tee-*kah*-vehl) *adj* (pl -eis) impassable

imprensa (eengm-*prayng*-ser) *f* press

impressão (eengm-prer-*serng*ʷ) *f* (pl -sões) impression; ~ **digital** fingerprint

impressionante (eengm-prer-sʸoo-*nerngn*-ter) *adj* striking, impressive

impressionar (eengm-prer-sʸoo-*nahr*) *v* impress; *strike

impresso (eengm-*preh*-soo) *m* printed matter

imprevisto (eengm-prer-*veesh*-too) *adj* unexpected

imprimir (eengm-pree-*meer*) *v* print

impróprio (eengm-*pro*-prʸoo) *adj* improper; wrong

improvável (eengm-proo-*vah*-vehl) *adj* (pl -eis) unlikely, improbable

improvisar (eengm-proo-vee-*zhahr*) *v* improvise

imprudente (eengm-proo-*dhayngn*-ter) *adj* unwise

impulsionar (eengm-pool-sʸoo-*nahr*) *v* propel

impulsivo (eengm-pool-*see*-voo) *adj* impulsive

impulso (eengm-*pool*-soo) *m* urge, impulse

imundo (ee-*moongn*-doo) *adj* filthy

imunidade (ee-moo-nee-*dhah*-dher) *f* immunity

imunizar (ee-moo-nee-*zahr*) *v* immunize

inabitável (ee-ner-bhee-*tah*-vehl) *adj* (pl -eis) uninhabitable

inaceitável (ee-ner-say-*tah*-vehl) *adj* (pl -eis) unacceptable

inacessível (ee-ner-ser-*see*-vehl) *adj* (pl -eis) inaccessible

inadequado (ee-ner-dher-*kwah*-dhoo) *adj* inadequate; unfit, unsuitable

inadvertência (een-erdh-verr-*tayng*-sʸer) *f* oversight

inalar (ee-ner-*lahr*) *v* inhale

incapacitado (eeng-ker-per-see-*tah*-

dhoo) *adj* disabled

incapaz (eeng-ker-*pahsh*) *adj* unable, incapable

incêndio (eeng-*sayngn*-dʸoo) *m* fire

incenso (eeng-*sayng*-soo) *m* incense

incerto (eeng-*sehr*-too) *adj* doubtful, uncertain

inchaço (eeng-*shah*-soo) *m* swelling

inchar (eeng-*shahr*) *v* *swell; inflate

incidental (eeng-see-dhayngn-*tahl*) *adj* (pl -ais) incidental

incidente (eeng-see-*dhayngn*-ter) *m* incident

incineração (eeng-see-ner-rer-*serng*ʷ) *f* (pl -ções) cremation

incinerar (eeng-see-ner-*rahr*) *v* cremate

incitar (eeng-see-*tahr*) *v* urge, incite

inclinação (eeng-klee-ner-*serng*ʷ) *f* (pl -ções) gradient; tendency, inclination; ~ **de cabeça** nod

inclinado (eeng-klee-*nah*-dhoo) *adj* slanting; sloping

inclinar (eeng-klee-*nahr*) *v* bow; **inclinar-se** slant

incluir (eeng-*klweer*) *v* include; enclose; count; **tudo incluído** in all

inclusive (eeng-kloo-*zee*-vay) *adv* including

inclusivo (eeng-kloo-*see*-voo) *adj* inclusive

incluso (eeng-*kloo*-zoo) *adj* included

incomestível (eeng-koa-mersh-*tee*-vehl) *adj* (pl -eis) inedible

incomodar (eeng-koo-moo-*dhahr*) *v* disturb; bother; trouble; **incomodar-se** bother

incómodo (eeng-*ko*-moo-dhoo) *m* nuisance, inconvenience, trouble, bother

incompetente (eeng-kawngm-per-*tayngn*-ter) *adj* unqualified, incompetent

incompleto (eeng-kawngm-*pleh*-too)

adj incomplete

incompreensível (eeng-kawngm-pr^yayngn-*see*-vehl) *adj* (pl -eis) puzzling

inconcebível (eeng-kawng-ser-*bhee*-vehl) *adj* (pl -eis) inconceivable

incondicional (eeng-kawngn-dee-s^yoo-*nahl*) *adj* (pl -ais) unconditional

inconsciente (eeng-kawngsh-s^yayngn-ter) *adj* unconscious; unaware

inconveniência (eeng-kawng-ver-n^yayng-s^yer) *f* inconvenience

inconveniente (eeng-kawng-ver-n^yayngn-ter) *adj* inconvenient

incorrecto (eeng-koo-*rreh*-too) *adj* incorrect; inaccurate

incrível (eeng-*kree*-vehl) *adj* (pl -eis) incredible

inculto (eeng-*kool*-too) *adj* waste, uncultivated; uneducated

incurável (eeng-koo-*rah*-vehl) *adj* (pl -eis) incurable

incursão (eeng-koor-*serng*^w) *f* (pl -sões) raid

indagar (eengn-der-*gahr*) *v* inquire, enquire; query

indecente (eengn-der-*sayngn*-ter) *adj* indecent

indefinido (eengn-der-fer-*nee*-dhoo) *adj* indefinite

indemnização (eengn-der-mnee-zer-*serng*^w) *f* (pl -ções) indemnity; compensation

independência (eengn-der-payngn-*dayng*-s^yer) *f* independence

independente (eengn-der-payngn-*dayng*-ter) *adj* independent; self-employed

indesejável (eengn-der-zı-*zhah*-vehl) *adj* (pl -eis) undesirable

Índia (*eengn*-d^yer) *f* India

indiano (eengn-d^yer-noo) *adj* Indian; *m* Indian

indicação (eengn-dee-ker-*serng*^w) *f* (pl

-ções) indication

indicado (eengn-dee-*kah*-dhoo) *adj* proper

indicador (eengn-dee-ker-*dhoar*) *m* index finger; indicator; ~ **de direcção** trafficator

indicar (eengn-dee-*kahr*) *v* point out, indicate

indicativo (eengn-dee-ker-*tee*-voo) *m* area code

índice (*eengn*-dee-ser) *m* index; table of contents

indiferente (eengn-dee-fer-*rayngn*-ter) *adj* indifferent

indígena (eengn-*dee*-zher-ner) *m* native

indigestão (eengn-dee-zhersh-*terng*^w) *f* (pl -tões) indigestion

indignação (eengn-deeg-ner-*serng*^w) *f* (pl -ções) indignation

índio (*eengn*-d^yoo) *adj* Indian; *m* Indian

indirecto (eengn-dee-*reh*-too) *adj* indirect

indispensável (eengn-deesh-payng-*sah*-vehl) *adj* (pl -eis) essential

indisposto (eengn-deesh-*poash*-too) *adj* unwell

individual (eengn-der-vee-*dhwahl*) *adj* (pl -ais) individual

indivíduo (eengn-der-*vee*-dhwoo) *m* individual

Indonésia (eengn-doo-*neh*-s^yer) *f* Indonesia

indonésio (eengn-doo-*neh*-z^yoo) *adj* Indonesian; *m* Indonesian

indulto (eengn-*dool*-too) *m* pardon

indústria (eengn-*doosh*-tr^yer) *f* industry

industrial (eengn-doosh-tr^y*ahl*) *adj* (pl -ais) industrial

ineficiente (ee-ner-fee-s^y*ayngn*-ter) *adj* inefficient

inesperado (ee-nish-per-*rah*-dhoo) *adj*

unexpected

inestimável (ee-nish-tee-*mah*-vehl) *adj* (pl -eis) priceless

inevitável (ee-ner-vee-*tah*-vehl) *adj* (pl -eis) inevitable; unavoidable

inexacto (ee-nee-*zah*-too) *adj* incorrect

inexperiente (ee-nish-per-rʸayngn-ter) *adj* inexperienced

inexplicável (ee-nish-plee-*kah*-vehl) *adj* (pl -eis) unaccountable

infame (eeng-*fer*-mer) *adj* foul

infantaria (eeng-ferngn-ter-*ree*-er) *f* infantry

infecção (eeng-feh-*serng*ʷ) *f* (pl -cões) infection

infeccioso (eeng-feh-sʸoa-zoo) *adj* infectious

infectar (eeng-feh-*tahr*) *v* infect; *become septic

infelicidade (eeng-fer-ler-see-*dhah*-dher) *f* misery, misfortune

infeliz (eeng-fer-*leesh*) *adj* unhappy

infelizmente (eeng-fer-leezh-*mayngn*-ter) *adv* unfortunately

inferior (eeng-fer-rʸoar) *adj* bottom, inferior

inferno (eeng-*fehr*-noo) *m* hell

infiel (eeng-fʸehl) *adj* (pl -iéis) unfaithful

infinitivo (eeng-fer-nee-*tee*-voo) *m* infinitive

infinito (eeng-fer-*nee*-too) *adj* endless, infinite

inflação (eeng-flah-*serng*ʷ) *f* (pl -cões) inflation

inflamação (eeng-fler-mer-*serng*ʷ) *f* (pl -cões) inflammation

inflamável (eeng-fler-*mah*-vehl) *adj* (pl -eis) inflammable

influência (eeng-*flwayng*-sʸer) *f* influence

influenciar (eeng-flwayng-sʸahr) *v* influence

influente (eeng-*flwayngn*-ter) *adj* influential

informação (eeng-foor-mer-*serng*ʷ) *f* (pl -cões) information; enquiry; **agência de informações** inquiry office

informar (eeng-foor-*mahr*) *v* inform; **informar-se** inquire

infortunado (eeng-foor-too-*nah*-dhoo) *adj* unlucky

infortúnio (eeng-foor-*too*-nʸoo) *m* misfortune

infra-vermelho (eeng-frah-verr-*meh*-lʸoo) *adj* infra-red

infringir (eeng-freeng-*zheer*) *v* trespass

ingénuo (eeng-*zheh*-nwoo) *adj* naïve, simple

Inglaterra (eeng-gler-*teh*-rrer) *f* England; Britain

inglês (eeng-*glaysh*) *adj* English; *m* Briton, Englishman

ingrato (eeng-*grah*-too) *adj* ungrateful

ingrediente (eeng-grer-*dhʸayngn*-ter) *m* ingredient

íngreme (eeng-grer-mer) *adj* steep

inicial (ee-nee-sʸahl) *adj* (pl -ais) initial; *f* initial

iniciar (ee-nee-sʸahr) *v* *begin

iniciativa (ee-nee-sʸer-*tee*-ver) *f* initiative

início (ee-nee-sʸoo) *m* beginning

inimigo (ee-ner-*mee*-goo) *m* enemy

ininterrupto (ee-neengn-ter-*rroop*-too) *adj* continuous

injecção (eeng-zheh-*serng*ʷ) *f* (pl -cões) shot, injection

injectar (eeng-zheh-*tahr*) *v* inject

injuriar (eeng-zhoo-rʸahr) *v* call names

injustiça (eeng-zhoosh-*tee*-ser) *f* injustice

injusto (eeng-*zhoosh*-too) *adj* unjust; unfair

inocência (ee-noo-*sayng*-sʸer) *f* innocence

inocente (ee-noo-*sayngn*-ter) *adj* innocent

inoculação (ee-noo-koo-ler-*serng*ᵂ) *f* (pl -ções) inoculation

inocular (ee-noo-koo-*lahr*) *v* inoculate

inofensivo (ee-noo-fayng-*see*-voo) *adj* harmless

inoportuno (ee-noo-poor-*too*-noo) *adj* misplaced

inquebrável (eeng-ker-*brah*-vehl) *adj* (pl -eis) unbreakable

inquérito (eeng-*keh*-ree-too) *m* enquiry; inquiry

inquieto (eeng-*kʸeh*-too) *adj* anxious; restless

inquilino (eeng-ker-*lee*-noo) *m* tenant

inquirir (eeng-ker-*reer*) *v* inquire

insatisfatório (eeng-ser-teesh-fer-*to*-rʸoo) *adj* unsatisfactory

insatisfeito (eeng-ser-teesh-*fay*-too) *adj* dissatisfied

inscrever (eengsh-krer-*vayr*) *v* enter; list, book; **inscrever-se** check in; register

inscrição (eengsh-kree-*serng*ᵂ) *f* (pl -ções) inscription

insecticida (eeng-seh-tee-*see*-dher) *m* insecticide

insecto (eeng-*seh*-too) *m* insect; bug *nAm*

inseguro (eeng-ser-*goo*-roo) *adj* unsafe

insensato (eeng-sayng-*sah*-too) *adj* mad

insensível (eeng-sayng-*see*-vehl) *adj* (pl -eis) insensitive; heartless

•**inserir** (eeng-ser-*reer*) *v* insert

insignificante (eeng-seeg-ner-fee-*kerngn*-ter) *adj* unimportant, petty, insignificant

insípido (eeng-*see*-pee-dhoo) *adj* tasteless; dull

insistir (eeng-seesh-*teer*) *v* insist

insolação (eeng-soo-ler-*serng*ᵂ) *f* (pl -ções) sunstroke

insolência (eeng-soo-*layng*-sʸer) *f* insolence

insolente (eeng-soo-*layngn*-ter) *adj* impertinent, insolent

insólito (eeng-*so*-lee-too) *adj* uncommon; strange

insónia (eeng-*so*-nʸer) *f* insomnia

inspecção (eengsh-peh-*serng*ᵂ) *f* (pl -ções) inspection

inspeccionar (eengsh-peh-sʸoo-*nahr*) *v* inspect

inspector (eengsh-peh-*toar*) *m* inspector

inspirar (eengsh-pee-*rahr*) *v* inspire

instalação (eengsh-ter-ler-*serng*ᵂ) *f* (pl -ções) installation

instalar (eengsh-ter-*lahr*) *v* install

instantaneamente (eengsh-terngn-ter-nʸer-*mayngn*-ter) *adv* instantly

instantâneo (eengsh-tern-*ter*-nʸoo) *m* snapshot

instante (eengsh-*terngn*-ter) *m* instant; second, moment

instável (eengsh-*tah*-vehl) *adj* (pl -eis) unsteady; unstable

instinto (eengsh-*teengn*-too) *m* instinct

instituição (eengsh-tee-twee-*serng*ᵂ) *f* (pl -ções) institution, institute

•**instituir** (eengsh-tee-*tweer*) *v* institute; found

instituto (eengsh-tee-*too*-too) *m* institute; ~ **de beleza** beauty parlour

instrução (eengsh-troo-*serng*ᵂ) *f* (pl -ções) tuition, instruction; direction

•**instruir** (eengsh-*trweer*) *v* instruct

instrumento (eengsh-troo-*mayngn*-too) *m* instrument; tool; ~ **musical** musical instrument

instrutivo (eengsh-troo-*tee*-voo) *adj* instructive

instrutor (eengsh-troo-*toar*) *m* instructor

insuficiente (eeng-soo-fee-s^y*ayngn*-ter) *adj* insufficient

insultante (eeng-sool-*terngn*-ter) *adj* offensive

insultar (eeng-sool-*tahr*) *v* insult

insulto (eeng-*sool*-too) *m* insult

insuperável (eeng-soo-per-*rah*-vehl) *adj* (pl -eis) unsurpassed

insuportável (eeng-soo-poor-*tah*-vehl) *adj* (pl -eis) unbearable

insurreição (eeng-soo-rray-*serng*^w) *f* (pl -ções) rising

intacto (eengn-*tah*-too) *adj* intact, whole

inteiramente (eengn-tay-rer-*mayngn*-ter) *adv* entirely; altogether, completely

inteiro (eengn-*tay*-roo) *adj* entire; unbroken, whole

intelecto (eengn-ter-*leh*-too) *m* intellect

intelectual (eengn-ter-leh-*twahl*) *adj* (pl -ais) intellectual

inteligência (eengn-ter-lee-*zhayng*-s^yer) *f* intelligence; brain

inteligente (eengn-ter-lee-*zhayngn*-ter) *adj* intelligent; clever; bright; smart

intenção (eengn-tayng-*serng*^w) *f* (pl -ções) intention, purpose

intencional (eengn-tayng-s^yoo-*nahl*) *adj* (pl -ais) intentional

intenso (eengn-*tayng*-soo) *adj* intense

intento (eengn-*tayngn*-too) *m* purpose

interdição (eengn-terr-dee-*serng*^w) *f* (pl -ções) prohibition

interessado (eengn-ter-rer-*sah*-dhoo) *adj* interested

interessante (eengn-ter-rer-*serngn*-ter) *adj* interesting

interessar (eengn-ter-rer-*sahr*) *v* interest

interesse (eengn-ter-*ray*-ser) *m* interest

interferência (eengn-terr-fer-*rayng*-s^yer) *f* interference

***interferir** (eengn-terr-fer-*reer*) *v* interfere

interim (eengn-ter-*reeng*) *m* interim

interior (eengn-ter-r^y*oar*) *adj* inner; inside; *m* interior, inside

interlúdio (eengn-terr-*loo*-dh^yoo) *m* interlude

intermediário (eengn-terr-mer-*dh^yah*-r^yoo) *m* mediator, intermediary; ***servir de ~** mediate

internacional (eengn-terr-nerng-s^yoo-*nahl*) *adj* (pl -ais) international

interno (eengn-*tehr*-noo) *adj* internal; indoor; domestic, resident

interpretar (eengn-terr-prer-*tahr*) *v* interpret

intérprete (eengn-*tehr*-prer-ter) *m* interpreter

interrogar (eengn-ter-rroo-*gahr*) *v* interrogate

interrogativo (eengn-ter-rroo-ger-*tee*-voo) *adj* interrogative

interrogatório (eengn-ter-rroo-ger-*to*-r^yoo) *m* examination; interrogation

interromper (eengn-ter-rrawngm-*payr*) *v* interrupt; ***cut off**

interrupção (eengn-ter-rroop-*serng*^w) *f* (pl -ções) interruption

interruptor (eengn-ter-rroop-*toar*) *m* switch

intersecção (eengn-terr-sehk-*serng*^w) *f* (pl -ções) intersection

intervalo (eengn-terr-*vah*-loo) *m* space; pause, interval, intermission; break; half-time

***intervir** (eengn-terr-*veer*) *v* intervene

intestino (eengn-tɪsh-*tee*-noo) *m* intestine; gut; **intestinos** bowels *pl*

intimidade (eengn-tee-mee-*dhah*-dher) *f* privacy

íntimo (*eengn*-tee-moo) *adj* intimate; cosy

intolerável (eengn-too-ler-*rah*-vehl) *adj* (pl -eis) intolerable

intriga (eengn-*tree*-ger) *f* intrigue

introdução (eengn-troo-dhoo-*serng*ʷ) *f* (pl -ções) introduction

*introduzir (eengn-troo-dhoo-*zeer*) *v* introduce

intrometer-se em (eengn-troo-mer-*tayr*-ser) interfere with

intruso (eengn-*troo*-zoo) *m* trespasser

inundação (ee-noongn-der-*serng*ʷ) *f* (pl -ções) flood

inútil (een-*oo*-teel) *adj* (pl -teis) useless

inutilmente (ee-noo-teel-*mayngn*-ter) *adv* in vain

invadir (eeng-ver-*dheer*) *v* invade

inválido (eeng-*vah*-lee-dhoo) *adj* disabled, invalid; *m* invalid

invasão (eeng-ver-*zerng*ʷ) *f* (pl -sões) invasion

inveja (eeng-*veh*-zher) *f* envy

invejar (eeng-vı-*zhahr*) *v* envy; grudge

invejoso (eeng-vı-*zhoa*-zoo) *adj* envious

invenção (eeng-vayng-*serng*ʷ) *f* (pl -ções) invention

inventar (eeng-vayngn-*tahr*) *v* invent

inventário (eeng-vayngn-*tah*-rʸoo) *m* inventory

inventivo (eeng-vayngn-*tee*-voo) *adj* inventive

inventor (eeng-vayngn-*toar*) *m* inventor

Inverno (eeng-*vehr*-noo) *m* winter

inverso (eeng-*vehr*-soo) *adj* reverse

inverter (eeng-verr-*tayr*) *v* invert; turn over

investigação (eeng-vish-tee-ger-*serng*ʷ) *f* (pl -ções) enquiry; research, investigation

investigar (eeng-vish-tee-*gahr*) *v* enquire, investigate

investimento (eeng-vish-tee-*mayngn*-too) *m* investment

*investir (eeng-vish-*teer*) *v* invest

invisível (eeng-ver-*zee*-vehl) *adj* (pl -eis) invisible

involuntário (eeng-voo-loongn-*tah*-rʸoo) *adj* unintentional

invulgar (eeng-vool-*gahr*) *adj* odd

iodo (*Yoa*-dhoo) *m* iodine

*ir (eer) *v* *go; ~ **buscar** fetch; *get; pick up; ***ir-se** depart; ***ir-se embora** *go away

ira (*ee*-rer) *f* anger

iraniano (ee-rer-*n*ʸer-noo) *adj* Iranian; *m* Iranian

Irão (ee-*rerng*ʷ) *m* Iran

Iraque (ee-*rah*-ker) *m* Iraq

iraquiano (ee-rer-*k*ʸer-noo) *adj* Iraqi; *m* Iraqi

irascível (ee-rersh-*see*-vehl) *adj* (pl -eis) irascible; quick-tempered, hot-tempered

Irlanda (eer-*lern*-der) *f* Ireland

irlandês (eer-lern-*daysh*) *adj* Irish; *m* Irishman

irmã (eer-*merng*) *f* sister

irmão (eer-*merng*ʷ) *m* (pl ~s) brother

ironia (ee-roo-*nee*-er) *f* irony

irónico (ee-*ro*-nee-koo) *adj* ironical

irreal (ee-rr*Yahl*) *adj* (pl -ais) unreal

irreflectido (ee-rrer-fleh-*tee*-dhoo) *adj* rash

irregular (ee-rrer-goo-*lahr*) *adj* irregular; uneven

irrelevante (ee-rrer-ler-*verngn*-ter) *adj* insignificant

irreparável (ee-rrer-per-*rah*-vehl) *adj* (pl -eis) irreparable

irrevogável (ee-rrer-voo-*gah*-vehl) *adj* (pl -eis) irrevocable

irritado (ee-rree-*tah*-dhoo) *adj* cross

irritante (ee-rree-*terngn*-ter) *adj* annoying

irritar (ee-rree-*tahr*) v irritate; annoy

irritável (ee-rree-*tah*-vehl) adj (pl -eis) irritable

isca (*eesh*-ker) f bait

isenção (ee-zayng-*serng*ʷ) f (pl -ções) exemption

isentar (ee-zayngn-*tahr*) v exempt

isento (ee-*zayngn*-too) adj exempt

islandês (eezh-ler*ngn*-*daysh*) adj Icelandic; m Icelander

Islândia (eezh-ler*ngn*-dʸah) f Iceland

isolado (ee-zoo-*lah*-dhoo) adj isolated

isolador (ee-zoo-ler-*dhoar*) m insulator

isolamento (ee-zoo-ler-*mayngn*-too) m isolation; insulation

isolar (ee-zoo-*lahr*) v isolate; insulate

isqueiro (eesh-*kay*-roo) m cigarette-lighter, lighter

Israel (eezh-rrer-*ehl*) m Israel

israeliano (eezh-rrer-ay-lʸer-noo) adj Israeli; m Israeli

isso (*ee*-soo) pron that

istmo (*eesht*-moo) m isthmus

Itália (ee-*tah*-lʸer) f Italy

italiano (ee-ter-lʸer-noo) adj Italian; m Italian

itálico (ee-*tah*-lee-koo) m italics pl

itinerante (een-tee-ner-*rerngn*-ter) adj itinerant

itinerário (ee-tee-ner-*rah*-rʸoo) m itinerary

J

já (zhah) adv at once, immediately; already; ~ **não** any more; ~ **que** because

jacto (*zhahk*-too) m jet

jade (*zhah*-dher) m jade

jamais (zher-*mighsh*) adv ever

Janeiro (zher-*nay*-roo) January

janela (zher-*neh*-ler) f window; ~ **de madeira** shutter

jantar (zher*ngn*-*tahr*) m dinner; v dine

jante (*zher*ngn-ter) f rim

Japão (zher-*perng*ʷ) m Japan

japonês (zher-poo-*naysh*) adj Japanese; m Japanese

jardim (zherr-*deeng*) m garden; ~ **infantil** kindergarten; ~ **público** public garden; ~ **zoológico** zoological gardens

jardineiro (zherr-dee-*nay*-roo) m gardener

jarra (*zhah*-rrer) f jar

jarro (*zhah*-roo) m jug

jaula (*zhou*-ler) f cage

jeitoso (zhay-*toa*-zoo) adj handy

jersey (zherr-seh) m jersey

joalharia (zhwer-lʸer-*ree*-er) f jewellery

joalheiro (zhwer-lʸay-roo) m jeweller

joelho (zhway-lʸoo) m knee

jogada (zhoo-*gah*-dher) f move

jogador (zhoo-ger-*dhoar*) m player

jogar (zhoo-*gahr*) v play

jogo (*zhoa*-goo) m game, play; set; **campo de jogos** recreation ground; ~ **das damas** draughts; ~ **electrónico** electronic game

jóia (*zho*-ʸer) f jewel; gem; **jóias** jewellery

jóquei (*zho*-kay) m jockey

Jordânia (zhoor-der-nʸer) f Jordan

jordaniano (zhoor-der-nʸer-noo) adj Jordanian; m Jordanian

jornal (zhoor-*nahl*) m (pl -ais) paper, newspaper; journal; ~ **da manhã** morning paper

jornalismo (zhoor-ner-*leezh*-moo) m journalism

jornalista (zhoor-ner-*leesh*-ter) m journalist

jorro (*zhoa*-rroo) m spout

jovem (*zho*-verng*ʸ) adj young

jovial (zhoo-v^yahl) *adj* (pl -ais) jolly; cheerful

jubileu (zhoo-bhee-*lay*^{oo}) *m* jubilee

judaico (zhoo-*dhigh*-koo) *adj* Jewish

judeu (zhoo-*dhay*^{oo}) *m* Jew

judicioso (zhoo-dhee-*syoa*-zoo) *adj* judicious

juiz (zhweesh) *m* judge

juízo (zhwee-zoo) *m* sense; judgment

julgamento (zhool-ger-*mayngn*-too) *m* judgment; trial

julgar (zhool-*gahr*) *v* judge

Julho (zhoo-l^yoo) July

junção (zhoong-*serng*^w) *f* (pl -ções) junction

junco (*zhoong*-koo) *m* rush

Junho (zhoo-ñoo) June

júnior (zhoo-n^yoar) *adj* junior

junquilho (zhoong-*kee*-l^yoo) *m* daffodil

juntar (zhoongn-*tahr*) *v* join; attach, enclose; add

junto (*zhoongn*-too) *adj* joined; joint; ~ **a** next to; **por** ~ wholesale

juntos (*zhoongn*-toosh) *adv* together

juramento (zhoo-rer-*mayngn*-too) *m* oath, vow

jurar (zhoo-*rahr*) *v* *swear, vow

júri (*zhoo*-ree) *m* jury

jurídico (zhoo-*ree*-dhee-koo) *adj* legal

jurisdição (zhoo-reesh-dhee-*serng*^w) *n* jurisdiction

jurista (zhoo-*reesh*-ter) *m* lawyer

juro (*zhoo*-roo) *m* interest

justamente (zhoosh-ter-*mayngn*-ter) *adv* just; rightly; exactly

justiça (zhoosh-*tee*-ser) *f* justice

justificar (zhoosh-tee-fee-*kahr*) *v* justify, prove

justo (*zhoosh*-too) *adj* righteous, just, right; proper, fair, appropriate

juvenil (zhoo-ver-*neel*) *adj* (pl -nis) juvenile

juventude (zhoo-vayngn-*too*-dher) *f*

youth

L

lá (lah) *adv* there

lã (lerng) *f* wool; **de** ~ woollen; ~ **cardada** worsted

lábio (*lah*-bh^Yoo) *m* lip

labirinto (ler-bher-*reengn*-too) *m* labyrinth, maze

laboratório (ler-bhoo-rer-*to*-r^Yoo) *m* laboratory; ~ **de línguas** language laboratory

labutar (ler-bhoo-*tahr*) *v* labour

laca para o cabelo (*lah*-ker *per*-rer oo ker-*bhay*-loo) hair-spray

laço (*lah*-soo) *m* link; bow tie

lado (*lah*-dhoo) *m* side; way; **ao** ~ next-door; **ao** ~ **de** beside; **de** ~ aside; sideways; **do outro** ~ **de** across; **em qualquer** ~ anywhere; **em todo o** ~ anywhere, everywhere; **no outro** ~ across; **noutro** ~ elsewhere

ladrão (ler-*dhrerng*^w) *m* (pl -rões) thief; burglar, robber

ladrar (ler-*dhrahr*) *v* bark, bay

lago (*lah*-goo) *m* lake

lagoa (ler-*goa*-er) *f* small lake

lagosta (ler-*goash*-ter) *f* lobster

lágrima (*lah*-gree-mer) *f* tear

laguna (ler-*goo*-ner) *f* lagoon

lama (*ler*-mer) *f* mud

lamacento (ler-mer-*sayngn*-too) *adj* muddy

lamber (lerngm-*bayr*) *v* lick

lambril (lerngm-*breel*) *m* (pl -is) panelling

lamechice (ler-mer-*shee*-ser) *f* tear-jerker

lamentar (ler-mayngn-*tahr*) *v* regret

lamentável (ler-mayngn-*tah*-vehl) *adj*

(pl -eis) lamentable

lâmina (ler-mee-ner) *f* blade; ~ **de barbear** razor-blade

lâmpada (lerngm-per-dher) *f* light bulb; ~ **de flash** flash-bulb; ~ **de tempestade** hurricane lamp

lança (lerng-ser) *f* spear

lançamento (lerng-ser-mayngn-too) *m* launching; throw; entry

lançar (lerng-sahr) *v* *cast, *throw, toss; launch

lance (lerng-ser) *m* cast

lanche (lerng-sher) *m* tea, snack

lanterna (lerngn-tehr-ner) *f* lantern; ~ **de bolso** torch; ~ **de mão** flashlight

lapela (ler-peh-ler) *f* lapel

lápide (lah-pee-dher) *f* gravestone

lápis (lah-peesh) *m* (pl ~) pencil; ~ **para os olhos** eye-pencil

lar (lahr) *m* home

laranja (ler-rerng-zher) *f* orange

lareira (ler-ray-rer) *f* fireplace, hearth

largo (lahr-goo) *adj* broad, wide

largura (lerr-goo-rer) *f* breadth, width

laringite (ler-reeng-zhee-ter) *f* laryngitis

lasca (lahsh-ker) *f* chip

lascar (lersh-kahr) *v* chip

lastimar (lersh-tee-mahr) *v* deplore

lata (lah-ter) *f* tin, can; canister

latão (ler-terngᵂ) *m* brass; **utensílios de** ~ brassware

lavabos (ler-vah-bhoosh) *mpl* washroom *nAm*; ~ **das senhoras** powder-room; ~ **dos homens** men's room

lava-louça (lah-ver-loa-ser) *m* (pl ~s) sink

lavandaria (ler-verngn-der-ree-er) *f* laundry; ~ **automática** launderette

lavar (ler-vahr) *v* wash; ~ **a loiça** wash up

lavatório (ler-ver-to-rᵞoo) *m* washstand; wash-basin

lavável (ler-vah-vehl) *adj* (pl -eis) washable

lavrador (ler-vrer-dhoar) *m* farmer

lavrar (ler-vrahr) *v* plough

laxante (ler-sherngn-ter) *m* laxative

leal (lᵞahl) *adj* (pl leais) loyal; true

leão (lᵞerngᵂ) *m* (pl leões) lion

lebre (leh-bhrer) *f* hare

legação (ler-ger-serngᵂ) *f* (pl -ções) legation

legado (ler-gah-doo) *m* legacy

legal (ler-gahl) *adj* (pl -ais) legal; lawful

legalização (ler-ger-lee-zer-serngᵂ) *f* (pl -ções) legalization

legenda (lı-zhayngn-der) *f* subtitle

legítimo (lı-zhee-tee-moo) *adj* legitimate, legal

legível (lı-zhee-vehl) *adj* (pl -eis) legible

legume (ler-goo-mer) *m* vegetable

lei (lay) *f* law

leigo (lay-goo) *m* layman

leilão (lay-lerngᵂ) *m* (pl -lões) auction

leitão (lay-terngᵂ) *m* (pl -tões) piglet

leitaria (lay-ter-ree-er) *f* dairy

leite (lay-ter) *m* milk; **batido de** ~ milk-shake

leiteiro (lay-tay-roo) *m* milkman

leitoso (lay-toa-zoo) *adj* milky

leitura (lay-too-rer) *f* reading

lema (lay-mer) *m* slogan

lembrança (layngm-brerng-ser) *f* remembrance

lembrar (layngm-brahr) *v* remind; **lembrar-se** remember

leme (leh-mer) *m* rudder, helm

lenço (layng-soo) *m* handkerchief; ~ **da cabeça** scarf; ~ **de assoar** handkerchief; ~ **de papel** tissue; ~ **do pescoço** scarf lençol (layng-*sol*) *m* (pl -cóis) sheet

lente (*layng*-ter) *f* lens; **lentes de contacto** contact lenses; ~ **zoom** zoom lens

lento (*layngn*-too) *adj* slow; slack

lepra (*leh*-prer) *f* leprosy

leque (*leh*-ker) *m* fan

*ler (layr) *v* *read

lesão (ler-*zerng*ʷ) *f* (pl lesões) injury

lesar (ler-*zahr*) *v* wrong

letra (*lay*-trer) *f* letter; draft

levantar (ler-verngn-*tahr*) *v* raise, lift; *bring up; cash, *draw; **levantar-se** *rise; *get up

levar (ler-*vahr*) *v* *take; *bear; *take away; ~ **a mal** resent

leve (*leh*-ver) *adj* light

levedura (ler-ver-*dhoo*-rer) *f* yeast

lhe (lʸer) *pron* him; her; **lhes** them

libanês (lee-bher-*naysh*) *adj* Lebanese; *m* Lebanese

Líbano (*lee*-bher-noo) *m* Lebanon

liberal (lee-bher-*rahl*) *adj* (pl -ais) liberal

liberdade (lee-bherr-*dhah*-dher) *f* freedom, liberty

Libéria (lee-*bheh*-rʸer) *f* Liberia

liberiano (lee-bher-rʸer-noo) *adj* Liberian; *m* Liberian

libertação (lee-bherr-ter-*serng*ʷ) *f* (pl -ções) liberation; delivery

libra (*lee*-bhrer) *f* pound

lição (lee-*serng*ʷ) *f* (pl lições) lesson

licença (lee-*sayng*-ser) *f* licence, permit, permission; leave

licor (lee-*koar*) *m* liqueur

lida (*lee*-dher) *f* work

liga (*lee*-ger) *f* league, union

ligação (lee-ger-*serng*ʷ) *f* (pl -ções) connection; affair

ligadura (lee-ger-*dhoo*-rer) *f* bandage; band

ligar (lee-*gahr*) *v* *bind; connect, switch on, plug in, turn on; link

ligeiro (lee-*zhay*-roo) *adj* slight; gentle; swift; light

lilás (lee-*lahsh*) *adj* mauve

lima (*lee*-mer) *f* file; lime; ~ **de unhas** nail-file

limão (lee-*merng*ʷ) *m* (pl limões) lemon

limiar (lee-mʸ*ahr*) *m* threshold

limitar (lee-mee-*tahr*) *v* limit

limite (lee-*mee*-ter) *m* limit; bound, boundary

limonada (lee-moo-*nah*-dher) *f* lemonade

limpa-cachimbos (leengm-per-ker-*sheengm*-boosh) *m* (pl ~) pipe cleaner

limpa-chaminés (leengm-per-sher-mee-*nehsh*) *m* (pl ~) chimneysweep

limpar (leengm-*pahr*) *v* clean; wipe; ~ **a seco** dry-clean

limpeza (leengm-*pay*-zer) *f* cleaning

limpo (*leengm*-poo) *adj* clean

lindo (*leengn*-doo) *adj* lovely

língua (*leeng*-gwer) *f* tongue; language; ~ **materna** mother tongue, native language

linguado (leeng-*gwah*-dhoo) *m* sole

linguagem (leeng-*gwah*-zherng)ʸ *f* speech

linha (*lee*-ñer) *f* line; thread; ~ **de passajar** darning wool; ~ **principal** main line

linho (*lee*-ñoo) *m* linen

liquidação (lee-kee-dher-*serng*ʷ) *f* (pl -ções) clearance sale

liquidar (lee-kee-*dhahr*) *v* *pay off; destroy

líquido (*lee*-kee-dhoo) *adj* liquid; net; *m* fluid; ~ **dentífrico** mouthwash

lírio (*lee*-rʸoo) *m* lily

liso (*lee*-zoo) *adj* smooth; level; even

lista (*leesh*-ter) *f* list; ~ **de espera** waiting-list; ~ **de preços** price-list; ~ **dos telefones** telephone directory; telephone book *Am;* ~ **dos vinhos** wine-list; ~ **telefónica** telephone directory; telephone book *Am*

literário (lee-ter-*rah*-rᵞoo) *adj* literary

literatura (lee-ter-rer-*too*-rer) *f* literature

litígio (lee-*tee*-zhᵞoo) *m* dispute, quarrel

litoral (lee-too-*rahl*) *m* sea-coast

litro (*lee*-troo) *m* litre

livrar (lee-*vrahr*) *v* deliver

livraria (lee-vrer-*ree*-er) *f* bookstore

livre (*lee*-vrer) *adj* free

livreiro (lee-*vray*-roo) *m* bookseller

livro (*lee*-vroo) *m* book; ~ **de bolso** paperback; ~ **de reclamações** complaints book

lixa (*lee*-sher) *f* sandpaper

lixo (*lee*-shoo) *m* garbage; trash; refuse; litter, rubbish; **caixote do** ~ rubbish-bin, dustbin; **lata de** ~ *Br* rubbish-bin, dustbin

lobo (*loa*-bhoo) *m* wolf

local (loo-*kahl*) *adj* (pl -ais) local; *m* premises *pl;* spot

localidade (loo-ker-lee-*dhah*-dher) *f* locality

localização (loo-ker-lee-zer-*serng*ᵂ) *f* (pl -ções) location

localizar (loo-ker-lee-*zahr*) *v* locate

loção (loo-*serng*ᵂ) *f* (pl loções) lotion; ~ **fixadora** setting lotion; ~ **para depois da barba** aftershave lotion

locomotiva (loo-koo-moo-*tee*-ver) *f* engine, locomotive

lógica (*lo*-zhee-ker) *f* logic

lógico (*lo*-zhee-koo) *adj* logical

logo (*lo*-goo) *adv* immediately; soon; ~ **que** when

loiça (*loi*-ser) *f* crockery, pottery

loira (*loi*-rer) *f* blonde

loiro (*loi*-roo) *adj* fair

loja (*lo*-zher) *f* store, shop; ~ **de artigos fotográficos** camera shop; ~ **de brinquedos** toyshop; ~ **de ferragens** hardware store; ~ **de vinhos** off-licence

lojista (loo-*zheesh*-ter) *m* shopkeeper

lona (*loa*-ner) *f* canvas

longe (*lawng*-zher) *adv* far; **de** ~ by far

longínquo (lawng-*zheeng*-kwoo) *adj* far-off

longitude (lawng-zhee-*too*-dher) *f* longitude

longitudinalmente (lawng-zhee-too-dhee-nerl-*mayngn*-ter) *adv* lengthways

longo (*lawng*-goo) *adj* long; **ao** ~ **de** along

lotaria (loo-ter-*ree*-er) *f* lottery

lote (*lo*-ter) *m* batch

louco (*loa*-koo) *adj* crazy; insane, lunatic

loucura (loa-*koo*-rer) *f* lunacy

louro (*loa*-roo) *adj* blond

louvar (loa-*vahr*) *v* praise

louvor (loa-*voar*) *m* glory

lua (*loo*-er) *f* moon

lua-de-mel (*loo*-er-der-mehl) *f* honeymoon

luar (lwahr) *m* moonlight

lubrificação (loo-bhrer-fee-ker-*serng*ᵂ) *f* (pl -ções) lubrication; **sistema de lubrificação** lubrication system

lubrificar (loo-bhrer-fee-*kahr*) *v* lubricate; grease

lúcio (*loo*-sᵞoo) *m* pike

lucrativo (loo-krer-*tee*-voo) *adj* profitable

lucro (*loo*-kroo) *m* profit; gain, benefit; **lucros** winnings

lugar (loo-*gahr*) *m* place; room; seat; ~ **de nascimento** place of birth; ***ter** ~ *take place

lumbago (loongm-*bah*-goo) *m* lumbago

luminoso (loo-mee-*noa*-zoo) *adj* luminous

lupa (*loo*-per) *f* magnifying glass

lúpulo (*loo*-poo-loo) *m* hop

lustro (*loosh*-troo) *m* gloss

lustroso (loosh-*troa*-zoo) *adj* glossy

luta (*loo*-ter) *f* strife; combat, fight; contest, battle, struggle; ~ **de boxe** boxing match

lutar (loo-*tahr*) *v* *fight; struggle

luto (*loo*-too) *m* mourning

luva (*loo*-ver) *f* glove; **luvas sem dedos** mittens *pl*

luxo (*loo*-shoo) *m* luxury

luxuoso (loo-*shwoa*-zoo) *adj* luxurious

luz (loosh) *f* light; ~ **da retaguarda** rear-light; ~ **de estacionamento** parking light; ~ **do dia** daylight; ~ **do sol** sunlight; **luzes de travão** brake lights; ~ **lateral** sidelight

M

maca (*mah*-ker) *f* stretcher

maçã (mer-*serng*) *f* apple; ~ **do rosto** cheek-bone

macacão (mer-*ker-kerng*ᵂ) *mBr* (pl -cões) overalls *pl*

macaco (mer-*kah*-koo) *m* monkey; jack

maçador (mer-ser-*dhoar*) *adj* boring, annoying; troublesome, inconvenient; unpleasant; *m* bore

maçaneta (mer-ser-*nay*-ter) *f* handle, knob

maçar (mer-*sahr*) *v* bore; bother

machado (mer-*shah*-dhoo) *m* axe

macho (*mah*-shoo) *m* mule; male animal

maciço (mer-*see*-soo) *adj* massive; solid

macio (mer-*see*ᵒᵒ) *adj* mellow

maço (*mah*-soo) *m* mallet

madeira (mer-*dhay*-rer) *f* wood; **de ~** wooden; ~ **de construção** timber

madrasta (mer-*dhrahsh*-ter) *f* stepmother

madre-pérola (mah-dhrer-*peh*-roo-ler) *f* mother-of-pearl

madrugada (mer-dhroo-*gah*-dher) *f* dawn

maduro (mer-*dhoo*-roo) *adj* ripe, mature

mãe (merngᵞ) *f* mother

maestro (mer-*ehsh*-troo) *m* conductor

magia (mer-*zhee*-er) *f* magic

mágico (*mah*-zhee-koo) *adj* magic

magistrado (mer-zheesh-*trah*-dhoo) *m* magistrate

magnânimo (merg-*ner*-nee-moo) *adj* generous

magnético (merg-*neh*-tee-koo) *adj* magnetic

magneto (merg-*neh*-too) *m* magneto

magnífico (merg-*nee*-fee-koo) *adj* magnificent; gorgeous, splendid

magoar (mer-*gwahr*) *v* *hurt; bruise

magro (*mah*-groo) *adj* lean, thin

Maio (*mah*-ᵞoo) May

maior (mer-ᵞor) *adj* major, superior; main; of age; ~ **parte** bulk

maioria (mer-ᵞoo-ree-er) *f* majority

mais (mighsh) *adj* more; most; *adv* plus; ~ **de** over; **não ~** no longer

maiúscula (mer-ᵞoosh-koo-ler) *f* capital letter

major (mer-*zhor*) *m* major

mal (mahl) *m* (pl ~es) evil; wrong, harm; ailment; *adv* barely, hardly; ***fazer ~ a** harm; ~ **sucedido** unsuccessful

mala (*mah*-ler) *f* bag; case, suitcase; boot; trunk *nAm*; ~ **de mão** handbag

malaio (mer-*ligh*-oo) *adj* Malaysian; *m* Malay

malandro (mer-*lerngn*-droo) *m* rascal

malária (mer-*lah*-r^Yer) *f* malaria

~ **Malásia** (mer-*lah*-z^Yer) *f* Malaysia

malcriado (mahl-kr^Yah-dhoo) *adj* impertinent

maldade (mahl-*dah*-dher) *f* mischief

***maldizer** (mahl-dee-*zayr*) *v* curse

maleável (merl-*Yah*-vehl) *adj* (pl -eis) supple; flexible

mal-entendido (mahl-eengn-tayngn-*dee*-dhoo) *m* misunderstanding

malévolo (mer-*leh*-voo-loo) *adj* spiteful

malha (*mah*-l^Yer) *f* mesh; ***fazer** ~ knit; **malhas** hosiery

malícia (mer-*lee*-s^Yer) *f* mischief

malicioso (mer-lee-s^Yoa-zoo) *adj* malicious

maligno (mer-*leeg*-noo) *adj* malignant; ill

maluco (mer-*loo*-koo) *adj* foolish; mad

mamífero (mer-mee-fer-roo) *m* mammal

mamute (mer-*moo*-ter) *m* mammoth

manada (mer-*nah*-dher) *f* herd

mancha (*merng*-sher) *f* stain, spot; speck, blot; **sem** ~ spotless

manchar (merng-*shahr*) *v* stain

mandar (merngn-*dahr*) *v* order, command; *send; *have; ~ **vir** *send for

mandato (merngn-*dah*-too) *m* mandate

maneira (mer-*nay*-rer) *f* way, manner; fashion; **de qualquer** ~ anyway; any way

manejar (mer-nı-*zhahr*) *v* handle

manejável (mer-nı-*zhah*-vehl) *adj* (pl -eis) manageable

manequim (mer-ner-*keeng*) *m* model, mannequin

manga (*merng*-ger) *f* sleeve

manha (mer-ñer) *f* trick

manhã (mer-*ñerng*) *f* morning; **esta** ~ this morning

manhoso (mer-*ñoa*-zoo) *adj* cunning

mania (mer-*nee*-er) *f* craze

manicura (mer-nee-*koo*-rer) *f* manicure

manifestação (mer-nee-fish-ter-*serng*^w) *f* (pl -ções) demonstration

manifestar (mer-nee-fish-*tahr*) *v* demonstrate; express

manjedoura (merng-zher-*dhoa*-rer) *f* manger

manso (*merng*-soo) *adj* tame

manteiga (merngn-*tay*-ger) *f* butter

***manter** (merngn-*tayr*) *v* maintain; *keep

manual (mer-*nwahl*) *adj* (pl -ais) manual; *m* handbook

manuscrito (mer-noosh-*kree*-too) *m* manuscript

manutenção (mer-noo-tayng-*serng*^w) *f* maintenance, upkeep

mão (merng^w) *f* (pl ~s) hand; **em segunda** ~ second-hand; **feito à** ~ hand-made; **palma da** ~ palm

mapa (*mah*-per) *m* map; ~ **de estradas** road map; ~ **marítimo** chart

maquilhagem (mer-kee-*lah*-zherng^Y) *f* make-up

máquina (*mah*-kee-ner) *f* machine, engine; ~ **de barbear** shaver, electric razor; ~ **de costura** sewing-machine; ~ **de escrever** typewriter; ~ **de filmar** camera; ~ **de lavar** washing-machine; ~ **fotográfica** camera

maquinaria (mer-kee-ner-*ree*-er) *f* machinery

mar (mahr) *m* sea

maravilha (mer-rer-vee-l^Yer) *f* marvel

maravilhar-se (mer-rer-vee-l^Yahr-ser) *v* marvel

maravilhoso (mer-rer-vee-l^Yoa-zoo) *adj*

marvellous; fine, wonderful

marca (*mahr*-ker) *f* mark; sign; tick; brand; ~ **de fábrica** trademark

marcar (merr-*kahr*) *v* mark; tick off; score

marceneiro (merr-ser-*nay*-roo) *m* joiner

marcha (*mahr*-sher) *f* march; ***fazer** ~ **à ré** *Br* reverse; ***fazer** ~ **atrás** reverse; ~ **atrás** reverse

marchar (mahr-*shahr*) *v* march

Março (*mahr*-soo) March

marco (*mahr*-koo) *m* landmark; ~ **miliário** milestone

maré (mer-*reh*) *f* tide; ~ **baixa** low tide; ~ **cheia** high tide

marfim (merr-*feeng*) *m* ivory

margarina (merr-ger-*ree*-ner) *f* margarine

margem (*mahr*-zherngᵛ) *f* margin; river bank, shore

marido (mer-*ree*-dhoo) *m* husband

marinha (mer-*ree*-ñer) *f* navy

marinheiro (mer-ree-*ñay*-roo) *m* sailor, seaman

mariposa (mer-ree-*poa*-zer) *f* butterfly stroke

marisco (mer-*reesh*-koo) *m* shellfish

marítimo (mer-*ree*-tee-moo) *adj* maritime

mármore (*mahr*-moo-rer) *m* marble

maroto (mer-*roa*-too) *adj* naughty, mischievous

Marrocos (mer-*roa*-koosh) *m* Morocco

marroquino (mer-rroo-*kee*-noo) *adj* Moroccan; *m* Moroccan

martelar (merr-ter-*lahr*) *v* thump

martelo (merr-*teh*-loo) *m* hammer

mártir (*mahr*-teer) *m* martyr

mas (mersh) *conj* but; only, yet

máscara (*mahsh*-ker-rer) *f* mask; ~ **facial** face-pack

masculino (mersh-koo-*lee*-noo) *adj* masculine, male

massa (*mah*-ser) *f* dough, batter; mass

massagem (mer-*sah*-zherngᵛ) *f* massage; ~ **facial** face massage

massagista (mer-ser-*zheesh*-ter) *m* masseur

massajar (mer-ser-*zhahr*) *v* massage

mastigar (mersh-tee-*gahr*) *v* chew

mastro (*mahsh*-troo) *m* mast

mata (*mah*-ter) *f* grove

mata-borrão (mah-ter-bhoo-*rrerng*ᵂ) *m* (pl -rões) blotting paper

matar (mer-*tahr*) *v* kill

mate (*mah*-ter) *adj* dim, mat

matemática (mer-ter-*mah*-tee-ker) *f* mathematics

matemático (mer-ter-*mah*-tee-koo) *adj* mathematical; *m* mathematician

matéria (mer-*teh*-rᵛer) *f* matter

material (mer-ter-*rᵛahl*) *adj* (pl -ais) substantial, material; *m* material

matéria-prima (mer-teh-rᵛer-*pree*-mer) *f* raw material

mato (*mah*-too) *m* brush

matrimonial (mer-tree-moo-*nᵛahl*) *adj* (pl -ais) matrimonial

matrimónio (mer-tree-*mo*-nᵛoo) *m* matrimony

maturidade (mer-too-ree-*dhah*-dher) *f* maturity

mau (mou) *adj* (f má) evil, bad; ill, wicked; ~ **génio** temper

mausoléu (mou-zoo-*leh*ᵒᵒ) *m* mausoleum

maxila (mahk-*see*-ler) *f* jaw

máximo (*mah*-see-moo) *adj* utmost; **no** ~ at most

me (mer) *pron* me; myself

mecânico (mer-*ker*-nee-koo) *adj* mechanical; *m* mechanic

mecanismo (mer-ker-*neezh*-moo) *m* mechanism; machinery

mecha (*meh*-sher) *f* fuse

medalha (mer-*dhah*-lYer) *f* medal

média (*meh*-dhYer) *f* average, mean; **em ~** on the average

mediano (mer-*dhY*er-noo) *adj* medium

medicamento (mer-dhee-ker-*mayngn*-too) *m* drug, medicine

medicina (mer-dhee-*see*-ner) *f* medicine

médico (*meh*-dhee-koo) *m* physician, doctor; *adj* medical; **~ de clínica geral** general practitioner

medida (mer-*dhee*-dher) *f* measure; gauge, size; **feito à ~** tailor-made

medidor (mer-dee-*doar*) *mBr* meter

medieval (mer-dhYer-*vahl*) *adj* (*pl* -ais) mediaeval

médio (*meh*-dhYoo) *adj* average, medium; middle

mediócre (mer-*dhee*°°-krer) *adj* mediocre, second-rate

*medir (mer-*dheer*) *v* measure

meditar (mer-dhee-*tahr*) *v* meditate

Mediterrâneo (mer-dhee-ter-*rrer*-nYoo) *m* Mediterranean

medo (*may*-dhoo) *m* fear, fright; **com ~** afraid; **meter ~** frighten; ***ter ~** *be afraid

medonho (mer-*dhoa*-ñoo) *adj* frightful, terrible

medula (mer-*dhoo*-ler) *f* marrow

medusa (mer-*dhoo*-zer) *fBr* jelly-fish

meia (*may*-er) *f* stocking; **meias de descanso** support hose

meia-calça (may-er-*kahl*-ser) *f* pantyhose

meia-noite (may-er-*noi*-ter) *f* midnight

meio (*may*-oo) *adj* half; *m* midst, middle; means; *adv* half; **~ ambiente** environment, milieu; **no ~ de** amid; **por ~ de** by means of

meio-dia (may-oo-*dhee*-er) *m* noon, midday

meio-fio (may-Yoo-*fee*°°) *mBr* curb

mel (mehl) *m* honey

melancia (mer-lerng-*see*-er) *f* watermelon

melancolia (mer-lerng-koo-*lee*-er) *f* melancholy

melancólico (mer-lerng-*ko*-lee-koo) *adj* sad

melão (mer-*lerng*w) *m* (*pl* melões) melon

melhor (mɪ-*lYoar*) *adj* better; superior; **o ~** best, the best

melhoramento (mɪ-lYoo-rer-*mayngn*-too) *m* improvement

melhorar (mɪ-lYoo-*rahr*) *v* improve

melindrar-se por (mer-leengn-*drahr*-ser) resent

melodia (mer-loo-*dhee*-er) *f* melody; tune

melodioso (mer-loo-dhYoa-zoo) *adj* tuneful

melodrama (mer-loo-*drer*-mer) *m* melodrama

melro (*mehl*-rroo) *m* blackbird

membrana (mayngm-*brer*-ner) *f* diaphragm

membro (*mayngm*-broo) *m* limb; associate, member

memorando (mer-moo-*rerngn*-doo) *m* memo

memorável (mer-moo-*rah*-vehl) *adj* (*pl* -eis) memorable

memória (mer-*mo*-rYer) *f* memory

memorial (mer-moo-*rYahl*) *m* (*pl* -ais) memorial

menção (mayng-*serng*w) *f* (*pl* -ções) mention

mencionar (mayng-sYoo-*nahr*) *v* mention

mendigar (mayngn-dee-*gahr*) *v* beg

mendigo (mayngn-dee-goo) *m* beggar

menina (mer-*nee*-ner) *f* miss; small girl; **a ~** you

menino (mer-*nee*-noo) *m* small boy

menor (mer-*nor*) *adj* minor; inferior;

under age; *m* minor

menos (*may*-noosh) *adj* less, fewer; *adv* less; *prep* but; **pelo** ~ at least

menosprezar (may-noosh-prer-*zahr*) *v* underestimate

mensageiro (mayng-ser-*zhay*-roo) *m* messenger

mensagem (mayng-*sah*-zherngˇ) *f* message

mensal (mayng-*sahl*) *adj* (pl -ais) monthly

menstruação (mayngsh-trwer-*serng*ʷ) *f* (pl -ções) menstruation

mental (mayng-*tahl*) *adj* (pl -ais) mental

mente (*mayng*-ter) *f* mind

*mentir (mayng-*teer*) *v* lie

mentira (mayng-*tee*-rer) *f* lie

mercado (merr-*kah*-dhoo) *m* market

mercadoria (merr-ker-dhoo-*ree*-er) *f* merchandise; **mercadorias** goods *pl;* wares *pl*

mercearia (merr-sˇer-*ree*-er) *f* grocer's; **artigos de** ~ groceries *pl;* ~ **fina** delicatessen

merceeiro (merr-sˇay-roo) *m* grocer

mercúrio (merr-*koo*-rˇoo) *m* mercury

merecer (mer-rer-*sayr*) *v* deserve; merit

mergulhar (merr-goo-*lˇahr*) *v* dive

meridional (mer-ree-dhˇoo-*nahl*) *adj* (pl -ais) southerly

mérito (*meh*-ree-too) *m* merit

mês (maysh) *m* month

mesa (*may*-zer) *f* table

mesmo (*mayzh*-moo) *adj* same; *adv* even

mesquinho (mˇsh-*kee*-ñoo) *adj* stingy; mean

mesquita (mˇsh-*kee*-ter) *f* mosque

mestre (*mehsh*-trer) *m* master; teacher

meta (*meh*-ter) *f* finish

metade (mer-*tah*-dher) *f* half

metal (mer-*tahl*) *m* (pl -ais) metal

metálico (mer-*tah*-lee-koo) *adj* metal

meter (mer-*tayr*) *v* *put

meticuloso (mer-tee-koo-*loa*-zoo) *adj* precise

metódico (mer-*to*-dhee-koo) *adj* methodical

método (*meh*-too-dhoo) *m* method

métrico (*meh*-tree-koo) *adj* metric

metro (*meh*-troo) *m* metre

metropolitano (mer-troo-poo-lee-*ter*-noo) *m* underground; subway *nAm*

meu (may°°) *adj* (f minha) my

mexer (mˇ-*shayr*) *v* stir; touch; **mexer-se** move

mexericar (mˇ-sher-ree-*kahr*) *v* gossip

mexerico (mˇ-sher-*ree*-koo) *m* gossip

mexicano (mˇ-shee-*ker*-noo) *adj* Mexican; *m* Mexican

México (*meh*-shee-koo) *m* Mexico

mexilhão (mˇ-shee-*lˇerng*ʷ) *m* (pl -hões) mussel

micróbio (mee-*kro*-bhˇoo) *m* germ

microfone (mee-kro-*fo*-ner) *m* microphone

migalha (mee-*gah*-lˇer) *f* crumb

mil (meel) *num* thousand

milagre (mee-*lah*-grer) *m* wonder, miracle

milagroso (mee-ler-*groa*-zoo) *adj* miraculous

milha (*mee*-lˇer) *f* mile

milho (*mee*-lˇoo) *m* maize; **maçaroca de** ~ corn on the cob

milionário (mee-lˇoo-*nah*-rˇoo) *m* millionaire

militar (mer-lee-*tahr*) *adj* military

mim (meeng) *pron* me

mina (*mee*-ner) *f* mine; pit

mineiro (mee-*nay*-roo) *m* miner

mineral (mee-ner-*rahl*) *m* (pl -ais) mineral

minério (mee-*neh*-rˇoo) *m* ore

miniatura (mee-nˇer-*too*-rer) *f* miniature

mínimo (*mee-nee-moo*) *adj* least; *m* minimum; **no** ∼ at the very least

ministério (*mer-neesh-teh-r^Yoo*) *m* ministry

ministro (*mer-neesh-troo*) *m* minister

minoria (*mee-noo-ree-er*) *f* minority

minucioso (*mee-noo-s^yoa-zoo*) *adj* thorough

minúsculo (*mee-noosh-koo-loo*) *adj* minute, tiny

minuto (*mee-noo-too*) *m* minute

míope (*mee^{oo}-per*) *m* short-sighted

miserável (*mee-zer-rah-vehl*) *adj* (pl -eis) miserable

miséria (*mee-zeh-r^Yer*) *f* misery

misericórdia (*mee-zer-ree-kor-dh^Yer*) *f* mercy

misericordioso (*mee-zer-ree-koor-dh^Yoa-zoo*) *adj* merciful

missa (*mee-ser*) *f* Mass

mistério (*meesh-teh-r^Yoo*) *m* mystery

misterioso (*meesh-ter-r^Yoa-zoo*) *adj* mysterious

mistura (*meesh-too-rer*) *f* mixture

misturado (*meesh-too-rah-dhoo*) *adj* mixed; miscellaneous

misturar (*meesh-too-rahr*) *v* mix

mito (*mee-too*) *m* myth

mobilar (*moo-bhee-lahr*) *v* furnish

mobília (*moo-bhee-l^Yer*) *f* furniture

moca (*mo-ker*) *f* club

moção (*moo-serng^w*) *f* (pl moções) motion

mochila (*moo-shee-ler*) *f* rucksack, knapsack

mocho (*moa-shoo*) *m* owl

moço (*moa-soo*) *m* boy; ∼ **de hotel** *Br* page-boy

moda (*mo-dher*) *f* fashion; **fora de** ∼ out of date; **na** ∼ fashionable

modelar (*moo-dher-lahr*) *v* model

modelo (*moo-dhay-loo*) *m* model

moderado (*moo-dher-rah-dhoo*) *adj* moderate

moderno (*moo-dhehr-noo*) *adj* modern

modéstia (*moo-dhehsh-t^Yer*) *f* modesty

modesto (*moo-dhehsh-too*) *adj* modest

modificação (*moo-dher-fee-ker-serng^w*) *f* (pl -ções) change

modificar (*moo-dher-fee-kahr*) *v* modify; change

modista (*moo-dheesh-ter*) *f* dressmaker

modo (*mo-dhoo*) *m* way, manner; **de** ∼ **nenhum** by no means; **de** ∼ **que** so that; **de qualquer** ∼ at any rate, anyhow; **doutro** ∼ otherwise, else; ∼ **de emprego** directions for use

moeda (*mweh-dher*) *f* coin; currency; ∼ **estrangeira** foreign currency

***moer** (*mwayr*) *v* *grind

mohair (*mo-ehr*) *m* mohair

moinho (*mwee-ñoo*) *m* mill; ∼ **de vento** windmill

moita (*moi-ter*) *f* scrub

mola (*mo-ler*) *f* spring

molar (*moo-lahr*) *m* molar

moldar (*moal-dahr*) *v* model

moldura (*moal-doo-rer*) *f* frame

mole (*mo-ler*) *adj* soft

moleiro (*moo-lay-roo*) *m* miller

molhado (*moo-l^Yah-dhoo*) *adj* wet; damp, moist

molhar (*moo-l^Yahr*) *v* soak

molhe (*mo-l^Yer*) *m* pier, jetty

molho¹ (*mo-l^Yoo*) *m* bundle

molho² (*moa-l^Yoo*) *m* gravy, sauce; **pôr de** ∼ soak

momentâneo (*moo-mayngn-ter-n^Yoo*) *adj* momentary

momento (*moo-mayngn-too*) *m* moment; while; ∼ **decisivo** turning-point

monarca (moo-*nahr*-ker) *m* ruler, monarch

monarquia (moo-nerr-*kee*-er) *f* monarchy

monetário (moo-ner-*tah*-rʸoo) *adj* monetary

monge (*mawng*-zher) *m* monk

monólogo (moo-*no*-loo-goo) *m* monologue

monopólio (moo-noo-*po*-lʸoo) *m* monopoly

monótono (moo-*no*-too-noo) *adj* monotonous

montanha (mawngn-*ter*-ñer) *f* mountain

montanhoso (mawngn-ter-*ñoa*-zoo) *adj* mountainous

montão (mawngn-*terng*ʷ) *m* (pl -tões) heap

montar (mawngn-*tahr*) *v* assemble; ~ **a cavalo** *ride

monte (*mawngn*-ter) *m* mount; heap; **cume do** ~ hilltop

montículo (mawngn-*tee*-koo-loo) *m* mound

montra (*mawngn*-trer) *f* shop-window

monumento (moo-noo-*mayngn*-too) *m* monument

morada (moo-*rah*-dher) *f* home

morador (moo-rer-*dhoar*) *m* occupant

moral (moo-*rahl*) *adj* (pl -ais) moral; *f* moral; *m* spirits

moralidade (moo-rer-lee-*dhah*-dher) *f* morality

morango (moo-*rerng*-goo) *m* strawberry

morar (moo-*rahr*) *v* live

mordedura (moor-der-*dhoo*-rer) *f* bite

morder (moor-*dayr*) *v* *bite

morena (moo-*ray*-ner) *f* brunette

moreno (moo-*ray*-noo) *adj* dark

morfina (moor-*fee*-ner) *f* morphia, morphine

morno (*moar*-noo) *adj* lukewarm

morrer (moo-*rrayr*) *v* die

mortal (moor-*tahl*) *adj* (pl -ais) mortal; fatal

morte (*mor*-ter) *f* death

morto (*moar*-too) *adj* dead

mosaico (moo-*zigh*-koo) *m* mosaic

mosca (*moash*-ker) *f* fly

mosquiteiro (moosh-kee-*tay*-roo) *m* mosquito-net

mosquito (moosh-*kee*-too) *m* mosquito

mossa (*mo*-ser) *f* dent

mostarda (moosh-*tahr*-der) *f* mustard

mosteiro (moosh-*tay*-roo) *m* monastery

mostrar (moosh-*trahr*) *v* *show; display

motel (mo-*tehl*) *m* (pl motéis) motel

motim (moo-*teeng*) *m* mutiny

motivo (moo-*tee*-voo) *m* motive; occasion, cause

motocicleta (mo-to-see-*klay*-ter) *f* motor-cycle

motor (moo-*toar*) *m* motor; engine; **cobertura do** ~ bonnet; hood *nAm;* ~ **a jacto-propulsão** turbojet; ~ **de arranque** starter motor

motorista (moo-too-*reesh*-ter) *m* chauffeur; ~ **de táxi** cab-driver, taxi-driver

móvel (*mo*-vehl) *adj* (pl -eis) mobile; movable

mover (moo-*vayr*) *v* move

movimentado (moo-vee-mayngn-*tah*-dhoo) *adj* busy

movimento (moo-vee-*mayngn*-too) *m* motion, movement

mudança (moo-*dherng*-ser) *f* variation, change; move

mudar (moo-*dhahr*) *v* vary; change, transform; ~ **de roupa** change clothes; ~ **de velocidade** change gear; **mudar-se** move

mudo (*moo*-dhoo) *adj* mute, dumb;

speechless

muito (*moong^yn-too*) adv very, quite; much; adj much; **muitos** many

mulato (*moo-lah-too*) f mulatto

muleta (*moo-lay-ter*) f crutch

mulher (*moo-l^yayr*) f woman, wife; ~ **a dias** cleaning woman

mulo (*moo-loo*) m mule

multa (*mool-ter*) f fine, ticket

multidão (*mool-tee-dherng^w*) f (pl -dões) crowd

multiplicação (*mool-tee-plee-ker-serng^w*) f (pl -ções) multiplication

multiplicar (*mool-tee-plee-kahr*) v multiply

mundial (*moongn-d^yahl*) adj (pl -ais) global, world-wide

mundo (*moongn-doo*) m world

municipal (*moo-ner-see-pahl*) adj (pl -ais) municipal

municipalidade (*moo-ner-see-per-lee-dhah-dher*) f municipality

murmurar (*moor-moo-rahr*) v whisper

muro (*moo-roo*) m wall

músculo (*moosh-koo-loo*) m muscle

musculoso (*moosh-koo-loa-zoo*) adj muscular

museu (*moo-zay^{oo}*) m museum; ~ **das ceras** waxworks pl

musgo (*moozh-goo*) m moss

música (*moo-zee-ker*) f music; ~ **pop** pop music

musical (*moo-zee-kahl*) adj (pl -ais) musical; **comédia** ~ musical

músico (*moo-zee-koo*) m musician

musselina (*moo-ser-lee-ner*) f muslin

mutuamente (*moo-twer-mayngn-ter*) adv each other

mútuo (*moo-twoo*) adj mutual

N

nacional (*ner-s^yoo-nahl*) adj (pl -ais) national

nacionalidade (*ner-s^yoo-ner-lee-dhah-dher*) f nationality

nacionalizar (*ner-s^yoo-ner-lee-zahr*) v nationalize

nada (*nah-dher*) pron nothing

nadador (*ner-dher-dhoar*) m swimmer

nadar (*ner-dhahr*) v *swim

nádega (*nah-dher-ger*) f buttock

não (*nerng^w*) adv no; not; ~ **obstante** nevertheless

narcose (*nerr-ko-zer*) f narcosis

narcótico (*nerr-ko-tee-koo*) m narcotic

narina (*ner-ree-ner*) f nostril

nariz (*ner-reesh*) m nose

narrativa (*ner-rrer-tee-ver*) f tale

nascente (*nersh-sayngn-ter*) f spring

nascer (*nersh-sayr*) v *be born

nascido (*nersh-see-dhoo*) adj born

nascimento (*nersh-see-mayngn-too*) m birth

nata (*nah-ter*) f cream

natação (*ner-ter-serng^w*) f swimming

Natal (*ner-tahl*) m (pl -ais) Xmas, Christmas

nativo (*ner-tee-voo*) m native

nato (*nah-too*) adj natural

natural (*ner-too-rahl*) adj (pl -ais) natural

naturalmente (*ner-too-rahl-mayngn-ter*) adv naturally; of course

natureza (*ner-too-ray-zer*) f nature; essence

náusea (*nou-z^yer*) f nausea

naval (*ner-vahl*) adj (pl -ais) naval

navegação (*ner-ver-ger-serng^w*) f navigation

navegar (*ner-ver-gahr*) v sail, navigate

navegável (*ner-ver-gah-vehl*) adj (pl -eis) navigable

navio (ner-*vee*-oo) *m* ship; vessel, boat

navio-cisterna (ner-vee°°-seesh-*tayr*-ner) *m* tanker

neblina (ner-*bhlee*-ner) *f* mist

necessário (ner-ser-*sah*-r Yoo) *adj* necessary; requisite

necessidade (ner-ser-see-*dhah*-dher) *f* necessity; requirement, want, need

necessitar (ner-ser-see-*tahr*) *v* need

negar (ner-*gahr*) *v* deny

negativo (ner-ger-*tee*-voo) *adj* negative; *m* negative

negligência (ner-glee-*zhayng*-s Yer) *f* neglect

negligente (ner-glee-*zhayng*-ter) *adj* neglectful; careless

negociação (ner-goo-s Yer-*serng* W) *f* (pl -cões) negotiation

negociante (ner-goo-s Yer*ng*-ter) *m* dealer; ~ **de tecidos** draper

***negociar** (ner-goo-s Y*ahr*) *v* negotiate; trade

negócio (ner-*go*-s Yoo) *m* business; deal; ***fazer negócios com** *deal with; **movimento de negócios** turnover; **para negócios** on business; **viagem de negócios** business trip

negro (*nay*-groo) *m* Negro

nem ... nem (nerng Y) neither ... nor; **nem um nem outro** neither

nenhum (nɪ-*ñoong*) *adj* no; *pron* none

néon (*neh*-awng) *m* neon

nervo (*nayr*-voo) *m* nerve

nervoso (nerr-*voa*-zoo) *adj* nervous

neta (*neh*-ter) *f* granddaughter; grandchild

neto (*neh*-too) *m* grandson

neurose (nay°°-*ro*-zer) *f* neurosis

neutral (nay°°-*trahl*) *adj* (pl -ais) neutral

neutro (*nay*°°-troo) *adj* neuter; neutral

nevado (ner-*vah*-dhoo) *adj* snowy

nevar (ner-*vahr*) *v* snow

neve (*neh*-ver) *f* snow; **tempestade de ~** blizzard, snowstorm

névoa (*nehv*-wer) *f* haze

nevoeiro (ner-*vway*-roo) *m* mist, fog

nevralgia (ner-vrahl-*zhee*-er) *f* neuralgia

nicotina (nee-koo-*tee*-ner) *f* nicotine

Nigéria (nee-*zheh*-r Yer) *f* Nigeria

nigeriano (nee-zher-r Y*er*-noo) *adj* Nigerian; *m* Nigerian

ninguém (neeng-*gerng* Y) *pron* no one, nobody

ninhada (nee-*ñah*-dher) *f* litter

ninho (*nee*-ñoo) *m* nest

níquel (*nee*-kehl) *m* nickel

nível (*nee*-vehl) *m* (pl -eis) level; ~ **de vida** standard of living

nivelar (nee-ver-*lahr*) *v* level

nó (no) *m* knot; lump; ***dar um ~** tie; ***fazer um ~** knot; ~ **corrediço** loop; ~ **dos dedos** knuckle

nobre (*no*-bhrer) *adj* noble

nobreza (noo-*bhray*-zer) *f* nobility

noção (noo-*serng* W) *f* (pl noções) notion; idea

nocivo (noo-*see*-voo) *adj* harmful

nocturno (no-*toor*-noo) *adj* nightly

nódoa (*no*-dhwer) *f* spot, stain; ~ **negra** bruise

nogado (noo-*gah*-dhoo) *m* nougat

noite (*noi*-ter) *f* night; evening; **de ~** by night; **durante a ~** overnight; **esta ~** tonight

noiva (*noi*-ver) *f* fiancée; bride

noivado (noi-vah-dhoo) *m* engagement

noivo (*noi*-voo) *adj* engaged; *m* fiancé; bridegroom

nojento (noo-*zhayngn*-too) *adj* revolting

nome (*noa*-mer) *m* name; denomination; **em ~ de** on behalf of, in the name of; ~ **de batismo** *Br* Christian name; ~ **próprio** first name, Christian name

nomeação (noo-m^yer-*serng*^w) *f* (pl -cões) nomination; appointment

*nomear (noo-m^yahr) *v* name; mention; nominate, appoint

nominal (noo-mee-*nahl*) *adj* (pl -ais) nominal

nono (*noa*-noo) *num* ninth

nordeste (nor-*dehs*-ter) *m* north-east

nórdico (*nor*-dhee-koo) *adj* northern

norma (*nor*-mer) *f* standard; rule

normal (nor-*mahl*) *adj* (pl -ais) regular, normal; standard

noroeste (no-*rwehs*-ter) *m* north-west

norte (*nor*-ter) *m* north; **do** ~ northerly

Noruega (no-*rweh*-ger) *f* Norway

norueguês (no-rway-*gaysh*) *adj* Norwegian; *m* Norwegian

nos (noosh) *pron* us, to us, ourselves

nós (noosh) *pron* we; us; ~ **próprios** ourselves

nosso (*no*-soo) *adj* our

nostalgia (noosh-tahl-*zhee*-er) *f* homesickness

nota (*no*-ter) *f* note; mark; ~ **de banco** banknote; ~ **de encomenda** order-form

notar (noo-*tahr*) *v* notice

notário (noo-*tah*-r^yoo) *m* notary

notável (noo-*tah*-vehl) *adj* (pl -eis) remarkable, striking, noticeable; considerable

notícia (noo-*tee*-s^yer) *f* news; notice

noticiário (noo-tee-s^yah-r^yoo) *m* news

notificar (noo-ter-fee-*kahr*) *v* notify

notório (noo-*to*-r^yoo) *adj* notorious

Nova Zelândia (*no*-ver zer-*lerngn*-d^yer) New Zealand

nove (*no*-ver) *num* nine

Novembro (noo-*vayngm*-broo) November

noventa (noo-*vayngn*-ter) *num* ninety

novo (*noa*-voo) *adj* new; **de** ~ again

noz (nosh) *f* nut; walnut; ~ **moscada** nutmeg

nu (noo) *adj* nude; naked, bare; *m* nude

nuance (*nwerng*-ser) *f* nuance

nublado (noo-*bhlah*-dhoo) *adj* cloudy, overcast

nuca (*noo*-ker) *f* nape of the neck

nuclear (noo-kl^yahr) *adj* nuclear

núcleo (*noo*-kl^yoo) *m* core, nucleus

nulo (*noo*-loo) *adj* void

numeral (noo-mer-*rahl*) *m* (pl -ais) numeral

número (*noo*-mer-roo) *m* number; quantity; act; ~ **de matrícula** registration number

numeroso (noo-mer-*roa*-zoo) *adj* numerous

nunca (*noong*-ker) *adv* never

nutritivo (noo-tree-*tee*-voo) *adj* nutritious

nuvem (*noo*-verng^y) *f* cloud

nylon (*nigh*-lon) *m* nylon

O

o¹ (oo) *art* (f a) the *art*

o² (oo) *pron* it, him; ~ **que** what; ~ **quê** what

oásis (*wah*-zeesh) *m* oasis

obedecer (oo-bher-dher-*sayr*) *v* obey

obediência (oo-bher-*dh^yayng*-s^yer) *f* obedience

obediente (oo-bher-*dh^yayngn*-ter) *adj* obedient

obesidade (oo-bher-zee-*dhah*-dher) *f* fatness

obeso (oo-*bheh*-zoo) *adj* corpulent

objécção (oobh-zheh-*serng*^w) *f* (pl

-ções) objection; ***fazer** ~ **a mind**

objectar (oobh-zheh-*tahr*) v object

objectivo (oobh-zheh-*tee*-voo) adj objective; m design, goal, objective; target

objecto (oobh-*zheh*-too) m object

oblíquo (oo-*bhlee*-kwoo) adj slanting

oblongo (oobh-*lawng*-goo) adj oblong

obra (o-bhrer) f work; ~ **de arte** work of art

obra-prima (obh-rer-*pree*-mer) f masterpiece

obrigação (oobh-ree-ger-*serng*^{w}) f (pl -ções) bond

obrigado (oobh-ree-*gah*-dhoo) adj obliged; **obrigado!** thank you!

obrigar (oobh-ree-*gahr*) v oblige; compel, force

obrigatório (oobh-ree-ger-*to*-r^{y}oo) adj compulsory, obligatory

obsceno (oobhsh-*say*-noo) adj obscene

obscuro (oobhsh-*koo*-roo) adj dim; obscure

observação (oobh-serr-ver-*serng*^{w}) f (pl -ções) observation; remark

observar (oobh-serr-*vahr*) v observe; view, note, watch; remark

observatório (oobh-serr-ver-*to*-r^{y}oo) m observatory

obsessão (oobh-ser-*serng*^{w}) f (pl -sões) obsession

obstáculo (oobhsh-*tah*-koo-loo) m obstacle

obstinado (oobhsh-tee-*nah*-dhoo) adj dogged, obstinate

*obstruir (oobhsh-*trweer*) v block

*obter (oobh-*tayr*) v obtain; ***get**

obturação (oobh-too-rer-*serng*^{w}) f (pl -ções) filling

obtuso (oobh-*too*-zoo) adj dumb

óbvio (*obh*-v^{y}oo) adj obvious; apparent

ocasião (oo-ker-z^y*erng*^{w}) f (pl -iões) occasion; chance

ocasionalmente (oo-ker-z^{y}oo-nahl-*mayngn*-ter) adv occasionally

oceano (oo-s^y*er*-noo) m ocean; **Oceano Pacífico** Pacific Ocean

ocidental (oo-see-dhayngn-*tahl*) adj (pl -ais) western, westerly

ocidente (oo-see-*dhayngn*-ter) m west

ocioso (oo-s^y*oa*-zoo) adj idle

oco (*oa*-koo) adj hollow

ocorrência (oo-koo-rrayng-s^{y}er) f occurrence

oculista (o-koo-*leesh*-ter) m optician; oculist

óculos (*o*-koo-loosh) mpl glasses; spectacles; ~ **escuros** sun-glasses pl; ~ **para mergulhar** diving goggles

ocultar (oo-kool-*tahr*) v conceal

ocupação (oo-koo-per-*serng*^{w}) f (pl -ções) business, occupation

ocupado (oo-koo-*pah*-dhoo) adj occupied; engaged, busy

ocupar (oo-koo-*pahr*) v occupy; ***take up**; **ocupar-se de** attend to; look after

*odiar (oo-dh^y*ahr*) v hate

ódio (*o*-dh^{y}oo) m hatred, hate

odor (oo-*dhoar*) m odour

oeste (*wehsh*-ter) m west

ofender (oo-fayngn-*dayr*) v offend; wound, injure; ***hurt**

ofensa (oo-*fayng*-ser) f offence

ofensiva (oo-fayng-*see*-ver) f offensive

ofensivo (oo-fayng-*see*-voo) adj offensive

oferecer (oo-fer-rer-*sayr*) v present, offer

oferta (oo-*fehr*-ter) f offer; supply; gift

oficial (oo-fee-s^y*ahl*) adj (pl -ais) official; m officer; ~ **de diligências** bailiff

oficina (oo-fee-*see*-ner) f workshop

ofício (oo-*fee*-s^Yoo) *m* trade

oficioso (oo-fee-s^Yoa-zoo) *adj* unofficial

oitavo (oi-*tah*-voo) *num* eighth

oitenta (oi-*tayngn*-ter) *num* eighty

oito (*oi*-too) *num* eight

olá! (o-*lah*) hello!

olaria (oo-ler-*ree*-er) *f* earthenware

***olear** (oo-l^Y*ahr*) *v* lubricate

óleo (*ol*-^Yoo) *m* oil; ~ **capilar** hair-oil; ~ **combustível** fuel oil; ~ **de bronzear** suntan oil; ~ **de lubrificação** lubrication oil; ~ **de mesa** salad-oil

oleoso (oo-l^Y*oa*-zoo) *adj* oily; greasy

olhadela (oo-l^Yer-*dheh*-ler) *f* look

olhar (oo-l^Y*ahr*) *v* look; *m* look; ~ **para** look at

olho (*oa*-l^Yoo) *m* eye

ombro (*awngm*-broo) *m* shoulder

omeleta (oa-mer-*lay*-ter) *f* omelette

omitir (oo-mee-*teer*) *v* omit; *leave out, fail

omnipotente (om-nee-poo-*tayngn*-ter) *adj* omnipotent

onda (*awngn*-der) *f* wave

onde (*awngn*-der) *adv* where; ~ **quer que** wherever; ~ **quer que seja** anywhere

***ondear** (awngn-d^Y*ahr*) *v* wave

ondulação (awngn-doo-ler-*serng*^w) *f* (pl -ções) wave

ondulado (awngn-doo-*lah*-dhoo) *adj* wavy

ondulante (awngn-doo-*lerngn*-ter) *adj* undulating

ônibus (*o*-nee-bhoosh) *mBr* (pl ~) coach; bus

ónix (*oa*-neeks) *m* onyx

ontem (*awngn*-terng^Y) *adv* yesterday

onze (*awng*-zer) *num* eleven

opala (oo-*pah*-ler) *f* opal

ópera (*o*-per-rer) *f* opera; opera house

operação (oo-per-rer-*serng*^w) *f* (pl

-ções) operation; surgery

operar (oo-per-*rahr*) *v* operate

operário (oo-per-*rah*-r^Yoo) *m* workman; labourer

opereta (oo-per-*ray*-ter) *f* operetta

opinião (oo-pee-n^Y*erng*^w) *f* (pl -iões) opinion; view

***opor** (oo-*poar*) *v* object; ***opor-se** oppose; ***opor-se a** object to

oportunidade (oo-poor-too-nee-*dhah*-dher) *f* opportunity; chance

oportuno (oo-poor-*too*-noo) *adj* convenient

oposição (oo-poo-zee-*serng*^w) *f* (pl -ções) opposition

oposto (oo-*poash*-too) *adj* opposite

oprimir (oo-pree-*meer*) *v* oppress; press

optimismo (op-tee-*meezh*-moo) *m* optimism

optimista (op-tee-*meesh*-ter) *adj* optimistic; *m* optimist

óptimo (*o*-tee-moo) *adj* excellent

oração (oo-rer-*serng*^w) *f* (pl -ções) prayer

oral (oo-*rahl*) *adj* (pl orais) oral

orçamento (oor-ser-*mayngn*-too) *m* budget

ordem (*or*-derng^Y) *f* order; method; command; congregation; **em** ~ in order; ~ **postal** money order

ordenado (oor-der-*nah*-dhoo) *m* salary, pay

ordenar (oor-der-*nahr*) *v* sort, arrange; order

ordinário (oor-dee-*nah*-r^Yoo) *adj* vulgar; simple; common

orelha (oo-*ray*-l^Yer) *f* ear

órfão (*or*-ferng^w) *m* (pl ~s) orphan

orgânico (oor-*ger*-nee-koo) *adj* organic

organização (oor-ger-nee-zer-*serng*^w) *f* (pl -ções) organization

organizar (oor-ger-*nee*-zahr) *v* arrange, organize

orgão (*or-gerng* w) *m* (pl ~s) organ

orgulho (*oor-goo-lYoo*) *m* pride

orgulhoso (*oor-goo-lYoa-zoo*) *adj* proud

oriental (*oo-rYayngn-tahl*) *adj* (pl -ais) easterly; oriental, eastern

orientar-se (*oo-rYayngn-tahr-ser*) *v* orientate

oriente (*oo-rYayngn-ter*) *m* Orient

origem (*oor-ree-zherng*Y) *f* origin; rise

original (*oo-ree-zhee-nahl*) *adj* (pl -ais) original

originalmente (*oo-ree-zhee-nahl-mayngn-ter*) *adv* originally

orla (*or-ler*) *f* edge

ornamental (*oor-ner-mayngn-tahl*) *adj* (pl -ais) ornamental

ornamento (*oor-ner-mayngn-too*) *m* ornament

orquestra (*or-kehsh-trer*) *f* orchestra

ortodoxo (*or-toa-dhok-soo*) *adj* orthodox

ortografia (*or-toa-grer-fee-er*) *f* spelling

orvalho (*oor-vah-lYoo*) *m* dew

os (*oosh*) *pron* them

osso (*oa-soo*) *m* bone

ostra (*oash-trer*) *f* oyster

ou (*oa*) *conj* or; **ou ... ou** either ... or

ouriço (*oa-ree-soo*) *m* hedgehog

ouriço-do-mar (*oa-ree-soo-doo-mahr*) *m* sea-urchin

ourives (*oa-ree-vish*) *m* goldsmith; silversmith

ouro (*oa-roo*) *m* gold; **de** ~ golden; **mina de** ~ goldmine

ousar (*oa-zahr*) *v* dare

outeiro (*oa-tay-roo*) *m* hillock

Outono (*oa-toa-noo*) *m* autumn; fall *nAm*

outro (*oa-troo*) *adj* different, other; **um** ~ another

Outubro (*oa-too-bhroo*) October

ouvido (*oa-vee-dhoo*) *m* hearing

ouvinte (*oa-veengn-ter*) *m* listener; auditor

*ouvir (*oa-veer*) *v* *hear

ova (*o-ver*) *f* roe

oval (*oo-vahl*) *adj* (pl ovais) oval

ovelha (*oo-vay-lYer*) *f* sheep

ovo (*oa-voo*) *m* egg; **gema de** ~ egg-yolk

oxigénio (*ok-see-zheh-nYoo*) *m* oxygen

P

pá (*pah*) *f* spade; shovel

paciência (*per-sYayng-sYer*) *f* patience

paciente (*per-sYayngn-ter*) *adj* patient

pacífico (*per-see-fee-koo*) *adj* pacifist

pacifismo (*per-ser-feezh-moo*) *m* pacifism

pacifista (*per-ser-feesh-ter*) *m* pacifist

pacote (*per-ko-ter*) *m* packet

padaria (*per-dher-ree-er*) *f* bakery

padeiro (*pah-day-roo*) *m* baker

padrão (*per-dhrerng*w) *m* (pl -rões) pattern; standard

padrasto (*per-dhrahsh-too*) *m* stepfather

padre (*pah-dhrer*) *m* priest; father

padrinho (*per-dhree-ñoo*) *m* godfather

pagamento (*per-ger-mayngn-too*) *m* payment

pagão (*per-gerng*w) *adj* (pl ~s) pagan, heathen; *m* pagan, heathen

pagar (*per-gahr*) *v* *pay; **pago adiantado** prepaid; **porte pago** post-paid

página (*pah-zhee-ner*) *f* page

pai (*pigh*) *m* father; dad; **pais** parents *pl*; **pais adoptivos** foster-parents *pl*

painel (*pigh-nehl*) *m* (pl -néis) panel; ~ **de instrumentos** dashboard

país (*per-eesh*) *m* country, land; ~ **natal** native country

paisagem (pigh-*zah*-zherng Y) *f* landscape; scenery; ~ **marítima** seascape

Os Países Baixos (oosh per-*ee*-zızh *bhigh*-shoosh) the Netherlands

paixão (pigh-*sherng* W) *f* (pl -xões) passion

paizinho (pigh-*zee*-ñoo) *m* daddy

palacete (per-ler-*say*-ter) *m* mansion

palácio (per-*lah*-s Yoo) *m* palace

paladar (per-ler-*dhahr*) *m* taste

palavra (per-*lah*-vrer) *f* word

palco (*pahl*-koo) *m* stage

palerma (per-*lehr*-mer) *adj* silly

palestra (per-*lehsh*-trer) *f* lecture

paletó (per-ler-*to*) *mBr* jacket

palha (*pah*-lYer) *f* straw

palhaço (per-*lYah*-soo) *m* clown

pálido (*pah*-lee-dhoo) *adj* pale

palito (per-*lee*-too) *m* toothpick

palmada (pahl-*mah*-dher) *f* smack

palmeira (pahl-*may*-rer) *f* palm

palpável (pahl-*pah*-vehl) *adj* (pl -eis) palpable

pálpebra (*pahl*-per-bhrer) *f* eyelid

palpitação (pahl-pee-ter-*serng* W) *f* (pl -ções) palpitation

pancada (perng-*kah*-dher) *f* knock; bump, blow

pancadinha (perng-kah-*dhee*-ñah) *f* tap

panela (per-*neh*-ler) *f* pan; ~ **de pressão** pressure-cooker

pânico (*per*-nee-koo) *m* panic

pano (*per*-noo) *m* cloth; curtain; ~ **da loiça** tea-cloth; ~ **turco** terry cloth

pântano (*perngn*-ter-noo) *m* marsh, swamp, bog

pantanoso (perngn-ter-*noa*-zoo) *adj* marshy

pantufa (perngn-*too*-fer) *f* slipper

pão (perng W) *m* (pl pães) bread; loaf; ~ **integral** wholemeal bread

pãozinho (perng W-*zee*-ñoo) *m* (pl pãezinhos) roll

papa (*pah*-per) *m* pope

papagaio (per-per-*gigh*-oo) *m* parrot

papeira (per-*pay*-rer) *f* mumps

papel (per-*pehl*) *m* (pl -éis) paper; **de** ~ paper; ~ **carbono** *Br* carbon paper; ~ **de carta** notepaper; ~ **de embrulho** wrapping paper; ~ **de máquina** typing paper; ~ **de parede** wallpaper; ~ **higiénico** toilet-paper; ~ **para escrever** writing-paper; notepaper; ~ **químico** carbon paper

papelão (per-per-*lerng* W) *m Br* cardboard

papelaria (per-per-ler-*ree*-er) *f* stationer's

papoila (per-*poi*-ler) *f* poppy

papoula (per-*poa*-ler) *f* poppy

paquete (per-*kay*-ter) *m* liner; pageboy

paquistanês (per-keesh-ter-*naysh*) *adj* Pakistani; *m* Pakistani

Paquistão (per-kee-*shterng* W) *m* Pakistan

par (pahr) *adj* even; *m* couple, pair

para (*per*-rer) *prep* for, to, at, in order to; ~ **com** towards; ~ **que** so that; ~ **quê** what for; ~ **trás** backwards

parabéns (per-rer-*bherng* Y sh) *mpl* congratulations *pl*

pára-brisas (pah-rer-*bhree*-zersh) *m* (pl ~) windscreen; windshield *nAm;* **limpa** ~ windscreen wiper

pára-choques (per-rer-*sho*-kersh) *m* (pl ~) bumper; fender

parada (per-*rah*-dher) *f* parade; *fBr* stop

parafuso (per-rer-*foo*-zoo) *m* screw

paragem (per-*rer*-zherng Y) *f* stop; ~ **de táxis** taxi stand *Am*

parágrafo (per-*rah*-grer-foo) *m* paragraph

paralelo (per-rer-*leh*-loo) *adj* parallel; *m* parallel

paralisar (per-rer-lee-*zahr*) *v* paralyse

paralisia infantil (per-rer-lee-*zee*-er eeng-ferngn-*teel*) polio

paralítico (per-rer-*lee*-tee-koo) *adj* lame

parar (per-*rahr*) *v* stop; pull up, halt

pára-sol (pah-rer-*sol*) *m* (pl -sóis) sunshade

parceiro (perr-*say*-roo) *m* partner

parcela (pahr-*seh*-ler) *f* plot

parcial (pahr-s^y*ahl*) *adj* (pl -ais) partial

parcialmente (pahr-s^yahl-*mayngn*-ter) *adv* partly

parcómetro (perr-*ko*-mer-troo) *m* parking meter

pardal (pahr-*dahl*) *m* (pl -ais) sparrow

parecer (per-rer-*sayr*) *v* appear; look, seem; *m* opinion, view

paredão (per-rer-*dherng*^w) *m* (pl -dões) embankment

parede (per-*ray*-dher) *f* wall

parente (per-*rayngn*-ter) *m* relative, relation

pargo (*pahr*-goo) *m* bream

parlamentar (perr-ler-mayngn-*tahr*) *adj* parliamentary

parlamento (perr-ler-*mayngn*-too) *m* parliament

paróquia (per-*ro*-k^yer) *f* parish

parque (*pahr*-ker) *m* park; ~ **de campismo** camping site; ~ **de estacionamento** car park; parking lot *Am;* ~ **nacional** national park

parte (*pahr*-ter) *f* part; share; **à** ~ apart, separately; **em** ~ partly; **em** ~ **alguma** nowhere; **em qualquer** ~ somewhere; ~ **de cima** top; ~ **superior** top side; **por toda a** ~ everywhere; throughout

parteira (perr-*tay*-rer) *f* midwife

participação (pahr-ter-see-per-*serng*^w) *f* (pl -ções) announcement; participation

participante (pahr-ter-see-*perngn*-ter) *m* participant

participar (perr-ter-see-*pahr*) *v* notify; report; participate

particular (perr-*tee*-koo-*lahr*) *adj* private; individual; special; **em** ~ in particular

particularidade (perr-tee-koo-ler-ree-*dhah*-dher) *f* detail; peculiarity

particularmente (perr-tee-koo-lerr-*mayngn*-ter) *adv* specially

partida (perr-*tee*-dher) *f* departure; **ponto de** ~ starting-point

partido (perr-*tee*-dhoo) *adj* broken; *m* party; side

partilhar (perr-tee-*l*^y*ahr*) *v* share

partir (perr-*teer*) *v* *break, crack; *leave, depart, pull out, *set out; check out; **a** ~ **de** from, as from

parto (*pahr*-too) *m* childbirth, delivery

parvo (*pahr*-voo) *adj* foolish

Páscoa (*persh*-kwer) *f* Easter

passa (*pah*-ser) *f* raisin; ~ **de Corinto** currant

passado (per-*sah*-dhoo) *adj* past; *m* past

passageiro (per-ser-*zhay*-roo) *m* passenger

passagem (per-*sah*-zherng^y) *f* passage; aisle; ~ **de nível** level crossing, crossing; crosswalk *nAm;* ~ **de pedestres** *Br* pedestrian crossing; crosswalk *nAm;* ~ **de peões** pedestrian crossing; crosswalk *nAm;* ~ **estreita** bottleneck

passajar (per-ser-*zhahr*) *v* darn

passaporte (per-ser-*por*-ter) *m* passport; **inspecção de passaportes** passport control

passar (per-*sahr*) *v* pass; *spend; **deixar** ~ overlook; **não** ~ **a ferro**

drip-dry, wash and wear; **~ a ferro** iron; press; **~ por** pass by; *go through

pássaro (pah-ser-roo) m small bird

passatempo (pah-ser-tayngm-poo) m hobby

passeante (per-sYerngn-ter) m walker

***passear** (per-sYahr) v walk

passeio (per-say-oo) m stroll, walk; promenade; trip; pavement, footpath; sidewalk nAm; **beira do ~** curb; **~ de carro** drive

passivo (per-see-voo) adj passive

passo (pah-soo) m pace; move, step; gait

pasta (pahsh-ter) f paste; briefcase, attaché case; **~ da escola** satchel; **~ de dentes** toothpaste

pastagem (persh-tah-zherngY) f pasture

pastar (persh-tahr) v graze

pastelaria (persh-ter-ler-ree-er) f pastry shop; pastry

pastilha (persh-tee-lYer) f tablet; **~ elástica** chewing-gum

pastor (persh-toar) m shepherd; parson, minister, rector; clergyman

pata (pah-ter) f paw

patente (per-tayngn-ter) f patent; rank

patife (per-tee-fer) m villain, bastard, rascal

patim (per-teeng) m skate

patinagem (per-tee-nah-zherngY) f roller-skating; skating

patinar (per-tee-nahr) v skate

patinhar (per-tee-ñahr) v wade

pátio (pah-tYoo) m yard

pato (pah-too) m duck

patrão (per-trerngw) m (pl -rões) master; boss, employer

pátria (pah-trYer) f fatherland, native country

patriota (per-trYo-ter) m patriot

patroa (per-troa-er) f mistress

patrulha (per-troo-lYer) f patrol

patrulhar (per-troo-lYahr) v patrol

pau (pou) m stick

pausa (pou-zer) f pause

pavão (per-verngw) m (pl pavões) peacock

pavilhão (per-vee-lYerngw) m (pl -hões) pavilion; **~ de caça** lodge

pavimentar (per-vee-mayngn-tahr) v pave

pavimento (per-vee-mayngn-too) m pavement

pavor (per-voar) m horror

paz (pahsh) f peace

pé (peh) m foot; **a ~** on foot, walking; **em ~** upright, erect; ***estar de ~** *stand

peão (pYerngw) m (pl peões) pedestrian; pawn; **interdito a peões** no pedestrians

peça (peh-ser) f piece; **de duas peças** two-piece; **~ de teatro** play; **~ num acto** one-act play; **~ sobresselente** spare part

pecado (per-kah-dhoo) m sin

pechincha (pɪ-sheeng-sher) f bargain

peculiar (per-koo-lYahr) adj peculiar

pedaço (per-dhah-soo) m scrap, bit; **~ grosso** chunk

pedal (per-dhahl) m (pl -ais) pedal

pé-de-cabra (peh-dher-kahbh-rer) m crowbar

pedestre (per-dhehsh-trer) mBr pedestrian

pedicuro (per-dhee-koo-roo) m pedicure

pedido (per-dhee-dhoo) m request; application; **~ de socorro** distress signal

***pedir** (per-dheer) v ask; beg; charge; **~ boleia** hitchhike; **~ carona** Br hitchhike; **~ emprestado** borrow

pedra (peh-dhrer) f stone; **de ~**

stone; ~ **de isqueiro** flint; ~ **preciosa** gem; stone; ~ **tumular** tombstone

pedra-pomes (peh-dhrer-*poa*-mish) *f* pumice stone

pedregulho (per-dhrer-*goo*-lYoo) *m* boulder

pedreira (per-*dhray*-rer) *f* quarry

pedreiro (per-*dhray*-roo) *m* bricklayer

pega¹ (*peh*-ger) *f* handle

pega² (*pay*-ger) *f* magpie

pegajoso (per-ger-*zhoa*-zoo) *adj* sticky

pegar (per-*gahr*) *v* *stick

peito (*pay*-too) *m* chest; breast, bosom

peitoril (pay-too-*reel*) *m* (pl -is) window-sill

peixaria (pay-sher-*ree*-er) *f* fish shop

peixe (*pay*-sher) *m* fish; ~ **miúdo** whitebait

pele (*peh*-ler) *f* skin; hide; fur; furs; **de** ~ leather

peleiro (per-*lay*-roo) *m* furrier

pelica (per-*lee*-ker) *f* kid

pelicano (per-lee-*ker*-noo) *m* pelican

película (per-lee-koo-ler) *f* film

pêlo (*pay*-loo) *m* hair

pélvis (*pehl*-veesh) *f* pelvis

pena (*pay*-ner) *f* regret; feather; ~ **de morte** death penalty; **que pena!** what a pity!; ***ter** ~ **de** pity

penalidade (per-ner-lee-*dhah*-dher) *f* penalty; **grande** ~ penalty kick

pender (payngn-*dayr*) *v* *hang

pendurar (payngn-doo-*rahr*) *v* *hang

peneira (per-*nay*-rer) *m* sieve

peneirar (per-nay-*rahr*) *v* sieve; sift

penetrar (per-ner-*trahr*) *v* penetrate

penhorista (pɪ-ñoo-*reesh*-ter) *m* pawnbroker

penicilina (per-nee-see-*lee*-ner) *f* penicillin

península (per-*neeng*-soo-ler) *f* peninsula

pensador (payng-ser-*dhoar*) *m* thinker

pensamento (payng-ser-*mayngn*-too) *m* thought; idea

pensão (payng-*serng*ʷ) *f* (pl -sões) pension; board; boarding-house, guest-house; ~ **alimentícia** alimony; ~ **completa** full board, bed and board, board and lodging

pensar (payng-*sahr*) *v* *think; guess; dress; ~ **em** *think of

pensativo (payng-ser-*tee*-voo) *adj* thoughtful

pensionista (payng-sYoo-*neesh*-ter) *m* boarder

penso (*payng*-soo) *m* dressing; ~ **higiénico** sanitary towel; ~ **rápido** plaster

pente (*payngn*-ter) *m* comb; ~ **de bolso** pocket-comb

penteado (payngn-t Yah-dhoo) *m* hairdo

***pentear** (payngn-t Yahr) *v* comb

Pentecostes (payngn-ter-*kosh*-tish) *m* Whitsun

penugem (per-*noo*-zherngY) *f* down

pepino (per-*pee*-noo) *m* cucumber

pequeno (per-*kay*-noo) *adj* little, small; petty, minor

pêra (*pay*-rer) *f* pear

perca (*pehr*-ker) *f* perch

perceber (perr-ser-*bhayr*) *v* *understand; *take, *see; sense, realize; ~ **mal** *misunderstand

percentagem (perr-sayngn-*tah*-zherngY) *f* percentage

percepção (perr-seh-*serng*ʷ) *f* (pl -ções) perception

perceptível (perr-seh-*tee*-vehl) *adj* (pl -eis) perceptible; noticeable

percevejo (perr-ser-*vay*-zhoo) *m* bug

perda (*payr*-dher) *f* loss

perdão (perr-*dherng*ʷ) *m* (pl -dões) pardon; grace; **perdão!** sorry!

***perder** (perr-*dhayr*) *v* *lose; miss

perdido (perr-*dhee*-dhoo) *adj* lost; missing

perdiz (perr-*dheesh*) *f* partridge

perdoar (perr-*dhwahr*) *v* *forgive

perecer (per-rer-*sayr*) *v* perish

peregrinação (per-rer-gree-ner-*serng*ʷ) *f* (pl -cões) pilgrimage

peregrino (per-rer-*gree*-noo) *m* pilgrim

perfeição (perr-fay-*serng*ʷ) *f* (pl -cões) perfection

perfeito (perr-*fay*-too) *adj* perfect; faultless

perfume (perr-*foo*-mer) *m* perfume; scent

perfurar (perr-foo-*rahr*) *v* pierce

pergunta (perr-*goongn*-ter) *f* question; inquiry, query

perguntar (perr-goongn-*tahr*) *v* ask; enquire; ~ a si próprio wonder

perícia (per-*ree*-sʸer) *f* skill

perigo (per-*ree*-goo) *m* peril, danger; risk; distress

perigoso (per-ree-*goa*-zoo) *adj* perilous, dangerous; risky

periódico (per-*rʸo*-dhee-koo) *adj* periodical; *m* periodical

período (per-*ree*ᵒᵒ-dhoo) *m* period; term

periquito (pi-rre-*kee*-too) *m* parakeet

perito (per-*ree*-too) *adj* skilled; *m* expert

perjúrio (perr-*zhoo*-rʸoo) *m* perjury

permanecer (perr-mer-ner-*sayr*) *v* stay

permanente (perr-mer-*nayngn*-ter) *adj* permanent; *f* permanent wave

permitir (perr-mee-*teer*) *v* permit; allow; **permitir-se** afford

perna (*pehr*-ner) *f* leg; **barriga da** ~ calf; **de pernas para o ar** upside-down

pérola (*peh*-roo-ler) *f* pearl

perpendicular (perr-payngn-dee-koo-*lahr*) *adj* perpendicular

persa (*pehr*-ser) *adj* Persian; *m* Persian

perseguir (pehr-ser-*geer*) *v* chase

perseverar (perr-ser-ver-*rahr*) *v* *keep up

Pérsia (*pehr*-sʸer) *f* Persia

persiana (perr-sʸer-ner) *f* blind; shutter

persistir (perr-seesh-*teer*) *v* insist

personalidade (perr-soo-ner-lee-*dhah*-dher) *f* personality

perspectiva (perrsh-peh-*tee*-ver) *f* prospect; perspective

perspicaz (perrsh-pee-*kahsh*) *adj* keen

perspiração (perrsh-pee-rer-*serng*ʷ) *f* perspiration

persuadir (perr-swer-*dheer*) *v* persuade

pertencer (perr-tayng-*sayr*) *v* belong; ~ a belong to

perto (*pehr*-too) *adv* near; ~ **de** near; by

perturbação (perr-toor-bher-*serng*ʷ) *f* (pl -cões) disturbance

perturbar (perr-toor-*bhahr*) *v* embarrass; disturb

peru (per-*roo*) *m* turkey

peruca (per-*roo*-ker) *f* wig

pesado (per-*zah*-dhoo) *adj* heavy

pesar (per-*zahr*) *v* weigh

pesca (*pehsh*-ker) *f* fishing industry; **aparelho de** ~ fishing tackle; **cana de** ~ fishing rod; **licença de** ~ fishing licence; **linha de** ~ fishing line

pescada (pish-*kah*-dher) *f* whiting

pescador (pish-ker-*dhoar*) *m* fisherman

pescar (pish-*kahr*) *v* fish; ~ **à linha** angle

pescoço (pish-*koa*-soo) *m* neck

peso (*pay*-zoo) *m* weight

pesquisar (pish-kee-*zahr*) *v* search

pêssego (*pay*-ser-goo) *m* peach

pessimismo (per-see-*meezh*-moo) *m* pessimism

pessimista (per-see-*meesh*-ter) *adj* pessimistic; *m* pessimist

pessoa (per-*soa*-er) *f* person; **pessoas** people *pl;* **por** ~ per person; **qualquer** ~ anyone, anybody; **uma** ~ one

pessoal¹ (per-*swahl*) *m* personnel, staff

pessoal² (per-*swahl*) *adj* (pl -ais) personal; private

pestana (pɪsh-*ter*-ner) *f* eyelash

pétala (*peh*-ter-ler) *f* petal

petição (per-tee-*serng*ʷ) *f* (pl -ções) petition

petróleo (per-*tro*-lʸoo) *m* petroleum; paraffin, oil; **poço de** ~ oil-well

peúga (pʸoo-ger) *f* sock

pianista (pʸer-*neesh*-ter) *m* pianist

piano (*pʸer*-noo) *m* piano; ~ **de cauda** grand piano

picada (pee-*kah*-dher) *f* sting; bite

picadela (pee-ker-*dheh*-ler) *f* sting

picante (pee-*kerng*-ter) *adj* spicy, savoury

picar (pee-*kahr*) *v* prick; **sting; chop, mince

picareta (pee-ker-*ray*-ter) *f* pick-axe

piedade (pʸay-*dhah*-dher) *f* pity

pijama (pee-*zher*-mer) *m* pyjamas *pl*

pilar (pee-*lahr*) *m* pillar; column

pilha (*pee*-lʸer) *f* stack, pile; ~ **eléctrica** battery

piloto (pee-*loa*-too) *m* pilot

pílula (*pee*-loo-ler) *f* pill

pimenta (pee-*mayngn*-ter) *f* pepper

pinça (*peeng*-ser) *f* tweezers *pl*

pincel (peeng-*sehl*) *m* (pl -céis) brush; paint-brush; ~ **da barba** shaving-brush

pingente (peeng-*zhayngn*-ter) *m* pendant

pinguim (peeng-*gweeng*) *m* penguin

pinheiro (pee-*ñay*-roo) *m* fir-tree

pintar (peengn-*tahr*) *v* paint; dye

pintarroxo (peengn-ter-*rroa*-shoo) *m* robin

pintor (peengn-*toar*) *m* painter

pintura (peengn-*too*-rer) *f* painting; ~ **a óleo** oil-painting

pio (*pee*ᵒᵒ) *adj* pious

piolho (pʸoa-lʸoo) *m* louse

pioneiro (pʸoa-*nay*-roo) *m* pioneer

pionés (pʸoa-*nehsh*) *m* drawing-pin; thumbtack *nAm*

pior (pʸor) *adj* worse; *adv* worse, worst; **o** ~ worst, the worst

pipa (*pee*-per) *f* barrel

piquenicar (pee-ker-nee-*kahr*) *v* picnic

piquenique (pee-ker-*nee*-ker) *m* picnic

pirata (pee-*rah*-ter) *m* pirate

pires (*pee*-rɪsh) *m* saucer

pisca-pisca (peesh-ker-*peesh*-ker) *m* indicator

piscina (peesh-*see*-ner) *f* swimming pool

piso (*pee*-zoo) *m* floor

pista (*peesh*-ter) *f* trail; ring; track; ~ **de descolagem** runway

pistão (peesh-*terng*ʷ) *m* (pl -tões) piston; **segmento do** ~ piston ring

pistola (peesh-*to*-ler) *f* pistol

pitoresco (pee-too-*raysh*-koo) *adj* picturesque; scenic

planador (pler-ner-*dhoar*) *m* glider

planalto (pler-*nahl*-too) *m* plateau

*planear (pler-*nʸar*) *v* plan; devise

planeta (pler-*nay*-ter) *m* planet

planetário (pler-ner-*tah*-rʸoo) *m* planetarium

planície (pler-*nee*-sʸer) *f* plain

plano (*pler*-noo) *adj* flat, even, plane; smooth, level; *m* plan, scheme, project; **primeiro** ~ foreground

planta (*plerngn*-ter) *f* plant; map

plantação (plerngn-ter-*serng*ʷ) *f* (pl -ções) plantation

plantar (plerngn-*tahr*) *v* plant

plástico (*plahsh*-tee-koo) *m* plastic; **de ~** plastic

plataforma (pler-ter-*for*-mer) *f* platform

plateia (pler-*tay*-er) *f* stall; orchestra seat *Am*

platina (pler-*tee*-ner) *f* platinum

plural (ploo-*rahl*) *m* (pl -ais) plural

pneu (pnay°°) *m* tire, tyre; **~ furado** flat tyre; **~ sobresselente** spare tyre

pneumático (pnay°°-*mah*-tee-koo) *adj* pneumatic; inflatable

pneumonia (pnay°°-moo-*nee*-er) *f* pneumonia

pó (po) *m* powder; **~ de talco** talc powder; **pós dentífricos** toothpowder

pobre (*po*-bhrer) *adj* poor

pobreza (poo-*bhray*-zer) *f* poverty

poço (*poa*-soo) *m* well; **~ de petróleo** oil-well

pó-de-arroz (po-der-er-*rroash*) *m* facepowder; **borla de ~** powder-puff; **caixa de ~** powder compact

poder (poo-*dhayr*) *m* power; might, authority; **~ executivo** executive

***poder** (poo-*dhayr*) *v* *may; *might, *be able to; *can

poderoso (poo-*dher*-roa-zoo) *adj* mighty, powerful

podre (*poa*-dhrer) *adj* rotten

poeira (*pway*-rer) *f* dust

poeirento (pway-*rayngn*-too) *adj* dusty

poema (*pway*-mer) *m* poem

poesia (pwɪ-*zee*-er) *f* poetry

poeta (*pweh*-ter) *m* poet

pois (*poish*) *conj* because; **~ bem** granted, so be it

polaco (poo-*lah*-koo) *adj* Polish; *m* Pole

polegar (poo-ler-*gahr*) *m* thumb

polícia (poo-*lee*-sᵛer) *f* police *pl*; *m* policeman; **delegacia de ~** *Br* police-station; **posto da ~** police-station

pólio (*po*-lᵛoo) *f* polio

***polir** (poo-*leer*) *v* polish

política (poo-*lee*-tee-ker) *f* politics; policy

político (poo-*lee*-tee-koo) *adj* political; *m* politician

polivalente (poo-lee-ver-*layngn*-ter) *adj* all-round

Polónia (poo-*loa*-nᵛer) *f* Poland

pólo norte (*po*-loo *nor*-ter) North Pole

pólo sul (*po*-loo sool) South Pole

poltrona (poal-*troa*-ner) *f* armchair, easy chair

poluição (poo-lwee-*serng*ʷ) *f* (pl -ções) pollution

polvo (*poal*-voo) *m* octopus

pólvora (*pol*-voo-rer) *f* gunpowder

pomar (po-*mahr*) *m* orchard

pombo (*pawng*m-boo) *m* pigeon

ponderado (pawngn-der-*rah*-dhoo) *adj* sober

ponderar (pawngn-der-*rahr*) *v* consider, *think over

pónei (*po*-nay) *m* pony

ponta (*pawngn*-ter) *f* tip

pontada (pawngn-*tah*-dher) *f* stitch

pontapé (pawngn-ter-*peh*) *m* kick; *dar um ~** kick; **~ de saída** kick-off

ponte (*pawngn*-ter) *f* bridge; **~ levadiça** drawbridge; **~ pênsil** suspension bridge

pontiagudo (pawngn-tᵛer-*goo*-dhoo) *adj* pointed

ponto (*pawngn*-too) *m* stitch; point; period; item, issue; **~ de congelação** freezing-point; **~ de encontro** meeting-place; **~ de interesse** sight; **~ de interrogação** question mark; **~ e vírgula** semi-colon; **~**

final full stop

pontual (pawngn-*twahl*) *adj* (pl -ais) punctual

popelina (po-per-*lee*-ner) *f* poplin

população (poo-poo-ler-*serng*ʷ) *f* (pl -ções) population

popular (poo-poo-*lahr*) *adj* popular; vulgar

populoso (poo-poo-*loa*-zoo) *adj* populous

por (poor) *prep* by; for; past

*****pôr** (poar) *v* *put; *set; *lay

porão (poo-*rerng*ʷ) *m* (pl porões) hold; *mBr* basement; cellar

porca (*por*-ker) *f* nut

porção (poor-*serng*ʷ) *f* (pl -ções) portion; helping

porcaria (poor-ker-*ree*-er) *f* muck

porcelana (poor-ser-*ler*-ner) *f* porcelain; china

porcento (poor-*sayngn*-too) *m* percent

porco (*poar*-koo) *m* pig; *adj* foul, dirty; **pele de ~** pigskin

porco-espinho (poar-koo-eesh-*pee*-ñoo) *m* porcupine

porque (*poor*-ker) *conj* because; as, for

porquê (poor-*kay*) *adv* why

porquinho-da-índia (poor-kee-ñoo-der-*eengn*-d*ʸ*er) *m* guinea-pig

porta (*por*-ter) *f* door; gate; **~ corrediça** sliding door; **~ giratória** revolving door

portador (poor-ter-*dhoar*) *m* bearer

portagem (poor-*ter*-zherng*ʸ*) *f* toll

porta-moedas (por-ter-*mweh*-dhersh) *m* (pl ~) purse

portanto (poor-*terngn*-too) *conj* so; therefore

portão (poor-*terng*ʷ) *m* (pl -tões) gate

portar-se (poor-*tahr*-ser) *v* behave; **~ mal** misbehave

portátil (poor-*tah*-teel) *adj* (pl -teis) portable

porteiro (poor-*tay*-roo) *m* doorman, porter, door-keeper; concierge, janitor

porte pago (*por*-ter *pah*-goo) postage paid

porto (*poar*-too) *m* harbour, port; **~ marítimo** seaport

Portugal (poor-too-*gahl*) *m* Portugal

português (poor-too-*gaysh*) *adj* Portuguese; *m* Portuguese

posição (poo-zee-*serng*ʷ) *f* (pl -ções) position

positivo (poo-zee-*tee*-voo) *adj* positive; *m* positive

possante (poo-*serngn*-ter) *adj* strong

posse (*po*-ser) *f* possession

possesso (poo-*seh*-soo) *adj* possessed

possibilidade (poo-ser-bher-lee-*dhah*-dher) *f* possibility

possibilitar (poo-ser-bher-lee-*tahr*) *v* enable

possível (poo-*see*-vehl) *adj* (pl -eis) possible; attainable

*****possuir** (poo-*sweer*) *v* possess; own

postal (poosh-*tahl*) *m* (pl -ais) card; **~ ilustrado** picture postcard, postcard

posta-restante (posh-ter-rish-*terngn*-ter) poste restante

poste (*posh*-ter) *m* pole, post; **~ de iluminação** lamp-post; **~ indicador** milepost, signpost

posto (*poash*-too) *m* post; station; **~ de socorros** first-aid post

potável (poo-*tah*-vehl) *adj* (pl -veis) for drinking

potência (poo-*tayng*-s*ʸ*er) *f* power; capacity

pouco (*poa*-koo) *adj* little; **daqui a ~** shortly; **dentro em ~** presently; **poucos** few; **um ~ mais** some more

poupado (poa-*pah*-dhoo) *adj* economi-

cal
poupar (poa-*pahr*) v save
pousada (poa-*zah*-dher) f inn
pousar (poa-*zahr*) v *lay; place, *set, *put
povo (*poa*-voo) m people; nation, folk
praça (*prah*-ser) f square; ~ **de táxis** taxi rank; ~ **de touros** bullring; ~ **do mercado** market-place
praça-forte (prah-ser-*for*-ter) f stronghold
prado (*prah*-dhoo) m meadow
praga (*prah*-ger) f curse; plague
praguejar (prer-ger-*zhahr*) v curse
praia (*prigh*-er) f beach; ~ **para nudistas** nudist beach
prancha (*prerng*-sher) f plank; ~ **de surf** surf-board
prata (*prah*-ter) f silver; **de** ~ silver; **pratas** silverware
prateleira (prer-ter-*lay*-rer) f shelf
prática (*prah*-tee-ker) f practice
praticamente (prah-tee-ker-*mayngn*-ter) adv practically
praticar (prer-tee-*kahr*) v practise; commit
prático (*prah*-tee-koo) adj practical
prato (*prah*-too) m plate, dish; course; ~ **de sopa** soup-plate
prazer (prer-*zayr*) m pleasure; joy, fun
precário (prer-*kah*-rYoo) adj precarious, critical
precaução (prer-kou-*serng*ʷ) f (pl -ções) precaution
*precaver-se (prer-ker-*vayr*-ser) v beware
precedente (prer-ser-*dhayngn*-ter) adj last, previous, preceding
preceder (prer-ser-*dhayr*) v precede
preceptor (prer-seh-*toar*) m tutor
precioso (prer-sʸoa-zoo) adj precious
precipício (prer-ser-*pee*-sʸoo) m precipice
precipitação (prer-ser-pee-ter-*serng*ʷ) f (pl -ções) precipitation
precipitado (prer-ser-pee-*tah*-dhoo) adj rash
precipitar-se (prer-ser-pee-*tahr*-ser) v dash
precisão (prer-see-*zherng*ʷ) f (pl -sões) need; precision
precisar (prer-see-*zahr*) v need
preciso (prer-*see*-zoo) adj precise
preço (*pray*-soo) m price; cost, charge; rate; **baixa de preços** slump; **fixar o** ~ **de** price; ~ **da viagem** fare; ~ **de compra** purchase price; ~ **de entrada** entrance-fee; ~ **do bilhete** fare
preconceito (prer-kawng-*say*-too) m prejudice
predecessor (prer-dher-ser-*soar*) m predecessor
prédio (*preh*-dhʸoo) m building; house; ~ **de andares** block of flats, apartment house Am; ~ **de apartamentos** Br apartment house Am
*predizer (prer-dhee-*zayr*) v predict
preencher (prʸayng-*shayr*) v fill in; fill out Am
preferência (prer-fer-*rayng*-sʸer) f preference; *dar ~ a prefer
preferido (prer-fer-*ree*-dhoo) adj favourite
*preferir (prer-fer-*reer*) v prefer
preferível (prer-fer-*ree*-vehl) adj (pl -eis) preferable
prefixo (prer-*feek*-soo) m prefix
prega (*preh*-ger) f crease
pregar¹ (preh-*gahr*) v preach
pregar² (prer-*gahr*) v nail
prego (*preh*-goo) m nail
preguiçoso (prer-gee-*soa*-zoo) adj lazy
preia-mar (*pray*-er-mahr) f high tide
prejudicar (prer-zhoo-dhee-*kahr*) v

harm

prejudicial (prer-zhoo-dhee-s^yahl) *adj* (pl -ais) hurtful, harmful

prejuízo (prer-*zhwee*-zoo) *m* harm

preliminar (prer-ler-mee-*nahr*) *adj* preliminary

prematuro (prer-mer-*too*-roo) *adj* premature

prémio (*preh*-m^yoo) *m* prize; award

prender (prayngn-*dayr*) *v* attach, fasten; imprison, arrest

prenome (prer-*noa*-mer) *mBr* first name

preocupação (pr^yoo-koo-per-*serng^w*) *f* (pl -ções) trouble; concern, worry; care

preocupado (pr^yoo-koo-*pah*-dhoo) *adj* worried; concerned

preocupar-se com (pr^yoo-koo-*pahr*-ser) care about

preparação (prer-per-rer-*serng^w*) *f* (pl -ções) preparation; background

preparado (prer-per-*rah*-dhoo) *adj* prepared; ready

preparar (prer-per-*rahr*) *v* prepare; cook

preposição (prer-poo-zee-*serng^w*) *f* (pl -ções) preposition

presbitério (prizh-bhee-*teh*-r^yoo) *m* parsonage, vicarage

prescrever (prish-krer-*vayr*) *v* prescribe

presença (prer-*zayng*-ser) *f* presence

presente (prer-*zayng*-ter) *adj* present; *m* present; gift

preservativo (prer-serr-ver-*tee*-voo) *m* condom

presidente (prer-zee-*dhayngn*-ter) *m* chairman, president; ~ **da Câmara** mayor

pressa (*preh*-ser) *f* haste, hurry; speed; **com** ~ in haste

pressão (prer-*serng^w*) *f* (pl -sões) pressure; ~ **atmosférica** atmos-

pheric pressure; ~ **do óleo** oil pressure; ~ **dos pneus** tyre pressure

prestação (prish-ter-*serng^w*) *f* (pl -ções) instalment; **pagar a prestações** *pay on account

prestar (prish-*tahr*) *v* render; ~ **contas de** account for

prestidigitador (prish-tee-dher-zhee-ter-*dhoar*) *m* magician

prestígio (prish-*tee*-zh^yoo) *m* prestige

presumível (prer-zoo-*mee*-vehl) *adj* (pl -eis) presumable

presunçoso (prer-zoong-*soa*-zoo) *adj* presumptuous

presunto (prer-*zoongn*-too) *m* ham

pretender (prer-tayngn-*dayr*) *v* pursue

pretensão (prer-tayngn-*serng^w*) *f* (pl -sões) claim

pretensioso (prer-tayngn-s^y*oa*-zoo) *adj* conceited

pretenso (prer-*tayng*-soo) *adj* so-called

pretexto (prer-*taysh*-too) *m* pretext, pretence

preto (*pray*-too) *adj* black

***prevenir** (prer-ver-*neer*) *v* anticipate; warn

preventivo (prer-vayngn-*tee*-voo) *adj* preventive

***prever** (prer-*vayr*) *v* anticipate; forecast

prévio (*preh*-v^yoo) *adj* previous

previsão (prer-vee-*zerng^w*) *f* (pl -sões) outlook; forecast

prima (*pree*-mer) *f* cousin

primário (pree-*mah*-r^yoo) *adj* primary

Primavera (pree-mer-*veh*-rer) *f* spring; springtime

primeiro (pree-*may*-roo) *num* first; *adj* primary, foremost; *adv* at first; before

primeiro-ministro (pree-may-roo-mer-*neesh*-troo) *m* Prime Minister, premier

primo (*pree*-moo) *m* cousin

primordial (pree-moor-d‌ʸahl) *adj* (pl -ais) primary

princesa (preeng-*say*-zer) *f* princess

principal (preeng-see-*pahl*) *adj* (pl -ais) principal; chief, leading, main; cardinal; **sector ~** mains *pl*

principalmente (preeng-see-perl-*mayngn*-ter) *adv* especially, mainly; mostly

príncipe (*preeng*-see-per) *m* prince

principiante (preeng-see-pʸerngn-ter) *m* beginner; learner

principiar (preeng-see-pʸahr) *v* commence, *begin

princípio (preeng-*see*-pʸoo) *m* beginning; principle

prioridade (prʸoo-ree-*dhah*-dher) *f* priority; right of way

prisão (pree-*zerng*ʷ) *f* (pl -sões) arrest; jail, prison; **~ de ventre** constipation

prisioneiro (pree-zʸoo-*nay*-roo) *m* prisoner; **~ de guerra** prisoner of war

privado (pree-*vah*-dhoo) *adj* private

privar de (pree-*vahr* der) deprive of

privilégio (prer-vee-*leh*-zhʸoo) *m* privilege

problema (proo-*bhlay*-mer) *m* problem; question

proceder (proo-ser-*dhayr*) *v* proceed

procedimento (proo-ser-dhee-*mayngn*-too) *m* process

processo (proo-*seh*-soo) *m* process; lawsuit; procedure

procissão (proo-see-*serng*ʷ) *f* (pl -sões) procession

proclamar (proo-kler-*mahr*) *v* proclaim

procura (proo-*koo*-rer) *f* demand

procurar (proo-koo-*rahr*) *v* hunt for, look for, search, *seek; look up

pródigo (*pro*-dhee-goo) *adj* lavish

produção (proo-dhoo-*serng*ʷ) *f* (pl -cões) production; output; **~ em série** mass production

produto (proo-*dhoo*-too) *m* product; produce; **~ de limpeza** cleaning fluid; **produtos alimentícios** foodstuffs *pl*

produtor (proo-dhoo-*toar*) *m* producer

***produzir** (proo-dhoo-*zeer*) *v* produce; generate

professar (proo-fer-*sahr*) *v* confess

professor (proo-fer-*soar*) *m* teacher, schoolmaster, master; professor

professora (proo-fer-*soa*-rer) *f* teacher

profeta (proo-*feh*-ter) *m* prophet

profissão (proo-fee-*serng*ʷ) *f* (pl -sões) profession

profissional (proo-fee-sʸoo-*nahl*) *adj* (pl -ais) professional

profundidade (proo-foongn-dee-*dhah*-dher) *f* depth

profundo (proo-*foongn*-doo) *adj* deep; profound

programa (proo-*grer*-mer) *m* programme

***progredir** (proo-gray-*dheer*) *v* *get on; *make progress

progressista (proo-grer-*seesh*-ter) *adj* progressive

progressivo (proo-grer-see-voo) *adj* progressive

progresso (proo-*greh*-soo) *m* progress

proibido (prwee-*bhee*-dhoo) *adj* prohibited; **~ entrar** no entry; **~ fumar** no smoking

proibir (prwee-*bheer*) *v* *forbid; prohibit

proibitivo (prwee-bhee-*tee*-voo) *adj* prohibitive

projecto (proo-*zheh*-too) *m* project; design

projector (proo-zheh-*toar*) *m* spotlight

prolongamento (proo-lawng-ger-*mayngn*-too) *m* extension

prolongar (proo-lawng-*gahr*) *v* extend; renew

promessa (proo-*meh*-ser) *f* promise

prometer (proo-mer-*tayr*) *v* promise

promoção (proo-moo-*serng*ʷ) *f* (pl -ções) promotion

promontório (proo-mawngn-*to*-rʸoo) *m* headland

promover (proo-moo-*vayr*) *v* promote

pronome (proo-*noa*-mer) *m* pronoun

pronto (*prawngn*-too) *adj* prompt; ready

pronúncia (proo-*noong*-sʸer) *f* pronunciation

pronunciar (proo-noong-sʸ*ahr*) *v* pronounce

propaganda (proo-per-*gerngn*-der) *f* propaganda

propenso (proo-*payng*-soo) *adj* inclined

*propor (proo-*poar*) *v* propose

proporção (proo-poor-*serng*ʷ) *f* (pl -ções) proportion

proporcional (proo-poor-sʸoo-*nahl*) *adj* (pl -ais) proportional

proporcionar (proo-poor-sʸoo-*nahr*) *v* furnish, provide

propositado (proo-poo-zee-*tah*-dhoo) *adj* on purpose

propósito (proo-*po*-zee-too) *m* purpose; **a ~** by the way; **de ~** on purpose

proposta (proo-*posh*-ter) *f* proposal, proposition

propriedade (proo-prʸay-*dhah*-dher) *f* property; estate

proprietário (proo-prʸay-*tah*-rʸoo) *m* owner, proprietor; landlord

próprio (*pro*-prʸoo) *adj* own

propulsionar (proo-pool-sʸoo-*nahr*) *v* propel

prospecto (proosh-*peh*-too) *m* prospectus

prosperidade (proosh-per-ree-*dhah*-dher) *f* prosperity

próspero (*prosh*-per-roo) *adj* prosperous

*prosseguir (proo-ser-*geer*) *v* carry on; continue, pursue, proceed

prostituta (proosh-tee-*too*-ter) *f* whore, prostitute

protecção (proo-teh-*serng*ʷ) *f* (pl -ções) protection

proteger (proo-tɪ-*zhayr*) *v* protect

proteína (proa-tay-*ee*-ner) *f* protein

protelação (proo-ter-ler-*serng*ʷ) *f* (pl -ções) respite

protestante (proo-tɪsh-*terngn*-ter) *adj* Protestant

protestar (proo-tɪsh-*tahr*) *v* protest

protesto (proo-*tehsh*-too) *m* protest

prova (*pro*-ver) *f* proof; token, evidence; experiment, test; print

provar (proo-*vahr*) *v* prove; try on; taste

provável (proo-*vah*-vehl) *adj* (pl -eis) probable; likely

provavelmente (proo-vah-vehl-*mayngn*-ter) *adv* probably

proveniência (proo-ver-nʸ*ayng*-sʸer) *f* origin

provérbio (proo-*vehr*-bhʸoo) *m* proverb

*prover de (proo-*vayr* der) furnish with

província (proo-*veeng*-sʸer) *f* province

provincial (proo-veeng-sʸ*ahl*) *adj* (pl -ais) provincial

provisão (proo-vee-*zérng*ʷ) *f* (pl -sões) supply; **provisões** provisions *pl*

provisório (proo-vee-*zo*-rʸoo) *adj* provisional; temporary

provocar (proo-voo-*kahr*) *v* cause

proximidades (pro-ser-mee-*dhah*-dhersh) *fpl* vicinity

próximo (*pro*-see-moo) *adj* nearby, close; next; oncoming

prudente (proo-*dhayngn*-ter) *adj* cautious; wary

prurido (proo-*ree*-dhoo) *m* itch

psicanalista (psee-ker-ner-*leesh*-ter) *m* psychoanalyst; analyst

psicologia (psee-koo-loo-*zhee*-er) *f* psychology

psicológico (psee-koo-*lo*-zhee-koo) *adj* psychological

psicólogo (psee-*ko*-loo-goo) *m* psychologist

psiquiatra (psee-*k Yah*-trer) *m* psychiatrist

psíquico (*psee*-kee-koo) *adj* psychic

publicação (poo-bhlee-ker-*serng w*) *f* (pl -cões) publication

publicar (poo-*bhlee*-kahr) *v* publish

publicidade (poo-bhlee-see-*dhah*-dher) *f* advertising, publicity

público (*poo*-bhlee-koo) *adj* public; *m* public

pulmão (pool-*merng w*) *m* (pl -mões) lung

pulo (*poo*-loo) *m* hop

pulóver (poo-*loa*-vehr) *m* pullover

púlpito (*pool*-pee-too) *m* pulpit

pulseira (pool-*say*-rer) *f* bracelet, bangle

pulso (*pool*-soo) *m* wrist; pulse

pulverizador (pool-ver-ree-zer-*dhoar*) *m* atomizer

punhado (poo-*ñah*-dhoo) *m* handful

punho (*poo*-ñoo) *m* fist; cuff

puro (*poo*-roo) *adj* pure; sheer; neat, clean; ~ **sangue** thoroughbred

purulento (poo-roo-*layngn*-too) *adj* purulent

pus (poosh) *m* pus

puxar (poo-*shahr*) *v* *draw; pull; ~ **o lustro a** brush

puzzle (*per*-zler) *m* puzzle

Q

quadrado (kwer-*dhrah*-dhoo) *adj* square; *m* square; check

quadriculado (kwer-dhree-koo-*lah*-dhoo) *adj* chequered

quadrilha (kwer-*dhree*-lYer) *f* gang

quadro (*kwah*-dhroo) *m* picture; board; cadre; ~ **de distribuição** switchboard; ~ **preto** blackboard

qual (kwahl) *pron* (pl quais) which

qualidade (kwer-lee-*dhah*-dher) *f* quality; **de primeira** ~ first-class; first-rate

qualificado (kwer-ler-fee-*kah*-dhoo) *adj* qualified

qualificar-se (kwer-ler-fee-*kahr*-ser) *v* qualify

qualquer (kwahl-*kehr*) *adj* any; whichever

quando (*kwerngn*-doo) *adv* when; *conj* when; ~ **muito** at most; ~ **quer que** whenever

quantia (kwerngn-*tee*-er) *f* amount

quantidade (kwerngn-tee-*dhah*-dher) *f* number, quantity; lot, amount

quanto (*kwerngn*-too) *adv* how much; ~ **a** as regards; ~ **mais ... mais** the ... the; **quantos** how many

quarenta (kwer-*rayngn*-ter) *num* forty

quarentena (kwer-rayngn-*tay*-ner) *f* quarantine

quarta-feira (kwahr-ter-*fay*-rer) *f* Wednesday

quartel (kwahr-*tehl*) *m* (pl -téis) barracks *pl*

quartel-general (kwahr-tehl-zher-ner-*rahl*) *m* headquarters *pl*

quarto (*kwahr*-too) *num* fourth; *m* quarter; chamber, room; bedroom; ~ **das crianças** nursery; ~ **de banho** bathroom; ~ **de hóspedes** spare room, guest-room; ~ **de**

vestir dressing-room; **~ e pequeno almoço** bed and breakfast; **~ individual** single room

quase (*kwah*-zer) *adv* almost; nearly

quatro (*kwah*-troo) *num* four

que (ker) *pron* that; which; who; *adv* how; *conj* that; as, than

quebra-cabeças (keh-bhrer-ker-*bhay*-sersh) *m* (pl ~) jigsaw puzzle

quebradiço (ker-bhrer-*dhee*-soo) *adj* fragile

quebra-nozes (keh-bhrer-*no*-zersh) *m* (pl ~) nutcrackers *pl*

quebrar (ker-*bhrahr*) *v* crack; fracture, *break

queda (*keh*-dher) *f* fall; **~ de água** waterfall

queijo (*kay*-zhoo) *m* cheese

queimadura (kay-mer-*dhoo*-rer) *f* burn; **~ do sol** sunburn

queimar (kay-*mahr*) *v* *burn

queixa (*kay*-sher) *f* complaint

queixar-se (kay-*shahr*-ser) *v* complain

queixo (*kay*-shoo) *m* chin

quem (kerng^Y) *pron* who; **a ~** whom; **~ quer que** whoever

Quénia (*kayng*-n^Yah) *m* Kenya

quente (*kayngn*-ter) *adj* warm, hot

***querer** (ker-*rayr*) *v* want

querido (ker-*ree*-dhoo) *adj* beloved, dear; *m* darling, sweetheart

querosene (kay-roa-*zeh*-ner) *m* kerosene

quer ... quer (kehr) whether ... or

questão (kısh-*terng*^w) *f* (pl -tões) question; matter, issue

quiçá (kee-*ser*) *adv* perhaps

quieto (k^Y-eh-too) *adj* quiet

quilate (kee-*lah*-ter) *m* carat

quilha (*kee*-l^Yer) *f* keel

quilo (*kee*-loo) *m* kilogram

quilograma (kee-loo-*grer*-mer) *m* kilogram

quilometragem (kee-loo-mer-*trah*-zherng^Y) *m* distance in kilometres

quilómetro (kee-*lo*-mer-troo) *m* kilometre

química (*kee*-mee-ker) *f* chemistry

químico (*kee*-mee-koo) *adj* chemical

quinina (kee-*nee*-ner) *f* quinine

quinta (*keengn*-ter) *f* farm

quinta-feira (*keengn*-ter-*fay*-rer) *f* Thursday

quinto (*keengn*-too) *num* fifth

quinze (*keeng*-zer) *num* fifteen

quinzena (keeng-*zay*-ner) *f* fortnight

quiosque (k^Yosh-ker) *m* kiosk; **~ de jornais** newsstand; **~ de livros** bookstand

quota (*kwo*-ter) *f* quota

quotidiano (kwoo-tee-*dh*^Yer-noo) *adj* everyday, daily

R

rã (rrerng) *f* frog

rabanete (rrer-bher-*nay*-ter) *m* radish

rábano (*rrah*-bher-noo) *m* turnip; **~ silvestre** horseradish

rabo (*rrah*-bhoo) *m* bottom

raça (*rrah*-ser) *f* race, breed

ração (rrer-*serng*^w) *f* (pl rações) ration

racial (rrer-s^Yahl) *adj* (pl -ais) racial

raciocinar (rrer-s^Yoo-see-*nahr*) *v* reason

radiador (rrer-dh^Yer-*dhoar*) *m* radiator

radical (rrer-dhee-*kahl*) *adj* (pl -ais) radical

rádio (*rrah*-dh^Yoo) *m* wireless, radio

radiografar (rrah-dh^Yoo-grer-*fahr*) *v* X-ray

radiografia (rrah-dh^Yoo-grer-*fee*-er) *f* X-ray

rainha (rrer-*ee*-ñer) *f* queen

raio (*rrigh*-oo) *m* ray, beam; radius;

spoke

raiva (*rrigh-ver*) *f* rabies; rage

raivoso (*rrigh-voa-zoo*) *adj* mad

raiz (*rrer-eesh*) *f* root

rajada (*rrer-zhah-dher*) *f* blow, gust

ralador (*rrer-ler-dhoar*) *m* grater

ralhar (*rrer-lYahr*) *v* scold

raminho (*rrer-mee-ñoo*) *m* twig

ramo (*rrer-moo*) *m* bough, branch; bunch, bouquet

rampa (*rrerngm-per*) *f* ramp

rançoso (*rrerng-soa-zoo*) *adj* rancid

ranger (*rrerng-zhayr*) *v* creak

rapariga (*rrer-per-ree-ger*) *f* girl

rapaz (*rrer-pahsh*) *m* boy; lad

rapidamente (*rrer-pee-dher-mayngn-ter*) *adv* soon; rapidly

rapidez (*rrer-pee-dhaysh*) *f* speed; haste

rápido (*rrah-pee-dhoo*) *adj* rapid; quick, fast, swift

rápidos (*rrah-pee-dhoosh*) *mpl* rapids *pl*

raposa (*rrah-poa-zer*) *f* fox

raptor (*rrerp-toar*) *m* hijacker

raqueta (*rrer-kay-ter*) *f* racquet

raramente (*rrer-rer-maynhgn-ter*) *adv* rarely; scarcely, seldom

raro (*rrah-roo*) *adj* rare; infrequent, uncommon

rasgão (*rrerzh-gerngʷ*) *m* (pl -gões) tear

rasgar (*rrerzh-gahr*) *v* rip; *tear

raso (*rrah-zoo*) *adj* flat

raspar (*rrersh-pahr*) *v* grate, scrape

rastejar (*rrersh-tı-zhahr*) *v* crawl, *creep

rasto (*rrahsh-too*) *m* trace; *seguir o ~ de** trace

ratazana (*rrer-ter-zer-ner*) *f* rat

rato (*rrah-too*) *m* mouse

ravina (*rrer-vee-ner*) *f* glen

razão (*rrer-zerngʷ*) *f* (pl razões) reason; wits *pl*, sense; *ter ~ * be right

razoável (*rrer-zwah-vehl*) *adj* (pl -eis) reasonable

razoavelmente (*rrer-zwah-vehl-maynhgn-ter*) *adv* fairly

reabilitação (*rree-er-bher-lee-ter-serngʷ*) *f* (pl -ções) rehabilitation

reacção (*rreeah-serngʷ*) *f* (pl -ções) reaction

real (*rrYahl*) *adj* (pl reais) true; factual, actual, substantial; royal

realejo (*rrYer-lay-zhoo*) *m* street-organ

realidade (*rrYer-lee-dhah-dher*) *f* reality; na ~ really

realista (*rrYer-leesh-ter*) *adj* matter-of-fact

realização (*rrYer-lee-zer-serngʷ*) *f* (pl -ções) achievement; direction

realizar (*rrYer-lee-zahr*) *v* realize, accomplish; implement, carry out; achieve

realizável (*rrYer-lee-zah-vehl*) *adj* (pl -eis) feasible, realizable

realmente (*rrYahl-maynhgn-ter*) *adv* really; actually

rebanho (*rrer-bher-ñoo*) *m* flock

rebelião (*rrer-bher-lYerngʷ*) *f* (pl -iões) revolt; rebellion

rebentar (*rrer-bhaynhgn-tahr*) *v* *burst, crack

rebocador (*rrer-bhoo-ker-dhoar*) *m* tug

rebocar (*rrer-bhoo-kahr*) *v* tow, tug

reboque (*rrer-bho-ker*) *m* trailer

rebuçado (*rrer-bhoo-sah-dhoo*) *m* sweet; candy *nAm*; **rebuçados** sweets

rebuscar (*rrer-bhoosh-kahr*) *v* search

recado (*rrer-kah-dhoo*) *m* message, errand

recarga (*rrer-kahr-ger*) *f* refill

*recear (*rrer-sYahr*) *v* fear

receber (*rrer-ser-bhayr*) *v* receive; entertain

receio (*rrer-say-Yoo*) *m* fear

receita (rrer-*say*-ter) f revenue; recipe; prescription

receitar (rrer-say-*tahr*) v prescribe

recente (rrer-*sayng*-ter) adj recent

recentemente (rrer-sayng-ter-*mayng*-ter) adv lately, recently

receoso (rrer-sʸ-oa-zoo) adj frightened

recepção (rrer-seh-*serng*ʷ) f (pl -ções) reception; receipt, reception office

recepcionista (rrer-seh-sʸoo-*neesh*-ter) f receptionist

recessão (rrer-seh-*serng*ʷ) f recession

recheado (rrer-shʸah-dhoo) adj stuffed

recheio (rrer-*shay*-oo) m filling, stuffing

recibo (rrer-*see*-bhoo) m receipt

reciclar (rrer-see-*klahr*) v recycle

reciclável (rrer-see-*klah*-vehl) adj (pl -eis) recyclable

recipiente (rrer-see-pʸayng-ter) m container

recíproco (rrer-*see*-proo-koo) adj mutual

recolha (rrer-*koa*-lʸer) f collection

recomeçar (rrer-koo-mer-*sahr*) v recommence; resume

recomendação (rrer-koo-mayng-der-*serng*ʷ) f (pl -ções) recommendation

recomendar (rrer-koo-mayng-*dahr*) v recommend

recompensa (rrer-kawng-*payng*-ser) f prize, reward

recompensar (rrer-kawng-payng-*sahr*) v reward

reconciliação (rrer-kawng-see-lʸer-*serng*ʷ) f (pl -ções) reconciliation

reconhecer (rrer-koo-ñer-*sayr*) v recognize, acknowledge; confess, admit

reconhecido (rrer-koo-ñer-*see*-dhoo) adj grateful

reconhecimento (rrer-koo-ñer-see-*mayng*-too) m recognition; gratitude

recordação (rrer-koor-dher-*serng*ʷ) f (pl -ções) memory, remembrance; souvenir

recordar (rrer-koor-*dhahr*) v remind; **recordar-se** recall, remember; recollect

recorde (rrer-*kor*-dher) m record

recreação (rer-krʸer-*serng*ʷ) f (pl -ções) recreation

recreio (rrer-*kray*-oo) m playground

recruta (rrer-*kroo*-ter) m conscript, recruit

rectangular (reh-terng-goo-*lahr*) adj rectangular

rectângulo (reh-*terng*-goo-loo) m oblong, rectangle

rectificação (rreh-tee-fee-ker-*serng*ʷ) f (pl -ções) correction

recto (*rreh*-too) adj right; straight; m rectum

recuar (rrer-*kwahr*) v pull back; reverse

recuperação (rrer-koo-per-rer-*serng*ʷ) f (pl -ções) recuperation; recovery

recuperar (rrer-koo-per-*rahr*) v recover

recusa (rrer-koo-zer) f refusal

recusar (rrer-koo-*zahr*) v refuse; reject, deny

redactor (rrer-dhah-*toar*) m editor

rede (*rray*-dher) f net; network; hammock; ~ **da bagagem** luggage rack; ~ **de pesca** fishing net; ~ **rodoviária** road system

redigir (rrer-dher-*zheer*) v *write

redimir (rrer-dher-*meer*) v redeem

redondo (rrer-*dhawng*-doo) adj round

em redor (erngʸ rrer-*dhor*) surrounding

redução (rrer-dhoo-*serng*ʷ) f (pl

-ções) reduction, discount, rebate

*reduzir (rrer-dhoo-*zeer*) v reduce; *cut

reembolsar (rrᵞayngm-boal-*sahr*) v reimburse; refund, *repay

reembolso (rrᵞayngm-*boal*-soo) m refund, repayment

refeição (rrer-fay-*serng*ᵂ) f (pl -ções) meal; ~ ligeira snack

refém (rrer-*ferng*ᵞ) m hostage

referência (rrer-fer-*rayng*-sᵞer) f reference; ponto de ~ landmark

referente a (rrer-fer-*rayngn*-ter) concerning; about

*referir a (rrer-fer-*reer*) refer to

refinaria (rrer-fee-ner-*ree*-er) f refinery; ~ de petróleo oil-refinery

*reflectir (rrer-fleh-*teer*) v reflect; *think

reflector (rrer-fleh-*toar*) m reflector

reflexão (rrer-flehk-*serng*ᵂ) f (pl -xões) reflection

Reforma (rrer-*for*-mer) f reformation

reformado (rrer-foor-*mah*-dhoo) adj retired

*refrear (rrer-*fr*ᵞ*ahr*) v curb

refrescar (rrer-frish-*kahr*) v refresh

refresco (rrer-*fraysh*-koo) m refreshment

refúgio (rrer-*foo*-zhᵞoo) m shelter, cover

regata (rrer-*gah*-ter) f regatta

*regatear (rrer-ger-t*ᵞahr*) v bargain

região (rrer-zhᵞ*erng*ᵂ) f (pl -iões) region; zone, country, district, area; ~ arborizada woodland

regime (rrer-*zhee*-mer) m régime; rule, government

regional (rrn-zhᵞoo-*nahl*) adj (pl -ais) regional

registar (rrn-zheesh-*tahr*) v register; book, record; registar-se check in

registo (rrn-*zheesh*-too) m record; registration

regra (*rreh*-grer) f rule; em ~ as a rule

regressar (rrer-grer-*sahr*) v *get back, *go back

regresso (rrer-*greh*-soo) m return; viagem de ~ return journey

régua (*rreh*-gwer) f ruler

regulamentação (rrer-goo-ler-mayngn-ter-*serng*ᵂ) f (pl -ções) regulation

regulamento (rrer-goo-ler-*mayngn*-too) m regulation; arrangement

regular (rrer-goo-*lahr*) v regulate; adj regular

regularizar (rrer-goo-ler-ree-*zahr*) v settle

rei (rray) m king

reinado (rray-*nah*-dhoo) m reign

reinar (rray-*nahr*) v reign

reino (*rray*-noo) m kingdom

reitor (rray-*toar*) m headmaster, principal; rector

reitoria (rray-too-*ree*-er) f rectory

reivindicação (rray-veengn-dee-ker-*serng*ᵂ) f (pl -ções) claim

reivindicar (rray-veengn-dee-*kahr*) v claim

rejeitar (rrn-zhay-*tahr*) v turn down, reject

relação (rrer-ler-*serng*ᵂ) f (pl -ções) report; relation, connection, reference; relações intercourse

relâmpago (rrer-*lerngm*-per-goo) m lightning; flash

relance (rrer-*lerng*-ser) m glance

*relancear (rrer-lerng-s*ᵞahr*) v glance

relatar (rrer-ler-*tahr*) v report

relativamente (rrer-ler-tee-ver-*mayng*n-ter) adv quite; ~ a regarding

relativo (rrer-ler-*tee*-voo) adj relative; comparative; ~ a regarding, with reference to

relato (rrer-*lah*-too) m account

relatório (rrer-ler-*to*-rᵞoo) m report

relevante (rrer-ler-*verngn*-ter) *adj* important

relevo (rrer-*lay*-voo) *m* relief; importance

religião (rrer-lee-zh*Y*erng*ᵂ*) *f* (pl -iões) religion

religioso (rrer-lee-zh*Y*oa-zoo) *adj* religious

relíquia (rrer-*lee*-k*Y*er) *f* relic

relógio (rrer-*lo*-zh*Y*oo) *m* watch; clock; ~ **de bolso** pocket-watch; ~ **de pulso** wrist-watch

relojoeiro (rrer-loo-*zhway*-roo) *m* watch-maker

reluzente (rrer-loo-*zayngn*-ter) *adj* bright

***reluzir** (rrer-loo-*zeer*) *v* *shine

relva (*rrehl*-ver) *f* lawn

relvado (rrehl-*vah*-dhoo) *m* lawn

remanescente (rrer-mer-nish-*sayngn*-ter) *m* remnant; remainder

remar (rrer-*mahr*) *v* row

remédio (rrer-*meh*-dh*Y*oo) *m* remedy

remendar (rrer-mayngn-*dhahr*) *v* mend; patch

remessa (rrer-*meh*-ser) *f* consignment; remittance

remeter (rrer-mer-*tayr*) *v* remit

remo (*rray*-moo) *m* oar; paddle

remoção (rrer-moo-*serng*ᵂ) *f* (pl -ções) removal

remoto (rrer-*mo*-too) *adj* remote

remover (rrer-moo-*vayr*) *v* remove

remuneração (rrer-moo-ner-rer-*serng*ᵂ) *f* (pl -ções) remuneration

remunerar (rrer-moo-ner-*rahr*) *v* remunerate

rena (*rray*-ner) *f* reindeer

renda (*rrayngn*-der) *f* lace; rent; ***fazer** ~ crochet

render (rrayngn-*dayr*) *v* yield; **render-se** surrender

rendição (rrayngn-dee-*serng*ᵂ) *f* (pl -ções) surrender

rendimento (rrayngn-dee-*mayngn*-too) *m* income, revenue; **rendimentos** earnings *pl*

renome (rrer-*noa*-mer) *m* reputation

renovar (rrer-noo-*vahr*) *v* renew

rentável (*rrayngn*-tah-vehl) *adj* (pl -eis) paying

renunciar (rrer-noong-*s*ᵞ*ahr*) *v* *give up

reparação (rrer-per-rer-*serng*ᵂ) *f* (pl -ções) reparation

reparar (rrer-per-*rahr*) *v* repair; mend, fix; ~ **em** notice

repartição (rrer-perr-tee-*serng*ᵂ) *f* (pl -ções) agency

repartir (rrer-perr-*teer*) *v* divide

repelente (rrer-per-*layngn*-ter) *adj* repellent, repulsive

de repente (der rrer-*payngn*-ter) *v* suddenly

repentinamente (rrer-payngn-tee-ner-*mayngn*-ter) *adv* suddenly

repentino (rrer-payngn-*tee*-noo) *adj* sudden

repertório (rrer-perr-*to*-r*Y*oo) *m* repertory

repetição (rrer-per-tee-*serng*ᵂ) *f* (pl -ções) repetition

repetidamente (rrer-per-tee-dher-*mayngn*-ter) *adv* again and again

***repetir** (rrer-per-*teer*) *v* repeat

repleto (rrer-*pleh*-too) *adj* full up; chock-full

repórter (rrer-*por*-tehr) *m* reporter

repousar (rrer-poa-*zahr*) *v* rest

repreender (rrer-pr*Y*ayngn-*dayr*) *v* scold, reprimand

representação (rrer-prer-zayngn-ter-*serng*ᵂ) *f* (pl -ções) representation; performance, show

representante (rrer-prer-zayngn-*terngn*-ter) *m* agent

representar (rrer-prer-zayngn-*tahr*) *v* represent; act

representativo (rrer-prer-zayngn-ter-*tee*-voo) *adj* representative

reprimir (rrer-pree-*meer*) *v* suppress; curb

reprodução (rrer-proo-dhoo-*serng*ʷ) *f* (pl -cões) reproduction

*****reproduzir** (rrer-proo-dhoo-*zeer*) *v* reproduce

reprovar (rrer-proo-*vahr*) *v* reject; fail

réptil (*rrehp*-teel) *m* (pl -teis) reptile

república (rreh-*poo*-bhlee-ker) *f* republic

republicano (rreh-poo-bhlee-*ker*-noo) *adj* republican

repugnância (rrer-poog-*nerng*-sʸer) *f* dislike

repugnante (rrer-poog-*nerng*n-ter) *adj* repellent; disgusting

reputação (rrer-poo-ter-*serng*ʷ) *f* (pl -cões) reputation, fame

*****requerer** (rrer-ker-*rayr*) *v* request; demand

requintado (rrer-keengn-*tah*-dhoo) *adj* exquisite, delicious

rés-do-chão (rrehzh-doo-*sherng*ʷ) *m* ground floor

reserva (rrer-*zehr*-ver) *f* store, reserve; booking, reservation; qualification; **de ~** spare; **~ natural** game reserve

reservar (rrer-zehr-*vahr*) *v* reserve; book

reservatório (rrer-zerr-ver-*to*-rʸoo) *m* reservoir

resgate (rrizh-*gah*-ter) *m* ransom

residência (rrer-zee-*dhayng*-sʸer) *f* residence

residente (rrer-zee-*dhayng*n-ter) *m* resident; *adj* resident

residir (rrer-zee-*dheer*) *v* reside

resina (rrer-*zee*-ner) *f* resin

resistência (rrer-zeesh-*tayng*-sʸer) *f* resistance; strength; stamina

resistir (rrer-zeesh-*teer*) *v* resist

resmungar (rrizh-moong-*gahr*) *v* grumble

resoluto (rrer-zoo-*loo*-too) *adj* resolute; determined

resolver (rrer-zoal-*vayr*) *v* solve; settle; decide

respectivo (rrish-peh-*tee*-voo) *adj* respective

respeitante a (rrish-pay-*terng*n-ter er) as regards

respeitar (rrish-pay-*tahr*) *v* respect

respeitável (rrish-pay-*tah*-vehl) *adj* (pl -eis) respectable

respeito (rrish-*pay*-too) *m* respect; regard; **a ~ de** about; **com ~ a** regarding; *****dizer ~ a** concern; touch; **no que diz ~ a** as regards

respeitoso (rrish-pay-*toa*-zoo) *adj* respectful

respiração (rrish-pee-rer-*serng*ʷ) *f* respiration; breath, breathing

respirar (rrish-pee-*rahr*) *v* breathe

responder (rrish-pawngn-*dayr*) *v* answer, reply; **~ a** answer

responsabilidade (rrish-pawng-ser-bher-lee-*dhah*-dher) *f* responsibility; liability

responsável (rrish-pawng-*sah*-vehl) *adj* (pl -eis) responsible; liable

resposta (rrish-*posh*-ter) *f* answer, reply; **em ~** in reply; **sem ~** unanswered

ressaca (rrer-*sah*-ker) *f* undercurrent; *mBr* hangover

ressonar (rrer-soo-*nahr*) *v* snore

restabelecer-se (rrish-ter-bher-ler-*sayr*-ser) *v* recover

restabelecimento (rrish-ter-bher-ler-see-*mayng*n-too) *m* recovery

restante (rrish-*terng*n-ter) *adj* remaining; *m* remainder

restaurante (rrish-tou-*rerng*n-ter) *m* restaurant

resto (*rrehsh*-too) *m* rest; remainder

restrição (rrish-tree-*serng*^w) *f* (pl -ções) limitation, restriction

resultado (rrer-zool-tah-dhoo) *m* result; effect, outcome, issue; score

resultar (rrer-zool-*tahr*) *v* result; appear

resumo (rrer-*zoo*-moo) *m* summary, résumé, survey

retaguarda (rreh-ter-*gwahr*-dher) *f* rear

retalhista (rrer-ter-*l*^y*eesh*-ter) *m* retailer

*****reter** (rrer-*tayr*) *v* restrain

retina (rrer-*tee*-ner) *f* retina

retirar (rrer-tee-*rahr*) *v* *withdraw

retrato (rrer-*trah*-too) *m* portrait

retretes (rrer-*tray*-tersh) *fpl* toilet

reumatismo (rray^{oo}-mer-*teezh*-moo) *m* rheumatism

reunião (rr^yoo-n^y*erng*^w) *f* (pl -iões) meeting; assembly, rally

reunir (rr^yoo-*neer*) *v* reunite; unite, join; gather, assemble

revelação (rrer-ver-ler-*serng*^w) *f* (pl -ções) revelation

revelar (rrer-ver-*lahr*) *v* reveal; *give away; develop; **revelar-se** prove

revendedor (rrer-vayngn-der-*dhoar*) *m* retailer

*****rever** (rrer-*vayr*) *v* overhaul, revise

reverso (rrer-*vehr*-soo) *m* reverse

revés (rrer-*vehsh*) *m* reverse; **de ~** askew

reviravolta (rrer-vee-rer-*vol*-ter) *f* reverse

revisor (rrer-vee-*zoar*) *m* ticket collector

revista (rrer-*veesh*-ter) *f* review, magazine; revue; **~ mensal** monthly magazine

revistar (rrer-veesh-*tahr*) *v* search

revogar (rrer-voo-*gahr*) *v* cancel

revolta (rrer-*vol*-ter) *f* revolt, rebellion

revoltante (rrer-voal-*terngn*-ter) *adj* revolting

revoltar-se (rrer-voal-*tahr*-ser) *v* revolt

revolução (rrer-voo-loo-*serng*^w) *f* (pl -ções) revolution

revolucionário (rrer-voo-loo-s^yoo-*nah*-rr^yoo) *adj* revolutionary

revólver (rrer-*vol*-vehr) *m* gun, revolver

rezar (rrer-*zahr*) *v* pray

riacho (rr^y*ah*-shoo) *m* brook

ribeiro (rree-*bhay*-roo) *m* stream

rico (*rree*-koo) *adj* rich; wealthy

ridicularizar (rree-dhee-koo-ler-ree-*zahr*) *v* ridicule

ridículo (rree-*dhee*-koo-loo) *adj* ludicrous, ridiculous

rigoroso (rree-goo-*roa*-zoo) *adj* severe, strict; bleak

rim (rreeng) *m* kidney

rima (*rree*-mer) *f* rhyme

rímel (*rree*-mehl) *m* mascara

rinoceronte (rree-noo-ser-*rawngn*-ter) *m* rhinoceros

rio (*rree*^{oo}) *m* river; **~ abaixo** downstream; **~ acima** upstream

riqueza (rree-*kay*-zer) *f* wealth, riches *pl*; pet

*****rir** (rreer) *v* laugh

risada (rree-*zah*-dher) *f* laughter

risca (*rreesh*-ker) *f* stripe; parting; **às riscas** striped

riscar (rreesh-*kahr*) *v* scratch

risco (*rreesh*-koo) *m* line; scratch; risk, hazard, chance

riso (*rree*-zoo) *m* laugh

ritmo (*rreet*-moo) *m* rhythm; pace

rival (rree-*vahl*) *m* (pl -ais) rival

rivalidade (rree-ver-lee-*dhah*-dher) *f* rivalry

rivalizar (rree-ver-lee-*zahr*) *v* rival

robalo (rroo-*bhah*-loo) *m* roach; bass

robusto (rroo-*bhoosh*-too) *adj* solid, robust

rocha (*rro*-sher) *f* rock

rochoso (rroo-*shoa*-zoo) *adj* rocky
roda (*rro*-dher) *f* wheel; ~ **sobresse-lente** spare wheel
rodar (rroo-*dhahr*) *v* turn
*__rodear__ (rroo-dh^Yahr) *v* circle, en-circle; surround
rodovalho (rroo-dhoo-*vah*-lYoo) *m* brill
rola (*rroa*-ler) *f* turtle dove
rolar (rroo-*lahr*) *v* roll
roldana (rroal-*der*-ner) *f* pulley
roleta (rroo-*lay*-ter) *f* roulette
rolha (*rroa*-lYer) *f* cork; stopper
roliço (rroo-*lee*-soo) *adj* plump
rolo (*rroa*-loo) *m* roll; curler
romance (rroo-*merng*-ser) *m* romance; novel; ~ **policial** detective story
romancista (rroo-merng-*seesh*-ter) *m* novelist
romântico (rroo-*merngn*-tee-koo) *adj* romantic
rombo (*rrawngm*-boo) *adj* blunt
Roménia (rroo-meh-n^Yer) *f* Rumania
romeno (rroo-*may*-noo) *adj* Ruma-nian; *m* Rumanian
romper (rrawngm-*payr*) *v* *__break;__ *__tear__
rosa (*rro*-zer) *f* rose
rosado (rroo-*zah*-dhoo) *adj* rose
rosário (rroo-*zah*-r^Yoo) *m* rosary; beads
rosnar (rroozh-*nahr*) *v* growl
rosto (*rroash*-too) *m* face; **feição do** ~ feature
rota (*rro*-ter) *f* route; course
rotação (rroo-ter-*serng*^w) *f* (pl -ções) revolution
rotim (rroo-*teeng*) *m* rattan
rotina (rroo-*tee*-ner) *f* routine
rótula (*rro*-too-ler) *f* kneecap
rotunda (rroo-*toongn*-der) *f* round-about
roubar (rroa-*bhahr*) *v* *__steal;__ rob
roubo (*rroa*-bhoo) *m* theft, robbery
rouco (*rroa*-koo) *adj* hoarse

rouge (roozh) *m* rouge
roupa (*rroa*-per) *f* clothes *pl*; **lavar a** ~ washing; ~ **branca** linen; ~ **de cama** bedding; ~ **interior** under-wear, lingerie; ~ **para lavar** laun-dry; washing
roupão (rroa-*perng*^w) *m* (pl -pões) dressing-gown; ~ **de banho** bath-robe
roupeiro (rroa-*pay*-roo) *m* wardrobe; closet *nAm*
rouxinol (rroa-shee-*nol*) *m* (pl -nóis) nightingale
rua (*rroo*-er) *f* road, street; ~ **princi-pal** main street
rubi (rroo-*bhee*) *m* ruby
rubrica (rroo-*bhree*-ker) *f* column
rubricar (rroo-bhree-*kahr*) *v* initial
rude (*rroo*-dher) *adj* rude
ruga (*rroo*-ger) *f* wrinkle
rugido (rroo-*zhee*-dhoo) *m* roar
rugir (rroo-*zheer*) *v* roar
rugoso (rroo-*goa*-zoo) *adj* uneven
ruibarbo (rrwee-*bhahr*-bhoo) *m* rhu-barb
ruído (rrwee-*dhoo*) *m* noise
ruidoso (rrwee-*dhoa*-zoo) *adj* noisy
ruína (rrwee-*ner*) *f* destruction, ruin, ruination; ruins
rulote (rroa-*lot*) *f* caravan
rumor (rroo-*moar*) *m* rumour; roar
rural (rroo-*rahl*) *adj* (pl -ais) rural
Rússia (*rroo*-s^Yer) *f* Russia
russo (*rroo*-soo) *adj* Russian; *m* Rus-sian
rústico (*rroosh*-tee-koo) *adj* rustic

S

sábado (*sah*-bher-dhoo) *m* Saturday
sabão (ser-*bherng*^w) *m* (pl sabões) soap; ~ **da barba** shaving-soap; ~

em pó soap powder

sabedoria (ser-bher-dhoo-*ree*-er) *f* wisdom; knowledge

***saber** (ser-*bhayr*) *v* *know; *be able to; **a saber** namely; ~ **a** taste

sabonete (ser-bhoo-*nay*-ter) *m* toilet soap

sabor (ser-*bhoar*) *m* flavour

***saborear** (ser-bhoo-r*Y*ahr) *v* appreciate

saboroso (ser-bhoo-*roa*-zoo) *adj* savoury; tasty, enjoyable

saca (*sah*-ker) *f* sack

sacar (ser-*kahr*) *v* *draw

sacarina (ser-ker-*ree*-ner) *f* saccharin

saca-rolhas (sah-ker-*rroa*-l*Y*ersh) *m* (pl ~) corkscrew

saco (*sah*-koo) *m* bag; ~ **das compras** shopping bag; ~ **de gelo** ice-bag; ~ **de mão** grip *nAm*; ~ **de papel** paper bag

saco-cama (*sah*-koo-*ker*-mer) *m* sleeping-bag

sacrificar (ser-krer-fee-*kahr*) *v* sacrifice

sacrifício (ser-krer-*fee*-s*Y*oo) *m* sacrifice

sacrilégio (ser-kree-*leh*-zh*Y*oo) *m* sacrilege

sacristão (ser-kreesh-*terng*w) *m* (pl -stães) sexton

***sacudir** (ser-koo-*dheer*) *v* *shake

safira (ser-*fee*-rer) *f* sapphire

sagrado (ser-*grah*-dhoo) *adj* holy, sacred

saia (*sigh*-er) *f* skirt; ~ **de baixo** slip

saibro (*sigh*-bhroo) *m* grit

saída (ser-*ee*-dher) *f* exit, way out; issue; ~ **de emergência** emergency exit

***sair** (ser-*eer*) *v* *go out; check out

sal (sahl) *m* (pl sais) salt; **sais de banho** bath salts

sala (*sah*-ler) *f* drawing-room; hall;

~ **de aula** classroom; ~ **de concertos** concert hall; ~ **de espera** waiting-room; ~ **de estar** living-room, sitting-room; ~ **de exposições** showroom; ~ **de fumo** smoking-room; ~ **de jantar** dining-room; ~ **de leitura** reading-room

salada (ser-*lah*-dher) *f* salad

salão (ser-*lerng*w) *m* (pl salões) salon; lounge; ~ **de baile** ballroom; ~ **de banquetes** banqueting-hall; ~ **de beleza** beauty salon

salário (ser-*lah*-r*Y*oo) *m* salary; wages *pl*, pay

saldo (*sahl*-doo) *m* balance; **saldos** sales

saleiro (ser-*lay*-roo) *m* salt-cellar

salgado (sahl-*gah*-dhoo) *adj* salty

saliva (ser-*lee*-ver) *f* spit

salpicar (sahl-pee-*kahr*) *v* splash

salsa (*sahl*-ser) *f* parsley

salsicha (sahl-*see*-sher) *f* sausage

saltar (sahl-*tahr*) *v* jump; *leap; skip

saltitar (sahl-tee-*tahr*) *v* hop; skip

salto (*sahl*-too) *m* jump, leap; heel; ~ **de esqui** ski-jump

salvação (sahl-ver-*serng*w) *f* rescue

salvador (sahl-ver-*dhoar*) *m* saviour

salvar (sahl-*vahr*) *v* rescue, save

sanatório (ser-ner-*to*-r*Y*oo) *m* sanatorium

sandália (serngn-*dah*-l*Y*er) *f* sandal

sanduíche (serngn-*dwee*-sher) *f* sandwich

sangrar (serng-*grahr*) *v* *bleed

sangue (*serng*-ger) *m* blood

sanitário (ser-nee-*tah*-r*Y*oo) *adj* sanitary; *m* lavatory

santo (*serngn*-too) *m* saint

santo-e-senha (serngn-twee-*say*-ñer) *m* password

santuário (serngn-*twah*-r*Y*oo) *m* shrine

são (serng^w) *adj* (pl ~s) healthy
sapataria (ser-per-ter-*ree*-er) *f* shoeshop
sapateiro (ser-per-*tay*-roo) *m* shoemaker
sapato (ser-*pah*-too) *m* shoe; **sapatos de ginástica** gym shoes; plimsolls *pl*, sneakers *plAm*; **sapatos de ténis** tennis shoes
sapo (*sah*-poo) *m* toad
sarampo (ser-*rerngm*-poo) *m* measles
sarapintado (ser-rer-peengn-*tah*-dhoo) *adj* spotted
sarar (ser-*rahr*) *v* heal
sardinha (serr-*dhee*-ñer) *f* sardine
satélite (ser-*teh*-lee-ter) *m* satellite
satisfação (ser-teesh-fer-serng^w) *f* (pl -ções) satisfaction
***satisfazer** (ser-teesh-fer-*zayr*) *v* satisfy
satisfeito (ser-teesh-*fay*-too) *adj* satisfied; pleased, content
saudação (sou-dher-*serng*^w) *f* (pl -ções) greeting
saudar (sou-*dhahr*) *v* salute
saudável (sou-*dhah*-vehl) *adj* (pl -eis) wholesome
saúde (ser-*oo*-dher) *f* health
saudita (sou-*dhee*-ter) *adj* Saudi Arabian
sauna (*sou*-ner) *f* sauna
se (ser) *pron* himself, herself, itself, oneself, yourself; themselves; yourselves; *conj* if; whether; ~ **bem que** though
seara (s^yah-rer) *f* cornfield
sebe (*seh*-bher) *f* hedge
seca (*seh*-ker) *f* drought
secador (ser-ker-*dhoar*) *m* dryer; ~ **de cabelo** hair-dryer
secar (ser-*kahr*) *v* dry; drain
secção (sehk-*serng*^w) *f* (pl -ções) section; division
seco (*say*-koo) *adj* dry

secretária (ser-krer-*tah*-r^yer) *f* secretary; bureau, desk
secretário (ser-krer-*tah*-r^yoo) *m* secretary; clerk
secreto (ser-*kreh*-too) *adj* secret
século (*seh*-koo-loo) *m* century
secundário (ser-koongn-*dah*-r^yoo) *adj* secondary; subordinate
seda (*say*-dher) *f* silk; ~ **artificial** rayon
sedativo (ser-dher-*tee*-voo) *m* sedative
sede[1] (*seh*-dher) *f* seat
sede[2] (*say*-dher) *f* thirst
sedento (ser-*dhayngn*-too) *adj* thirsty
sedimento (ser-dhee-*merngn*-too) *m* deposit
sedoso (ser-*dhoa*-zoo) *adj* silken
***seduzir** (ser-dhoo-*zeer*) *v* seduce
segredo (ser-*gray*-dhoo) *m* secret
em seguida (erng^y ser-*gee*-dher) afterwards, then
seguinte (ser-*geengn*-ter) *adj* next; following
***seguir** (ser-*geer*) *v* follow; **a seguir** presently; ***fazer seguir** forward; ~ **o rasto de** trace
segunda-feira (ser-goongn-der-*fay*-rer) *f* Monday
segundo (ser-*goongn*-doo) *num* second; *m* second; *prep* according to
segurança (ser-goo-*rerng*-ser) *f* security; safety
segurar (ser-goo-*rahr*) *v* *hold; grasp; insure
seguro (ser-*goo*-roo) *adj* secure; safe, sound; *m* insurance; **apólice de** ~ insurance policy; ~ **de viagem** travel insurance; ~ **de vida** life insurance
seio (*say*-oo) *m* bosom
seis (saysh) *num* six
seixo (*say*-shoo) *m* pebble
seja ... seja (*say*-zher) either ... or
sela (*seh*-ler) *f* saddle

selecção (ser-leh-*ser*^{oo}) *f* (pl -ções) choice, selection

seleccionado (ser-leh-s^{Y}oo-*ner*-dhoo) *adj* select

seleccionar (ser-leh-s^{Y}oo-*nahr*) *v* select

selecto (ser-*leh*-too) *adj* select

selo (*say*-loo) *m* seal; stamp; ~ **postal** postage stamp

selva (*sehl*-ver) *f* jungle

selvagem (sehl-*vah*-zherng^{Y}) *adj* wild, savage

sem (serng^{Y}) *prep* without

semáforo (ser-*mah*-foo-roo) *m* traffic light

semana (ser-mer-*ner*) *f* week

semanal (ser-mer-*nahl*) *adj* (pl -ais) weekly

*semear (ser-*m*^{Y}*ahr*) *v* *sow

semelhança (ser-mɪ-*l*^{Y}*erng*-ser) *f* resemblance, similarity

semelhante (ser-mɪ-*l*^{Y}*erng*-ter) *adj* like, alike; similar

semente (ser-*mayngn*-ter) *f* seed

semi- (*ser*-mee) semi-

semi-círculo (ser-mee-*seer*-koo-loo) *m* semicircle

sempre (*sayngm*-prer) *adv* always, ever; ~ **que** whenever

senado (ser-*nah*-dhoo) *m* senate

senador (ser-ner-*dhoar*) *m* senator

senão (ser-*nerng*^{W}) *conj* otherwise

senhor (sɪ-*ñoar*) mister; sir; o ~ you; os senhores you

senhora (sɪ-*ñoa*-rer) *f* madam; a ~ you

senhoria (sɪ-ñoa-*ree*-er) *f* landlady

senhorio (sɪ-ñoo-*ree*-oo) *m* landlord

senil (ser-*neel*) *adj* (pl -is) senile

sensação (sayng-ser-*serng*^{W}) *f* (pl -ções) feeling, sensation

sensacional (sayng-ser-s^{Y}oo-*nahl*) *adj* (pl -ais) sensational

sensato (sayng-*sah*-too) *adj* sensible;

down-to-earth

sensível (sayng-*see*-vehl) *adj* (pl -eis) sensitive

senso (*sayng*-soo) *m* reason

sentar-se (sayngn-*tahr*-ser) *v* *sit down; *estar sentado *sit

sentença (sayngn-*tayng*-ser) *f* sentence, verdict

sentido (sayngn-*tee*-dhoo) *m* sense; **sem** ~ meaningless; senseless; ~ **único** one-way traffic

sentimental (sayngn-tee-mayngn-*tahl*) *adj* (pl -ais) sentimental

*sentir (sayngn-*teer*) *v* *feel; sense

separação (ser-per-rer-*serng*^{W}) *f* (pl -ções) division

separadamente (ser-per-rah-dher-*mayngn*-ter) *adv* apart; separately

separado (ser-per-*rah*-dhoo) *adj* separate

separar (ser-per-*rahr*) *v* separate; divide, part, detach

septicemia (sehp-tee-*seh*-m^{Y}er) *f* blood-poisoning

séptico (*sehp*-tee-koo) *adj* septic

sepultura (ser-pool-*too*-rer) *f* grave

sequência (ser-*kwayng*-s^{Y}er) *f* sequence

ser (sayr) *m* being, creature; ~ **humano** human being

*ser (sayr) *v* *be; ~ **preciso** *be necessary

sereia (ser-*ray*-er) *f* mermaid

sereno (ser-*ray*-noo) *adj* serene

série (*seh*-r^{Y}er) *f* series, sequence

seriedade (ser-r^{Y}ay-*dhah*-dher) *f* seriousness; gravity

seringa (ser-*reeng*-ger) *f* syringe

sério (*seh*-r^{Y}oo) *adj* serious

sermão (serr-*merng*^{W}) *m* (pl -mões) sermon

serpente (serr-*payngn*-ter) *f* snake

serpentear (serr-payngn-*t*^{Y}*ahr*) *v* *wind

serra (*seh*-rrer) *f* saw; mountain range

serração (ser-rrer-*serng*ʷ) *f* (pl -cões) saw-mill

serradura (ser-rrer-*dhoo*-rer) *f* saw-dust

serviço (serr-*vee*-soo) *m* service; **prestar ~** render services; **~ de chá** tea-set; **~ de jantar** dinner-service; **~ de quarto** room service

*servir (serr-*veer*) *v* serve; wait on; *be of use

sessão (ser-*serng*ʷ) *f* (pl -sões) session

sessenta (ser-*sayngn*-ter) *num* sixty

sete (*seh*-ter) *num* seven

Setembro (ser-*tayngm*-broo) September

setenta (ser-*tayngn*-ter) *num* seventy

setentrional (ser-tayngn-tr*ⱽoo*-*nahl*) *adj* (pl -ais) northern

sétimo (*seh*-tee-moo) *num* seventh

seu (say°°) *adj* (f sua) his; her; your

severo (ser-*veh*-roo) *adj* strict; harsh

sexo (*sehk*-soo) *m* sex

sexta-feira (*saysh*-ter-*fay*-rer) *f* Friday

sexto (*saysh*-too) *num* sixth

sexual (sehk-*swahl*) *adj* (pl -ais) sexual

sexualidade (sehk-swer-lee-*dhah*-dher) *f* sex, sexuality

siamês (s*ⱽ*er-*maysh*) *adj* Siamese

SIDA (*see*-dher) *f* AIDS

sifão (see-*ferng*ʷ) *m* (pl sifões) siphon, syphon

significado (seeg-ner-fee-*kah*-dhoo) *m* meaning

significar (seeg-ner-fee-*kahr*) *v* *mean

significativo (seeg-ner-fee-ker-*tee*-voo) *adj* significant

sílaba (*see*-ler-bher) *f* syllable

silêncio (see-*layng*-s*ⱽoo*) *m* silence; stillness, quiet

silencioso (see-layng-s*ⱽoa*-zoo) *adj* silent; *m* silencer

sim (seeng) yes

símbolo (*seengm*-boo-loo) *m* symbol

simpatia (seengm-per-*tee*-er) *f* sympathy

simpático (seengm-*pah*-tee-koo) *adj* nice; friendly, pleasant

simples (*seengm*-plsh) *adj* plain, simple

simplesmente (seengm-plizh-*mayngn*-ter) *adv* simply

simular (see-moo-*lahr*) *v* simulate

simultaneamente (see-mool-ter-nay-er-*mayngn*-ter) *adv* simultaneously

simultâneo (see-mool-*ter*-n*ⱽoo*) *adj* simultaneous

sinagoga (see-ner-*go*-ger) *f* synagogue

sinal (see-*nahl*) *m* (pl -ais) signal; token, sign; indication; down payment; *fazer sinais signal; sinais pessoais description; ~ de trânsito road sign

sincero (seeng-*seh*-roo) *adj* honest, sincere

sindicato (seengn-dee-*kah*-too) *m* trade-union

sinfonia (seeng-foo-*nee*-er) *f* symphony

singular (seeng-goo-*lahr*) *adj* singular; *m* singular

sinistro (see-*neesh*-troo) *adj* ominous, sinister; *m* accident

sino (*see*-noo) *m* bell

sinónimo (see-*no*-nee-moo) *m* synonym

sintético (seengn-*teh*-tee-koo) *adj* synthetic

sintoma (seengn-*toa*-mer) *m* symptom

sintonizar (seengn-too-nee-*zahr*) *v* tune in

sinuoso (see-*nwoa*-zoo) *adj* winding

sirene (see-*reh*-ner) *f* siren

Síria (*see*-r*ⱽ*er) *f* Syria

sírio (*see-r*Yoo) *adj* Syrian; *m* Syrian

sistema (*seesh-tay-mer*) *m* system; ~ **de arrefecimento** cooling system; ~ **decimal** decimal system

sistemático (*seesh-ter-mah-tee-koo*) *adj* systematic

sítio (*see-t*Yoo) *m* site; seat; place, spot

situação (*see-twer-serng*ʷ) *f* (pl -ções) situation; position

situado (*see-twer-dhoo*) *adj* situated

slide (*sligh-der*) *m* slide

smoking (*smo-keeng*g) *m* dinner-jacket; tuxedo *nAm*

só (*so*) *adv* only, alone; *adj* single, only

soalheiro (*swer-l*Yay-roo) *adj* sunny

soalho (*swah-l*Yoo) *m* parquet flooring

soar (*swahr*) *v* sound

sob (*soabher*) *prep* under

sobejar (*soobhi-zhahr*) *v* remain, *be left over

soberano (*soo-bher-rer-noo*) *m* sovereign

soberbo (*soo-bhayr-bhoo*) *adj* superb

sobrancelha (*soo-bhrerng-say-l*Yer) *f* eyebrow

sobre (*soa-bher*) *prep* on, upon; over, above

sobreexcitado (*soa-bher-ish-see-tah-dhoo*) *adj* overstrung

sobreloja (*soa-bher-lo-zher*) *f* mezzanine

sobremesa (*soa-bher-may-zer*) *f* dessert

sobrenome (*soa-bher-noa-mer*) *m* surname

sobrescrito (*soa-bhrish-kree-too*) *m* envelope

***sobressair** (*soa-bher-ser-eer*) *v* excel; attract attention

sobresselente (*soa-bher-ser-layngn-ter*) *adj* spare

sobretaxa (*soa-bhrer-tah-sher*) *f* surcharge

sobretudo (*soa-bhrer-too-dhoo*) *adv* most of all; *m* topcoat, overcoat

sobrevivência (*soa-bhrer-vee-vayng-s*Yer) *f* survival

sobreviver (*soa-bhrer-vee-vayr*) *v* survive

sobrinha (*soo-bhree-*ñah) *f* niece

sobrinho (*soo-bhree-*ñah) *m* nephew

sóbrio (*so-bhr*Yoo) *adj* sober

socar (*soo-kahr*) *v* punch

social (*soo-s*Yahl) *adj* (pl -ais) social

socialismo (*soo-s*Yer-leezh-moo) *m* socialism

socialista (*soo-s*Yer-leesh-ter) *adj* socialist; *m* socialist

sociedade (*soo-s*Yay-dhah-dher) *f* society; community; company

sócio (*so-s*Yoo) *m* associate; partner

soco (*soa-koo*) *m* punch

socorrer (*soo-koo-rrayr*) *v* help

socorro (*soo-koa-rroo*) *m* help; **primeiros socorros** first-aid

soda (*so-dher*) *f* soda-water

sofá (*soo-fah*) *m* sofa

sofrer (*soo-frayr*) *v* suffer

sofrimento (*soo-free-mayngn-too*) *m* suffering; affliction

sogra (*so-grer*) *f* mother-in-law

sogro (*soa-groo*) *m* father-in-law; **sogros** parents-in-law *pl*

sol (*sol*) *m* sun; sunshine; **nascer do** ~ sunrise; **pôr do** ~ sunset

sola (*so-ler*) *f* sole

solar (*soo-lahr*) *m* manor-house

soldado (*soal-dah-dhoo*) *m* soldier

soldadura (*soal-der-dhoo-rer*) *f* joint

soldar (*soal-dahr*) *v* solder; weld

solene (*soo-leh-ner*) *adj* solemn

soletrar (*soo-ler-trahr*) *v* *spell

solha (*soa-l*Yer) *f* plaice

solícito (*soo-lee-see-too*) *adj* obliging

sólido (*so-lee-dhoo*) *adj* firm, solid; *m*

solid

solitário (soo-lee-*tah*-rʸoo) *adj* lonely

solo (*so*-loo) *m* ground; earth, soil

soltar (soal-*tahr*) *v* unfasten

solteirão (soal-tay-*rreng*ʷ) *m* (pl -rões) elderly bachelor

solteiro (soal-*tay*-roo) *adj* single

solteirona (soal-tay-*roa*-ner) *f* spinster

solto (*soal*-too) *adj* loose

solução (soo-loo-*serng*ʷ) *f* (pl -ções) solution

soluço (soo-*loo*-soo) *m* hiccup

solúvel (soo-*loo*-vehl) *adj* (pl -eis) soluble

som (sawng) *m* sound; **à prova de ~** soundproof

soma (*soa*-mer) *f* amount, sum; **~ global** lump sum

somar (soo-*mahr*) *v* add up

sombra (*sawng*m-brer) *f* shadow, shade; **~ para os olhos** eyeshadow

sombrio (*sawng*m-bree°°) *adj* sombre; gloomy, shady

somente (so-*mayng*-ter) *adv* only; merely

soneca (soo-*neh*-ker) *f* nap

sonhar (soo-*ñahr*) *v* *dream

sonho (*soa*-ñoo) *m* dream

sono (*soa*-noo) *m* sleep

sonolento (soo-noo-*layng*-too) *adj* sleepy

sopa (*soa*-per) *f* soup

soprar (soo-*prahr*) *v* *blow

sopro (*soa*-proo) *m* breath

soro (*soa*-roo) *m* serum

*sorrir (soo-*rreer*) *v* smile; ***sorrir-se** grin

sorriso (soo-*rree*-zoo) *m* smile

sorte (*sor*-ter) *f* lot, destiny, fortune; chance; luck

sorteio (soor-*tay*-oo) *m* draw

sortido (soor-*tee*-dhoo) *m* assortment

sortimento (soor-tee-*mayng*-too) *m*

assortment

sorvete (soor-*vay*-ter) *mBr* ice-cream; sorbet

sorvo (*soar*-voo) *m* sip

sossegado (soo-ser-*gah*-dhoo) *adj* restful; quiet

sossego (soo-*say*-goo) *m* leisure; quiet, peace

sótão (*so*-terng*ʷ) *m* (pl ~s) attic

sotaque (soo-*tah*-ker) *m* accent

soutien (soo-tʸang) *m* brassiere, bra

sozinho (so-*zee*-ñoo) *adj* alone

suado (*swah*-dhoo) *adj* sweaty

suaili (swigh-*lee*) *m* Swahili

suar (swahr) *v* sweat; perspire

suave (*swah*-ver) *adj* mild, gentle, smooth

suavizar (swer-vee-*zahr*) *v* soften

subalimentação (soo-bher-lee-mayngn-ter-*serng*ʷ) *f* malnutrition

súbdito (*soobh*-dhee-too) *m* subject

subida (soo-*bhee*-dher) *f* ascent; rise, climb

*subir (soo-*bheer*) *v* ascend; mount, *rise; **~ para** *get on

sublinhar (soobh-lee-*ñahr*) *v* underline; stress

submarino (soobh-mer-*ree*-noo) *adj* underwater; *m* submarine

*submergir (soobh-merr-*zheer*) *v* overwhelm; submerge

submeter (soobh-mer-*tayr*) *v* subject

subordinado (soo-bhoor-dhee-*nah*-dhoo) *adj* subordinate

subornar (soo-bhoor-*nahr*) *v* bribe

suborno (soo-*bhoar*-noo) *m* bribery

subsequente (soobh-ser-*kwayng*n-ter) *adj* subsequent

subsídio (soobh-*see*-dhʸoo) *m* subsidy; grant, allowance

subsistência (soobh-seesh-*tayng*-sʸer) *f* livelihood

substância (soo-bhish-*terng*-sʸer) *f* substance

substancial (soo-bhish-terng-*sʸahl*) *adj* (pl -ais) substantial

substantivo (soo-bhish-terng-*tee*-voo) *m* noun

*substituir** (soo-bhish-tee-*tweer*) *v* replace, substitute

substituto (soo-bhish-tee-*too*-too) *m* substitute; deputy

subterrâneo (soobh-ter-*rrer*-nʸoo) *adj* underground

subtil (soobh-*teel*) *adj* (pl -is) subtle

*subtrair** (soobh-trer-*eer*) *v* deduct, subtract

suburbano (soo-bhoor-*bher*-noo) *adj* suburban

subúrbio (soo-*bhoor*-bhʸoo) *m* suburb

subvenção (soobh-vayng-*serngʷ*) *f* (pl -cões) grant

sucata (soo-*kah*-ter) *f* scrap-iron

suceder (soo-ser-*dhayr*) *v* succeed; happen, occur

sucesso (soo-*seh*-soo) *m* success; hit

sucumbir (soo-koongm-*beer*) *v* collapse, succumb

sucursal (soo-koor-*sahl*) *f* (pl -ais) branch

sudoeste (soo-*dhwehsh*-ter) *m* south-west

Suécia (*sweh*-sʸer) *f* Sweden

sueco (*sweh*-koo) *adj* Swedish; *m* Swede

sueste (*swehsh*-ter) *m* south-east

suéter (*sweh*-tehr) *mBr* sweater

suficiente (soo-fee-sʸayngn-ter) *adj* sufficient; enough; adequate

sufocante (soo-foo-*kerngn*-ter) *adj* stuffy

sufocar (soo-foo-*kahr*) *v* choke

sufrágio (soo-*frah*-zhʸoo) *m* suffrage

*sugerir** (soo-zher-*reer*) *v* suggest

sugestão (soo-zhish-*terngʷ*) *f* (pl -tões) suggestion

Suíça (*swee*-ser) *f* Switzerland

suíças (*swee*-sersh) *fpl* whiskers *pl*, sideburns *pl*

suicídio (swee-*see*-dhʸoo) *m* suicide

suíço (*swee*-soo) *adj* Swiss; *m* Swiss

sujar (soo-*zhahr*) *v* dirty

sujeito (soo-*zhay*-too) *adj* subordinate; liable; *m* individual; subject; ~ **a** subject to; liable to; ~ **a taxas** dutiable

sujidade (soo-zhee-*dhah*-dher) *f* dirt

sujo (*soo*-zhoo) *adj* soiled, dirty; unclean

sul (sool) *m* south; **do** ~ southern

sul-americano (sool-er-mer-ree-*ker*-noo) *adj* Latin-American

sulco (*sool*-koo) *m* groove

sumarento (soo-mer-*rayngn*-too) *adj* juicy

sumo (*soo*-moo) *m* juice; squash

suor (swor) *m* perspiration, sweat

superar (soo-peh-*rahr*) *v* exceed, *outdo

superficial (soo-pehr-fee-*sʸahl*) *adj* (pl -ais) superficial

superfície (soo-perr-*fee*-sʸer) *f* surface

supérfluo (soo-*pehr*-flwoo) *adj* redundant, superfluous

superintendente (soo-perr-eengn-tayngn-*dayngn*-ter) *m* supervisor

superintender (soo-perr-eengn-tayngn-*dayr*) *v* supervise

superior (soo-per-*rʸoar*) *adj* superior; upper; top

superlativo (soo-perr-ler-tee-voo) *adj* superlative; *m* superlative

supermercado (soo-pehr-merr-*kah*-dhoo) *m* supermarket

superstição (soo-perr-shtee-*serngʷ*) *f* (pl -cões) superstition

supervisão (soo-pehr-vee-*zerngʷ*) *f* supervision

suplementar (soo-pler-mayngn-*tahr*) *adj* extra, additional

suplemento (soo-pler-*mayngn*-too) *m* supplement

suplicar (soo-plee-*kahr*) *v* beg

***supor** (soo-*poar*) *v* assume, suppose; guess; **supondo que** supposing that

suportar (soo-poor-*tahr*) *v* support; endure, sustain, *bear; suffer

suporte (soo-*por*-ter) *m* support

supositório (soo-poo-zee-*to*-rYoo) *m* suppository

surdo (*soor*-dhoo) *adj* deaf

surgir (soor-*zheer*) *v* *arise

surpreender (soor-prYayngn-*dayr*) *v* surprise; amaze; *catch

surpresa (soor-*pray*-zer) *f* surprise

suspeita (soosh-*pay*-ter) *f* suspicion

suspeitar (soosh-pay-*tahr*) *v* suspect

suspeito (soosh-*pay*-too) *adj* suspect; *m* suspect

suspender (soosh-payngn-*dayr*) *v* discontinue; suspend

suspensão (soosh-payng-*serng*w) *f* (pl -sões) suspension

suspensórios (soosh-payng-*so*-rYoosh) *mpl* braces *pl*; suspenders *plAm*

sussurrar (soo-soo-*rrahr*) *v* whisper

sussurro (soo-*soo*-rroo) *m* whisper

***suster** (soosh-*tayr*) *v* *hold up

susto (*soosh*-too) *m* scare, fright

sutura (soo-*too*-rer) *f* stitch

suturar (soo-too-*rahr*) *v* *sew up

T

tabacaria (ter-bher-ker-*ree*-er) *f* cigar shop; tobacconist, tobacconist's

tabaco (ter-*bhah*-koo) *m* tobacco; **bolsa de ~** tobacco pouch; **~ para cachimbo** pipe tobacco; **~ para cigarro** cigarette tobacco

tabela (ter-*bheh*-ler) *f* table; chart; **~ de conversão** conversion chart

taberna (ter-*bhehr*-ner) *f* tavern; pub

tabique (ter-*bhee*-ker) *m* partition

tabu (ter-*bhoo*) *m* taboo

tábua (*tah*-bhwer) *f* board

tabuleiro (ter-bhoo-*lay*-roo) *m* tray; **~ de damas** draught-board; **~ de xadrez** checkerboard *nAm*

taça (*tah*-ser) *f* cup

tacanho (ter-*ker*-ñoo) *adj* narrow-minded

táctica (*tah*-tee-ker) *f* tactics *pl*

tacto (*tah*-too) *m* touch

tagarela (ter-ger-*reh*-ler) *m* chatterbox

tailandês (tigh-lerngn-*daysh*) *adj* Thai; *m* Thai

Tailândia (tigh-*lern*-dYer) *f* Thailand

tainha (ter-*ee*-ñer) *f* mullet

tal (tahl) *adj* (pl tais) such; **~ como** such as

tala (*tah*-ler) *f* splint

talão (ter-*lerng*w) *m* (pl talões) stub, counterfoil; coupon; heel

talento (ter-*layngn*-too) *m* talent

talha (*tah*-lYer) *f* wood-carving; **obra de ~** carving

talher (ter-*lYehr*) *m* cutlery; **preço do ~** cover charge

talho (*tah*-lYoo) *m* butcher

talismã (ter-leezh-*merng*) *m* lucky charm

talvez (tahl-*vaysh*) *adv* maybe, perhaps

tamanco (ter-*merng*-koo) *m* wooden shoe

tamanho (ter-*mer*-ñoo) *m* size; **~ extra-grande** outsize

tâmara (*ter*-mer-rer) *f* date

também (terngm-*berng*Y) *adv* as well, also, too; **~ não** neither

tampa (*terngm*-per) *f* top; lid, cover

tampão (terngm-*perng*w) *m* (pl -pões) tampon

tangerina (terng-zher-*ree*-ner) *f* mandarin, tangerine

tangível (terng-*zhee*-vehl) *adj* (pl -eis) tangible

tanque (*terng*-ker) *m* pond; tank

tanto (*terng*-too) *adv* as much; as; **tanto ... como** both ... and; **um ~** rather; pretty; somewhat

tão (*terng*ᵂ) *adv* such, so; as

tapar (ter-*pahr*) *v* cover

tapeçaria (ter-per-ser-*ree*-er) *f* tapestry

tapete (ter-*pay*-ter) *m* mat; rug; carpet

tarde (*tahr*-dher) *f* afternoon; *adv* late; **esta ~** this afternoon

tardio (tahr-*dhee*ᵒᵒ) *adj* late

tarefa (tah-*reh*-fer) *f* duty, task

tareia (ter-*ray*-er) *f* spanking

tarifa (tah-*ree*-fer) *f* tariff; rate; **~ de estacionamento** parking fee; **~ nocturna** night rate

tartaruga (terr-ter-*roo*-ger) *f* turtle

taxa (*tah*-sher) *f* Customs duty, charge; **~ de desconto** bank-rate; **~ de serviço** service charge; **~ do câmbio** rate of exchange

táxi (*tahk*-see) *m* taxi; cab; **ponto de táxis** *Br* taxi rank, taxi stand *Am*

taxímetro (terk-*see*-mer-troo) *m* taximeter

te (ter) *pron* you; yourself

teatro (*t*ʸ*ah*-troo) *m* theatre; drama; **~ de fantoches** puppet-show; **~ de variedades** variety theatre

tecelão (ter-ser-*lerng*ᵂ) *m* (pl ~s) weaver

tecer (ter-*sayr*) *v* *weave

tecido (ter-*see*-dhoo) *m* textile; material, tissue, fabric

técnica (*tehk*-nee-ker) *f* technique

técnico (*tehk*-nee-koo) *adj* technical; *m* technician

tecnologia (tehk-noo-loo-*zhee*-er) *f* technology

tecto (*teh*-too) *m* ceiling

teimoso (tay-*moa*-zoo) *adj* stubborn, obstinate; pig-headed

tela (*teh*-ler) *f* screen

telefonar (ter-ler-foo-*nahr*) *v* ring up, phone; call; call up *Am*

telefone (ter-ler-*fo*-ner) *m* phone, telephone

telefonema (ter-ler-foo-*nay*-mer) *m* telephone call

telefonia (ter-ler-foo-*nee*-er) *f* radio

telefonista (ter-ler-foo-*neesh*-ter) *f* telephonist; telephone operator

telegrafar (ter-ler-grer-*fahr*) *v* cable, telegraph

telegrama (ter-ler-*grer*-mer) *m* cable, telegram

teleobjectiva (teh-leh-oabh-zheh-*tee*-ver) *f* telephoto lens

telepatia (ter-ler-per-*tee*-er) *f* telepathy

telesqui (teh-leh-*shkee*) *m* ski-lift

televisão (ter-ler-vee-*zerng*ᵂ) *f* (pl -sões) television; **aparelho de ~** television set; **~ a cabo** cable television; **~ a satélite** satellite television

telha (*tay*-lʸer) *f* tile

telhado (tɪ-*lʸah*-dhoo) *m* roof; **~ de colmo** thatched roof

tema (*tay*-mer) *m* theme

temer (ter-*mayr*) *v* dread

temerário (ter-mer-*rah*-rʸoo) *adj* daring

temor (ter-*moar*) *m* dread

temperar (tayŋgm-per-*rahr*) *v* flavour

temperatura (tayŋgm-per-rer-*too*-rer) *f* temperature; **~ ambiente** room temperature

tempestade (tayŋgm-pɪsh-*tah*-dher) *f* storm, tempest

tempestuoso (tayŋgm-pɪsh-*twoa*-zoo) *adj* stormy; thundery

templo (*tayŋgm*-ploo) *m* temple

tempo (*tayŋgm*-poo) *m* time; weather; **a ~** in time; **de tempos a tempos** now and then; **~ livre** spare time

temporal (tayngm-poo-*rahl*) *m* (pl -ais) gale

temporário (tayngm-poo-*rah*-r^Yoo) *adj* temporary

tenaz (ter-*nahsh*) *f* tongs *pl*; pincers *pl*

tencionar (tayng-s^Yoo-*nahr*) *v* intend

tenda (*tayng*-der) *f* tent; stall

tendão (tayngn-*derng*^w) *m* (pl -dões) tendon, sinew

tendência (tayngn-*dayng*-s^Yer) *f* tendency; ***ter ~** tend

tender (tayngn-*dayr*) *v* *be inclined to; **~ para** tend to

ténis (*teh*-neesh) *m* tennis; **campo de ~** tennis-court; **~ de mesa** table tennis

tenro (*tayng*-rroo) *adj* tender

tensão (tayng-*serng*^w) *f* (pl -sões) tension; pressure, strain, stress; **~ arterial** blood pressure

tenso (*tayng*-soo) *adj* tense

tentação (tayngn-ter-*serng*^w) *f* (pl -ções) temptation

tentar (tayngn-*tahr*) *v* try, tempt; attempt

tentativa (tayngn-ter-*tee*-ver) *f* try, attempt

tentilhão (tayngn-tee-*l^Yerng*^w) *m* (pl -hões) finch

teologia (t^Yoo-loo-*zhee*-er) *f* theology

teoria (t^Yoo-*ree*-er) *f* theory

teórico (t^Yo-ree-koo) *adj* theoretical

tépido (*teh*-pee-dhoo) *adj* tepid

*ter (tayr) *v* *have; **~ ares** look; **~ de** *have to; *be obliged to, *must, *be bound to, need to; **~ em stock** stock; **~ êxito** manage, succeed

terapia (ter-rer-*pee*-er) *f* therapy

terça-feira (tayr-ser-*fay*-rer) *f* Tuesday

terceiro (terr-*say*-roo) *num* third

terebentina (ter-rer-bhayngn-*tee*-ner) *f* turpentine

termas (*tehr*-mersh) *fpl* spa

terminal (terr-mee-*nahl*) *m* (pl -ais) terminal

terminar (terr-mee-*nahr*) *v* finish, end; expire; accomplish

termo¹ (*tayr*-moo) *m* term

termo² (*tehr*-moo) *m* thermos flask

termómetro (terr-*mo*-mer-troo) *m* thermometer

termóstato (terr-*mosh*-ter-too) *m* thermostat

terno (*tehr*-noo) *adj* tender; gentle; *mBr* suit

terra (*teh*-rrer) *f* earth; soil; land; **a ~** ashore; **em ~** ashore; **~ firme** mainland; **tremor de ~** earthquake

terraço (teh-*rrah*-soo) *m* terrace

terreno (ter-*rray*-noo) *m* terrain; grounds

território (ter-rree-*to*-r^Yoo) *m* territory

terrível (ter-*rree*-vehl) *adj* (pl -eis) terrible; awful, frightful, dreadful

terror (ter-*rroar*) *m* terror

terrorismo (ter-rroo-*reezh*-moo) *m* terrorism

terrorista (ter-rroo-*reesh*-ter) *m* terrorist

tese (*teh*-zer) *f* thesis

teso (*tay*-zoo) *adj* stiff; broke

tesoura (ter-*zoa*-rer) *f* scissors *pl*; **~ de unhas** nail-scissors *pl*

tesoureiro (ter-zoa-*ray*-roo) *m* treasurer

tesouro (ter-*zoa*-roo) *m* treasure; **~ público** treasury

testa (*tehsh*-ter) *f* forehead

testamento (tish-ter-*mayngn*-too) *m* will

teste (*tehsh*-ter) *m* test

testemunha (tish-ter-*moo*-ñer) *f* witness; **~ ocular** eye-witness

testemunhar (tish-ter-moo-*ñahr*) *v* testify

teu (tay°°) adj (f tua) your; teus your

têxteis (taysh-taysh) mpl drapery

texto (taysh-too) m text

tez (taysh) f complexion

tia (tee-er) f aunt

tifo (tee-foo) m typhoid

tigela (tee-zheh-ler) f basin, bowl

tigre (tee-grer) m tiger

tijolo (tee-zhoa-loo) m brick

tília (tee-lYah) f lime; limetree

timbre (teengm-brer) m tone

timidez (tee-mee-dhehsh) f timidity; shyness

tímido (tee-mee-dhoo) adj timid; shy

timoneiro (tee-moo-nay-roo) m steersman, helmsman

tímpano (teengm-per-noo) m eardrum

tingir (teeng-zheer) v dye; não tinge fast-dyed

tinta (teengn-ter) f ink; dye, paint; ~ de água water-colour

tinturaria (teengn-too-rer-ree-er) f drycleaner's

tio (tee°°) m uncle

típico (tee-pee-koo) adj characteristic, typical

tipo (tee-poo) m type; fellow, guy, chap

tiragem (tee-rer-zherngY) f issue

tirano (tee-rer-noo) m tyrant

tira-nódoas (tee-rer-no-dhwersh) m (pl ~) stain remover

tirar (tee-rahr) v *take out, *take away

tiritar (tee-ree-tahr) v tremble, shiver

tiro (tee-roo) m shot

título (tee-too-loo) m title; degree; heading

toalha (twah-lYer) f towel; ~ de banho bath towel; ~ de mesa tablecloth

toca (to-ker) f den

toca-discos (to-ker-dheesh-koosh) mBr (pl ~) record-player

tocante (too-kerngn-ter) adj touching

tocar (too-kahr) v touch; play; *ring; não ~ *keep off

todavia (toa-dher-vee-er) conj but; however; still

todo (toa-dhoo) adj entire, all; m whole; de ~ at all; ~ o mundo Br everyone, everybody

toldo (toal-doo) m awning; ~ impermeável tarpaulin

tolerável (too-ler-rah-vehl) adj (pl -eis) tolerable

tolo (toa-loo) adj foolish; m fool

tom (tawng) m tone; shade

tomar (too-mahr) v *catch, *take; ~ conta de *take over

tomate (too-mah-ter) m tomato

tomilho (too-mee-lYoo) m thyme

tonelada (too-ner-lah-dher) f ton

tónico (to-nee-koo) m tonic; ~ capilar hair tonic

tontura (tawngn-too-rer) f giddiness

tópico (to-pee-koo) m topic

topo (toa-poo) m height

toque (to-ker) m touch

toranja (too-rerng-zher) f grapefruit

torção (toor-serngw) f (pl -cões) twist

torcedor (toor-ser-dhoar) mBr supporter

torcedura (toor-ser-dhoo-rer) f wrench

torcer (toor-sayr) v twist; sprain, wrench; torcer-se sprain; torcido crooked

tordo (toar-dhoo) m thrush

tormento (toor-mayngn-too) m torment

tornar-se (toor-nahr-ser) v *get; *become

torneio (toor-nay-oo) m tournament

torneira (toor-nay-rer) f tap; faucet nAm

em torno de (erngᵛ *toar*-noo der) round

tornozelo (toor-noo-*zeh*-loo) *m* ankle

toro (*toa*-roo) *m* log

torrada (too-*rrah*-dher) *f* toast

torre (*toa*-rrer) *f* tower

torto (*toar*-too) *adj* crooked

tortura (toor-*too*-rer) *f* torture

torturar (toor-too-*rahr*) *v* torture

tosse (*to*-ser) *f* cough

*****tossir** (too-*seer*) *v* cough

total (too-*tahl*) *adj* (pl -ais) total; utter; *m* total

totalitário (too-ter-lee-*tah*-rᵛoo) *adj* totalitarian

totalizador (too-ter-lee-zer-*dhoar*) *m* totalizator

totalmente (too-terl-*mayngn*-ter) *adv* completely; altogether

toucador (toa-ker-*dhoar*) *m* dressing-table

tourada (toa-*rah*-dher) *f* bullfight

touro (*toa*-roo) *m* bull

tóxico (*tok*-see-koo) *adj* toxic

trabalhador (trer-bher-lᵛer-*dhoar*) *adj* industrious; *m* worker

trabalhar (trer-bher-*lᵛahr*) *v* work; ~ **demais** overwork

trabalho (trer-*bhah*-lᵛoo) *m* work, labour; job; difficulty; ~ **manual** handwork; handicraft

traça (*trah*-ser) *f* moth

traço (*trah*-soo) *m* dash; trait; ~ **caracterial** characteristic

tractor (trer-*toar*) *m* tractor

tradição (trer-dhee-*serng*ʷ) *f* (pl -cões) tradition

tradicional (trer-dhee-sᵛoo-*nahl*) *adj* (pl -ais) traditional

tradução (trer-dhoo-*serng*ʷ) *f* (pl -cões) translation

tradutor (trer-dhoo-*toar*) *m* translator

*****traduzir** (trer-dhoo-*zeer*) *v* translate; interpret

tragédia (trer-*zheh*-dhᵛer) *f* tragedy; drama

trágico (*trer*-zhee-koo) *adj* tragic

traição (trigh-*serng*ʷ) *f* (pl -cões) treason

traidor (trigh-*dhoar*) *m* traitor

*****trair** (trer-*eer*) *v* betray

traje (*trah*-zher) *m* dress; ~ **a rigor** evening dress; ~ **nacional** national dress

tralha (*trah*-lᵛer) *f* junk

tranquilidade (trerng-kwee-lee-*dhah*-dher) *f* quiet

tranquilizar (trerng-kwee-lee-*zahr*) *v* reassure

tranquilo (trerng-*kwee*-loo) *adj* tranquil; calm, peaceful, still, quiet

transacção (trerng-zah-*serng*ʷ) *f* (pl -cões) transaction

transatlântico (trerng-zert-*lerng*-tee-koo) *adj* transatlantic

*****fazer transbordo** (fer-*zayr* trerngz-*bhoar*-doo) change

transeunte (trerng-zᵛoongn-ter) *m* passer-by

*****transferir** (trerngsh-fer-*reer*) *v* transfer; postpone

transformador (trerngsh-foor-mer-*dhoar*) *m* transformer

transformar (trerngsh-foor-*mahr*) *v* transform; ~ **em** turn into

*****transgredir** (trerngzh-grer-*dheer*) *v* offend, violate

transição (trerng-zee-*serng*ʷ) *f* (pl -cões) transition

trânsito (*trerng*-zee-too) *m* traffic

translúcido (trerngzh-*loo*-see-dhoo) *adj* sheer; translucent

transmissão (trerngzh-mee-*serng*ʷ) *f* (pl -sões) transmission

transmitir (trerngzh-mee-*teer*) *v* transmit

transparente (trersh-per-*rangn*-ter) *adj* transparent

transpiração (trerngsh-pee-rer-*serng*ᵂ) f perspiration

transpirar (trerngsh-pee-*rahr*) v perspire

transportar (trerngsh-poor-*tahr*) v transport; carry

transporte (trerngsh-*por*-ter) m transportation, transport

transtornado (trerngsh-toor-nah-dhoo) adj *upset

transtornar (trerngsh-toor-*nahr*) v *upset

transversal (trerngzh-verr-*sahl*) f (pl -ais) side-street

trapalhada (trer-per-lᵞah-dher) f mess; muddle; *fazer ~ muddle

trapo (*trah*-poo) m rag; cloth

traquete (trer-*kay*-ter) m foresail

traseiro (trer-zay-roo) m bottom

tratado (trer-*tah*-dhoo) m essay; treaty

tratamento (trer-ter-*mayngn*-too) m treatment; ~ de beleza beauty treatment

tratar (trer-*tahr*) v treat; handle; ~ com *deal with; ~ de nurse, *take care of; attend to, see to

*trautear (trou-tᵞahr) v hum

travão (trer-*verng*ᵂ) m (pl -vões) brake; tambor do ~ brake drum; ~ de mão hand-brake; ~ de pé foot-brake

travar (trer-*vahr*) v slow down; break

travessa (trer-*veh*-ser) f dish

travessão (trer-ver-*serng*ᵂ) m (pl -sões) hair-grip

travessia (trer-verr-*see*-er) f crossing, passage

travesso (trer-*vay*-soo) adj naughty

*trazer (trer-*zayr*) v *bring

trecho (*tray*-shoo) m stretch; extract; excerpt, passage

treinador (tray-ner-*dhoar*) m coach

treinar (tray-*nahr*) v train

treino (*tray*-noo) m training

trela (*treh*-ler) f lead, leash

trem (trerng ᵞ) m Br train

tremendo (trer-*mayngn*-doo) adj terrible

tremer (trer-*mayr*) v shiver, tremble

trémulo (*treh*-moo-loo) adj shivery

trenó (trer-*no*) m sleigh; sledge

trepar (trer-*pahr*) v climb

três (traysh) num three; ~ quartos three-quarter

trevas (*treh*-versh) fpl dark

trevo (*tray*-voo) m clover, shamrock

treze (*tray*-zer) num thirteen

triangular (tree-erng-goo-*lahr*) adj triangular

triângulo (tree-*erng*-goo-loo) m triangle

tribo (*tree*-bhoo) f tribe

tribuna (tree-*bhoo*-ner) f stand; pulpit

tribunal (tree-bhoo-*nahl*) m (pl -ais) law court; court

tributar (tree-bhoo-*tahr*) v raise

tricotar (tree-koo-*tahr*) v *knit

trigésimo (tree-*zheh*-zee-moo) num thirtieth

trigo (*tree*-goo) m wheat; corn

trimestral (tree-mish-*trahl*) adj (pl -ais) quarterly

trimestre (tree-*mehsh*-trer) m quarter

trinchar (treeng-*shahr*) v carve

trinta (*treeng*-ter) num thirty

tripulação (tree-poo-ler-*serng*ᵂ) f (pl -ções) crew

triste (*treesh*-ter) adj sad

tristeza (treesh-*tay*-zer) f sorrow, sadness

triturar (tree-too-*rahr*) v *grind

triunfante (trᵞoong-*ferngn*-ter) adj triumphant

triunfar (trᵞoong-*fahr*) v triumph

triunfo (trᵞ*oong*-foo) m triumph

troar (trwahr) v thunder

troca (*tro*-ker) f exchange

troça (*tro*-ser) *f* mockery

trocar (troo-*kahr*) *v* change, exchange; switch; swap

troçar (tro-*sahr*) *v* mock, ridicule

troco (*troa*-koo) *m* change

troleicarro (tro-lay-*kah*-rroo) *m* trolley-bus

trombeta (trawngm-*bay*-ter) *f* trumpet

trompa (trawngm-per) *f* horn

tronco (*trawng*-koo) *m* trunk

trono (*troa*-noo) *m* throne

tropas (tro-persh) *fpl* troops *pl*

tropeçar (troo-per-*sahr*) *v* stumble

tropical (troo-pee-*kahl*) *adj* (pl -ais) tropical

trópicos (*tro*-pee-koosh) *mpl* tropics *pl*

trotineta (tro-tee-*neh*-ter) *f* scooter

trovão (troo-*verng*ʷ) *m* (pl -vões) thunder

trovoada (troo-*vwah*-dher) *f* thunderstorm

truque (*troo*-ker) *m* trick

truta (*troo*-ter) *f* trout

tu (too) *pron* you; ~ **mesmo** yourself

tubarão (too-bher-*rerng*ʷ) *m* (pl -rões) shark

tuberculose (too-bherr-koo-*lo*-zer) *f* tuberculosis

tubo (*too*-bhoo) *m* tube; ~ **respirador** snorkel

tudo (*too*-dhoo) *pron* everything; ~ **o que** whatever

tulipa (too-*lee*-per) *f* tulip

tumor (too-*moar*) *m* growth, tumour

túmulo (*too*-moo-loo) *m* tomb

túnel (*too*-nehl) *m* (pl -eis) tunnel

túnica (*too*-nee-ker) *f* tunic

Tunísia (too-*nee*-zee-er) *f* Tunisia

tunisino (too-nee-*see*-noo) *adj* Tunisian; *m* Tunisian

turba (*toor*-bher) *f* crowd

turbina (toor-*bhee*-ner) *f* turbine

turbulento (toor-bhoo-*layng*n-too) *adj* rowdy

turco (*toor*-koo) *adj* Turkish; *m* Turk

turismo (too-*reezh*-moo) *m* tourism

turista (too-*reesh*-ter) *m* tourist

turno (*toor*-noo) *m* gang, shift

Turquia (toor-*kee*-er) *f* Turkey

tutela (too-*teh*-ler) *f* custody

tutor (too-*toar*) *m* tutor, guardian

tweed (tweed) *m* tweed

U

úlcera (*ool*-ser-rer) *f* ulcer; sore; ~ **gástrica** gastric ulcer

ulmeiro (ool-*may*-roo) *m* elm

ulterior (ool-ter-rʸ*oar*) *adj* further; subsequent

ultimamente (ool-tee-mer-*mayng*n-ter) *adv* lately

último (*ool*-tee-moo) *adj* ultimate, last

ultraje (ool-*trah*-zher) *m* outrage; offence

ultramarino (ool-trer-mer-*ree*-noo) *adj* overseas

ultrapassar (ool-trer-per-*sahr*) *v* pass, *overtake; **ultrapassagem proibida** no overtaking

ultravioleta (ool-trer-vʸoo-*lay*-ter) *adj* ultraviolet

um (oong) *num* (f uma) one; *art* a *art;* **mais** ~ another; ~ **ou outro** either

umbigo (oongm-*bee*-goo) *m* navel

unânime (oo-*ner*-nee-mer) *adj* unanimous; like-minded

unguento (oong-*gwayng*n-too) *m* ointment, salve

unha (*oo*-ñer) *f* nail; **arranjar as unhas** manicure

união (oo-nʸ*erng*ʷ) *f* (pl uniões)

union; **União Européia** European Union

unicamente (oonee-ker-*mayngn*-ter) *adv* exclusively

único (*oo*-nee-koo) *adj* sole, unique

unidade (oo-nee-*dhah*-der) *f* unit; unity; ~ **monetária** monetary unit

unido (oo-*nee*-dhoo) *adj* joint

uniforme (oo-nee-*for*-mer) *adj* uniform; *m* uniform

unilateral (oo-nee-ler-ter-*rahl*) *adj* (pl -ais) one-sided

unir (oo-*neer*) *v* unite; join; connect

universal (oonee-verr-*sahl*) *adj* (pl -ais) universal

universidade (oo-nee-verr-see-*dhah*-der) *f* university

universo (oo-nee-*vehr*-soo) *m* universe

uns (oongsh) *pron* (f umas) some

untar (oongn-*tahr*) *v* lubricate

urbano (oor-*bher*-noo) *adj* urban

urgência (oor-*zhayng*-s Yer) *f* urgency

urgente (oor-*zhayngn*-ter) *adj* urgent; pressing

urina (oo-*ree*-ner) *f* urine

urso (*oor*-soo) *m* bear

Uruguai (oo-roo-*gwer*ee) *m* Uruguay

uruguaio (oo-roo-*gwigh*-oo) *adj* Uruguayan; *m* Uruguayan

urzal (oor-*zahl*) *m* moor

urze (*oor*-zay) *f* heather

usar (oo-*zahr*) *v* use; employ; *wear

uso (*oo*-zoo) *m* use; usage

usual (oo-*zwahl*) *adj* (pl -ais) usual; customary, ordinary

utensílio (oo-tayng-*seel*-Yoo) *m* utensil

utente (oo-*tayng*-ter) *m* user

útero (*oo*-ter-roo) *m* womb

útil (*oo*-teel) *adj* (pl úteis) useful; helpful

utilidade (oo-ter-lee-*dhah*-dher) *f* utility; use

utilizar (oo-ter-lee-*zahr*) *v* utilize; employ

utilizável (oo-ter-lee-*zah*-vehl) *adj* (pl -eis) usable

uvas (*oo*-versh) *fpl* grapes *pl*

V

vaca (*vah*-ker) *f* cow; **pele de** ~ cowhide

vacilante (ver-see-*lerngn*-ter) *adj* unsteady; shaky

vacilar (ver-see-*lahr*) *v* falter

vacinação (ver-see-ner-*serng*w) *f* (pl -ções) vaccination

vacinar (ver-see-*nahr*) *v* vaccinate

vácuo (*vah*-kwoo) *m* vacuum

vadiagem (ver-dh Yah-zherng Y) *f* vagrancy

vadiar (ver-dh Yahr) *v* tramp

vadio (ver-*dhee*oo) *m* tramp

vaga (*vah*-ger) *f* vacancy

***vagabundear** (ver-ger-bhoongn-d Yahr) *v* roam

vagabundo (ver-ger-*bhoongn*-doo) *m* tramp

vagão (ver-*gerng*w) *m* (pl vagões) waggon

vagar (ver-*gahr*) *v* vacate; *m* leisure

vago (*vah*-goo) *adj* vacant; faint, vague; obscure, dim

***vaguear** (ver-g Yahr) *v* wander

vaidoso (vigh-*dhoa*-zoo) *adj* vain; proud

vale (*vah*-ler) *m* valley; voucher; ~ **postal** postal order

valente (ver-*layngn*-ter) *adj* brave; plucky

valentia (ver-layngn-*tee*-er) *f* courage

***valer** (ver-*layr*) *v* *be worth; ~ **a pena** *be worth-while

valeta (ver-*lay*-ter) *f* gutter

valete (ver-*leh*-ter) *m* knave

válido (*vah*-lee-dhoo) *adj* valid

valioso (ver-*lYoa*-zoo) *adj* valuable

valor (ver-*loar*) *m* value; worth; **de ~** valuable; **sem ~** worthless; **valores** valuables

valsa (*vahl*-ser) *f* waltz

válvula (*vahl*-voo-ler) *f* valve

vantagem (verngn-*tah*-zhergᵞ) *f* profit, advantage; benefit

vantajoso (verngn-ter-*zhoa*-zoo) *adj* advantageous

vão (verngᵂ) *adj* (f vã; pl ~s) vain

vapor (ver-*poar*) *m* vapour, steam

vaporizador (ver-poo-ree-zer-*dhoar*) *m* atomizer

vara (*vah*-rer) *f* rod

varanda (ver-*rerngn*-der) *f* veranda; balcony

varão (ver-*rerngᵂ*) *m* (pl varões) rod

variação (ver-rᵞer-*serngᵂ*) *f* (pl -ções) variation

variado (ver-rᵞah-dhoo) *adj* varied

variar (ver-rᵞahr) *v* vary

variável (ver-rᵞah-vehl) *adj* (pl -eis) variable

varicela (ver-ree-seh-ler) *f* chickenpox

variedade (ver-rᵞay-*dhah*-dher) *f* variety; **teatro de variedades** music-hall

varíola (ver-*ree*ᵒᵒ-ler) *f* smallpox

vários (*vah*-rᵞoosh) *adj* several

variz (vah-reesh) *f* varicose vein

varrer (ver-*rrayr*) *v* *sweep

vasilha (ver-zee-ger) *f* vessel

vaso (*vah*-zoo) *m* vase; pot; **~ sanguíneo** blood-vessel

vassoura (ver-*soa*-rer) *f* broom

vasto (*vahsh*-too) *adj* vast; extensive; wide, broad

vau (vou) *m* ford

vazar (ver-*zahr*) *v* *shed, leak; empty

vazio (ver-*zee*ᵒᵒ) *adj* empty

veadinho (vᵞeh-*dhee*-ñoo) *m* fawn

veado (*vᵞah*-dhoo) *m* deer

vegetariano (vɪ-zher-ter-rᵞer-noo) *m* vegetarian

veia (*vay*-Yer) *f* vein

veículo (vay-ee-koo-loo) *m* vehicle

vela (*veh*-ler) *f* sail; yachting; candle; **~ de ignição** sparking-plug

veleidade (ver-lay-*dhah*-dher) *f* whim

velhice (vɪ-*lYee*-ser) *f* old age

velhíssimo (vɪ-*lYee*-see-moo) *adj* ancient

velho (*veh*-lYoo) *adj* old; aged; ancient; stale; **mais ~** elder; **o mais ~** eldest

velhote (veh-*lYo*-ter) *adj* old

velocidade (ver-loo-see-*dhah*-dher) *f* speed, rate; gear; ***ir com ~** *speed; **limitação de ~** speed limit; **~ de cruzeiro** cruising speed; **~ máxima** speed limit

velocímetro (ver-loo-*see*-mer-troo) *m* speedometer

velocípede (ver-loo-*see*-per-dher) *m* cycle

veloz (ver-*losh*) *adj* rapid

veludo (ver-*loo*-dhoo) *m* velvet

vencedor (vayng-ser-*dhoar*) *adj* winning; *m* winner

vencer (vayng-*sayr*) *v* *win; *overcome

vencido (vayng-*see*-dhoo) *adj* due

vencimento (vayng-see-*mayngn*-too) *m* expiry; salary

venda (*vayngn*-der) *f* sale; **à ~** for sale; **~ por grosso** wholesale

vendável (vayngn-*dah*-vehl) *adj* (pl -eis) saleable

vendedor (vayngn-der-*dhoar*) *m* salesman; **~ de aves de criação** poulterer; **~ de jornais** newsagent

vendedora (vayngn-der-*dhoa*-rer) *f* salesgirl

vender (vayngn-*dayr*) *v* *sell; **~ a retalho** retail

veneno (ver-*nay*-noo) *m* poison

venenoso (ver-ner-*noa*-zoo) *adj* poisonous

veneração (ver-ner-rer-*serng*ʷ) f respect

venerável (ver-ner-*rah*-vehl) adj (pl -eis) venerable

Venezuela (ver-ner-zway-ler) f Venezuela

venezuelano (ver-ner-zway-*ler*-noo) adj Venezuelan; m Venezuelan

ventilação (vayngn-tee-ler-ser⁰⁰) f (pl -ções) ventilation

ventilador (vayngn-tee-ler-*dhoar*) m fan, ventilator

ventilar (vayngn-tee-*lahr*) v ventilate

vento (*vayngn*-too) m wind

ventoso (vayngn-*toa*-zoo) adj gusty, windy

ventre (*vayngn*-trer) m belly; **prisão de** ~ constipation

*ver (vayr) v *see; notice

Verão (ver-*rerng*ʷ) m (pl -rões) summer; **pleno** ~ (high) summer

verbal (verr-*bhahl*) adj (pl -ais) verbal

verbo (*vehr*-bhoo) m verb

verdade (verr-*dhah*-dher) f truth

verdadeiramente (verr-dher-dhay-rer-*mayngn*-ter) adv really

verdadeiro (verr-dher-*dhay*-roo) adj true; very, real; actual

verde (*vayr*-dher) adj green

veredicto (ver-rer-*dhee*-too) m verdict

vergonha (verr-*ewoa*-ñer) f shame; **que vergonha!** shame!; *ter ~ *be ashamed

verídico (ver-*ree*-dhee-koo) adj truthful

verificar (ver-rer-fee-*kahr*) v verify; check

verme (*vehr*-mer) m worm

vermelho (verr-*meh*-lʸoo) adj crimson, red

verniz (verr-*neesh*) m varnish; lacquer; ~ **de unhas** nail-polish

verosímil (vay-roa-*see*-meel) adj (pl -meis) credible

versão (verr-*serng*ʷ) f (pl -sões) version

verso (*vehr*-soo) m verse

vertente (vehr-*tayngn*-ter) f slope

verter (verr-*tayr*) v pour; leak

vertical (verr-tee-*kahl*) adj (pl -cais) vertical

vertigem (verr-tee-zherngʸ) f vertigo; dizziness

vespa (*vaysh*-per) f wasp

veste (*vehsh*-ter) f robe

vestiário (vish-*tʸah*-rʸoo) m checkroom nAm

vestíbulo (vish-*tee*-bhoo-loo) m hall; lobby

vestido (vish-*tee*-dhoo) m dress; gown, frock; *trazer ~ *wear; ~ **comprido** robe

*vestir (vish-*teer*) v dress; *put on; *vestir-se dress

vestuário (vish-*twah*-rʸoo) m clothes pl; ~ **de desporto** sportswear

veterinário (ver-ter-ree-*nah*-rʸoo) m veterinary surgeon

véu (veh⁰⁰) m veil

vez (vaysh) f time; turn; **alguma** ~ some time; **às vezes** sometimes; **de** ~ **em quando** occasionally; **duas vezes** twice; **em** ~ **de** instead of; **muitas vezes** often; **outra** ~ again; **uma** ~ once; **uma** ~ **mais** once more

via (*vee*-er) prep via; f track; lane; ~ **férrea** railway; railroad nAm; ~ **navegável** waterway

viaduto (vʸer-*dhoo*-too) m viaduct

viagem (vʸah-zherngʸ) f voyage; trip, journey; passage; ~ **de regresso** return journey

viajante (vʸer-*zhern*-ter) m traveller

viajar (vʸer-*zhahr*) v travel; ~ **de automóvel** motor

vibração (vee-bhrer-*serng*ʷ) f (pl

-ções) vibration

vibrar (vee-*bhrahr*) v vibrate; tremble

vicioso (vee-s^yoa-zoo) adj vicious

vida (vee-dher) f life; lifetime; **cheio de ~** lively; **com ~** alive

videira (vee-dhay-rer) f vine

vídeo câmera (vee-dhay-oo ker-mer-er) f video camera

videocassete (vee-dhay-oo-kah-seh-ter) m video cassette; video recorder

vidraça (vee-dhrah-ser) f window-pane

vidro (vee-dhroo) m glass; pane; **de ~** glass; **~ colorido** stained glass

viela (v^yeh-ler) f lane

vigésimo (vee-zheh-zee-moo) num twentieth

vigiar (vee-zh^yahr) v patrol; watch

vigilante (vee-zhee-lerngn-ter) adj vigilant

vila (vee-ler) f borough; fBr villa

vinagre (vee-nah-grer) m vinegar

vindima (veengn-dee-mer) f vintage

vingança (veeng-gerng-serng) f revenge

vinha (vee-ñer) f vineyard

vinho (vee-ñoo) m wine; **negociante de vinhos** wine-merchant

vinte (veengn-ter) num twenty

viola (v^yo-ler) f guitar

violação (v^yoo-ler-serng^w) f (pl -ções) violation

violar (v^yoo-lahr) v assault, rape

violência (v^yoo-layng-s^yer) f violence

violento (v^yoo-layngn-too) adj violent; fierce, severe

violeta (v^yoo-lay-ter) f violet

violino (v^yoo-lee-noo) m violin

*vir (veer) v *come; **~ a ser** *become

viragem (vee-rah-zherng^y) f turn

virar (vee-rahr) v turn; **virar-se** turn round

virgem (veer-zherng^y) f virgin

vírgula (veer-goo-ler) f comma

virilha (ver-ree-l^yer) f groin

virtude (veer-too-dher) f virtue

visão (vee-zerng^w) f (pl visões) vision

visar (vee-zahr) v aim at

visibilidade (vee-zee-bher-lee-dhah-dher) f visibility

visita (vee-zee-ter) f visit; call; ***fazer uma ~** a call on

visitante (vee-zee-terngn-ter) m visitor

visitar (vee-zee-tahr) v visit; call on

visível (vee-zee-vehl) adj (pl -eis) visible

vislumbrar (veezh-loongm-brahr) v glimpse

vislumbre (veezh-loongm-brer) m glimpse

vison (vee-son) m mink

visor (vee-zoar) m view-finder

vista (veesh-ter) f sight; view; **em ~ de** considering; **ponto de ~** point of view; outlook

visto (veesh-too) m visa; **~ que** since; as

vital (vee-tahl) adj (pl -ais) vital

vitamina (vee-ter-mee-ner) f vitamin

vitela (vee-teh-ler) f veal

vitelo (vee-teh-loo) m calf

vítima (vee-tee-mer) f victim; casualty

vitória (vee-to-r^yer) f victory

vitrina (vee-tree-ner) f show-case

viúva (v^yoo-ver) f widow

viúvo (v^yoo-voo) m widower

viveiro (vee-vay-roo) m nursery

vivenda (vee-vayngn-der) f villa

viver (vee-vayr) v live; experience

vivo (vee-voo) adj alive, live; brisk, vivid

vizinhança (vee-zee-ñerng-ser) f neighbourhood; vicinity

vizinho (vee-zee-ñoo) adj near; neighbouring; m neighbour

voar (vwahr) v *fly

vocabulário (voo-ker-bhoo-lah-r^yoo) m

vocabulary

vocal (voo-*kahl*) *adj* (pl -ais) vocal

vocalista (voo-ker-*leesh*-ter) *m* vocalist

vocês (vo-*saysh*) *pron* you; ~ **mesmos** yourselves

vogal (voo-*gahl*) *f* (pl -ais) vowel

volante (voo-*lerngn*-ter) *m* steering-wheel

volt (voalt) *m* volt

volta (*vol*-ter) *f* way back; turn, curve, bend; round, ride; à ~ about; round; à ~ de around; em ~ about; em ~ de about, around; **ida e** ~ round trip *Am*

voltagem (voal-*tah*-zherngy) *f* voltage

voltar (voal-*tahr*) *v* return; turn round; ~ **atrás** turn back

volume (voo-*loo*-mer) *m* volume; bulk; package

volumoso (voo-loo-*moa*-zoo) *adj* bulky; big

voluntário (voo-loongn-*tah*-ryoo) *adj* voluntary; *m* volunteer

volúpia (voo-*loo*-pyer) *f* lust

vomitar (voo-mee-*tahr*) *v* vomit

vontade (vawngn-*tah*-dher) *f* will; desire; à ~ casual; **boa** ~ goodwill; **de boa** ~ gladly, willingly; **de má** ~ unwilling; **pouco à** ~ uneasy; ***ter** ~ **de** fancy, *feel like

voo (*voa*-oo) *m* flight; ~ **charter** charter flight; ~ **de regresso** return flight; ~ **nocturno** night flight

vosso (*vo*-soo) *adj* your

votação (voo-ter-*serngw*) *f* (pl -ções) vote

votar (voo-*tahr*) *v* vote

voto (*vo*-too) *m* vote; vow

voz (vosh) *f* voice; **em** ~ **alta** aloud

vulcão (vool-*kerngw*) *m* (pl -cões) volcano

vulgar (vool-*gahr*) *adj* vulgar; ordinary

vulnerável (vool-ner-*rah*-vehl) *adj* (pl -eis) vulnerable

X

xadrez (sher-*dhraysh*) *m* chess; **em** ~ chequered

xaile (*shigh*-ler) *m* shawl

xale (*shah*-ler) *m* shawl

xarope (sher-*ro*-per) *m* syrup

xeque! (*sheh*-ker) check!

xícara (*shee*-ker-rer) *fBr* cup

Z

zangado (zerng-*gah*-dhoo) *adj* angry, cross

zaragata (zer-rer-*gah*-ter) *f* row

zebra (*zay*-bhrer) *f* zebra

zelo (*zay*-loo) *m* zeal; diligence

zeloso (zer-*loa*-zoo) *adj* zealous; diligent

zénite (*zeh*-nee-ter) *m* zenith

zero (*zeh*-roo) *m* nought, zero

zinco (*zeeng*-koo) *m* zinc

zodíaco (zoo-*dhee*-er-koo) *m* zodiac

zona (*zoa*-ner) *f* area, zone; ~ **de estacionamento** parking zone; ~ **industrial** industrial area

zoologia (zoo-oa-loo-*zhee*-er) *f* zoology

Menu Reader

Food

à, à moda de in the style of
abacate avocado pear
abacaxi pineapple
abóbora pumpkin (US winter squash)
açafrão saffron
acará, acarajé portion of fritters made of black-eyed bean purée, ground, dried shrimps and hot peppers
acelga swiss chard
acepipes hors d'œuvre
acompanhamento vegetables, side dish
açorda thick soup or side dish where bread is a principal ingredient
~ **alentejana** with poached eggs, garlic, coriander leaves and olive-oil
~ **de bacalhau** with dried cod, sliced and fried in garlic-flavoured olive-oil
~ **à moda de Sesimbra** with fish, garlic and coriander leaves
açúcar sugar
agrião watercress
aipim cassava root
aipo celeriac

alcachofra artichoke
fundo de ~ bottom
alcaparra caper
alecrim rosemary
aletria 1) vermicelli, thin noodles 2) dessert made with vermicelli
alface lettuce
alheira garlic sausage made of breadcrumbs and different kinds of minced meat
~ **à transmontana** served with fried eggs, fried potatoes and cabbage
alho garlic
~ **francês/-porro** leek
almoço lunch
almôndega ball of fish or meat
alperce apricot
amargo bitter
amêijoas baby clams
~ **à bulhão pato** fried in olive-oil with garlic and coriander
~ **à espanhola** baked in the oven with onions, tomatoes, peppers, garlic and herbs
~ **ao natural** steamed with herbs and served with melted butter and lemon juice
ameixa plum
~ **seca** prune

amêndoa almond
amendoim peanut
amora blackberry
ananás pineapple
anchova anchovy
angu cassava-root flour or maize boiled in water and salt
ao in the style of
arenque herring
arroz rice
  ~ **de Cabidela** kind of risotto with giblets and chicken blood, flavoured with vinegar
  ~ **doce** pudding flavoured with cinnamon
  ~ **de frango** baked with chicken
  ~ **de manteiga** cooked in water and butter
  ~ **de pato no forno** duck cooked with bacon and *chouriço* then baked with rice
  ~ **tropeiro** with *carne de sol*
aspargo asparagus
assado roast
atum tuna fish
  bife de ~ cutlet (US steak) marinated in white wine and fried in olive-oil
aveia oats
avelã hazelnut
aves fowl
azeda sorrel
azedo sour
azeite olive-oil
  ~ **de dendê** palm-oil
azeitona olive
  ~ **preta** black
  ~ **verde (de Elvas)** green
babá de moça dessert made of egg yolks poached in coconut milk and syrup
bacalhau cod, usually dried and salted

~ **à Brás** fried with onions and potatoes, then baked with a topping of beaten eggs
~ **de caldeirada** braised with chopped onions, tomatoes, parsley, garlic and coriander (or saffron)
~ **cozido com todos** poached and served with boiled cabbage, onions, potatoes, chickpeas and eggs
~ **à Gomes de Sá** fried with onions, boiled potatoes, garlic and garnished with hard-boiled eggs and black olives
~ **com leite de coco** poached in coconut milk seasoned with coriander
~ **com natas no forno** boiled, then baked with potatoes in a white sauce with cream
~ **à provinciana** a gratin of poached cod, potatoes and *grelos* (or broccoli), topped with minced hard-boiled eggs, flour and port wine
~ **à transmontana** braised with cured pork or *chouriço,* white wine, parsley, garlic and tomatoes
batata potato
  ~ **doce** yam, sweet potato
  ~ **frita** chip (US french fry)
  ~ **palha** matchstick
baunilha vanilla
berbigão type of cockle
beringela aubergine (US eggplant)
besugo sunfish, type of seabream
beterraba beetroot
bifana slice of pork tenderloin usually served in a bun
bife steak, escalope

~ **a cavalo** of beef topped with a fried egg

~ **à cortador** of beef fried in garlic-flavoured butter

~ **de espadarte** swordfish cutlet (US steak) fried with onions and potatoes

~ **à milanesa** breaded escalope of veal

bifinhos de vitela slices of veal fillet served with a Madeira wine sauce

biscoito biscuit (US cookie)

bobó dish made of dried shrimps, onions, cassava root, fish stock, palm-oil, coconut milk and served with bananas and grated coconut

boi beef

bola de Berlim doughnut

bolacha biscuit (US cookie)

~ **de água e sal** cracker

bolinho de bacalhau deep-fried croquette of dried cod and mashed potatoes flavoured with eggs and parsley

bolo cake

~ **caseiro** home-made

~ **podre** flavoured with honey and cinnamon

borracho young pigeon

borrego lamb

(na) brasa charcoal-grilled

brioche yeast bun

broa 1) thick maize-(US corn-). meal cracker 2) type of ginger-bread

brócolos broccoli

cabrito kid

~**-montês** roebuck

~ **à ribatejana** marinated and roasted with herbs and paprika

caça game

(à) caçador(a) simmered in white wine with carrots, onions, herbs and sometimes tomatoes

cachorro (quente) hot-dog

cachucho small sea-bream

café da manhã breakfast

caju cashew nut

calamar (sliced) squid

caldeirada fish stewed with potatoes, onions, tomatoes, pimentos, spices, wine and olive-oil

~ **de enguias** eel simmered with potatoes, onions, garlic, bay leaf and parsley

~ **à fragateira** fish, shellfish and mussels simmered in a fish stock with tomatoes and herbs; served on toast

~ **à moda da Póvoa** hake, skate, sea-bass and eel simmer-ed with tomatoes in olive-oil

caldo clear soup, consommé

~ **verde** thick soup made from shredded cabbage, potatoes and *chouriço*

camarões shrimps

~ **à baiana** served in a spicy tomato sauce with boiled rice

~ **grandes** Dublin Bay prawns (US jumbo shrimps)

cambuquira tender shoots of pumpkin (US squash) stewed with meat

canapé small open sandwich

canela cinnamon

canja chicken-and-rice soup

canjica dessert made of peanuts and sweet-corn cooked in milk with cloves and cinnamon and served in fresh coconut milk

capão capon

caqui persimmon

caracóis snails

caracol 1) snail 2) a spiral-shaped bun filled with currants

caranguejo crab

carapau horse mackerel
  ~ de escabeche fried and dipped in a sauce made of vinegar, olive-oil, fried onions and garlic

cardápio menu

caril curry

carne meat
  ~ de porco à alentejana cubes of marinated pork fried with clams
  ~ de sol salted and dried in the sun

carneiro mutton
  ~ guisado stewed with tomatoes, garlic, bay leaf, parsley and often potatoes

carnes frias cold meat (US cold cuts)

caruru 1) green amaranth 2) a dish of minced herbs stewed in oil and spices

castanha chestnut
  ~ de caju cashew nut

(na) cataplana steamed in a copper pan shaped like a big nutshell

cavala mackerel

cebola onion

cebolada fried-onion garnish

cenoura carrot

cereja cherry

cherne black grouper

chicória endive (US chicory)

chispalhada pig's trotters (US feet) stewed with navy beans, cabbage, bacon and blood sausage

chispe pig's trotter (US foot)

chocos com tinta cuttlefish cooked in their own ink

chouriça, chouriço smoked pork

sausage flavoured with paprika

chuchu type of marrow (US summer squash)

churrasco charcoal-grilled meat served in Brazil with *farofa* and a hot-pepper sauce

cocada coconut macaroon

coco coconut

codorniz quail

coelho rabbit

coentro coriander

cogumelo (button) mushroom

colorau paprika (used for colouring)

cominho caraway seed

compota compote, stewed fruit

congro conger eel

conta bill (US check)

coração heart

cordeiro lamb

corvina croaker (fish)

costeleta chop, cutlet

couve cabbage
  ~-de-bruxelas brussels sprouts
  ~-flor cauliflower
  ~ galega galician (with a long stem, big dark green leaves and a slightly bitter taste)
  ~ lombarda savoy
  ~ portuguesa portuguese (like the galician but smaller)
  ~ roxa red

cozido 1) boiled stew 2) boiled 3) cooked
  ~ em lume brando simmered
  ~ à portuguesa beef and pork boiled with *chouriço*, carrots, turnips and cabbage *(couve portuguesa)*

creme cream
  ~ de leite fresh

criação fowl

croissant crescent roll

cru raw

curau mashed sweet-corn cooked in coconut milk with sugar and cinnamon

damasco apricot

dióspiro persimmon

dobrada, dobradinha tripe

doce 1) sweet 2) jam
~ **de laranja** marmalade

dourada guilt-head (fish)

eiró eel

eiroses fritas fried eel

ementa 1) menu 2) set menu

empada small type of pie

empadão large type of pie
~ **de batata** shepherd's pie (with minced meat and mashed potato topping)

enchidos assorted pork products made into sausages

endívia chicory (US endive)

enguia eel

ensopado meat or fish casserole served on (or with) slices of bread

entrecosto sparerib

ervilha green pea

escabeche sauce of fried onions, garlic, olive-oil and vinegar

escalfado poached

escalope de vitela escalope of veal, thin, flattened breaded slice of veal

espadarte swordfish

espargo asparagus
ponta de ~ tip

esparregado purée of assorted greens in cream

especiaria spice

espetada kebab

(no) espeto spit-roasted

espinafre spinach

estragão tarragon

estufado braised

esturjão sturgeon

farofa cassava-root meal browned in oil or butter

farófias floating island

fatias slices
~ **da China** cold, baked egg yolks topped with syrup flavoured with lemon and cinnamon
~ **douradas** slices of bread dipped into milk and egg yolk, fried and sprinkled with sugar (US french toast)

favas broad beans
~ **guisadas com chouriço** stewed with *chouriço* and coriander leaves

febras de porco à alentejana pieces of pork fillet grilled with onions, *chouriço* and bacon

feijão bean
~ **branco** navy
~ **catarino** pink
~ **encarnado** red
~ **frade** black-eyed
~ **guisado** stewed with bacon in a tomato sauce
~ **preto** black
~ **tropeiro** black beans fried with chopped *carne de sol* and served with *farofa*
~ **verde** runner (US green)

feijoada dish of dried beans stewed with pig's head and trotters (US feet) bacon, sausages and sometimes vegetables; served in Brazil with *farofa*, rice, sliced oranges and a hot-pepper sauce

fiambre cooked (US boiled) ham

fígado liver
~ **de aves** chicken

figo fig

filete fillet of fish

filhó fritter
~ **de abóbora** of pumpkin purée
fios de ovos dessert of fine golden strands made from beaten egg yolk and melted sugar
folhado sweet puff-pastry delicacy
(no) forno baked
framboesa raspberry
frango chicken
~ **com farofa** served with *farofa* mixed with olives, hard-boiled eggs and giblets
~ **na púcara** chicken cassserole flavoured with port wine, prepared in a special earthenware pot
fresco fresh
fressura de porco guisada casserole of pork offal (US variety meat), sometimes with navy beans
fricassé casserole, usually of lamb or veal in a cream sauce
(na) frigideira sautéed
frio cold
fritada de peixe deep-fried fish
frito 1) fried 2) fritter
fruta fruit
~ **em calda** in syrup
~ **do conde** variety of tropical fruit
~ **cristalizada** candied
fubá maizeflour (US cornflour)
fumado smoked
galantina pressed meat in gelatine
galinha boiling chicken
galinhola woodcock
ganso goose
garoupa large grouper (fish)
gaspacho chilled soup with diced tomatoes, sweet peppers, onions, cucumber and

croutons
gelado 1) ice-cream 2) chilled
geleia 1) jelly 2) jam (Brazil)
gengibre ginger
ginja morello cherry
goiaba guava
goiabada guava paste
gombo okra (GB lady's finger)
grão(-de-bico) chickpeas
~ **com bacalhau** stew made of chickpeas, potatoes and dried-cod fillets
gratinado oven-browned
grelhado grilled
grelos turnip greens
groselha red currant
guaraná very sweet tropical fruit
guisado 1) stew 2) stewed
hortaliça fresh vegetables
hortelã mint
incluído included
inhame yam, variety of sweet potato
iscas thinly sliced liver
~ **à portuguesa** marinated in white wine with herbs and garlic then fried
jabuticaba bing cherry
jambu variety of cress
jantar dinner
jardineira mixed vegetables
javali wild boar
lagosta spiny lobster
~ **americana** fried with onions and garlic, flambéed in brandy and served in a sauce flavoured with Madeira wine
~ **suada** with onions, garlic, tomatoes and flavoured with port wine
lagostim Norwegian lobster, langoustine
~**-do-rio** fresh-water crayfish
lampreia lamprey

~ **à moda do Minho** marinated in "green" wine, port wine, brandy, blood and spices then poached in the marinade and served with rice

lanche snack

laranja orange

lavagante lobster

lebre hare

legumes vegetables

~ **variados** mixed

leitão suck(l)ing pig

~ **à Bairrada** coated with spicy lard and roasted on a spit in a very hot bread-oven

~ **recheado** stuffed with a spicy, brandy-flavoured mince of bacon, *chouriço* and giblets and then roasted

leite-creme blancmange (US pudding) often sprinkled with caramelised sugar

lentilha lentil

lima lime

limão lemon

~ **verde** lime

língua tongue

linguado sole

~ **à meunière** sautéed in butter, served with parsley and lemon-juice

~ **com recheio de camarão** filled with shrimps in a white sauce

linguíça thin pork sausage flavoured with paprika

lista dos vinhos wine list

lombo loin

louro bay leaf

lulas squid

~ **de caldeirada** simmered with white wine, olive-oil, diced potatoes, tomatoes, onions and parsley

~ **recheadas** braised with a stuffing of eggs, onions and *chouriço*

maçã apple

~ **assada** baked

maçapão, massapão 1) marzipan 2) almond macaroon

macarrão macaroni

macaxeira cassava root

maionese mayonnaise

malagueta hot pepper

mamão papaya

mandioca cassava root

manjar de coco coconut blanc-mange (US pudding) topped with plum syrup

manjericão basil

manteiga butter

mãozinhas de vitela guisadas calves' trotters (US feet) braised with onions, parsley and vinegar, served with vegetables

maracujá passion fruit

marinado marinated

(à) marinheira with white wine, onions, parsley and sometimes tomatoes

marisco seafood

marmelada quince paste

marmelo quince

massa 1) dough, pastry 2) pasta, all types of noodle

medalhão medallion, small choice cut of meat

medronho arbutus berry

meia desfeita poached pieces of dried cod fried with chickpeas, onions and vinegar, topped with hard-boiled eggs and chopped garlic

mel honey

melancia watermelon

melão melon, usually a honeydew

melon
~ **com vinho do Porto** with port wine
merengue meringue
mero red grouper (fish)
mexilhão mussel
mexerica tangerine
migas meat or fish fried in olive-oil with onions and garlic and thickened with bread
mil-folhas flaky pastry with cream filling (US napoleon)
milho doce sweet-corn
mioleira brains
miolos brains
~ **mexidos com ovos** of lamb fried and served with scrambled eggs
misto mixed
miúdos de galinha chicken giblets
mocotós stewed calves' trotters (US feet), usually served with *farofa* and a hot-pepper sauce
molho sauce
~ **branco** white
~ **de manteiga** with butter and lemon
~ **tártaro** mayonnaise with chopped gherkins, chives, capers, olives
~ **verde** olive-oil and vinegar with chopped spinach, parsley and coriander leaves
com ~ with
sem ~ without
moqueca de peixe fish cooked in an earthenware casserole with coconut milk, palm-oil, coriander leaves, ginger and ground shrimps
morango strawberry
~ **silvestre** wild
morcela black pudding, blood sausage

mortadela mortadella (US Bologna sausage)
mostarda mustard
nabiça turnip greens
nabo turnip
nata(s) fresh cream
~ **batida(s)** whipped
(ao) natural plain, without dressing, sauce, stuffing etc.
nêspera medlar, a small apple-like fruit eaten when over-ripe
noz nut, walnut
~ **moscada** nutmeg
óleo oil
~ **de amendoim** peanut oil
omeleta omelette
~ **simples** plain
osso bone
ostras oysters
~ **recheadas** oystershells stuffed with oysters, onions, garlic, breadcrumbs, egg yolk, lemon juice, spice and then oven-browned
ouriço-do-mar sea-urchin
ovas fish roe
ovos eggs
~ **cozidos** hard-boiled
~ **escalfados** poached
~ **estrelados** fried, sunny side up
~ **mexidos** scrambled
~ **moles** beaten egg yolks cooked in syrup
~ **quentes** soft-boiled
~ **verdes** stuffed with hard-boiled yolks mixed with onions flavoured with vinegar and deep-fried in olive-oil
paçoca 1) roast *carne de sol* ground with cassava root and served with sliced bananas 2) dessert made with roast peanuts crushed with

sweetened cassavaroot meal

paio spicy cured pork fillet presented in a casing

  ~ **com ervilhas** simmered with peas and chopped onions

palmito palm heart

panado breaded

pão bread

  ~ **de centeio** rye

  ~ **de forma** white, for toast

pão-de-ló tea bread (US coffee cake)

pãozinho roll

papos de anjo baked egg yolks topped with syrup

pargo red porgy (fish)

passa (de uva) raisin, sultana

(bem) passado well done

(mal) passado medium

(muito mal) passado rare

pastel usually a type of pie

  ~ **de bacalhau** deep-fried croquette of dried cod and mashed potatoes flavoured with eggs and parsley

  ~ **de Belém/de nata** custard pie

  ~ **folhado** flaky pastry

  ~ **de massa tenra** soft crust-pastry pie filled with minced meat

  ~ **de Santa Clara** tartlet with almond-paste filling

  ~ **de Tentúgal** flaky pastry filled with beaten eggs cooked in syrup

pastelão de palmito e camarão shrimp and palm-heart pie

pato duck

  ~ **estufado** braised in white wine with onions, parsley and bay leaf

  ~ **ao tucupi** roasted, braised with carrots and *jambu* in cassava-root juice and served

with fruit

pé de moleque peanut brittle

pé de porco pig's trotters (US feet)

peito breast

peixe fish

  ~-**espada** cutlass fish, scabbard fish

  ~-**galo** 1) moonfish 2) John Dory

  ~ **da horta** runner beans deep-fried in batter

pepino cucumber

pequeno almoço breakfast

pêra pear

perca perch

perceve barnacle

perdiz partridge

  ~ **à caçador(a)** simmered with carrots, onions, white wine, herbs and often tomatoes

  ~ **com molho de vilão** poached and served with a cold sauce of olive-oil, vinegar, onions, garlic and chopped parsley

perna leg

pernil ham

pêro variety of eating apple

peru turkey

pescada whiting

  ~ **cozida com todos** poached and served with boiled potatoes and runner beans

pescadinhas de rabo na boca plate of whitings fried whole

pêssego peach

pevide 1) pip (US seed) 2) salted pumpkin pip (US seed)

picado de carne minced meat

picante hot, spicy, highly seasoned

pimenta peppercorn

piment(ã)o sweet pepper

pinhão pine kernel

pinhoada pine-kernel brittle
piripiri tiny hot peppers (preserved in olive-oil)
polvo octopus
pombo pigeon
 ~ **estufado** braised with bacon, onions and white wine, served with fried bread
porco pork
posta slice of fish or meat
prato 1) plate 2) dish
 ~ **do dia** speciality of the day
preço price
prego small steak often served in a roll
presunto 1) cured ham 2) cooked (US boiled) ham (Brazil)
 ~ **cru** dried ham
pudim pudding
 ~ **de bacalhau** dried-cod loaf, served with tomato sauce
 ~ **flan** caramel custard
 ~ **à portuguesa** custard flavoured with brandy and raisins
puré puree
 ~ **de batata** mashed potatoes
queijada small cottage-cheese tart
 ~ **de Sintra** flavoured with cinnamon
queijinhos do céu marzipan balls rolled in sugar
queijo cheese
 ~ **de Azeitão** soft or hard and made with ewe's milk
 ~ **cabreiro** made with goat's milk
 ~ **cardiga** made with goat's and ewe's milk
 ~ **catupiri** small, white cream cheese
 ~ **flamengo** Dutch type of cheese
 ~ **da ilha** made in the Azores

and not unlike Cheddar
 ~ **de Minas** plain
 ~ **Prata** mild and yellow
 ~ **rabaçal** made with goat's milk
 ~ **requeijão** type of cottage cheese
 ~ **São Jorge** not unlike Cheddar
 ~ **da Serra** made with ewe's milk
quente hot
 ~ **e frio** chocolate-nut (US hot-fudge) sundae
quiabo okra (GB lady's finger)
quindim sweet made with eggs and grated coconut
rabanada slice of bread dipped into egg batter and sprinkled with sugar (US french toast)
rabanete radish
raia skate
rainha-cláudia greengage plum
recheado stuffed
recheio stuffing, forcemeat
refeição meal
 ~ **ligeira** snack
refogado onions fried in olive-oil (base of a stew)
repolho green cabbage
rins kidneys
rissol fritter with minced meat or fish
robalo sea-bass
rodela round slice
rojões à alentejana pork cubes fried with baby clams, diced potatoes and onions
rojões à moda do Minho pork cubes marinated in dry white wine with garlic and paprika, fried and mixed with boiled blood cubes
rolo de carne picada meatloaf

rolos de couve lombarda savoy-cabbage leaves stuffed with minced or sausage meat

romã pomegranate

rosca ring-shaped white bread

ruivo red gurnard (fish)

sal salt

salada salad
~ **de fruta** fruit
~ **mista** mixed
~ **de pimentos assados** made with grilled sweet peppers
~ **russa** cooked, diced vegetables in mayonnaise

salgado 1), salty 2) salted

salmão salmon
~ **fumado** smoked

salmonete surmullet
~ **grelhado com molho de manteiga** grilled and served with melted butter, chopped parsley and lemon

salsa parsley

salsicha sausage

salva sage

sande, sanduíche sandwich

santola spider-crab
~ **ao natural** boiled in salted water with lemon
~ **recheada** stuffed with its own flesh, generally seasoned with mustard, curry powder, lemon and white wine

sarda mackerel

sardinha sardine

sável shad

seco 1) dry 2) dried

sêmola semolina

sericá alentejano cinnamon soufflé

serviço incluído service included

siri crab

sobremesa dessert

solha plaice

sonho type of doughnut

sopa soup
~ **de agriões** with watercress and potatoes
~ **de coentros** with coriander leaves, bread, poached eggs, olive-oil and garlic
~ **do dia** of the day
~ **de feijão** with kidney beans, cabbage, carrots and rice
~ **de hortaliça** with fresh vegetables
~ **juliana** with shredded vegetables
~ **de rabo de boi** oxtail
~ **de tomate à alentejana** with tomatoes, onions and poached eggs
~ **transmontana** with vegetables, ham, bacon and slices of bread

sorvete ice-cream
~ **com água** water-ice (US sherbet)

sururu type of cockle

suspiro meringue

tainha grey mullet (fish)

tâmara date

tangerina tangerine

tempero seasoning

tenro tender

tigelada dessert of eggs beaten with milk and cinnamon, baked in an earthenware bowl

toranja grapefruit

torrada toast

torrão de ovos marzipan sweet

torta swiss roll
~ **de Viana** filled with lemon curd

tosta mista toasted ham-and-cheese sandwich

toucinho bacon
 ~ **do céu** kind of marzipan
 pudding
tornedó round cut of prime beef
tremoço salted lupine seed
tripas tripe (usually minced)
 ~ **à moda do Porto** cooked
 with assorted pork products,
 navy beans and pieces of
 chicken; served with rice
trouxa de vitela veal olive (US
 veal bird)
trouxas de ovos egg yolks
 poached in sweetened water
 and topped with syrup
trufa truffle
truta trout
tutano marrow
tutu à mineira puree of black
 beans mixed with cassava-root

meal and served with cabbage
 and fried bacon
uva grape
 ~ **moscatel** muscat
vaca beef
vagens runner beans (US green
 beans)
variado assorted
vatapá fish and shrimp puree
 flavoured with coconut milk
 and palm-oil and served with a
 peanut-and-cashew sauce
vieira scallop
vinagre vinegar
vitela veal
ximxim de galinha chicken
 braised in palm-oil and served
 with a sauce of ground shrimp,
 sweet peppers, onions, peanuts
 and ginger

Drinks

adocicado slightly sweet
água water
 ~ **de coco** coconut milk
 ~**-pé** weak wine, made from a
 base of watered-down wine
 draff
 ~ **tónica** tonic
água mineral mineral water
 ~ **com gás/gaseificada** fizzy
 (US carbonated)
 ~ **sem gás** still
aguardente spirit distilled from
 vegetable matter or fruit
 ~ **bagaceira** spirit distilled
 from grape husks
 ~ **de figo** spirit distilled from

figs
 ~ **de medronho** spirit distilled
 from arbutus berries
 ~ **velha** well-aged brandy
Antiqua Portuguese grape
 brandy, aged
aperitivo aperitif
batida long drink (US highball)
 of rum, sugar and fruit juice,
 usually lemon juice
batido milk-shake flavoured with
 a scoop of ice-cream
bebida drink
 ~ **sem álcool/não alcoólica**
 soft drink
 ~ **espirituosa** spirits

bica black coffee

Borges Portuguese grape brandy, aged

branco white

Bucelas region north of Lisbon which produces the famous dry, straw-coloured *Bucelas* wine

cacau cocoa

cachaça white rum

café coffee

~ **sem cafeína** caffeine-free

~ **duplo** large cup of coffee

~ **frio** iced coffee

~ **com leite** white coffee

~ **puro** genuine coffee

cafezinho strong black coffee

caipirinha white rum served with lemon juice, ice cubes and a slice of lime or lemon

caldo de cana sugar-cane juice

caneca pint-size beer mug

Carcavelos region west of Lisbon producing good fortified wines

carioca small weak coffee

(água de) Castelo fizzy (US carbonated) mineral water

cerveja 1) beer 2) lager

~ **em garrafa** bottled

~ **imperial** draught (US draft)

~ **preta** stout

chá tea

~ **com leite** with milk

~ **com limão** with lemon

~ **de limão** made from an infusion of lemon peel

~ **maté** made from an infusion of the maté-tree leaf and usually served chilled with a slice of lemon

clarete light red wine

Colares region to the north-west of Lisbon, producing good quality red and white wine; the reds have good colour and body and are rich in tanning; the whites have a strong aromatic flavour

conhaque cognac, French brandy

~ **espanhol** Spanish brandy

Constantino Portuguese brandy, aged

copo glass

Cuba livre rum and Coke

Dão some of the best wines of Portugal, normally drunk quite young, come from this region, in the south-east of Oporto; the reds are strong and of good flavour, the whites dry and fruity

doce sweet

meio-~ medium-sweet (usually in reference to sparkling wine)

Douro the upper part of this valley, east of Oporto produces the renowned port wine (see *Porto*) and pleasant table wines

espumante 1) sparkling 2) sparkling wine

Favaios dessert wine similar to muscatel

fino draught (US draft) beer

fresco fresh, chilled

frio cold

galão white coffee served in a big glass

garoto white coffee served in a small cup

garrafa bottle

meia-~ half bottle

gasosa fizzy (US carbonated) soft drink

gelado iced

gelo ice, ice cubes

com ~ with ice

sem ~ without ice

genebra Dutch gin, usually produced under licence

gim gin

ginjinha spirit distilled from morello cherries

girafa draught (US draft) beer served in a fluted glass

guaraná soft drink flavoured with *guaraná,* a very sweet tropical fruit

jarro carafe

jeropiga locally made fortified wine (see also *vinho abafado*)

laranjada orangeade

leite milk

~ **com chocolate** chocolate drink

licor liqueur

limonada type of lemon squash (US lemon drink)

Madeira excellent red and white aperitif and dessert wines are produced on this island; *Sercial* is the driest, and this, with *Verdelho* (medium-dry), can be drunk as an aperitif; *Boal* (or *Bual*) is smoky and less sweet than the rich dark-amber *Malmsey* (or *Malvásia*), which is best served for dessert at room temperature

maduro mature (wine produced from ripe grapes, as opposed to "green wine"; see *Minho*)

(suco/sumo de) maracujá passion-fruit (juice)

Mateus rosé famous rosé wine from the district of Trás-os-Montes

mazagrã chilled black coffee served on the rocks with sugar and a slice of lemon

Minho area in the north-west of Portugal where the famous young *vinho verde,* or "green wine", is produced; it is made from unripened grapes; faintly sparkling and acid in taste, very refreshing and with low alcohol content; the whites are more popular than the reds, both should be drunk young and chilled

moscatel 1) muscat grape 2) muscatel, a rich, aromatic dessert wine

pinga 1) wine 2) crude white rum (Brazil)

(vinho do) Porto this famous fortified wine from the upper Douro valley, east of Oporto, is classified by *vintage* and *blend;* the *vintage* ports, only made in exceptional years (indicated on the label), are bottled at least two years after harvesting and then stored to age for 10 to 20 years or more, while the *blended* ports, a subtle mixture of the harvests of different years, are kept in barrels for a minimum of 5 years; there are two types of *blended* ports: the younger *Ruby* variety is full-coloured, full-bodied, and the *Tawny* amber-coloured and delicate; moreover, less sweet, aromatic white ports are also available and are suitable as an aperitif

quente hot

região demarcada controlled and classified wine-producing area, e.g. *Bucelas, Colares, Dão, Douro, Minho,* etc.

seco dry

extra-~ extra-dry

meio-~ medium-dry

Setubal region south of Lisbon noted for its famous dessert wines *(moscatel)* and some good red and rosé table wines
sidra cider
simples neat (US straight)
suco/sumo fruit or vegetable juice
taça long-stemmed glass, cup
tinto red
uísque whisky
vermute vermouth
vinho wine
  ~ abafado locally made fortified wine (see also *jeropiga*)
  ~ adamado sweet wine
  ~ da casa house or carafe wine
  ~ espumante natural sparkling wine produced in a similar fashion to French champagne and available in extra-dry, dry and medium-dry blends
  ~ generoso well-aged and fortified wine, high in alcohol content
  ~ licoroso naturally sweet wine, high in alcohol content e.g. *Moscatel de Setúbal*
  ~ da Madeira Madeira wine (see *Madeira*)
  ~ do Porto port wine (see *Porto*)
  ~ da região local wine
  ~ verde "green wine" (see *Minho*)
xerez sherry

Mini-Grammar

Here's the briefest possible outline of some essential features of Portuguese grammar.

Articles

Articles agree with the noun in gender and number.

Definite article (the):

	masculine	feminine
singular	o	a
plural	os	as

Indefinite article (a/an):

	masculine	feminine
singular	um	uma
plural	uns	umas

Note: The plural corresponds to the English "some" or "a few".

To show possession, the preposition **de** (of) + the article is contracted to **do, da, dos** or **das**.

o princípio do mês	the beginning of the month
o fim da semana	the end of the week

Nouns

All nouns in Portuguese are either masculine or feminine. Normally, those ending in **o** are masculine and those ending in **a** are feminine. Generally, nouns which end in a vowel add **-s** to form the plural:

a menina	the little girl
as meninas	the little girls
o pato	the duck
os patos	the ducks

Words ending in **r, s** or **z** form the plural by adding **-es**:

a mulher	the woman
as mulheres	the women
o país	the country
os países	the countries
a luz	the light
as luzes	the lights

Words ending in a nasal sound (**em, im, om, um**) change their endings to **ens, ins, ons, uns** in the plural.

Adjectives

These agree with the nouns they modify in gender and number.

o belo livro	the nice book
a bela estátua	the fine statue
os homens altos	the tall men
as mulheres altas	the tall women

From these examples you can see that adjectives can come before or after the noun. This is a matter of sound and idiom.

Demonstrative adjectives

this	este (masc.)/esta (fem.)
that	esse, aquele (masc.)/ essa, aquela (fem.)
these	estes (masc.)/estas (fem.)
those	esses, aqueles (masc.)/ essas, aquelas (fem.)

The difference between the three forms is that **este** means within reach, **esse** a bit farther and **aquele** means out of reach. There are also three invariable demonstrative adjectives in Portuguese: **isto**, **isso** and **aquilo**.

Tome isto.	Take this.
Deixe isso, por favor.	Leave that, please.
Dê-me aquilo, ali.	Give me that, over there.

Possessive adjectives

These agree in number and gender with the noun they modify, i.e., with the thing possessed and not the possessor.

	masculine	feminine
my	meu	minha
your	teu	tua
his/her/its	seu	sua
our	nosso	nossa
your	vosso	vossa
their	seu	sua

All these forms add an **s** to form the plural.

Note: The form of the third person can be used instead of the second, as a form of politeness:

Meu amigo, o seu livro deixou-me óptima impressão.	My friend, your book made a very good impression on me.

Personal pronouns

	subject	direct object	indirect object
I	eu	me	mim
you	tu	te	ti
he/it	ele	o	lhe

	subject	direct object	indirect object
she/it	ela	a	lhe
we	nós	nos	nos
you	vós	vos	vos
they (masc.)	eles	os	lhes
they (fem.)	elas	as	lhes

There are two forms for "you" (singular) in Portuguese: the intimate **tu** when talking to
relatives, friends and children and **você**, which is used in all other cases between people
who don't know each other very well. But when addressing someone you normally use
the third person of the singular or of the plural:

Como está (estão)? How are you?

Verbs

There are four auxiliary verbs in Portuguese:

ter/haver to have
ser/estar to be

Ter indicates possession or a condition:

Tenho uma casa. I have a house.
Tenho febre. I have a fever.

Haver in the meaning of "to exist" is only used in the third person of the singular
(there is/there are):

Há muitas pessoas aqui. There are too many people here.

Ser indicates a permanent state:

Sou inglês. I am English.

Estar indicates movement or a non-permanent state:

Estou a passear I am walking.
  [Estou passeando].
Está doente. He is ill.

The **negative** is formed by placing **não** before the verb.

Falo português. I speak Portuguese.
Não falo português. I don't speak Portuguese.

In Portuguese, **questions** are often formed by changing the intonation of your voice.

Está bem. It's all right.
Está bem? Is it all right?
Falo inglês. I speak English.
Fala inglês? Do you speak English?

Three regular conjugations appear below, grouped by families according to their infinitive endings, *-ar*, *-er* and *-ir*. Verbs which do not follow the conjugations below are considered irregular (see irregular verb list). Note that there are some verbs which follow the regular conjugation of the category they belong to, but present some minor changes in spelling. Examples: *boiar, bóio; tocar, toque; almoçar, almoce; cegar, cegue; dirigir, dirijo; distinguir, distingo*. The personal pronoun is not generally expressed since the verb endings clearly indicate the person.

		1st conj.	2nd conj.	3rd conj.
Infinitive		**am ar** *(love)*	**tem er** *(fear)*	**part ir** *(leave for)*
Present	(eu)	am o	tem o	part o
	(tu)	am as	tem es	part es
	(ele)	am a	tem e	part e
	(nós)	am amos	tem emos	part imos
	(vós)	am ais	tem eis	part is
	(eles)	am am	tem em	part em
Imperfect	(eu)	am ava	tem ia	part ia
	(tu)	am avas	tem ias	part ias
	(ele)	am ava	tem ia	part ia
	(nós)	am ávamos	tem íamos	part íamos
	(vós)	am áveis	tem íeis	part íeis
	(eles)	am avam	tem iam	part iam
Past def.	(eu)	am ei	tem i	part i
	(tu)	am aste	tem este	part iste
	(ele)	am ou	tem eu	part iu
	(nós)	am ámos	tem emos	part imos
	(vós)	am astes	tem estes	part istes
	(eles)	am aram	tem eram	part iram
Future	(eu)	am arei	tem erei	part irei
	(tu)	am arás	tem erás	part irás
	(ele)	am ará	tem erá	part irá
	(nós)	am aremos	tem eremos	part iremos
	(vós)	am areis	tem ereis	part ireis
	(eles)	am arão	tem erão	part irão
Conditional	(eu)	am aria	tem eria	part iria
	(tu)	am arias	tem erias	part irias
	(ele)	am aria	tem eria	part iria
	(nós)	am aríamos	tem eríamos	part iríamos
	(vós)	am aríeis	tem eríeis	part iríeis
	(eles)	am ariam	tem eriam	part iriam

168

Pres. subj.				
	(eu)	am **e**	tem **a**	part **a**
	(tu)	am **es**	tem **as**	part **as**
	(ele)	am **e**	tem **a**	part **a**
	(nós)	am **emos**	tem **amos**	part **amos**
	(vós)	am **eis**	tem **ais**	part **ais**
	(eles)	am **em**	tem **am**	part **am**
Imp. subj.	(eu)	am **asse**	tem **esse**	part **isse**
	(tu)	am **asses**	tem **esses**	part **isses**
	(ele)	am **asse**	tem **esse**	part **isse**
	(nós)	am **ássemos**	tem **êssemos**	part **íssemos**
	(vós)	am **ásseis**	tem **êsseis**	part **ísseis**
	(eles)	am **assem**	tem **essem**	part **issem**
Present part.		am **ando**	tem **endo**	part **indo**
Past part.		am **ado**	tem **ido**	part **ido**

Auxiliary Verbs

	ser *(be)*		**ter** *(have)*	
	Present	*Imperfect*	*Present*	*Imperfect*
(eu)	sou	era	tenho	tinha
(tu)	és	eras	tens	tinhas
(ele)	é	era	tem	tinha
(nós)	somos	éramos	temos	tínhamos
(vós)	sois	éreis	tendes	tínheis
(eles)	são	eram	têm	tinham
	Past def.	*Future*	*Past def.*	*Future*
(eu)	fui	serei	tive	terei
(tu)	foste	serás	tiveste	terás
(ele)	foi	será	teve	terá
(nós)	fomos	seremos	tivemos	teremos
(vós)	fostes	sereis	tivestes	tereis
(eles)	foram	serão	tiveram	terão
	Pres. subj.	*Imp. subj.*	*Pres. subj.*	*Imp. subj.*
(eu)	seja	fosse	tenha	tivesse
(tu)	sejas	fosses	tenhas	tivesses
(ele)	seja	fosse	tenha	tivesse
(nós)	sejamos	fôssemos	tenhamos	tivéssemos
(vós)	sejais	fôsseis	tenhais	tivésseis
(eles)	sejam	fossem	tenham	tivessem
	Pres. part.	*Past part.*	*Pres. part.*	*Past part.*
	sendo	sido	tendo	tido

Irregular Verbs

Below is a list of the irregular verbs with the tenses most commonly used in Portuguese. In the listing, a) stands for the present tense, b) for the imperfect, c) for the past definite, d) for the future, e) for the present subjunctive and f) for the past participle. All forms of the present tense are given plus the 1st person of the other tenses unless further irregularities occur in the conjugation of the particular tense.

Unless otherwise indicated, verbs with prefixes (*ab-, ad-, ante-, bem-, circum-, com-, contra-, de-, des-, dis-, em-, entre-, ex-, in-, inter-, intro-, mal-, ob-, per-, pre-, pro-, re-, retro-, sob-, sobre-, sub-, sus-, trans-, etc.*) are conjugated like the stem verb.

Although they are irregular, verbs ending in *-ear*, *-uzir* and *-uir* do not figure below. All those in *-ear* are conjugated as in *barbear*; those in *-uzir* as in *conduzir* and those in *-uir* as in *constituir*, with the exception of *destruir* and *construir* (see list).

abolir *abrogate, abolish*	a) –, –, –, abolimos, abolis, –; b) abolia; c) aboli; d) abolirei; e) –; f) abolido
acudir *help, assist*	a) acudo, acodes, acode, acudimos, acudis, acodem; b) acudia; c) acudi; d) acudirei; e) acuda; f) acudido
aderir *join, agree*	a) adiro, aderes, adere, aderimos, aderis, aderem; b) aderia; c) aderi; d) aderirei; e) adira; f) aderido
advertir *warn, admonish*	→aderir
agredir *attack*	a) agrido, agrides, agride, agredimos, agredis, agridem; b) agredia; c) agredi; d) agredirei; e) agrida; f) agredido
ansiar *crave for; worry*	a) anseio, anseias, anseia, ansiamos, ansiais, anseiam; b) ansiava; c) ansiei; d) ansiarei; e) anseie, anseies, anseie, ansiemos, ansieis, anseiem; f) ansiado
aprazer[1] *please*	a) apraz; b) aprazia; c) aprouve; d) aprazerá; e) apraza; f) aprazido
barbear *shave*	a) barbeio, barbeias, barbeia, barbeamos, barbeais, barbeiam; b) barbeava; c) barbeei; d) barbearei; e) barbeie, barbeies, barbeie, barbeemos, barbeeis, barbeiem; f) barbeado
bulir *move, touch*	→acudir
caber *fit*	a) caibo, cabes, cabe, cabemos, cabeis, cabem; b) cabia; c) coube, coubeste, coube, coubemos, coubestes, couberam; d) caberei; e) caiba; f) cabido
cair *fall*	a) caio, cais, cai, caímos, caís, caiem; b) caía; c) caí; d) cairei; e) caia; f) caído
cobrir *cover*	a) cubro, cobres, cobre, cobrimos, cobris, cobrem; b) cobria; c) cobri; d) cobrirei; e) cubra; f) coberto/cobrido

[1] impersonal

colorir *colour, paint*	→abolir
compelir *compel, force*	→aderir
conduzir *lead, drive*	a) conduzo, conduzes, conduz, conduzimos, conduzis, conduzem; b) conduzia; c) conduzi; d) conduzirei; e) conduza; f) conduzido
constituir *constitute*	a) constituo, constituis, constitui, constituímos, constituís, constituem; b) constituía; c) constituí; d) constituirei; e) constitua; f) constituído
construir *build*	a) construo, constróis, constrói, construímos, construís, constroem; b) construía; c) construí; d) construirei; e) construa; f) construído
consumir *consume*	→acudir
convergir *converge*	→emergir
crer *believe*	a) creio, crês, crê, cremos, credes, crêem; b) cria; c) cri; d) crerei; e) creia; f) crido
cuspir *spit*	→acudir
dar *give*	a) dou, dás, dá, damos, dais, dão; b) dava; c) dei, deste, deu, demos, destes, deram; d) darei; e) dê, dês, dê, demos, deis, dêem; f) dado
demolir *demolish*	→abolir
despir *undress*	→aderir
destruir *destroy*	→construir
digerir *digest*	→aderir
discernir *perceive, see*	→aderir
divertir *amuse*	→aderir
dizer *say*	a) digo, dizes, diz, dizemos, dizeis, dizem; b) dizia; c) disse, dissestes, disse, dissemos, dissestes, disseram; d) direi; e) diga; f) dito
doer *hurt*	→moer (only in 3rd person singular and plural)
dormir *sleep*	→cobrir; f) dormido

emergir *emerge*	a) –, emerges, emerge, emergimos, emergis, emergem; b) emergia; c) emergi; d) emergirei; e) –; f) emergido/ emerso
engolir *swallow*	→cobrir; f) engolido
estar *be*	a) estou, estás, está, estamos, estais, estão; b) estava; c) estive, estiveste, esteve, estivemos, estivestes, estiveram; d) estarei; e) esteja; f) estado
explodir *explode, burst*	→abolir
extorquir *extort*	→abolir
fazer *do, make*	a) faço, fazes, faz, fazemos, fazeis, fazem; b) fazia; c) fiz, fizeste, fez, fizemos, fizestes, fizeram; d) farei; e) faça; f) feito
ferir *wound, hurt*	→aderir
fugir *run away, escape*	a) fujo, foges, foge, fugimos, fugis, fogem; b) fugia; c) fugi; d) fugirei; e) fuja; f) fugido
gerir *administer, organize*	→aderir
haver[1] *have; be*	a) há; b) havia; c) houve; d) haverá; e) haja; f) havido
haver de *have to*	a) hei-de, hás-de, há-de, havemos de, haveis de, hão-de; b) havia de; c) –; d) –; e) –; f) –
impelir *drive, force*	→aderir
incendiar *set on fire*	→ansiar
inserir *insert*	→aderir
ir *go*	a) vou, vais, vai, vamos, ides, vão; b) ia; c) fui, foste, foi, fomos, fostes, foram; d) irei; e) vá, vás, vá, vamos, vades, vão; f) ido
jazer *lie (here lies)*	a) jazo, jazes, jaz, jazemos, jazeis, jazem; b) jazia; c) jazi; d) jazerei; e) jaza; f) jazido
ler *read*	a) leio, lês, lê, lemos, ledes, lêem; b) lia; c) li; d) lerei; e) leia; f) lido
mediar *mediate*	→ansiar
medir *measure*	a) meço, medes, mede, medimos, medis, medem; b) media; c) medi; d) medirei; e) meça; f) medido

---

[1] impersonal

mentir *lie (tell lies)*	→aderir
moer *grind*	a) moo, móis, mói, moemos, moeis, moem; b) moía; c) moí; d) moerei; e) moa; f) moído
negociar *negociate*	→ansiar
odiar *hate*	→ansiar
ouvir *hear, listen*	a) ouço, ouves, ouve, ouvimos, ouvis, ouvem; b) ouvia; c) ouvi; d) ouvirei; e) ouça; f) ouvido
pedir *ask*	→medir
perder *lose*	a) perco, perdes, perde, perdemos, perdeis, perdem; b) perdia; c) perdi; d) perderei; e) perca; f) perdido
poder *be able to*	a) posso, podes, pode, podemos, podeis, podem; b) podia; c) pude, pudeste, pôde, pudemos, pudestes, puderam; d) poderei; e) possa; f) podido
polir *polish*	→abolir
por *put*	a) ponho, pões, põe, pomos, pondes, põem; b) punha, punhas, punha, púnhamos, púnheis, punham; c) pus, puseste, pôs, pusemos, pusestes, puseram; d) porei; e) ponha; f) posto
premiar *award*	→ansiar
prevenir *prevent; warn*	→agredir
prover *provide*	a) provejo, provês, provê, provemos, provedes, provêem; b) provia; c) provi; d) proverei; e) proveja; f) provido
querer *want, wish*	a) quero, queres, quer, queremos, quereis, querem; b) queria; c) quis, quiseste, quis, quisemos, quisestes, quiseram; d) quererei; e) queira; f) querido
reflectir *reflect; ponder*	→aderir
remediar *put right, palliate*	→ansiar
repetir *repeat*	→aderir
requerer *request*	a) requeiro, requeres, requer, requeremos, requereis, requerem; b) requeria; c) requeri; d) requererei; e) requeira; f) requerido
rir *laugh*	a) rio, ris, ri, rimos, rides, riem; b) ria; c) ri; d) rirei; e) ria; f) rido

saber	a) sei, sabes, sabe, sabemos, sabeis, sabem; b) sabia;
know	c) soube, soubeste, soube, soubemos, soubestes, souberam; d) saberei; e) saiba; f) sabido
sair	a) saio, sais, sai, saímos, saís, saem; b) saía;
go out	c) saí; d) sairei; e) saia; f) saído
seguir	→aderir
follow	
sentir	→aderir
feel; be sorry	
servir	→aderir
serve	
subir	→acudir
go up, ascend	
sugerir	→aderir
suggest	
tossir	→cobrir; f) tossido
cough	
trair	→cair
betray	
trazer	a) trago, trazes, traz, trazemos, trazeis, trazem;
bring	b) trazia; c) trouxe, trouxeste, trouxe, trouxemos, trouxestes, trouxeram; d) trarei; e) traga; f) trazido
valer	a) valho, vales, vale, valemos, valeis, valem; b) valia;
be worth	c) vali; d) valerei; e) valha; f) valido
ver	a) vejo, vês, vê, vemos, vedes, vêem; b) via; c) vi, viste,
see, watch	viu, vimos, vistes, viram; d) verei; e) veja; f) visto
vestir	→aderir
dress	
vir	a) venho, vens, vem, vimos, vindes, vêm; b) vinha,
come	vinhas, vinha, vínhamos, vínheis, vinham; c) vim, vieste, veio, viemos, viestes, vieram; d) virei; e) venha; f) vindo

Portuguese abbreviations

(a)	*assinado*	signed
a/c	*ao cuidado de*	c/o
a.C., A.C.	*antes de Cristo*	B.C.
A.C.B.	*Automóvel Clube do Brasil*	Brazilian Automobile Association
A.C.P.	*Automóvel Clube de Portugal*	Portuguese Automobile Association
A.D.	*anno Domini*	A.D.
Al.	*alameda*	lane, alley
apart., ap.	*apartamento*	flat, apartment
Av.	*avenida*	avenue; alley
BB	*Banco do Brasil*	Bank of Brazil
B.º	*beco*	cul-de-sac, blind alley
c/	*com; conta*	with; account
c/c	*conta corrente*	current account
c/v	*cave*	basement, cellar
C.ª, Cia, Cia	*companhia*	company
Calç.	*calçada*	paved street
CEE	*Comunidade Económica Europeia*	EEC, Common Market
C.M.	*Câmara Municipal*	Local council
CP	*Caminhos de Ferro Portugueses*	Portuguese Railways
C.P.	*caixa postal*	p.o. box
Cr$	*cruzeiro*	Brazilian monetary unit
C.T.B.	*Companhia Telefônica Brasileira*	Brazilian Telephone Company
C.T.T.	*Correios, Telégrafos e Telefones*	Post Office, Telegraph, Telephone
Cv., ctv.	*centavo*	1/100 of an escudo (or a cruzeiro)
c.v.	*cavalo-vapor*	horsepower
D.	*Dona*	Miss, Mrs. (title of courtesy)
d., dto.	*direito*	on the right (part of an address)
d.C., D.C.	*depois de Cristo*	A.D.
D.F.	*Distrito Federal (Brasília)*	Federal District of Brasilia
Dr.	*Doutor*	Doctor

Dra.	*Doutora*	Doctor (fem)
e., esq.	*esquerdo*	left-hand (part of an address)
E.C.T.	*Empresa de Correios e Telégrafos*	Brazilian Post and Telegraph Company
E.F.C.B.	*Estrada de Ferro Central do Brasil*	Brazilian Railways
ENATUR	*Empresa Nacional de Turismo*	Portuguese National Tourist Office
End.	*endereço*	address
E.R.	*Espera resposta*	please reply
Esc.	*escudo*	Portuguese monetary unit
Ex.ª, Excia.	*Excelência*	Excellency
Ex.ma (Sra.)	*Excelentíssima (Senhora)*	title of courtesy (followed by Mrs. or Mr.)
Ex.mo (Sr.)	*Excelentíssimo (Senhor)*	
G.B.	*Estado da Guanabara*	State of Guanabara
G.N.R.	*Guarda Nacional Republicana*	National Republican Guard (police)
h	*hora(s)*	o'clock
Ilma. (Sra.)	*Ilustríssima (Senhora)*	title of courtesy (followed by Mrs. or Mr.)
Ilmo. (Sr.)	*Ilustríssimo (Senhor)*	
L., L.º	*Largo*	square, plaza
Lda., Ltda.	*limitada*	Limited
Lx.ª	*Lisboa*	Lisbon
méd.	*médico*	physician
Men.ª	*Menina*	Miss
n/	*nosso, nossa*	our
Obg., Obr.º	*obrigado*	thank you
P., Pr.	*praça*	square
pág., p.	*página*	page
R.	*rua*	street
r/c	*rés-do-chão*	ground floor
reg.º	*registado; regulamento*	registered; regulation
Rem., Rem.te	*remetente*	sender
Revmo.	*Reverendíssimo*	Reverend Father
R.P.	*Rádio-Patrulha*	Police-Patrol

R.S.F.F.	*responda se faz favor*	please reply, R.S.V.P.
RTI	*Rádio e Televisão Independente*	Independent Portuguese Broadcasting Company
RTP	*Rádio e Televisão Portuguesa*	Portuguese Broadcasting Company
s/	*sem; seu, sua*	without; your
S., Sto.	*São, Santo*	saint
S.A.	*Sociedade Anónima*	Incorporated
s.f.f.	*se faz favor*	please
S.P.	*Estado de São Paulo*	State of São Paulo
Sr., Sra.	*Senhor, Senhora*	Mr., Mrs.
Sta.	*Santa*	saint (fem)
Tr., Trav.	*travessa*	by-lane, passageway
v/	*vosso, vossa*	your
v.º	*você*	you
v.º	*verso*	back, reverse
V.S.F.F.	*volte se faz favor*	please turn over

Numerals

Cardinal numbers		Ordinal numbers	
0	zero	1.	primeiro
1	um	2.	segundo
2	dois	3.	terceiro
3	três	4.	quarto
4	quatro	5.	quinto
5	cinco	6.	sexto
6	seis	7.	sétimo
7	sete	8.	oitavo
8	oito	9.	nono
9	nove	10.	décimo
10	dez	11.	décimo primeiro
11	onze	12.	décimo segundo
12	doze	13.	décimo terceiro
13	treze	14.	décimo quarto
14	catorze	15.	décimo quinto
15	quinze	16.	décimo sexto
16	dezasseis	17.	décimo sétimo
17	dezassete	20.	vigésimo
18	dezoito	21.	vigésimo primeiro
19	dezanove	22.	vigésimo segundo
20	vinte	30.	trigésimo
21	vinte e um	40.	quadragésimo
22	vinte e dois	50.	quinquagésimo
30	trinta	60.	sexagésimo
31	trinta e um	70.	septuagésimo
40	quarenta	80.	octogésimo
50	cinquenta	90.	nonagésimo
60	sessenta	100.	centésimo
70	setenta	101.	centésimo primeiro
80	oitenta	200.	ducentésimo
90	noventa	300.	tricentésimo
100	cem	400.	quadringentésimo
101	cento e um	500.	quingentésimo
200	duzentos	600.	seiscentésimo
300	trezentos	700.	septingentésimo
500	quinhentos	800.	octingentésimo
1.000	mil	900.	nongentésimo
1.107	mil cento e sete	1.000.	milésimo
2.000	dois mil	1.107.	milésimo centésimo sétimo
1.000.000	um milhão	2.000.	dois milésimo

Time

If you have to indicate that it is a.m. or p.m., add *da manhã, da tarde* or *da noite*.

Thus:

oito da manhã	8 a.m.
duas da tarde	2 p.m.
oito da noite	8 p.m.

Days of the week

domingo	Sunday	*quinta-feira*	Thursday
segunda-feira	Monday	*sexta-feira*	Friday
terça-feira	Tuesday	*sábado*	Saturday
quarta-feira	Wednesday		

Some Basic Phrases	Algumas expressões de uso corrente
Please.	Por favor.
Thank you very much.	Muito obrigado.
Don't mention it.	Não tem de quê.
Good morning.	Bom dia.
Good afternoon.	Boa tarde.
Good evening.	Boa noite.
Good night.	Boa noite.
Good-bye.	Adeus.
See you later.	Até logo.
Where is/Where are…?	Onde é/Onde são…?
What do you call this?	Como chama isto?
What does that mean?	O que quer dizer isso?
Do you speak English?	Fala inglês?
Do you speak German?	Fala alemão?
Do you speak French?	Fala francês?
Do you speak Spanish?	Fala espanhol?
Do you speak Italian?	Fala italiano?
Could you speak more slowly, please?	Não se importava de falar mais devagar, por favor?
I don't understand.	Não compreendo.
Can I have…?	Pode dar-me…?
Can you show me…?	Pode indicar-me…?
Can you tell me…?	Pode dizer-me…?
Can you help me, please?	Pode ajudar-me, por favor?
I'd like…	Gostava…
We'd like…	Gostávamos…
Please give me…	Por favor, dê-me…
Please bring me…	Por favor, traga-me…
I'm hungry.	Tenho fome.
I'm thirsty.	Tenho sede.
I'm lost.	Perdi-me.
Hurry up!	Despache-se!

There is/There are…	Há…
There isn't/There aren't…	Não há…

Arrival / Chegada

Your passport, please.	O seu passaporte, por favor.
Have you anything to declare?	Tem alguma coisa a declarar?
No, nothing at all.	Não, nada.
Can you help me with my luggage, please?	Pode levar-me a bagagem, por favor?
Where's the bus to the centre of town, please?	Onde se apanha o autocarro (ônibus) para o centro da cidade, por favor?
This way, please.	Por aqui, por favor.
Where can I get a taxi?	Onde posso arranjar um táxi?
What's the fare to…?	Qual é o preço do percurso para…?
Take me to this address, please.	Leve-me a esta direcção, por favor.
I'm in a hurry.	Estou com pressa.

Hotel / Hotel

My name is…	Chamo-me…
Have you a reservation?	Reservou?
I'd like a room with a bath.	Queria um quarto com casa de banho (banheiro).
What's the price per night?	Qual é o preço por noite?
May I see the room?	Posso ver o quarto?
What's my room number, please?	Qual é o número do meu quarto, por favor?
There's no hot water.	Não há água quente.
May I see the manager, please?	Posso ver o director, por favor?
Did anyone telephone me?	Não houve nenhum telefonema para mim?
Is there any mail for me?	Há correio para mim?
May I have my bill (check), please?	Pode dar-me a conta, por favor?

Eating out

Do you have a fixed-price menu?

May I see the menu?

May we have an ashtray, please?

Where's the toilet, please?

I'd like an hors d'œuvre (starter).

Have you any soup?

I'd like some fish.

What kind of fish do you have?

I'd like a steak.

What vegetables have you got?

Nothing more, thanks.

What would you like to drink?

I'll have a beer, please.

I'd like a bottle of wine.

May I have the bill (check), please?

Is service included?

Thank you, that was a very good meal.

Restaurante

Tem uma ementa (um cardápio)?

Posso ver a lista?

Pode trazer-nos um cinzeiro, por favor?

Onde são os lavabos, por favor?

Queria um acepipe.

Tem sopa?

Queria peixe.

Que peixe tem?

Queria um bife.

Que legumes tem?

Mais nada, obrigado.

Que desejava beber?

Queria uma cerveja, por favor.

Queria uma garrafa de vinho.

Pode trazer-me a conta, por favor?

O serviço está incluído?

Obrigado, a comida estava muito boa.

Travelling

Where's the railway station, please?

Where's the ticket office, please?

I'd like a ticket to...

First or second class?

First class, please.

Single or return (one way or roundtrip)?

Do I have to change trains?

What platform does the train for... leave from?

Excursões

Onde é a estação, por favor?

Onde é a bilheteira (bilheteria), por favor?

Queria um bilhete para...

Primeira ou segunda classe?

Primeira classe, por favor.

Ida ou ida e volta?

Devo mudar de comboio (trem)?

De que cais parte o comboio (trem) para...?

Where's the nearest underground (subway) station?	Onde é a estação do metro mais próxima?
Where's the bus station, please?	Onde é a paragem dos autocarros (ônibus), por favor?
When's the first bus to…?	A que horas parte o primeiro autocarro (ônibus) para…?
Please let me off at the next stop.	Por favor, deixe-me na próxima paragem (parada).

Relaxing

Distracções

What's on at the cinema (movies)?	O que vai no cinema?
What time does the film begin?	A que horas começa o filme?
Are there any tickets for tonight?	Ainda há bilhetes para hoje à noite?
Where can we go dancing?	Onde podemos ir dançar?

Meeting people

Encontros

How do you do.	Bom dia.
How are you?	Como está?
Very well, thank you. And you?	Bem, obrigado. E você/a senhora/a menina/o senhor?
May I introduce…?	Posso apresentar-lhe…?
My name is…	Chamo-me…
I'm very pleased to meet you.	Muito prazer em conhecê-lo (la).
How long have you been here?	Há quanto tempo está aqui?
It was nice meeting you.	Tive muito gosto em conhecê-lo (la).
Do you mind if I smoke?	Não se importa que eu fume?
Do you have a light, please?	Tem lume (fogo), por favor?
May I get you a drink?	Posso oferecer-lhe uma bebida?
May I invite you for dinner tonight?	Posso convidá-la para jantar hoje à noite?
Where shall we meet?	Onde nos encontramos?

Shops, stores and services

Where's the nearest bank, please?

Where can I cash some travellers' cheques?

Can you give me some small change, please?

Where's the nearest chemist's (pharmacy)?

How do I get there?

Is it within walking distance?

Can you help me, please?

How much is this? And that?

It's not quite what I want.

I like it.

Can you recommend something for sunburn?

I'd like a haircut, please.

I'd like a manicure, please.

Estabelecimentos

Onde é o banco mais próximo, por favor?

Onde posso trocar cheques de viagem?

Pode-me dar dinheiro trocado, por favor?

Onde é a farmácia mais próxima?

Como posso ir para lá?

Pode-se ir a pé?

Pode ajudar-me, por favor?

Quanto custa isto? E aquilo?

Não é bem o que quero.

Gosto.

Pode aconselhar-me qualquer coisa contra as queimaduras do sol?

Queria cortar o cabelo, por favor.

Queria arranjar as unhas, por favor.

Street directions

Can you show me on the map where I am?

You are on the wrong road.

Go/Walk straight ahead.

It's on the left/on the right.

Direcções

Pode mostrar-me no mapa onde estou?

Enganou-se na estrada.

Siga sempre em frente.

É à esquerda/à direita.

Emergencies

Call a doctor quickly.

Call an ambulance.

Please call the police.

Urgências

Chame depressa um médico.

Chame uma ambulância.

Chame a polícia, por favor.

inglês-português

english-portuguese

Introdução

Este dicionário foi elaborado com um fim prático. A informação linguística é a estritamente necessária. As palavras encontram-se por ordem alfabética, quer sejam simples ou compostas, quer levem ou não traço de união. Única excepção à regra: os verbos reflexos e algumas expressões idiomáticas que foram ordenados em relação ao verbo simples ou à palavra principal.

Quando uma palavra é seguida de expressões correntes ou locuções, estas encontram-se igualmente dispostas por ordem alfabética na rubrica da palavra principal.

Todas as palavras principais trazem a respectiva transcrição fonética e a indicação da classe morfológica (substantivo, verbo, adjectivo, etc.). Quando uma palavra principal pertence a várias classes morfológicas, as respectivas traduções encontram-se a seguir a cada uma delas.

Damos todos os plurais irregulares dos substantivos, assim como certos plurais que possam suscitar dúvidas.

Para evitarmos repetições, usámos um til (~) em lugar da palavra principal.

No plural dos nomes compostos, o travessão (-) substitui o elemento que permanece invariável.

Um asterisco (*) assinala os verbos irregulares. Para mais pormenores, consulte a lista destes verbos.

Este dicionário toma em consideração a ortografia inglesa. As palavras e as definições dos termos tipicamente americanos são indicados como tais (veja a lista das abreviaturas usadas no texto).

Abreviaturas

adj	adjectivo	*n*	nome (substantivo)
adv	advérbio	*nAm*	nome (americano)
Am	americano	*num*	numeral
art	artigo	*p*	imperfeito
Br	brasileiro	*pl*	plural
conj	conjunção	*plAm*	plural (americano)
f	feminino	*pp*	particípio passado
fBr	feminino (brasileiro)	*pr*	presente do indicativo
fpl	feminino plural	*pref*	prefixo
fplBr	feminino plural	*prep*	preposição
	(brasileiro)	*pron*	pronome
m	masculino	*v*	verbo
mBr	masculino (brasileiro)	*vAm*	verbo
mpl	masculino plural		(americano)
mplBr	masculino plural	*vBr*	verbo
	(brasileiro)		(brasileiro)

Guia de pronúncia

Cada palavra principal desta parte do dicionário traz uma transcrição fonética que lhe indica a pronúncia. Deve lê-la como se cada letra ou grupo de letras tivesse o mesmo valor do que em português. A seguir figuram unicamente as letras e os símbolos ambíguos ou particularmente difíceis de compreender.

As sílabas estão separadas por traços de união e as tónicas estão impressas em *itálico*.

É evidente que os sons das duas línguas raras vezes coincidem exactamente, mas, se seguir cuidadosamente as nossas indicações, será capaz de pronunciar as palavras estrangeiras de maneira a fazer-se entender. Para facilitar o seu trabalho, as nossas transcrições simplificam, por vezes, ligeiramente, o sistema fonético da língua, sem deixar, por isso, de reflectir as diferenças de sons essenciais.

Consoantes

b	sempre como em **b**oca
d	sempre como em **d**ia
ð	parecido com o **d** de na**d**a
gh	como o **g** de **g**ato
h	pronuncia-se expirando rápida e fortemente
k	como o **c** de **c**asa; mas, antes de uma vogal tónica, ouve-se um **h** aspirado depois do **k**
ng	como o **n** de bra**n**co
p	como em **p**orto; mas, antes de uma vogal tónica, ouve-se um **h** aspirado depois do **p**
r	parecido com o **r** de ca**r**a, mas mais fraco
t	como em **t**odo; mas, antes de uma vogal tónica, ouve-se um **h** aspirado depois do **t**
θ	como o **s** de **s**aco, pronunciado com a língua entre os dentes

Vogais e ditongos

a	como em s**a**co
ă	como o **a** de port**a**

æ   entre o **a** de saco e o **é** de café

i   parecido com o **i** de fácil

1) As vogais longas estão impressas em duplicado.

2) As letras impressas em caracteres pequenos e elevados (por ex.: **iéç, aiª**) devem pronunciar-se rapidamente e com menos intensidade.

Pronúncia americana

A nossa transcrição corresponde à pronúncia da Grã-Bretanha. Embora existam variações regionais notáveis na língua americana, esta apresenta, em geral, algumas diferenças importantes em relação ao inglês da Grã-Bretanha.

Eis aqui alguns exemplos:

1) O **r**, diante de uma consoante ou no final de uma palavra, pronuncia-se sempre (ao contrário da pronúncia inglesa habitual).

2) Em muitas palavras (por ex.: *ask, castle, laugh,* etc.) o **aa** transforma-se em **æææ**.

3) O som inglês **o** pronuncia-se **a** ou também **óó**.

4) Em palavras como *duty, tune, new,* etc., **uu** transforma-se muitas vezes em **ⁱuu**.

5) Por último, o acento tónico de algumas palavras pode variar consideravelmente.

A

a (ei-ă) *art* (an) um, uma
abbey (æ-bi) *n* abadia *f*
abbreviation (ă-brii-vi-*ei*-chănn) *n* abreviatura *f*
aberration (æ-bă-*rei*-chănn) *n* aberração *f*
ability (ă-*bi*-lă-ti) *n* capacidade *f;* habilidade *f*
able (*ei*-băl) *adj* capaz; *be ~ to *ser capaz de; *poder
abnormal (æb-*nóó*-măl) *adj* anormal
aboard (ă-*bóód*) *adv* a bordo
abolish (ă-*bó*-lich) *v* *abolir
abortion (ă-*bóó*-chănn) *n* aborto *m*
about (ă-baut) *prep* acerca de; a respeito de, referente a; em volta de; *adv* cerca de, aproximadamente; à volta, em volta
above (ă-bav) *prep* sobre; *adv* em cima
abroad (ă-*bróód*) *adv* no estrangeiro, para o estrangeiro
abscess (æb-çéç) *n* abcesso *m*
absence (æb-çănnç) *n* ausência *f*
absent (æb-çănnt) *adj* ausente
absolutely (æb-çă-luut-li) *adv* absolutamente
abstain from (ăb-*çteinn*) *abster-se de

abstract (æb-çtrækt) *adj* abstracto
absurd (ăb-çăăd) *adj* absurdo
abundance (ă-bann-dănnç) *n* abundância *f*
abundant (ă-bann-dănnt) *adj* abundante
abuse (ă-b*i*uuç) *n* abuso *m*
abyss (ă-biç) *n* abismo *m*
academy (ă-kæ-dă-mi) *n* academia *f*
accelerate (ăk-çé-lă-reit) *v* acelerar
accelerator (ăk-çé-lă-rei-tă) *n* acelerador *m*
accent (æk-çănnt) *n* sotaque *m;* acento *m*
accept (ăk-çépt) *v* aceitar
access (æk-çéç) *n* acesso *m*
accessary (ăk-çé-çă-ri) *n* cúmplice *m*
accessible (ăk-çé-çă-băl) *adj* acessível
accessories (ăk-çé-çă-riz) *pl* acessórios
accident (æk-çi-dănnt) *n* acidente *m,* desastre *m*
accidental (æk-çi-dénn-tăl) *adj* acidental
accommodate (ă-kó-mă-deit) *v* acomodar, alojar
accommodation (ă-kó-mă-dei-chănn) *n* acomodação *f,* alojamento *m*
accompany (ă-kamm-pă-ni) *v* acompanhar
accomplish (ă-kamm-plich) *v* terminar; realizar

in accordance with (inn ă-*kóó*-dănnç ^uiđ) conforme

according to (ă-*kóó*-dinng tuu) conforme, segundo

account (ă-*kaunnt*) n conta f; relato m; ~ **for** explicar, justificar; **on** ~ **of** por causa de

accountable (ă-*kaunn*-tă-băl) adj explicável

accurate (æ-kⁱu-răt) adj exacto

accuse (ă-kⁱ*uuz*) v acusar

accused (ă-kⁱ*uuzd*) n acusado m

accustom (ă-*ka*-çtămm) v acostumar; **accustomed** costumado, habituado

ache (eik) v *doer; n dor f

achieve (ă-*tchiiv*) v alcançar; realizar, *concluir

achievement (ă-*tchiiv*-mănnt) n realização f

acid (æ-çid) n ácido m

acknowledge (ăk-*nó*-lidj) v reconhecer; admitir

acne (æk-ni) n acne f

acorn (*ei*-kóónn) n bolota f

acquaintance (ă-k^u*einn*-tănnç) n conhecido m, conhecimento m

acquire (ă-k^u*ai*^ă) v adquirir

acquisition (æ-k^ui-zi-chănn) n aquisição f

acquittal (ă-k^ui-tăl) n absolvição f

across (ă-*króç*) prep através; do outro lado de; adv no outro lado

act (ækt) n acto m; número m; v agir; comportar-se; representar

action (æk-chănn) n acção f

active (æk-tiv) adj activo

activity (æk-*ti*-vă-ti) n actividade f

actor (æk-tă) n actor m

actress (æk-triç) n actriz f

actual (æk-tchu-ăl) adj verdadeiro, real, efectivo

actually (æk-tchu-ă-li) adv realmente

acute (ă-kⁱ*uut*) adj agudo

adapt (ă-*dæpt*) v adaptar

add (æd) v adicionar; juntar

adaptor (ă-*dæp*-tă) n adaptador m

addition (ă-*di*-chănn) n adição f

additional (ă-*di*-chă-năl) adj adicional; suplementar; acessório

address (ă-*dréç*) n endereço m; v endereçar; dirigir-se a

addressee (æ-dré-çii) n destinatário m

adequate (æ-di-k^uăt) adj adequado, apropriado

adjective (æ-djik-tiv) n adjectivo m

adjourn (ă-*djăănn*) v adiar

adjust (ă-*djaçt*) v ajustar

administer (ăd-*mi*-ni-çtă) v administrar

administration (ăd-mi-ni-çtrei-chănn) n administração f; gestão f

administrative (ăd-*mi*-ni-çtră-tiv) adj administrativo; ~ **law** direito administrativo

admiral (æd-mă-răl) n almirante m

admiration (æd-mă-*rei*-chănn) n admiração f

admire (ăd-*mai*^ă) v admirar

admission (ăd-*mi*-chănn) n admissão f

admit (ăd-*mit*) v admitir; reconhecer

admittance (ăd-*mi*-tănnç) n entrada f; **no** ~ entrada proibida

adopt (ă-*dópt*) v adoptar

adorable (ă-*dóó*-ră-băl) adj adorável

adult (æ-dalt) n adulto m; adj adulto

advance (ăd-*vaannç*) n avanço m; adiantamento m; v avançar; adiantar; **in** ~ antecipadamente, adiantadamente

advanced (ăd-*vaannçt*) adj avançado

advantage (ăd-*vaann*-tidj) n vantagem f

advantageous (æd-vănn-*tei*-djăç) adj vantajoso

adventure (ăd-*vénn*-tchă) n aventura f

adverb (æd-vääb) n advérbio m

advertisement (ăd-vää-tiç-männt) n anúncio m

advertising (æd-vă-tai-zinng) n publicidade f

advice (ăd-vaiç) n conselho m

advise (ăd-vaiz) v aconselhar

advocate (æd-vă-kăt) n advogado m, defensor m

aerial (é*ă*-ri-ăl) n antena f

aeroplane (é*ă*-ră-pleinn) n avião m

affair (ă-fé*ă*) n assunto m; ligação f, aventura f

affect (ă-fékt) v afectar

affected (ă-fék-tid) adj afectado

affection (ă-fék-chänn) n afecção f; afeição f

affectionate (ă-fék-chă-nit) adj afectuoso

affiliated (ă-fi-li-ei-tid) adj filiado

affirmative (ă-fää-mă-tiv) adj afirmativo

affliction (ă-flik-chänn) n sofrimento m

afford (ă-fóód) v permitir-se

afraid (ă-freid) adj assustado, com medo; *be ~ *ter medo

Africa (æ-fri-kă) África f

African (æ-fri-känn) adj africano

after (aaf-tă) prep depois de; conj depois que

afternoon (aaf-tă-nuunn) n tarde f

afterwards (aaf-tă-uădz) adv depois; em seguida

again (ă-ghénn) adv outra vez; de novo; **again and again** repetidamente

against (ă-ghénnçt) prep contra

age (eidj) n idade f; **of ~** maior; **under ~** menor

aged (ei-djid) adj velho

agency (ei-djänn-çi) n agência f; repartição f

agenda (ă-djénn-dă) n agenda f; ordem do dia

agent (ei-djännt) n agente m, representante m

aggressive (ă-ghré-çiv) adj agressivo

ago (ă-gho*ᵘ*) adv há; **long ~** há muito tempo

agrarian (ă-ghré*ă*-ri-änn) adj agrário, agrícola

agree (ă-ghrii) v concordar; *consentir

agreeable (ă-ghrii-ă-băl) adj agradável

agreement (ă-ghrii-männt) n contrato m; acordo m

agriculture (æ-ghri-kal-tchă) n agricultura f

ahead (ă-héd) adv em frente; **~ of** adiante de; *go ~ continuar; **straight ~** sempre a direito

aid (eid) n ajuda f; v ajudar, auxiliar

AIDS (eidz) n SIDA f; AIDS Br

ailment (eil-männt) n mal m; achaque m

aim (eimm) n objectivo m; **~ at** apontar para, visar; aspirar (a)

air (é*ă*) n ar m; v arejar

air-conditioning (é*ă*-känn-di-chă-ninng) n ar condicionado; **air-conditioned** com ar condicionado

aircraft (é*ă*-kraaft) n (pl ~) avião m

airfield (é*ă*-fiild) n campo de aviação

air-filter (é*ă*-fil-tă) n filtro de ar

airline (é*ă*-lainn) n companhia de aviação

airmail (é*ă*-meil) n correio aéreo

airplane (é*ă*-pleinn) nAm avião m

airport (é*ă*-póót) n aeroporto m

air-sickness (é*ă*-çik-năç) n enjoo m

airtight (é*ă*-tait) adj hermético

airy (é*ă*-ri) adj arejado

aisle (ail) n nave lateral; passagem f

alarm (ă-laamm) n alarme m; v alarmar

alarm-clock (ă-laamm-klók) n despertador m

album (*æl*-bămm) *n* álbum *m*

alcohol (*æl*-kă-hól) *n* álcool *m*

alcoholic (*æl*-kă-*hó*-lik) *adj* alcoólico

ale (eil) *n* cerveja *f*

algebra (*æl*-dji-bră) *n* álgebra *f*

Algeria (*æl*-*djiă*-ri-ă) Argélia *f*

Algerian (*æl*-*djiă*-ri-ănn) *adj* argelino

alien (*ei*-li-ănn) *n* estrangeiro *m*; estranho *m*; *adj* estrangeiro

alike (ă-*laik*) *adj* igual, semelhante; *adv* igualmente

alimony (*æ*-li-mă-ni) *n* pensão alimentícia

alive (ă-*laiv*) *adj* vivo, com vida

all (óól) *adj* todo; tudo; ~ in incluído; ~ **right!** está bem!; **at** ~ de todo

alleged (ă-*lé*-djăd) *adj* suposto

allergy (*æ*-lă-dji) *n* alergia *f*

alley (*æ*-li) *n* viela *f*, beco *m*

alliance (ă-*lai*-ănnç) *n* aliança *f*

allot (ă-*lót*) *v* *atribuir

allow (ă-*lau*) *v* permitir, *consentir; ~ **to** autorizar a; *be allowed *estar autorizado

allowance (ă-*lau*-ănnç) *n* subsídio *m*

all-round (óól-*raunnd*) *adj* polivalente

almanac (*óól*-mă-næk) *n* almanaque *m*

almond (*aa*-mănnd) *n* amêndoa *f*

almost (*óól*-mou̯çt) *adv* quase

alone (ă-*lou̯nn*) *adv* só

along (ă-*lónn*) *prep* ao longo de

aloud (ă-*laud*) *adv* em voz alta

alphabet (*æl*-fă-bét) *n* alfabeto *m*

already (óól-*ré*-di) *adv* já

also (*óól*-çou̯) *adv* também, igualmente

altar (*óól*-tă) *n* altar *m*

alter (*óól*-tă) *v* alterar

alteration (óól-tă-*rei*-chănn) *n* alteração *f*

alternate (óól-*tăă*-năt) *adj* alternado

alternative (óól-*tăă*-nă-tiv) *n* alterna-tiva *f*

although (óól-*ðou̯*) *conj* embora

altitude (*æl*-ti-t¹uud) *n* altitude *f*

alto (*æl*-tou̯) *n* (pl ~s) contralto *m*

altogether (óól-tă-*ghé*-ðă) *adv* inteira-mente; totalmente; ao todo

always (*óól*-u̯eiz) *adv* sempre

am (æmm) *v* (pr be)

amaze (ă-*meiz*) *v* espantar, surpreen-der

amazement (ă-*meiz*-mănnt) *n* espanto *m*

ambassador (æmm-*bæ*-çă-dă) *n* em-baixador *m*

amber (*æmm*-bă) *n* âmbar *m*

ambiguous (æmm-*bi*-gh¹u-ăç) *adj* am-bíguo; equívoco

ambitious (æmm-*bi*-chăç) *adj* ambi-cioso

ambulance (*æmm*-b¹u-lănnç) *n* ambu-lância *f*

ambush (*æmm*-buch) *n* emboscada *f*

America (ă-*mé*-ri-kă) América *f*

American (ă-*mé*-ri-kănn) *adj* america-no

amethyst (*æ*-mi-θiçt) *n* ametista *f*

amid (ă-*mid*) *prep* entre, no meio de

ammonia (ă-*mou̯*-ni-ă) *n* amoníaco *m*

amnesty (*æmm*-ni-çti) *n* amnistia *f*

among (ă-*mann*g) *prep* entre; ~ **other things** entre outras coisas

amount (ă-*maunnt*) *n* quantidade *f*; quantia *f*, soma *f*; ~ **to** importar em; *equivaler a

amuse (ă-*m¹uuz*) *v* *divertir

amusement (ă-*m¹uuz*-mănnt) *n* diver-timento *m*, distracção *m*

amusing (ă-*m¹uu*-zinng) *adj* divertido, engraçado

anaemia (ă-*nii*-mi-ă) *n* anemia *f*

anaesthesia (æ-niç-*θii*-zi-ă) *n* aneste-sia *f*

anaesthetic (æ-niç-*θé*-tik) *n* anestési-co *m*

analyse (æ-nă-laiz) *v* analisar

analysis (ă-*næ*-lă-çiç) *n* (pl -ses) análise *f*

analyst (*æ*-nă-liçt) *n* analista *m*; psicanalista *m*

anarchy (*æ*-nă-ki) *n* anarquia *f*

anatomy (ă-*næ*-tă-mi) *n* anatomia *f*

ancestor (*ænn*-çé-çtă) *n* antepassado *m*

anchor (*ænng*-kă) *n* âncora *f*

anchovy (*ænn*-tchă-vi) *n* anchova *f*

ancient (*einn*-chănnt) *adj* antigo, velho; antiquado, envelhecido; velhíssimo

and (ænnd ănnd) *conj* e

angel (*einn*-djăl) *n* anjo *m*

anger (*ænng*-ghă) *n* cólera *f*, ira *f*; furor *m*

angle (*ænng*-ghăl) *v* pescar à linha; *n* ângulo *m*

angry (*ænng*-ghri) *adj* zangado

animal (*æ*-ni-măl) *n* animal *m*

ankle (*ænng*-kăl) *n* tornozelo *m*

annex¹ (*æ*-nékç) *n* anexo *m*

annex² (ă-*nékç*) *v* anexar

anniversary (æ-ni-*vă*ă-çă-ri) *n* aniversário *m*

announce (ă-*naunnç*) *v* anunciar

announcement (ă-*naunnç*-mănnt) *n* anúncio *m*, participação *f*

annoy (ă-*noi*) *v* irritar; aborrecer

annoyance (ă-*noi*-ănnç) *n* aborrecimento *m*

annoying (ă-*noi*-inng) *adj* irritante, maçador

annual (*æ*-nⁱu-ăl) *adj* anual; *n* anuário *m*

per annum (păr æ-nămm) anualmente

anonymous (ă-*nó*-ni-măç) *adj* anónimo

another (ă-*na*-ðă) *adj* mais um; um outro

answer (*aann*-çă) *v* responder a; *n* resposta *f*

ant (ænnt) *n* formiga *f*

anthology (ænn-*θó*-lă-dji) *n* antologia *f*

antibiotic (ænn-ti-bai-ó-tik) *n* antibiótico *m*

anticipate (ænn-*ti*-çi-peit) *v* *prever; esperar, *prevenir

antifreeze (*ænn*-ti-friiz) *n* anticongelante *m*

antipathy (ænn-*ti*-pă-θi) *n* antipatia *f*

antique (ænn-*tiik*) *adj* antigo; *n* antiguidade *f*; ~ **dealer** antiquário *m*

antiquity (ænn-*ti*-kᵘă-ti) *n* antiguidade *f*

antiseptic (ænn-ti-*çép*-tik) *n* antisséptico *m*

antlers (*ænnt*-lăz) *pl* esgalhos *mpl*

anxiety (ænng-*zai*-ă-ti) *n* ansiedade *f*

anxious (*ænngk*-chăç) *adj* ansioso; inquieto

any (*é*-ni) *adj* qualquer

anybody (*é*-ni-bó-di) *pron* qualquer pessoa

anyhow (*é*-ni-hau) *adv* de qualquer modo

anyone (*é*-ni-ᵘann) *pron* qualquer pessoa

anything (*é*-ni-θinng) *pron* qualquer coisa

anyway (*é*-ni-ᵘei) *adv* de qualquer maneira

anywhere (*é*-ni-ᵘéă) *adv* onde quer que seja; em qualquer lado

apart (ă-*paat*) *adv* à parte, separadamente; ~ **from** fora, à parte

apartment (ă-*paat*-mănnt) *nAm* apartamento *m*; andar *m*; ~ **house** *Am* prédio de andares; prédio de apartamentos *Br*

ape (eip) *n* macaco *m*

aperitif (ă-*pé*-ră-tiv) *n* aperitivo *m*

apologize (ă-*pó*-lă-djaiz) *v* pedir desculpa, desculpar-se

apology (ă-*pó*-lă-dji) *n* desculpa *f*

apparatus (æ-pă-*rei*-tăç) *n* dispositivo *m*, aparelho *m*

apparent (ă-*pæ*-rănnt) *adj* aparente; óbvio

apparently (ă-*pæ*-rănnt-li) *adv* aparentemente; evidentemente

apparition (æ-pă-*ri*-chănn) *n* aparição *f*

appeal (ă-*piil*) *n* apelo *m*

appear (ă-*piă*) *v* parecer; resultar; aparecer; apresentar-se

appearance (ă-*piă*-rănnç) *n* aparência *f*; aparecimento *m*

appendicitis (ă-pénn-di-*çai*-tiç) *n* apendicite *f*

appendix (ă-*pénn*-dikç) *n* (pl -dices, -dixes) apêndice *m*

appetite (æ-pă-tait) *n* apetite *m*

appetizer (æ-pă-tai-ză) *n* aperitivos *m*

appetizing (æ-pă-tai-zinng) *adj* apetitoso

applause (ă-*plóóz*) *n* aplausos *mpl*

apple (æ-păl) *n* maçã *f*

appliance (ă-*plai*-ănnç) *n* aparelho *m*

application (æ-pli-*kei*-chănn) *n* aplicação *f*; pedido *m*; candidatura *f*

apply (ă-*plai*) *v* aplicar; solicitar um emprego; aplicar-se a

appoint (ă-*poinnt*) *v* *nomear, designar

appointment (ă-*poinnt*-mănnt) *n* consulta *f*; entrevista *f*; nomeação *f*

appreciate (ă-*prii*-chi-eit) *v* avaliar; apreciar

appreciation (ă-*prii*-chi-*ei*-chănn) *n* avaliação *f*; apreciação *f*

approach (ă-*prou*tch) *v* aproximar-se; *n* maneira de proceder; acesso *m*

appropriate (ă-*prou*-pri-ăt) *adj* apropriado, justo, adequado

approval (ă-*pruu*-văl) *n* aprovação *f*; on ~ à condição

approve (ă-*pruu*v) *v* aprovar; ~ of concordar com

approximate (ă-*prók*-çi-măt) *adj* aproximado

approximately (ă-*prók*-çi-măt-li) *adv* aproximadamente

apricot (*ei*-pri-kót) *n* alperche *m*

April (*ei*-prăl) Abril

apron (*ei*-prănn) *n* avental *m*

Arab (æ-răb) *adj* árabe

arbitrary (aa-bi-tră-ri) *adj* arbitrário

arcade (aa-*keid*) *n* arcada *f*

arch (aatch) *n* arco *m*; abóbada *f*

archaeologist (aa-ki-ó-lă-djiçt) *n* arqueólogo *m*

archaeology (aa-ki-ó-lă-dji) *n* arqueologia *f*

archbishop (aatch-*bi*-chăp) *n* arcebispo *m*

arched (aatcht) *adj* arqueado

architect (aa-ki-tékt) *n* arquitecto *m*

architecture (aa-ki-ték-tchă) *n* arquitectura *f*

archives (aa-kaivz) *pl* arquivo *m*

are (aa) *v* (pr be)

area (*éă*-ri-ă) *n* região *f*; zona *f*; área *f*; ~ **code** indicativo *m*

Argentina (aa-djănn-*tii*-nă) Argentina *f*

Argentinian (aa-djănn-*ti*-ni-ănn) *adj* argentino

argue (aa-gh'uu) *v* discutir, argumentar

argument (aa-gh'u-mănnt) *n* argumento *m*; discussão *f*; disputa *f*

arid (æ-rid) *adj* árido

***arise** (ă-*raiz*) *v* surgir

arithmetic (ă-*ri*θ-mă-tik) *n* aritmética *f*

arm (aamm) *n* braço *m*; arma *f*; *v* armar

armchair (*aamm*-tché*ă*) *n* cadeira de braços, poltrona *f*

armed (aammd) *adj* armado; ~ **forces** forças armadas

armour (aa-mă) *n* armadura *f*

army (*aa*-mi) *n* exército *m*

aroma (ă-*ro*ᵘ-mă) *n* aroma *m*

around (ă-*raunnd*) *prep* em volta de, à volta de; *adv* à volta de

arrange (ă-*reinndj*) *v* ordenar, agrupar, arranjar, organizar

arrangement (ă-*reinndj*-mănnt) *n* regulamento *m*; acordo *m*

arrest (ă-*réçt*) *v* prender; *n* prisão *f*

arrival (ă-*rai*-văl) *n* chegada *f*

arrive (ă-*raiv*) *v* chegar

arrow (*æ*-ro*ᵘ*) *n* seta *f*

art (aat) *n* arte *f*; habilidade *f*; ~ **collection** colecção de obras de arte; ~ **exhibition** exposição de arte; ~ **gallery** galeria de arte; ~ **history** história da arte; **arts and crafts** artes e ofícios; ~ **school** academia das belas-artes

artery (*aa*-tă-ri) *n* artéria *f*

artichoke (*aa*-ti-tcho*ᵘ*k) *n* alcachofra *f*

article (*aa*-ti-kăl) *n* artigo *m*

artifice (*aa*-ti-fiç) *n* artifício *m*

artificial (aa-ti-*fi*-chăl) *adj* artificial

artist (*aa*-tiçt) *n* artista *m*

artistic (aa-*ti*-çtik) *adj* artístico

as (æz) *conj* como; tanto; que; porque, visto que; ~ **from** desde; a partir de; ~ **if** como se

asbestos (æz-bé-çtóç) *n* amianto *m*

ascend (ă-*cénnd*) *v* ascender; *subir; escalar

ascent (ă-*cénnt*) *n* ascensão *f*; subida *f*

ascertain (æ-că-*teinn*) *v* constatar; certificar-se de

ash (æch) *n* cinza *f*

ashamed (ă-*cheimmd*) *adj* envergonhado; *be ~ *ter vergonha

ashore (ă-*chóó*) *adv* a terra, em terra

ashtray (*æch*-trei) *n* cinzeiro *m*

Asia (*ei*-chă) Ásia *f*

Asian (*ei*-chănn) *adj* asiático

aside (ă-*çaid*) *adv* de lado; à parte

ask (aaçk) *v* perguntar; *pedir; convidar

asleep (ă-*çliip*) *adj* adormecido

asparagus (ă-*çpæ*-ră-ghăç) *n* espargo *m*

aspect (*æ*-çpékt) *n* aspecto *m*

asphalt (*æç*-fælt) *n* asfalto *m*

aspire (ă-*çpaiᵃ*) *v* aspirar

aspirin (*æ*-çpă-rinn) *n* aspirina *f*

ass (æç) *n* burro *m*

assassination (ă-çæ-çi-*nei*-chănn) *n* assassínio *m*

assault (ă-*çóólt*) *v* atacar; violar

assemble (ă-*cémm*-băl) *v* reunir; montar

assembly (ă-*çémm*-bli) *n* reunião *f*, assembleia *f*

assign to (ă-*cainn*) *atribuir a

assist (ă-*çiçt*) *v* auxiliar, assistir; ~ **at** assistir a

assistance (ă-*çi*-çtănnç) *n* ajuda *f*; assistência *f*

assistant (ă-*çi*-çtănnt) *n* assistente *m*

associate[1] (ă-*ço*ᵘ-chi-ăt) *n* sócio *m*, companheiro *m*; aliado *m*; membro *m*

associate[2] (ă-*ço*ᵘ-chi-eit) *v* associar; ~ **with** andar com, associar-se com

association (ă-ço*ᵘ*-çi-*ei*-chănn) *n* associação *f*

assort (ă-*çóót*) *v* classificar

assortment (ă-*çóót*-mănnt) *n* sortido *m*, sortimento *m*

assume (ă-*çʹuumm*) *v* *supor

assure (ă-*chuᵃ*) *v* assegurar, garantir

asthma (*æç*-mă) *n* asma *f*

astonish (ă-*çtó*-nich) *v* espantar

astonishing (ă-*çtó*-ni-chinng) *adj* espantoso

astonishment (ă-*çtó*-nich-mănnt) *n* espanto *m*

astronomy (ă-*çtró*-nă-mi) *n* astronomia f

asylum (ă-çai-lămm) n asilo m

at (æt) prep em, a; para

ate (ét) v (p eat)

atheist (ei-θi-içt) n ateu m

athlete (æθ-liit) n atleta m

athletics (æθ-lè-tikç) pl atletismo m

Atlantic (ăt-lænn-tik) Atlântico m

atmosphere (æt-măç-fiª) n atmosfera f: ambiente m

atom (æ-tămm) n átomo

atomic (ă-tó-mik) adj atómico

atomizer (æ-tă-mai-ză) n vaporizador m: pulverizador m

attach (ă-tætch) v atar, prender; fixar; juntar; **attached to** dedicado a

attack (ă-tæk) v atacar, *agredir; n ataque m

attain (ă-teinn) v atingir

attainable (ă-tei-nă-băl) adj possível; acessível

attempt (ă-témmpt) v tentar; n tentativa f

attend (ă-ténnd) v assistir a; ~ **on** atender; ~ **to** ocupar-se de, tratar de: prestar atenção a

attendance (ă-ténn-dănnç) n assistência f

attendant (ă-ténn-dănnt) n guarda m

attention (ă-ténn-chănn) n atenção f; *pay ~ prestar atenção

attentive (ă-ténn-tiv) adj atento

attic (æ-tik) n sótão m

attitude (æ-ti-tʲuud) n atitude f

attorney (ă-tăă-ni) n advogado m

attract (ă-trækt) v *atrair

attraction (ă-træk-chănn) n atracção f: atractivo m

attractive (ă-træk-tiv) adj atraente

auburn (óó-bănn) adj castanho encarnicado

auction (óók-chănn) n leilão m

audible (óó-di-băl) adj audível

audience (óó-di-ănnç) n audiência f;

auditório m

auditor (óó-di-tă) n ouvinte m

auditorium (óó-di-tóó-ri-ămm) n auditório m

August (óó-ghăçt) Agosto m

aunt (aannt) n tia f

Australia (ó-çtrei-li-ă) Austrália f

Australian (ó-çtrei-li-ănn) adj australiano

Austria (ó-çtri-ă) Áustria f

Austrian (ó-çtri-ănn) adj austríaco

authentic (óó-θénn-tik) adj autêntico

author (óó-θă) n autor m

authoritarian (óó-θó-ri-téª-ri-ănn) adj autoritário

authority (óó-θó-ră-ti) n autoridade f; poder m

authorization (óó-θă-rai-zei-chănn) n autorização f

automatic (óó-tă-mæ-tik) adj automático; ~ **teller** caixa automática

automation (óó-tă-mei-chănn) n automatização f

automobile (óó-tă-mă-biil) n automóvel m; ~ **club** automóvel clube

autonomous (óó-tó-nă-măç) adj autónomo

autopsy (óó-tó-pçi) n autópsia f

autumn (óó-tămm) n Outono m

available (ă-vei-lă-băl) adj disponível

avalanche (æ-vă-laannch) n avalanche f

avaricious (æ-vă-ri-chăç) adj avarento

avenue (æ-vă-nʲuu) n avenida f

average (æ-vă-ridj) adj médio; n média f; **on the** ~ em média

averse (ă-văăç) adj adverso

aversion (ă-văă-chănn) n aversão f

avert (ă-văăt) v desviar

avoid (ă-void) v evitar

await (ă-ᵘeit) v esperar

awake (ă-ᵘeik) adj acordado

***awake** (ă-ᵘeik) v despertar, acordar

award (ă-ᵘóód) n prémio m; v *atribuir

aware (ă-ᵘéᵃ) *adj* ciente

away (ă-ᵘei) *adv* ausente; *go ~
*ir-se embora

awful (óó-făl) *adj* terrível, horrível

awkward (óó-kᵘăd) *adj* embaraçoso;
desastrado

awning (óó-ninng) *n* toldo *m*

axe (ækç) *n* machado *m*

axle (æk-çăl) *n* eixo *m*

B

baby (bei-bi) *n* bebé *m; ~ **carriage**
Am carrinho de bebé

babysitter (bei-bi-çi-tă) *n* babysitter
m

bachelor (bæ-tchă-lă) *n* celibatário *m*

back (bæk) *n* costas; *adv* atrás; *go
~ regressar

backache (bæ-keik) *n* dores nas costas

backbone (bæk-boᵘnn) *n* espinha dorsal

background (bæk-ghraunnd) *n* fundo
m

backwards (bæk-ᵘădz) *adv* para trás

bacon (bei-kănn) *n* bacon *m*

bacterium (bæk-tii-ri-ămm) *n* (pl -ria)
bactéria *f*

bad (bæd) *adj* mau; grave

bag (bægh) *n* saco *m*; carteira *f*, bolsa *f*; mala *f*

baggage (bæ-ghidj) *n* bagagem *f*;
hand ~ *Am* bagagem de mão

bail (beil) *n* caução *f*

bailiff (bei-lif) *n* oficial de diligências

bait (beit) *n* isca *f*

bake (beik) *v* cozinhar no forno, co-
zer no forno

baker (bei-kă) *n* padeiro *m*

bakery (bei-kă-ri) *n* padaria *f*

balance (bæ-lănnç) *n* equilíbrio *m*;
balanço *m*; saldo *m*

balcony (bæl-kă-ni) *n* varanda *f*

bald (bóóld) *adj* careca

ball (bóól) *n* bola *f*; baile *m*

ballet (bæ-lei) *n* bailado *m*

balloon (bă-luunn) *n* balão *m*

ballpoint-pen (bóól-poinnt-pénn) *n* caneta esferográfica

ballroom (bóól-ruumm) *n* salão de baile

bamboo (bæmm-buu) *n* (pl ~s) bambu *m*

banana (bă-naa-nă) *n* banana *f*

band (bænnd) *n* banda *f*; ligadura *f*

bandage (bænn-didj) *n* ligadura *f*

bandit (bænn-dit) *n* bandido *m*

bangle (bænng-ghăl) *n* pulseira *f*

banisters (bæ-ni-çtăz) *pl* corrimão *m*

bank (bænngk) *n* beira *f*; banco *m*; *v*
depositar; ~ **account** conta bancária

banknote (bænngk-noᵘt) *n* nota de
banco

bank-rate (bænngk-reit) *n* taxa de
desconto

bankrupt (bænngk-rapt) *adj* falido

banner (bæ-nă) *n* estandarte *m*

banquet (bænng-kᵘit) *n* banquete *m*

banqueting-hall (bænng-kᵘi-tinng-
hóól) *n* salão de banquetes

baptism (bæp-ti-zămm) *n* baptismo *m*

baptize (bæp-taiz) *v* baptizar

bar (baa) *n* bar *m*; barra *f*

barber (baa-bă) *n* barbeiro *m*

bare (béᵃ) *adj* nu, despido; descoberto

barely (béᵃ-li) *adv* mal

bargain (baa-ghinn) *n* pechincha *f*; *v*
*regatear

baritone (bæ-ri-toᵘnn) *n* barítono *m*

bark (baak) *n* casca *f*; *v* ladrar

barley (baa-li) *n* cevada *f*

barmaid (baa-meid) *n* empregada de

bar

barman (*baa*-männ) *n* (pl -men) barman *m*

barn (baann) *n* celeiro *m*

barometer (bă-*ró*-mi-tă) *n* barómetro *m*

baroque (bă-*rók*) *adj* barroco

barracks (*bæ*-răkç) *pl* quartel *m*

barrel (*bæ*-răl) *n* barril *m*, pipa *f*

barrier (*bæ*-ri-ă) *n* barreira *f*; cancela *f*

barrister (*bæ*-ri-çtă) *n* advogado *m*

bartender (baa-*ténn*-dă) *n* empregado de bar

base (beiç) *n* base *f*; alicerce *m*; *v* *basear

baseball (*beiç*-bóól) *n* basebol *m*

basement (*beiç*-männt) *n* cave *f*; porão *mBr*

basic (*bei*-çik) *adj* fundamental; básico

basilica (bă-*zi*-li-kă) *n* basílica *f*

basin (*bei*-çănn) *n* bacia *f*, tigela *f*

basis (*bei*-çiç) *n* (pl bases) base *f*, fundamento *m*

basket (*baa*-çkit) *n* cesto *m*

bass[1] (beiç) *n* baixo *m*

bass[2] (bæç) *n* (pl ~) robalo *m*

bastard (*baa*-çtăd) *n* bastardo *m*; patife *m*

batch (bætch) *n* lote *m*

bath (baaθ) *n* banho *m*; ~ **salts** sais de banho; ~ **towel** toalha de banho

bathe (beið) *v* tomar banho, banhar-se

bathing-cap (*bei*-ðinng-kæp) *n* touca de banho

bathing-suit (*bei*-ðinng-çuut) *n* fato de banho; traje de banho *Br*

bathrobe (*baaθ*-ro^ub) *n* roupão de banho

bathroom (*baaθ*-ruumm) *n* quarto de banho; casa de banho; banheiro

mBr

batter (*bæ*-tă) *n* massa *f*

battery (*bæ*-tă-ri) *n* pilha eléctrica; bateria *f*

battle (*bæ*-tăl) *n* batalha *f*; combate *m*, luta *f*; *v* combater

bay (bei) *n* baía *f*; *v* ladrar

***be** (bii) *v* *ser, *estar

beach (biitch) *n* praia *f*; **nudist** ~ praia para nudistas

bead (biid) *n* conta *f*; **beads** colar *m*; rosário *m*

beak (biik) *n* bico *m*

beam (biimm) *n* raio *m*; viga *f*

bean (biinn) *n* feijão *m*

bear (bé^ă) *n* urso *m*

***bear** (bé^ă) *v* levar; suportar

beard (bi^ăd) *n* barba *f*

bearer (bé^ă-ră) *n* portador *m*

beast (biiçt) *n* animal *m*; ~ **of prey** animal de rapina

***beat** (biit) *v* bater

beautiful (*b^iuu*-ti-făl) *adj* belo

beauty (*b^iuu*-ti) *n* beleza *f*; ~ **parlour** instituto de beleza; ~ **salon** salão de beleza; ~ **treatment** tratamento de beleza

beaver (*bii*-vă) *n* castor *m*

because (bi-*kóz*) *conj* porque; já que; ~ **of** por causa de

***become** (bi-*kamm*) *v* *vir a ser, tornar-se; ficar bem

bed (béd) *n* cama *f*; ~ **and board** pensão completa; ~ **and breakfast** quarto e pequeno almoço

bedding (*bé*-dinng) *n* roupa de cama

bedroom (*béd*-ruumm) *n* quarto de cama

bee (bii) *n* abelha *f*

beech (bii-tch) *n* faia *f*

beef (biif) *n* carne de vaca

beehive (*bii*-haiv) *n* colmeia *f*

been (biinn) *v* (pp be)

beer (bi^ă) *n* cerveja *f*

beet (biit) *n* beterraba *f*

beetle (bii-tãl) *n* escaravelho *m*

beetroot (biit-ruut) *n* beterraba *f*

before (bi-fóó) *prep* antes de; *conj* antes que; *adv* antes; primeiro

beg (bégh) *v* mendigar, *pedir; suplicar

beggar (bé-ghã) *n* mendigo *m*

***begin** (bi-ghinn) *v* principiar, comecar; iniciar

beginner (bi-ghi-nã) *n* principiante *m*

beginning (bi-ghi-ninng) *n* princípio *m*; início *m*

on behalf of (ónn bi-haaf óv) em nome de; a favor de

behave (bi-heiv) *v* portar-se

behaviour (bi-hei-vʸã) *n* comportamento *m*

behind (bi-hainnd) *prep* atrás de; *adv* atrás

beige (beij) *adj* bege

being (bii-inng) *n* ser *m*

Belgian (bél-djänn) *adj* belga

Belgium (bél-djämm) Bélgica *f*

belief (bi-liif) *n* crença *f*

believe (bi-liiv) *v* acreditar

bell (bél) *n* sino *m*; campainha *f*

bellboy (bél-boi) *n* groom *m*

belly (bé-li) *n* ventre *m*

belong (bi-lónn) *v* pertencer

belongings (bi-lónn-inngz) *pl* bens *mpl*

beloved (bi-lavd) *adj* querido

below (bi-loᵘ) *prep* debaixo de; *adv* em baixo, debaixo

belt (bélt) *n* cinto *m*

bench (bénntch) *n* banco *m*

bend (bénnd) *n* volta *f*, curva *f*; curvatura *f*

***bend** (bénnd) *v* dobrar, curvar; ∼ **down** curvar-se

beneath (bi-niiθ) *prep* debaixo de; *adv* debaixo

benefit (bé-ni-fit) *n* benefício *m*, lucro *m*; vantagem *f*; *v* beneficiar

bent (bénnt) *adj* (pp bend) curvo; curvado; torto

beret (bé-rei) *n* boina *f*

berry (bé-ri) *n* baga *f*

berth (bããθ) *n* beliche *m*

beside (bi-caid) *prep* ao lado de

besides (bi-çaidz) *adv* além de; além disso; *prep* além de

best (béct) *adj* o melhor

bet (bét) *n* aposta *f*

***bet** (bét) *v* apostar

betray (bi-trei) *v* *trair

better (bé-tã) *adj* melhor

between (bi-tᵘiinn) *prep* entre

beverage (bé-vã-ridj) *n* bebida *f*

beware (bi-ᵘéã) *v* *ter cuidado, *precaver-se

bewitch (bi-ᵘitch) *v* enfeitiçar, encantar

beyond (bi-ʸónnd) *prep* além de; *adv* além

bible (bai-bãl) *n* bíblia *f*

bicycle (bai-çi-kãl) *n* bicicleta *f*

big (bigh) *adj* grande; volumoso; importante

bile (bail) *n* bílis *f*

bilingual (bai-linng-ghᵘãl) *adj* bilíngue

bill (bil) *n* conta *f*; *v* facturar

billiards (bil-ⁱãdz) *pl* bilhar *m*

***bind** (bainnd) *v* atar, ligar

binding (bainn-dinng) *n* encadernação *f*

binoculars (bi-nó-kⁱã-lãz) *pl* binóculo *m*

biology (bai-ó-lã-dji) *n* biologia *f*

birch (bããtch) *n* bétula *f*

bird (bããd) *n* ave *f*

birth (bããθ) *n* nascimento *m*

birthday (bããθ-dei) *n* dia dos anos *m*

biscuit (biç-kit) *n* biscoito *m*

bishop (bi-chãp) *n* bispo *m*

bit (bit) *n* pedaço *m*; bocadinho *m*

bitch (bitch) *n* cadela *f*

bite (bait) *n* bocado *m*; mordedura *f*;

picada f
*bite (bait) v morder
bitter (bi-tă) adj amargo
black (blæk) adj preto; ~ market
  mercado negro
blackberry (blæk-bă-ri) n amora silvestre
blackbird (blæk-băăd) n melro m
blackboard (blæk-bóód) n quadro
  preto
black-currant (blæk-ka-rănnt) n groselha negra
blackmail (blæk-meil) n chantagem f;
  v *fazer chantagem
blacksmith (blæk-çmiθ) n ferreiro m
bladder (blæ-dă) n bexiga f
blade (bleid) n lâmina f; ~ of grass
  folha de erva
blame (bleimm) n culpa f; censura f; v
  censurar, acusar, culpar
blank (blænngk) adj em branco
blanket (blænng-kit) n cobertor m
blast (blaaçt) n explosão f
blazer (blei-ză) n casaco desportivo
bleach (bliitch) v descolorir
bleak (bliik) adj rigoroso
*bleed (bliid) v sangrar
bless (bléç) v *bendizer, abençoar
blessing (blé-çinng) n benção f
blind (blainnd) n persiana f, estore m;
  adj cego; v cegar
blister (bli-çtă) n empola f, bolha f
blizzard (bli-zăd) n tempestade de neve
block (blók) v *bloquear, *obstruir; n
  bloco m; ~ of flats prédio de andares
blonde (blónnd) n loira f
blood (blad) n sangue m; ~ pressure
  tensão arterial
blood-poisoning (blad-poi-ză-ninng) n
  septicemia f
blood-vessel (blad-vé-çăl) n vaso sanguíneo

blot (blót) n borrão m; mancha f;
  blotting paper mata-borrão m
blouse (blauz) n blusa f
blow (blouᵘ) n pancada f, golpe m; rajada f
*blow (blouᵘ) v assoprar; soprar
blow-out (blouᵘ-aut) n furo m
blue (bluu) adj azul; deprimido
blunt (blannt) adj rombo
blush (blach) v corar
board (bóód) n tábua f; quadro m;
  pensão f; conselho m; ~ and lodging pensão completa
boarder (bóó-dă) n pensionista m
boarding-house (bóó-dinng-hauç) n
  pensão f
boarding-school (bóó-dinng-çkuul) n
  colégio interno
boast (bouᵘçt) v gabar-se
boat (bouᵘt) n barco m, navio m
body (bó-di) n corpo m
bodyguard (bó-di-ghaad) n guarda-costas m
body-work (bó-di-ᵘăăk) n carroçaria f
bog (bógh) n pântano m
boil (boil) v ferver; n furúnculo m
bold (bouᵘld) adj arrojado; atrevido,
  descarado
Bolivia (bă-li-vi-ă) Bolívia f
Bolivian (bă-li-vi-ănn) adj boliviano
bolt (bouᵘlt) n ferrolho m; cavilha f
bomb (bómm) n bomba f; v *bombardear
bond (bónnd) n obrigação f
bone (bouᵘnn) n osso m; espinha f; v
  desossar
bonnet (bó-nit) n cobertura do motor
book (buk) n livro m; v reservar; inscrever, registar
booking (bu-kinng) n reserva f
bookmaker (buk-mei-kă) n corretor
  de apostas
bookseller (buk-çé-lă) n livreiro m
bookstand (buk-çtænnd) n quiosque

de livros

bookstore (buk-çtóó) n livraria f

boot (buut) n bota f; porta-bagagem m

booth (buuð) n cabina f

border (bóó-dã) n fronteira f; borda f

bore¹ (bóó) v maçar; brocar; n maçador m

bore² (bóó) v (p bear)

boring (bóór-inng) adj maçador, aborrecido

born (bóónn) adj nascido

borrow (bó-roᵘ) v *pedir emprestado

bosom (bu-zãmm) n peito m; seio m

boss (bóç) n patrão m, chefe m

botany (bó-tã-ni) n botânica f

both (boᵘθ) adj ambos; **both ... and** tanto ... como

bother (bó-ðã) v incomodar, maçar; incomodar-se; n incómodo m

bottle (bó-tãl) n garrafa f; ~ **opener** abre-garrafas m; **hot-water** ~ botija de água quente

bottleneck (bó-tãl-nék) n passagem estreita

bottom (bó-tãmm) n fundo m; traseiro m, rabo m; adj inferior

bough (bau) n ramo m

bought (bóót) v (p, pp buy)

boulder (boᵘl-dã) n pedregulho m

bound (baunnd) n limite m; ***be** ~ **to** *ter de; ~ **for** a caminho de

boundary (baunn-dã-ri) n limite m; fronteira f

bouquet (bu-kei) n ramo m

bourgeois (buᵃ-jᵘaa) adj burguês

boutique (bu-tiik) n boutique f

bow¹ (bau) v inclinar

bow² (boᵘ) n arco m; ~ **tie** laço m

bowels (bauᵃlz) pl intestinos mpl

bowl (boᵘl) n tigela f

bowling (boᵘ-linng) n jogo dos paulitos, bowling m; ~ **alley** pista de bowling

box¹ (bókç) v jogar o boxe; **boxing match** luta de boxe

box² (bókç) n caixa f

box-office (bókç-ó-fiç) n bilheteira de reservação, bilheteira f; bilheteria fBr

boy (boi) n rapaz m; moço m, gaiato m; criado m; ~ **scout** escuteiro m

bra (braa) n soutien m

bracelet (breiç-lit) n pulseira f

braces (brei-çiz) pl suspensórios mpl

brain (breinn) n cérebro m; inteligência f

brain-wave (breinn-ᵘeiv) n ideia luminosa

brake (breik) n travão m; ~ **drum** tambor do travão; ~ **lights** luzes de travão

branch (braanntch) n ramo m; sucursal f

brand (brænnd) n marca f

brand-new (brænnd-nⁱuu) adj novinho em folha

brass (braaç) n latão m; ~ **band** fanfarra f

brassiere (bræ-ziᵃ) n soutien m

brassware (braaç-ᵘéᵃ) n utensílios de latão

brave (breiv) adj corajoso, valente

Brazil (brã-zil) Brasil m

Brazilian (brã-zil-ⁱãnn) adj brasileiro

breach (briitch) n brecha f; ruptura f

bread (bréd) n pão m; **wholemeal** ~ pão integral

breadth (brédθ) n largura f

break (breik) n fractura f; intervalo m

*break (breik) v quebrar, partir; ~ **down** avariar-se

breakdown (breik-daunn) n avaria f

breakfast (brék-fãçt) n pequeno almoço

bream (briimm) n (pl ~) pargo m

breast (bréçt) n peito m

breaststroke (bréct-ctro^uk) n bruços mpl

breath (bréθ) n respiração f; sopro m

breathe (briið) v respirar

breathing (brii-ðinng) n respiração f

breed (briid) n raça f; espécie f

*breed (briid) v criar

breeze (briiz) n brisa f

brew (bruu) v fabricar cerveja

brewery (bruu-ä-ri) n fábrica de cerveja f

bribe (braib) v subornar

bribery (brai-bä-ri) n suborno m

brick (brik) n tijolo m

bricklayer (brik-lei^ä) n pedreiro m

bride (braid) n noiva f

bridegroom (braid-ghruumm) n noivo m

bridge (bridj) n ponte f; bridge m

brief (briif) adj breve

briefcase (briif-keiç) n pasta f

briefs (briifç) pl calções mpl, cuecas fpl

bright (brait) adj claro; reluzente; esperto, inteligente

brill (bril) n rodovalho m

brilliant (bril-^iännt) adj brilhante

brim (brimm) n borda f

*bring (brinng) v *trazer; ~ back devolver; ~ up criar, educar; levantar

brisk (briçk) adj vivo

Britain (bri-tänn) Inglaterra f

British (bri-tich) adj britânico

Briton (bri-tänn) n britânico m; inglês m

broad (bróód) adj largo; vasto, amplo; global

broadcast (bróód-kaaçt) n emissão f

*broadcast (bróód-kaaçt) v emitir

brochure (bro^u-chu^ä) n brochura f

broke[1] (bro^uk) v (p break)

broke[2] (bro^uk) adj teso

broken (bro^u-känn) adj (pp break)

partido, escangalhado; avariado

broker (bro^u-kä) n corretor m

bronchitis (brónn-kai-tiç) n bronquite f

bronze (brónnz) n bronze m; adj de bronze

brooch (bro^utch) n broche m

brook (bruk) n riacho m

broom (bruumm) n vassoura f

brothel (bró-θäl) n bordel m

brother (bra-ðä) n irmão m

brother-in-law (bra-ðä-rinn-lóó) n (pl brothers-) cunhado m

brought (bróót) v (p, pp bring)

brown (braunn) adj castanho

bruise (bruuz) n contusão f, nódoa negra; v magoar

brunette (bruu-nét) n morena f

brush (brach) n escova f; pincel m; v puxar o lustro a, escovar

brutal (bruu-täl) adj brutal

bubble (ba-bäl) n bolha f

bucket (ba-kit) n balde m

buckle (ba-käl) n fivela f

bud (bad) n botão m

budget (ba-djit) n orçamento m

buffet (bu-fei) n bufete m

bug (bagh) n percevejo m; escaravelho m; nAm insecto m

*build (bild) v *construir

building (bil-dinng) n prédio m

bulb (balb) n bolbo m; cebola f; light ~ lâmpada f

Bulgaria (bal-ghé^ä-ri-ä) Bulgária f

Bulgarian (bal-ghé^ä-ri-änn) adj búlgaro

bulk (balk) n volume m; maior parte f

bulky (bal-ki) adj volumoso

bull (bul) n touro m

bullet (bu-lit) n bala f

bullfight (bul-fait) n tourada f

bullring (bul-rinng) n praça de touros f

bump (bammp) v bater; chocar; n encontrão m, pancada f

bumper (*bamm*-pă) *n* pára-choques *m*
bumpy (*bamm*-pi) *adj* acidentado
bun (bann) *n* brioche *m*
bunch (banntch) *n* ramo *m*; grupo *m*
bundle (*bann*-dăl) *n* molho *m*; *v* atar num molho, atar
bunk (banngk) *n* beliche *m*
buoy (boi) *n* bóia *f*
burden (*băă*-dănn) *n* fardo *m*
bureau (*bⁱuᵃ*-roᵘ) *n* (pl ~x, ~s) escrevaninha *f*, secretária *f*; *nAm* cómoda *f*
bureaucracy (*bⁱuᵃ-ró*-kră-çi) *n* burocracia *f*
burglar (*băă*-ghlă) *n* ladrão *m*
burgle (*băă*-ghăl) *v* assaltar
burial (*bé*-ri-ăl) *n* enterro *m*
burn (băănn) *n* queimadura *f*
*****burn** (băănn) *v* arder; queimar
*****burst** (băăçt) *v* rebentar
bury (*bé*-ri) *v* enterrar
bus (baç) *n* autocarro *m*; ônibus *mBr*
bush (buch) *n* arbusto *m*; mato *m*
business (*biz*-năç) *n* negócios, comércio *m*; negócio *m*, empresa *f*; ocupação *f*; assunto *m*; ~ **hours** horas de serviço, horas de abertura; ~ **trip** viagem de negócios; **on** ~ para negócios
businessman (*biz*-năç-mănn) *n* (pl -men) homem de negócios
bust (baçt) *n* busto *m*
bustle (*ba*-çăl) *n* azáfama *f*
busy (*bi*-zi) *adj* ocupado; movimentado, atarefado
but (bat) *conj* mas; todavia; *prep* menos
butcher (*bu*-tchă) *n* talho *m*
butter (*ba*-tă) *n* manteiga *f*
butterfly (*ba*-tă-flai) *n* borboleta *f*; ~ **stroke** mariposa *f*
buttock (*ba*-tăk) *n* nádega *f*
button (*ba*-tănn) *n* botão *m*; *v* abotoar

buttonhole (*ba*-tănn-hoᵘl) *n* casa de botão
*****buy** (bai) *v* comprar; adquirir
buyer (*bai*-ă) *n* comprador *m*
by (bai) *prep* por; com; perto de; por meio de
by-pass (*bai*-paaç) *n* estrada de circunvalação; *v* contornar

C

cab (kæb) *n* táxi *m*
cabaret (*kæ*-bă-rei) *n* cabaré *m*; clube nocturno
cabbage (*kæ*-bidj) *n* couve *f*
cab-driver (*kæb*-drai-vă) *n* motorista de táxi
cabin (*kæ*-binn) *n* cabina *f*; cabana *f*
cabinet (*kæ*-bi-nắt) *n* gabinete *m*
cable (*kei*-băl) *n* cabo *m*; telegrama *m*; *v* telegrafar
café (*kæ*-fei) *n* café *m*
cafeteria (*kæ*-fă-*tiᵃ*-ri-ă) *n* cafetaria *f*
caffeine (*kæ*-fiinn) *n* cafeína *f*
cage (keidj) *n* jaula *f*
cake (keik) *n* bolo *m*
calamity (kă-*læ*-mă-ti) *n* catástrofe *f*, calamidade *f*
calcium (*kæl*-çi-ămm) *n* cálcio *m*
calculate (*kæl*-kⁱu-leit) *v* calcular
calculation (kæl-kⁱu-*lei*-chănn) *n* cálculo *m*
calculator (*kæl*-kⁱu-lei-tă) *n* calculadora *f*
calendar (*kæ*-lănn-dă) *n* calendário *m*
calf (kaaf) *n* (pl calves) vitelo *m*; barriga da perna; ~ **skin** calfe *m*
call (kóól) *v* chamar; telefonar; *n* chamada *f*; visita *f*; *****be called** chamar-se; ~ **names** injuriar; ~ **on** visitar, *****fazer uma visita a; ~ **up** *Am* telefonar
callus (*kæ*-lăç) *n* calo *m*

calm (kaamm) *adj* calmo, tranquilo; ~ **down** acalmar

calorie (kæ-lā-ri) *n* caloria *f*

Calvinism (kæl-vi-ni-zămm) *n* calvinismo *m*

came (keimm) *v* (p come)

camel (kæ-măl) *n* camelo *m*

cameo (kæ-mi-oᵘ) *n* (pl ~s) camafeu *m*

camera (kæ-mă-rā) *n* máquina fotográfica; máquina de filmar; ~ **shop** loja de artigos fotográficos

camp (kæmmp) *n* acampamento *m*; *v* acampar

campaign (kæmm-peinn) *n* campanha *f*

camp-bed (kæmmp-béd) *n* maca *f*, cama de acampamento

camper (kæmm-pă) *n* campista *m*

camping (kæmm-pinng) *n* campismo *m*: ~ **site** parque de campismo

camshaft (kæmm-chaaft) *n* árvore de cames

can (kænn) *n* lata *f*; ~ **opener** abre-latas *m*

***can** (kænn) *v* *poder

Canada (kæ-nă-dă) Canadá *m*

Canadian (kă-nei-di-ănn) *adj* canadiano

canal (kă-næl) *n* canal *m*

canary (kă-néᵃ-ri) *n* canário *m*

cancel (kænn-çăl) *v* anular; cancelar

cancellation (kænn-çă-lei-chănn) *n* cancelamento *m*

cancer (kænn-çă) *n* cancro *m*

candelabrum (kænn-dă-laa-brămm) *n* (pl -bra) candelabro *m*

candidate (kænn-di-dăt) *n* candidato *m*

candle (kænn-dăl) *n* vela *f*

candy (kænn-di) *nAm* rebuçado *m*; guloseimas *fpl*

cane (keinn) *n* cana *f*; bengala *f*

canister (kæ-ni-çtă) *n* lata *f*

canoe (kă-nuu) *n* canoa *f*

canteen (kænn-tiinn) *n* cantina *f*

canvas (kænn-văç) *n* lona *f*

cap (kæp) *n* boné *m*, barrete *m*

capable (kei-pă-băl) *adj* capaz

capacity (kă-pæ-çă-ti) *n* capacidade *f*; potência *f*; competência *f*

cape (keip) *n* capa *f*; cabo *m*

capital (kæ-pi-tăl) *n* capital *f*; capital *m*; *adj* importante, capital; ~ **letter** maiúscula *f*

capitalism (kæ-pi-tă-li-zămm) *n* capitalismo *m*

capitulation (kă-pi-tⁱu-lei-chănn) *n* capitulação *f*

capsule (kæp-çⁱuul) *n* cápsula *f*

captain (kæp-tinn) *n* capitão *m*; comandante *m*

capture (kæp-tchă) *v* capturar; *n* captura *f*

car (kaa) *n* carro *m*; ~ **hire** aluguer de carros; ~ **park** parque de estacionamento

carafe (kă-ræf) *n* garrafa *f*

caramel (kæ-ră-măl) *n* caramelo *m*

carat (kæ-răt) *n* quilate *m*

caravan (kæ-ră-vænn) *n* caravana *f*; rulote *f*

carburettor (kaa-bⁱu-ré-tă) *n* carburador *m*

card (kaad) *n* cartão *m*; postal *m*

cardboard (kaad-bóód) *n* cartão *m*; papelão *mBr*; *adj* de cartão

cardigan (kaa-di-ghănn) *n* casaco de malha

cardinal (kaa-di-năl) *n* cardeal *m*; *adj* principal, cardeal

care (kéᵃ) *n* cuidado *m*; preocupação *f*; ~ **about** preocupar-se com; ~ **for** gostar de; *take ~ of** tratar de, cuidar de

career (kă-riᵃ) *n* carreira *f*

carefree (kéᵃ-frii) *adj* despreocupado

careful (kéᵃ-făl) *adj* cuidadoso

careless (*kéᵃ*-lăç) *adj* negligente, descuidado

caretaker (*kéᵃ*-tei-kă) *n* guarda *m*

cargo (*kaa*-ghoᵘ) *n* (pl ~es) carregamento *m*, carga *f*

carnival (*kaa*-ni-văl) *n* Carnaval *m*

carpenter (*kaa*-pinn-tă) *n* carpinteiro *m*

carpet (*kaa*-pit) *n* tapete *m*

carriage (*kæ*-ridj) *n* carruagem *f*; coche *m*

carriageway (*kæ*-ridj-ᵘei) *n* faixa de rodagem

carrot (*kæ*-răt) *n* cenoura *f*

carry (*kæ*-ri) *v* transportar; *conduzir; ~ **on** continuar; *prosseguir; ~ **out** executar, realizar

carry-cot (*kæ*-ri-kót) *n* alcofa de bébé

cart (kaat) *n* carroça *f*

cartilage (*kaa*-ti-lidj) *n* cartilagem *f*

carton (*kaa*-tănn) *n* caixa de cartão; caixa *m*; caixa de papelão *Br*

cartoon (kaa-*tuun*) *n* desenho animado

cartridge (*kaa*-tridj) *n* cartucho *m*

carve (kaav) *v* trinchar; entalhar

carving (*kaa*-vinng) *n* obra de talha

case (keiç) *n* caso *m*; causa *f*; mala *f*; estojo *m*; **attaché** ~ pasta *f*; **in any** ~ seja como for; **in** ~ no caso de; **in** ~ **of** em caso de

cash (kæch) *n* dinheiro *m*; *v* descontar, levantar; *pay ~ pagar à vista; ~ **dispenser** caixa automática

cashier (kæ-*chiᵃ*) *n* caixa *f*

cashmere (*kæch*-miᵃ) *n* caxemira *f*

casino (kă-*çii*-noᵘ) *n* (pl ~s) casino *m*; cassino *mBr*

cask (kaaçk) *n* barril *m*

cast (kaaçt) *n* lance *m*

*cast (kaaçt) *v* lançar, atirar; **cast iron** ferro fundido

castle (*kaa*-çăl) *n* castelo *m*

casual (*kæ*-ju-ăl) *adj* à vontade; casual

casualty (*kæ*-ju-ăl-ti) *n* vítima *f*

cat (kæt) *n* gato *m*

catacomb (*kæ*-tă-koᵘmm) *n* catacumba *f*

catalogue (*kæ*-tă-lógh) *n* catálogo *m*

catarrh (kă-*taa*) *n* catarro *m*

catastrophe (kă-*tæ*-çtră-fi) *n* catástrofe *f*

*catch (kætch) *v* apanhar; agarrar; surpreender; tomar

category (*kæ*-ti-ghă-ri) *n* categoria *f*

cathedral (kă-*θii*-drăl) *n* catedral *f*

catholic (*kæ*-θă-lik) *adj* católico

cattle (*kæ*-tăl) *pl* gado *m*

caught (kóót) *v* (p, pp catch)

cauliflower (*kó*-li-flauᵃ) *n* couve-flor *f*

cause (kóóz) *v* causar; provocar; *n* causa *f*; motivo *m*

caution (*kóó*-chănn) *n* cautela *f*; *v* avisar, *advertir

cautious (*kóó*-chăç) *adj* prudente

cave (keiv) *n* gruta *f*; caverna *f*

cavern (*kæ*-vănn) *n* caverna *f*

caviar (*kæ*-vi-aa) *n* caviar *m*

cavity (*kæ*-vă-ti) *n* cavidade *f*

cease (çiiç) *v* cessar

ceiling (*çii*-linng) *n* tecto *m*

celebrate (*çé*-li-breit) *v* celebrar

celebration (çé-li-*brei*-chănn) *n* celebração *f*

celebrity (çi-*lé*-bră-ti) *n* celebridade *f*

celery (*çé*-lă-ri) *n* aipo *m*

celibacy (*çé*-li-bă-çi) *n* celibato *m*

cell (çél) *n* célula *f*

cellar (*çé*-lă) *n* cave *f*; porão *mBr*

cellophane (*çé*-lă-feinn) *n* celofane *m*

cement (çi-*ménnt*) *n* cimento *m*

cemetery (*çé*-mi-tri) *n* cemitério *m*

censorship (*çénn*-çă-chip) *n* censura *f*

centimetre (*çénn*-ti-mii-tă) *n* centímetro *m*

central (*çénn*-trăl) *adj* central; ~ **heating** aquecimento central; ~

station estação central

centralize (*cénn*-trã-laiz) *v* centralizar

centre (*cénn*-tã) *n* centro *m*

century (*cénn*-tchã-ri) *n* século *m*

ceramics (çi-*ræ*-mikç) *n* cerâmica *f*

ceremony (*cé*-rã-mã-ni) *n* cerimónia *f*

certain (*çãã*-tãnn) *adj* certo

certificate (çã-*ti*-fi-kãt) *n* certificado *m*, atestado *m*, diploma *m*, certidão *f*

chain (tcheinn) *n* cadeia *f*

chair (tchéã) *n* cadeira *f*; assento *m*

chairman (*tché*-ã-mãnn) *n* (pl -men) presidente *m*

chalet (*chæ*-lei) *n* chalé *m*

chalk (tchóók) *n* giz *m*

challenge (*tchæ*-lãnndj) *v* desafiar; *n* desafio *m*

chamber (*tcheimm*-bã) *n* quarto *m*

chambermaid (*tcheimm*-bã-meid) *n* criada de quarto

champagne (chæmm-*peinn*) *n* champanhe *m*

champion (*tchæmm*-piãnn) *n* campeão *m*; defensor *m*

chance (tchaannç) *n* sorte *f*; ocasião *f*, oportunidade *f*; risco *m*; azar *m*; **by ~** por acaso

change (tcheinndj) *v* mudar, modificar; trocar; mudar de roupa; *fazer transbordo; *n* modificação *f*, mudança *f*; troco *m*

channel (*tchæ*-nãl) *n* canal *m*; **English Channel** Canal da Mancha

chaos (kei-óç) *n* caos *m*

chaotic (kei-ó-tik) *adj* caótico

chap (tchæp) *n* tipo *m*

chapel (*tchæ*-pãl) *n* capela *f*

chaplain (*tchæ*-plinn) *n* capelão *m*

character (*kæ*-rãk-tã) *n* carácter *m*

characteristic (kæ-rãk-tã-*ri*-çtik) *adj* típico, característico; *n* característica *f*; traço caracterial

characterize (*kæ*-rãk-tã-raiz) *v* caracterizar

charcoal (*tchaa*-koᵘl) *n* carvão de lenha

charge (tchaadj) *v* *pedir; encarregar; acusar; carregar; *n* preço *m*; carregamento *m*, carga *f*, taxa *f*; acusação *f*; **~ plate** *Am* cartão de crédito; **free of ~** gratuito; **in ~ of** encarregado de; ***take ~ of** encarregar-se de

charity (*tchæ*-rã-ti) *n* caridade *f*

charm (tchaamm) *n* encanto *m*; amuleto *m*

charming (*tchaa*-minng) *adj* encantador

chart (tchaat) *n* tabela *f*; gráfico *m*; mapa marítimo; **conversion ~** tabela de conversão

chase (tcheiç) *v* *perseguir; expulsar, afugentar; *n* caça *f*

chasm (*kæ*-zãmm) *n* fenda *f*

chassis (*chæ*-çi) *n* (pl **~**) chassi *m*

chaste (tcheiçt) *adj* casto

chat (tchæt) *v* conversar, *cavaquear; *n* conversa *f*, cavaco *m*

chatterbox (*tchæ*-tã-bókç) *n* tagarela *m*

chauffeur (choᵘ-fã) *n* motorista *m*

cheap (tchiip) *adj* barato; económico

cheat (tchiit) *v* enganar; defraudar

check (tchék) *v* *conferir, verificar; *n* quadrado *m*; *nAm* conta *f*; cheque *m*; **check!** xeque!; **~ in** inscrever-se, registar-se; **~ out** partir, *sair

check-book (*tchék*-buk) *nAm* livro de cheques

checkerboard (*tché*-kã-bóód) *nAm* tabuleiro de xadrez

checkroom (*tchék*-ruumm) *nAm* vestiário *m*

check-up (*tché*-kap) *n* exame médico

cheek (tchiik) *n* face *f*

cheek-bone (*tchiik*-boᵘnn) *n* maçã do

rosto

cheer (tchiᵃ) v aplaudir, aclamar; ~ **up** animar, alegrar

cheerful (tchiᵃ-fäl) adj jovial, alegre

cheese (tchiiz) n queijo m

chef (chéf) n cozinheiro-chefe m

chemical (ké-mi-käl) adj químico

chemist (ké-miçt) n farmacêutico m; **chemist's** farmácia f; drogaria f

chemistry (ké-mi-çtri) n química f

cheque (tchék) n cheque m

cheque-book (tchék-buk) n livro de cheques

chequered (tché-käd) adj em xadrez, quadriculado

cherry (tché-ri) n cereja f

chess (tchéç) n xadrez m

chest (tchéçt) n peito m; arca f; ~ **of drawers** cómoda f

chestnut (tchéç-nat) n castanha f

chew (tchuu) v mastigar

chewing-gum (tchuu-inng-ghamm) n goma de mascar Br, pastilha elástica

chicken (tchi-kinn) n frango m

chickenpox (tchi-kinn-pókç) n varicela f

chief (tchiif) n chefe m; adj principal

chieftain (tchiif-tänn) n chefe m

chilblain (tchil-bleinn) n frieira f

child (tchaild) n (pl children) criança f

childbirth (tchaild-bää θ) n parto m

childhood (tchaild-hud) n infância f

Chile (tchi-li) Chile m

Chilean (tchi-li-änn) adj chileno

chill (tchil) n calafrio m

chilly (tchi-li) adj fresco

chimes (tchaimmz) pl carrilhão m

chimney (tchimm-ni) n chaminé f

chin (tchinn) n queixo m

China (tchai-nä) China f

china (tchai-nä) n porcelana f

Chinese (tchai-niiz) adj chinês

chink (tchinngk) n greta f

chip (tchip) n lasca f; ficha f; v lascar, cortar; **chips** batatas fritas

chiropodist (ki-ró-pä-diçt) n calista m

chisel (tchi-zäl) n cinzel m

chivalrous (chi-väl-räç) adj cavalheiroso

chives (tchaivz) pl cebolinho m

chlorine (klóó-riinn) n cloro m

chocolate (tchó-klät) n chocolate m; bombom m

choice (tchoiç) n escolha f; selecção f

choir (kuaiᵃ) n coro m

choke (tchoᵘk) v sufocar; estrangular; n choke m; afogador mBr

***choose** (tchuuz) v escolher

chop (tchóp) n costeleta f; v picar

Christ (kraiçt) Cristo

christen (kri-çänn) v baptizar

christening (kri-çä-ninng) n baptismo m

Christian (kriç-tchänn) adj cristão; ~ **name** nome próprio; nome de batismo Br

Christmas (kriç-mäç) Natal m

chromium (kroᵘ-mi-ämm) n crómio m

chronic (kró-nik) adj crónico

chronological (kró-nä-ló-dji-käl) adj cronológico

chuckle (tcha-käl) v *rir entre dentes

chunk (tchanngk) n pedaço grosso

church (tchäätch) n igreja f

churchyard (tchäätch-¹aad) n cemitério m

cigar (çi-ghaa) n charuto m; ~ **shop** tabacaria f

cigarette (çi-ghä-rét) n cigarro m

cigarette-case (çi-ghä-rét-keiç) n cigarreira f

cigarette-holder (çi-ghä-rét-hoᵘl-dä) n boquilha f

cigarette-lighter (çi-ghä-rét-lai-tä) n isqueiro m

cinema (çi-nä-mä) n cinema m

cinnamon (ci-nă-mănn) n canela f
circle (căă-kăl) n círculo m; balcão m; v circundar, *rodear
circulation (căă-k'u-lei-chănn) n circulação f
circumstance (căă-kămm-çtænnç) n circunstância f
circus (căă-kăç) n circo m
citizen (ci-ti-zănn) n cidadão m
citizenship (ci-ti-zănn-chip) n cidadania f
city (ci-ti) n cidade f
civic (ci-vik) adj cívico
civil (ci-văl) adj civil; educado; ~ law direito civil; ~ servant funcionário público
civilian (ci-vil-iănn) adj civil; n civil m
civilization (ci-vă-lai-zei-chănn) n civilização f
civilized (ci-vă-laizd) adj civilizado
claim (kleimm) v reivindicar; afirmar; n pretensão f, reivindicação f
clamp (klæmmp) n grampo m
clap (klæp) v aplaudir, bater as palmas
clarify (klæ-ri-fai) v esclarecer, aclarar
class (klaac) n classe f
classical (klæ-çi-kăl) adj clássico
classify (klæ-çi-fai) v classificar
class-mate (klaaç-meit) n colega de turma; colega de classe Br
classroom (klaaç-ruumm) n sala de aula
clause (klóóz) n cláusula f
claw (klóó) n garra f
clay (klei) n argila f
clean (kliinn) adj puro, limpo; v limpar
cleaning (klii-ninng) n limpeza f; ~ fluid produto de limpeza
clear (kliă) adj claro; v limpar
clearing (kliă-rinng) n clareira f
cleft (kléft) n fenda f

clergyman (klăă-dji-mănn) n (pl -men) pastor m; clérigo m
clerk (klaak) n empregado de escritório, funcionário m; escrivão m; secretário m
clever (klé-vă) adj inteligente; esperto, astuto
client (klai-ănnt) n cliente m
cliff (klif) n falésia f
climate (klai-mit) n clima m
climb (klaimm) v trepar; n subida f
clinic (kli-nik) n clínica f
cloak (klouk) n casacão m
cloakroom (klouk-ruumm) n guarda-roupa m
clock (klók) n relógio m; at ... o'clock às ... horas
cloister (kloi-çtă) n convento m
close¹ (klouz) v fechar; closed fechado, encerrado
close² (klouç) adj próximo
closet (kló-zit) n armário m; nAm roupeiro m
cloth (klóθ) n trapo m; pano m
clothes (klouðz) pl vestuário m, roupa f
clothes-brush (klouðz-brach) n escova de fato
clothing (klou-ðinng) n vestuário m
cloud (klaud) n nuvem f
cloud-burst (klaud-bääçt) n chuvada f
cloudy (klau-di) adj nublado, encoberto
clover (klou-vă) n trevo m
clown (klaunn) n palhaço m
club (klab) n clube m; associação f, círculo m; moca f, cacete m
clumsy (klamm-zi) adj desajeitado
clutch (klatch) n embraiagem f; aperto m
coach (koutch) n autocarro m; carruagem f; coche m; treinador m; ônibus mBr
coagulate (kou-æ-ghi'u-leit) v coagular

coal (koᵘl) n carvão m

coarse (kóóç) adj grosseiro

coast (koᵘçt) n costa f

coat (koᵘt) n casacão m, casaco m

coat-hanger (koᵘt-hænng-ă) n cabide m

cobweb (kób-ᵘéb) n teia de aranha

cocaine (koᵘ-keinn) n cocaína f

cock (kók) n galo m

cocktail (kók-teil) n beberete m; coquetel mBr

coconut (koᵘ-kă-nat) n coco m

cod (kód) n (pl ~) bacalhau m

code (koᵘd) n código m

coffee (kó-fi) n café m

cognac (kó-niæk) n conhaque m

coherence (koᵘ-hiᵃ-rănnç) n coerência f

coin (koinn) n moeda f

coincide (koᵘ-inn-çaid) v coincidir

cold (koᵘld) adj frio; n frio m; constipação f; *catch a ~ constipar-se

collapse (kă-læpç) v sucumbir, desmoronar-se

collar (kó-lă) n coleira f; colarinho m, gola f; ~ stud botão de colarinho

collarbone (kó-lă-boᵘnn) n clavícula f

colleague (kó-liigh) n colega m

collect (kă-lékt) v coleccionar; *ir buscar; *fazer um peditório

collection (kă-lék-chănn) n colecção f; recolha f

collective (kă-lék-tiv) adj colectivo

collector (kă-lék-tă) n coleccionador m; colector m

college (kó-lidj) n escola universitária; colégio m

collide (kă-laid) v colidir, chocar

collision (kă-li-jănn) n colisão f, choque m; abalroamento m

Colombia (kă-lómm-bi-ă) Colômbia f

Colombian (kă-lómm-bi-ănn) adj colombiano

colonel (kăă-năl) n coronel m

colony (kó-lă-ni) n colónia f

colour (ka-lă) n cor f; v *colorir; ~ film filme a cores

colourant (ka-lă-rănnt) n corante m

colour-blind (ka-lă-blainnd) adj daltónico

coloured (ka-lăd) adj de cor

colourful (ka-lă-făl) adj colorido

column (kó-lămm) n coluna f, pilar m; rubrica f

coma (koᵘ-mă) n coma m

comb (koᵘmm) v *pentear; n pente m

combat (kómm-bæt) n combate m, luta f; v combater

combination (kómm-bi-nei-chănn) n combinação f

combine (kămm-bainn) v combinar

***come** (kamm) v *vir; ~ across encontrar

comedian (kă-mii-di-ănn) n comediante m; cómico m

comedy (kó-mă-di) n comédia f; musical ~ comédia musical

comfort (kamm-făt) n conforto m, bem-estar m, comodidade f; consolação f; v consolar, confortar

comfortable (kamm-fă-tă-băl) adj confortável

comic (kó-mik) adj cómico

comics (kó-mikç) pl banda desenhada

coming (ka-minng) n chegada f

comma (kó-mă) n vírgula f

command (kă-maannd) v comandar, mandar; n ordem f

commander (kă-maann-dă) n comandante m

commemoration (kă-mé-mă-rei-chănn) n comemoração f

commence (kă-ménnç) v começar, principiar

comment (kó-ménnt) n comentário m; v comentar

commerce (kó-măăç) n comércio m

commercial (kă-măă-chăl) adj comercial; *n* anúncio *m*; ~ **law** direito comercial

commission (kă-*mi*-chănn) *n* comissão *f*

commit (kă-*mit*) *v* confiar, entregar; cometer, praticar

committee (kă-*mi*-ti) *n* comité *m*, comissão *f*

common (*kó*-mănn) *adj* comum; habitual; ordinário

communicate (kă-*mⁱuu*-ni-keit) *v* comunicar

communication (kă-mⁱuu-ni-*kei*-chănn) *n* comunicação *f*

communiqué (kă-*mⁱuu*-ni-kei) *n* comunicado *m*

communism (*kó*-mⁱu-ni-zămm) *n* comunismo *m*

community (kă-*mⁱuu*-nă-ti) *n* comunidade *f*, sociedade *f*

compact (*kómm*-pækt) *adj* compacto

compact disc (*kómm*-pækt diçk) *n* disco laser *m*; ~ **player** toca-discos laser

companion (kămm-*pæ*-nⁱănn) *n* companheiro *m*

company (*kamm*-pă-ni) *n* companhia *f*; firma *f*, sociedade *f*

comparative (kămm-*pæ*-ră-tiv) *adj* relativo; comparativo

compare (kămm-*pé^ă*) *v* comparar

comparison (kămm-*pæ*-ri-cănn) *n* comparação *f*

compartment (kămm-*paat*-mănnt) *n* compartimento *m*

compass (*kamm*-păç) *n* bússola *f*

compel (kămm-*pél*) *v* obrigar

compensate (*kómm*-pănn-çeit) *v* compensar

compensation (kómm-pănn-*çei*-chănn) *n* compensação *f*; indemnização *f*

compete (kămm-*piit*) *v* *competir

competition (kómm-pă-*ti*-chănn) *n* competição *f*; concorrência *f*

competitor (kămm-*pé*-ti-tăr) *n* concorrente *m*

compile (kămm-*pail*) *v* compilar

complain (kămm-*pleinn*) *v* queixar-se

complaint (kămm-*pleinnt*) *n* queixa *f*

complete (kămm-*pliit*) *adj* completo; *v* completar

completely (kămm-*pliit*-li) *adv* totalmente, completamente, inteiramente

complex (*kómm*-plékç) *n* complexo *m*; *adj* complexo

complexion (kămm-*plék*-chănn) *n* tez *f*; aspecto *m*

complicated (*kómm*-pli-kei-tid) *adj* complicado

compliment (*kómm*-pli-mănnt) *n* cumprimento *m*; *v* felicitar, cumprimentar

compose (kămm-*po^uz*) *v* *compor

composer (kămm-*po^u*-ză) *n* compositor *m*

composition (kómm-pă-*zi*-chănn) *n* composição *f*

comprehensive (kómm-pri-*hénn*-çiv) *adj* extensivo

comprise (kămm-*praiz*) *v* compreender, *conter

compromise (*kómm*-pră-maiz) *n* compromisso *m*

compulsory (kămm-*pal*-çă-ri) *adj* obrigatório

computer (kămm-*pⁱu*-tă) *n* computador *m*

comrade (*kómm*-reid) *n* camarada *m*

conceal (kănn-*çiil*) *v* ocultar, esconder

conceited (kănn-*çii*-tid) *adj* pretensioso

conceive (kănn-*çiiv*) *v* compreender, conceber; imaginar

concentrate (*kónn*-çănn-treit) *v* concentrar

concentration (kónn-çănn-*trei*-chănn) *n* concentração *f*

conception (känn-*cép*-chänn) *n* concepção *f*

concern (känn-*çáänn*) *v* *dizer respeito a; *n* preocupação *f*; assunto *m*; empresa *f*

concerned (känn-*çáánnd*) *adj* preocupado; envolvido

concerning (känn-*çáá*-ninng) *prep* referente a

concert (*kónn*-çät) *n* concerto *m*; ~ **hall** sala de concertos

concession (känn-*cé*-chänn) *n* concessão *f*

concise (känn-*çaiç*) *adj* conciso

conclusion (känng-*kluu*-jänn) *n* conclusão *f*

concrete (*kónn*-kriit) *adj* concreto; *n* betão *m*: concreto *mBr*

concussion (känn-*ka*-chänn) *n* comoção cerebral

condition (känn-*di*-chänn) *n* condição *f*, estado *m*; circunstância *f*

conditional (känn-*di*-chä-näl) *adj* condicional

conditioner (känn-*di*-chä-nä) *n* condicionador de cabelos *m*

condom (*kónn*-dóm) *n* preservativo *m*

conduct[1] (*kónn*-dakt) *n* conduta *f*

conduct[2] (känn-*dakt*) *v* *conduzir; acompanhar; dirigir

conductor (känn-*dak*-tä) *n* cobrador *m*: maestro *m*

confectioner (känn-*fék*-chä-nä) *n* confeiteiro *m*

conference (*kónn*-fä-rännç) *n* conferência *f*

confess (känn-*féç*) *v* reconhecer; confessar-se; professar

confession (känn-*fé*-chänn) *n* confissão *f*

confidence (*kónn*-fi-dännç) *n* confiança *f*

confident (*kónn*-fi-dännt) *adj* confiante

confidential (kónn-fi-*dénn*-chäl) *adj* confidencial

confirm (känn-*fäämm*) *v* confirmar

confirmation (kónn-fä-*mei*-chänn) *n* confirmação *f*

confiscate (*kónn*-fi-çkeit) *v* confiscar

conflict (*kónn*-flikt) *n* conflito *m*

confuse (känn-*f*'*uuz*) *v* confundir; **confused** confuso

confusion (känn-*f*'*uu*-jänn) *n* confusão *f*

congratulate (känng-*ghræ*-tchu-leit) *v* felicitar, congratular

congratulation (känng-ghræ-tchu-*lei*-chänn) *n* felicitação *f*

congregation (kónn-ghri-*ghei*-chänn) *n* congregação *f*, comunidade *f*, ordem *f*

congress (*kónn*-ghréç) *n* congresso *m*

connect (kä-*nékt*) *v* unir, ligar

connection (kä-*nék*-chänn) *n* relação *f*; ligação *f*, correspondência *f*

connoisseur (kó-nä-*çáá*) *n* conhecedor *m*

conquer (*kónn*-kä) *v* conquistar; vencer

conqueror (*kónn*-kä-rä) *n* conquistador *m*

conquest (*kónn*-k*ᵘéct) *n* conquista *f*

conscience (*kónn*-chännç) *n* consciência *f*

conscious (*kónn*-chäç) *adj* consciente

consciousness (*kónn*-chäç-näç) *n* consciência *f*

conscript (*kónn*-çkript) *n* recruta *m*

consent (känn-*çénnt*) *v* *consentir; aprovar; *n* consentimento *m*

consequence (*kónn*-çi-k*ᵘännç) *n* consequência *f*

consequently (*kónn*-çi-k*ᵘännt-li) *adv* consequentemente

conservative (känn-*çáá*-vä-tiv) *adj* conservador

consider (känn-*çi*-dä) *v* considerar;

ponderar; achar

considerable (kănn-çi-dă-ră-băl) *adj* considerável; notável, importante

considerate (kănn-çi-dă-rắt) *adj* atencioso

consideration (kănn-çi-dă-*rei*-chănn) *n* consideração *f*; atenção *f*

considering (kănn-*çi*-dă-rinng) *prep* em vista de

consignment (kănn-*çainn*-mănnt) *n* remessa *f*

consist of (kănn-*çiçt*) consistir em

conspire (kănn-*çpai*ᵊ) *v* conspirar

constant (*kónn*-çtănnt) *adj* constante

constipated (*kónn*-çti-pei-tid) *adj* com prisão de ventre

constipation (kónn-çti-*pei*-chănn) *n* prisão de ventre

constituency (kănn-*çti*-tchu-ănn-çi) *n* círculo eleitoral

constitution (kónn-çti-tⁱ*uu*-chănn) *n* constituição *f*

construct (kănn-*çtrakt*) *v* *construir; edificar

construction (kănn-*çtrak*-chănn) *n* construção *f*, edifício *m*

consul (*kónn*-çăl) *n* cônsul *m*

consulate (*kónn*-çⁱu-lăt) *n* consulado *m*

consult (kănn-*çalt*) *v* consultar

consultation (kónn-çăl-*tei*-chănn) *n* consulta *f*; ~ **hours** horas de consulta

consumer (kănn-çⁱ*uu*-mă) *n* consumidor *m*

contact (*kónn*-tækt) *n* contacto *m*; *v* contactar com; ~ **lenses** lentes de contacto

contagious (kănn-*tei*-djăç) *adj* contagioso

contain (kănn-*teinn*) *v* *conter

container (kănn-*tei*-nă) *n* recipiente *m*

contemporary (kănn-*témm*-pă-ră-ri) *adj* contemporâneo; de então; *n*

contemporâneo *m*

contempt (kănn-*témmpt*) *n* desdém *m*, desprezo *m*

content (kănn-*ténnt*) *adj* satisfeito

contents (*kónn*-ténntç) *pl* conteúdo *m*

contest (*kónn*-téçt) *n* luta *f*; concurso *m*

continent (*kónn*-ti-nănnt) *n* continente *m*

continental (kónn-ti-*nénn*-tăl) *adj* continental

continual (kănn-*ti*-nⁱu-ăl) *adj* contínuo

continue (kănn-*ti*-nⁱuu) *v* continuar; durar; *prosseguir

continuous (kănn-*ti*-nⁱu-ăç) *adj* contínuo, ininterrupto

contour (*kónn*-tuᵊ) *n* contorno *m*

contraceptive (kónn-tră-*çép*-tiv) *n* contraceptivo *m*

contract[1] (*kónn*-trækt) *n* contrato *m*

contract[2] (kănn-*trækt*) *v* *contrair

contractor (kănn-*træk*-tă) *n* empreiteiro *m*

contradict (kónn-tră-*dikt*) *v* *contradizer

contradictory (kónn-tră-*dik*-tă-ri) *adj* contraditório

contrary (*kónn*-tră-ri) *n* contrário *m*; *adj* contrário; **on the** ~ pelo contrário

contrast (*kónn*-traaçt) *n* contraste *m*; diferença *f*

contribution (kónn-tri-bⁱ*uu*-chănn) *n* contribuição *f*

control (kănn-*tro*ᵘl) *n* controle *m*; *v* fiscalizar, controlar

controversial (kónn-tră-*văă*-chăl) *adj* controverso

convenience (kănn-*vii*-nⁱănnç) *n* comodidade *f*

convenient (kănn-*vii*-nⁱănnt) *adj* cómodo; oportuno, apropriado, conveniente

convent (*kónn*-vănnt) *n* convento *m*

conversation (kónn-vă-çei-chänn) n conversação f, conversa f

convert (kănn-văăt) v converter

convict¹ (kănn-vikt) v declarar culpado

convict² (kónn-vikt) n condenado m

conviction (kănn-vik-chänn) n convicção f; condenação f

convince (kănn-vinnç) v convencer

convulsion (kănn-val-chänn) n convulsão f

cook (kuk) n cozinheiro m; v cozinhar; preparar

cooker (ku-kă) n fogão m; **gas ~** fogão a gás

cookery-book (u-kă-ri-buk) n livro de cozinha

cookie (ku-ki) nAm biscoito m

cool (kuul) adj fresco; **cooling system** sistema de arrefecimento

co-operation (kou-ó-pă-rei-chänn) n cooperação f

co-operative (kou-ó-pă-ră-tiv) adj cooperativo; cooperador, colaborador; n cooperativa f

co-ordinate (kou-óó-di-neit) v coordenar

co-ordination (kou-óó-di-nei-chänn) n coordenação f

copper (kó-pă) n cobre m

copy (kó-pi) n cópia f; exemplar m; v copiar; imitar; **carbon ~** cópia f

coral (kó-răl) n coral m

cord (kóód) n corda f; cordão m

cordial (kóó-di-ăl) adj cordial

corduroy (kóó-dă-roi) n bombazina f

core (kóó) n núcleo m; coração m

cork (kóók) n rolha f

corkscrew (kóók-çkruu) n saca-rolhas m

corn (kóónn) n grão m; trigo m, cereais; calo m; **~ on the cob** maçaroca de milho

corner (kóó-nă) n esquina f; canto m

cornfield (kóónn-fiild) n seara f

corpse (kóópç) n cadáver m

corpulent (kóó-pᵘu-lănnt) adj corpulento; obeso, balofo

correct (kă-rékt) adj certo, correcto; v corrigir

correction (kă-rék-chänn) n correcção f; rectificação f

correctness (kă-rékt-năç) n exactidão f

correspond (kó-ri-çpónnd) v corresponder

correspondence (kó-ri-çpónn-dännç) n correspondência f

correspondent (kó-ri-çpónn-dännt) n correspondente m

corridor (kó-ri-dóó) n corredor m

corrupt (kă-rapt) adj corrupto; v corromper

corruption (kă-rap-chänn) n corrupção f

corset (kóó-çit) n corpete m

cosmetics (kóz-mé-tikç) pl cosméticos mpl

cost (kóçt) n custo m; preço m

*cost (kóçt) v custar

cosy (kou-zi) adj íntimo, aconchegado

cot (kót) nAm cama de acampamento

cottage (kó-tidj) n casa de campo

cotton (kó-tănn) n algodão m; de algodão

cotton-wool (kó-tănn-ᵘul) n algodão m

couch (kautch) n divã m

cough (kóf) n tosse f; v *tossir

could (kud) v (p can)

council (kaunn-çăl) n conselho m

councillor (kaunn-çă-lă) n conselheiro m

counsel (kaunn-çăl) n conselho m

counsellor (kaunn-çă-lă) n conselheiro m

count (*kaunnt*) *v* contar; incluir; considerar; *n* conde *m*

counter (*kaunn-tă*) *n* balcão *m*

counterfeit (*kaunn-tă-fiit*) *v* falsificar

counterfoil (*kaunn-tă-foil*) *n* talão *m*

counterpane (*kaunn-tă-peinn*) *n* colcha *f*

countess (*kaunn-tiç*) *n* condessa *f*

country (*kann-tri*) *n* país *m*; campo *m*; região *f*; ~ **house** casa de campo

countryman (*kann-tri-mănn*) *n* (pl -men) compatriota *m*

countryside (*kann-tri-çaid*) *n* campo *m*

county (*kaunn-ti*) *n* condado *m*

couple (*ka-păl*) *n* par *m*; casal *m*

coupon (*kuu-pónn*) *n* cupão *m*, talão *m*

courage (*ka-ridj*) *n* valentia *f*, coragem *f*

courageous (*kă-rei-djăç*) *adj* corajoso

course (*kóóç*) *n* rota *f*; prato *m*; curso *m*; **intensive** ~ curso intensivo; **of** ~ com certeza, naturalmente

court (*kóót*) *n* tribunal *m*; corte *f*

courteous (*kăă-ti-ăç*) *adj* cortês

cousin (*ka-zănn*) *n* prima *f*, primo *m*

cover (*ka-vă*) *v* *cobrir, tapar; *n* abrigo *m*, refúgio *m*; tampa *f*; capa *f*; ~ **charge** preço do talher

cow (*kau*) *n* vaca *f*

coward (*kau-ăd*) *n* cobarde *m*

cowardly (*kau-ăd-li*) *adj* cobarde

cow-hide (*kau-haid*) *n* pele de vaca

crab (*kræb*) *n* caranguejo *m*

crack (*kræk*) *n* estalido *m*; fenda *f*; *v* estalar; rebentar, quebrar, partir

cradle (*krei-dăl*) *n* berço *m*

cramp (*kræmmp*) *n* cãibra *f*

crane (*kreinn*) *n* grua *f*

crankcase (*krænngk-keiç*) *n* cárter *m*

crankshaft (*krænngk-chaaft*) *n* cambota *f*

crash (*kræch*) *n* choque *m*; *v* colidir; despenhar-se; ~ **barrier** barreira de protecção

crate (*kreit*) *n* grade *f*

crater (*krei-tă*) *n* cratera *f*

crawl (*króól*) *v* rastejar

craze (*kreiz*) *n* mania *f*

crazy (*krei-zi*) *adj* louco, doido

creak (*kriik*) *v* ranger

cream (*kriimm*) *n* creme *m*; nata *f*; *adj* creme

creamy (*krii-mi*) *adj* cremoso

crease (*kriiç*) *v* enrugar, amarrotar; *n* dobra *f*; prega *f*

create (*kri-eit*) *v* criar

creature (*krii-tchă*) *n* criatura *f*; ser *m*

credible (*kré-di-băl*) *adj* verosímil

credit (*kré-dit*) *n* crédito *m*; *v* creditar; ~ **card** cartão de crédito

creditor (*kré-di-tă*) *n* credor *m*

credulous (*kré-d'u-lăç*) *adj* crédulo

creek (*kriik*) *n* enseada *f*

*creep (*kriip*) *v* rastejar

creepy (*krii-pi*) *adj* horripilante, assustador

cremate (*kri-meit*) *v* incinerar

cremation (*kri-mei-chănn*) *n* incineração *f*

crew (*kruu*) *n* tripulação *f*

cricket (*kri-kit*) *n* críquete *m*; grilo *m*

crime (*kraimm*) *n* crime *m*

criminal (*kri-mi-năl*) *n* criminoso *m*, delinquente *m*; *adj* criminal, criminoso; ~ **law** direito penal

criminality (*kri-mi-næ-lă-ti*) *n* criminalidade *f*

crimson (*krimm-zănn*) *adj* vermelho

crippled (*kri-păld*) *adj* aleijado

crisis (*krai-çiç*) *n* (pl crises) crise *f*

crisp (*kriçp*) *adj* quebradiço

critic (*kri-tik*) *n* crítico *m*

critical (*kri-ti-kăl*) *adj* crítico; precário

criticism (*kri-ti-çi-zămm*) *n* crítica *f*

criticize (*kri-ti-çaiz*) *v* criticar

crochet (*kro^u*-chei) v *fazer renda
crockery (*kró-kă*-ri) n faiança f, loiça f
crocodile (*kró-kă*-dail) n crocodilo m
crooked (*kru*-kid) adj torto, torcido; desonesto
crop (króp) n colheita f
cross (króç) v atravessar; adj irritado, zangado; n cruz f
cross-eyed (króç-aid) adj estrábico
crossing (kró-çinng) n travessia f; encruzilhada f
crossroads (króç-ro^{u}dz) n cruzamento m
crosswalk (króç-^{u}óók) nAm passagem de peões; passagem de pedestres Br
crow (kro^u) n gralha f
crowbar (kro^u-baa) n pé-de-cabra m
crowd (kraud) n turba f, multidão f
crowded (krau-did) adj animado; apinhado
crown (kraunn) n coroa f; v coroar
crucifix (kruu-çi-fikç) n crucifixo m
crucifixion (kruu-çi-fik-chănn) n crucificação f
crucify (kruu-çi-fai) v crucificar
cruel (kru^{a}l) adj cruel
cruise (kruuz) n cruzeiro m
crumb (kramm) n migalha f
crusade (kruu-çeid) n cruzada f
crust (kraçt) n côdea f
crutch (kratch) n muleta f
cry (krai) v chorar; gritar; chamar; n grito m; brado m
crystal (kri-çtăl) n cristal m; adj de cristal
Cuba (k^{i}uu-bă) Cuba f
Cuban (k^{i}uu-bănn) adj cubano
cube (k^{i}uub) n cubo m
cuckoo (ku-kuu) n cuco m
cucumber (k^{i}uu-kămm-bă) n pepino m
cuddle (ka-dăl) v acarinhar
cudgel (ka-djăl) n cacete m

cuff (kaf) n punho m
cuff-links (kaf-linngkç) pl botões de punho; abotoaduras fplBr
cul-de-sac (kal-dă-çæk) n beco sem saída
cultivate (kal-ti-veit) v cultivar
culture (kal-tchă) n cultura f
cultured (kal-tchăd) adj culto
cunning (ka-ninng) adj manhoso
cup (kap) n chávena f; taça f; xícara fBr
cupboard (ka-băd) n armário m
curb (kăăb) n beira do passeio; meio-fio mBr; v reprimir, *refrear
cure (k^{i}u^a) v curar; n cura f
curio (k^{i}u^a-ri-o^u) n (pl ~s) curiosidade f
curiosity (k^{i}u^a-ri-ó-çă-ti) n curiosidade f
curious (k^{i}u^a-ri-ăç) adj curioso
curl (kăăl) v encaracolar; n caracol m
curler (kăă-lă) n rolo m
curling-tongs (kăă-linng-tónnz) pl ferro de frisar
curly (kăă-li) adj encaracolado
currant (ka-rănnt) n passa de Corinto; groselha f
currency (ka-rănn-çi) n moeda f; **foreign** ~ moeda estrangeira
current (ka-rănnt) n corrente f; adj corrente; **alternating** ~ corrente alterna; **direct** ~ corrente contínua
curry (ka-ri) n caril m
curse (kăăç) v praguejar; amaldiçoar, *maldizer; n praga f
curtain (kăă-tănn) n cortina f; pano m
curve (kăăv) n curva f; volta f
curved (kăăvd) adj curvado, curvo
cushion (ku-chănn) n almofada f
custodian (ka-çto^u-di-ănn) n guarda m
custody (ka-çtă-di) n detenção f; custódia f; tutela f

custom (*ka*-çtămm) *n* costume *m*; hábito *m*

customary (*ka*-çtă-mă-ri) *adj* usual, costumado, habitual

customer (*ka*-çtă-mă) *n* freguês *m*; cliente *m*

Customs (*ka*-çtămmz) *pl* alfândega *f*; ~ **duty** taxa *f*; ~ **officer** funcionário aduaneiro

cut (kat) *n* corte *m*; golpe *m*

***cut** (kat) *v* cortar; *reduzir; ~ **off** cortar; interromper

cutlery (*kat*-lă-ri) *n* talher *m*

cutlet (*kat*-lăt) *n* costeleta *f*

cycle (*çai*-kăl) *n* velocípede *m*; bicicleta *f*; ciclo *m*

cyclist (*çai*-kliçt) *n* ciclista *m*

cyclone (*çai*-klo°nn) *n* ciclone *m*

cylinder (*çi*-linn-dă) *n* cilindro *m*; ~ **head** cabeça do motor

Cyprus (*çai*-prăç) Chipre *m*

cystitis (ci-*çtai*-tiç) *n* cistite *f*

Czech (tchék) *adj* checo

D

dad (dæd) *n* pai *m*

daddy (*dæ*-di) *n* paizinho *m*

daffodil (*dæ*-fă-dil) *n* junquilho *m*

daily (*dei*-li) *adj* diário; *n* diário *m*

dairy (*déª*-ri) *n* leitaria *f*

dam (dæmm) *n* barragem *f*; dique *m*

damage (*dæ*-midj) *n* dano *m*; *v* danificar

damp (dæmmp) *adj* húmido; molhado; *n* humidade *f*; *v* humedecer

dance (daannç) *v* dançar; *n* dança *f*

dandelion (*dænn*-di-lai-ănn) *n* dente-de-leão *m*

dandruff (*dænn*-drăf) *n* caspa *f*

Dane (deinn) *n* dinamarquês *m*

danger (*deinn*-djă) *n* perigo *m*

dangerous (*deinn*-djă-răç) *adj* perigoso

Danish (*dei*-nich) *adj* dinamarquês

dare (déª) *v* ousar; desafiar

daring (*déª*-rinng) *adj* temerário

dark (daak) *adj* escuro; *n* escuridão *f*, trevas *fpl*

darling (*daa*-linng) *n* querido *m*, amor *m*

darn (daann) *v* passajar

dash (dæch) *v* precipitar-se; *n* traço *m*

dashboard (*dæch*-bóód) *n* painel de instrumentos

data (*dei*-tă) *pl* dados *mpl*

date¹ (deit) *n* data *f*; encontro *m*; *v* datar; **out of** ~ fora de moda

date² (deit) *n* tâmara *f*

daughter (*dóó*-tă) *n* filha *f*

dawn (dóónn) *n* madrugada *f*; aurora *f*

day (dei) *n* dia *m*; **by** ~ de dia; ~ **trip** excursão *f*; **per** ~ por dia; **the** ~ **before yesterday** anteontem

daybreak (*dei*-breik) *n* amanhecer *m*

daylight (*dei*-lait) *n* luz do dia

dead (déd) *adj* morto

deaf (déf) *adj* surdo

deal (diil) *n* negócio *m*

***deal** (diil) *v* *distribuir; ~ **with** tratar com; *fazer negócios com

dealer (*dii*-lă) *n* negociante *m*

dear (diª) *adj* querido; caro

death (déθ) *n* morte *f*; ~ **penalty** pena de morte

debate (di-*beit*) *n* debate *m*

debit (*dé*-bit) *n* débito *m*

debt (dét) *n* dívida *f*

decaffeinated (dii-*kæ*-fi-nei-tid) *adj* descafeinado

deceit (di-*çiit*) *n* engano *m*

deceive (di-*çiiv*) *v* enganar

December (di-*çémm*-bă) Dezembro *m*

decency (*dii*-çănn-çi) *n* decência *f*

decent (*dii*-çănnt) *adj* decente
decide (di-*çaid*) *v* decidir, resolver
decision (di-*çi*-jănn) *n* decisão *f*
deck (dék) *n* convés *m*; ~ **cabin** camarote de convés; ~ **chair** cadeira de lona
declaration (dé-klă-*rei*-chănn) *n* declaração *f*
declare (di-*kléª*) *v* declarar
decoration (dé-kă-*rei*-chănn) *n* decoração *f*
decrease (dii-*kriiç*) *v* *diminuir; *n* diminuição *f*
dedicate (*dé*-di-keit) *v* dedicar
deduce (di-*d'uuç*) *v* *deduzir
deduct (di-*dakt*) *v* *deduzir, *subtrair
deed (diid) *n* acção *f*
deep (diip) *adj* profundo
deep-freeze (diip-*friiz*) *n* congelador *m*
deer (diª) *n* (pl ~) veado *m*
defeat (di-*fiit*) *v* derrotar; *n* derrota *f*
defective (di-*fék*-tiv) *adj* defeituoso
defence (di-*fénnç*) *n* defesa *f*
defend (di-*fénnd*) *v* defender
deficiency (di-*fi*-chănn-çi) *n* deficiência *f*
deficit (*dé*-fi-çit) *n* défice *m*
define (di-*fainn*) *v* definir, determinar
definite (*dé*-fi-nit) *adj* determinado; definido
definition (dé-fi-*ni*-chănn) *n* definição *f*
deformed (di-*fóómmd*) *adj* deformado, disforme
degree (di-*ghrii*) *n* grau *m*; título *m*
delay (di-*lei*) *v* atrasar; adiar; *n* atraso *m*, demora *f*; adiamento *m*
delegate (*dé*-li-ghăt) *n* delegado *m*
delegation (dé-li-*ghei*-chănn) *n* delegação *f*
deliberate[1] (di-*li*-bă-reit) *v* deliberar, discutir

deliberate[2] (di-*li*-bă-răt) *adj* deliberado
deliberation (di-li-bă-*rei*-chănn) *n* deliberação *f*
delicacy (*dé*-li-kă-çi) *n* acepipe *m*
delicate (*dé*-li-kăt) *adj* delicado
delicatessen (dé-li-kă-*té*-çănn) *n* manjar fino; mercearia fina
delicious (di-*li*-chăç) *adj* delicioso
delight (di-*lait*) *n* delícia *f*, deleite *m*; *v* deliciar; **delighted** encantado
delightful (di-*lait*-făl) *adj* encantador, delicioso
deliver (di-*li*-vă) *v* entregar; livrar
delivery (di-*li*-vă-ri) *n* entrega *f*; parto *m*; libertação *f*; ~ **van** furgoneta *f*
demand (di-*maannd*) *v* exigir, *requerer; *n* exigência *f*; procura *f*
democracy (di-*mó*-kră-çi) *n* democracia *f*
democratic (dé-mă-*kræ*-tik) *adj* democrático
demolish (di-*mó*-lich) *v* *demolir
demolition (dé-mă-*li*-chănn) *n* demolição *f*
demonstrate (*dé*-mănn-çtreit) *v* demonstrar; manifestar
demonstration (dé-mănn-*çtrei*-chănn) *n* demonstração *f*; manifestação *f*
den (dénn) *n* toca *f*
Denmark (*dénn*-maak) Dinamarca *f*
denomination (di-nó-mi-*nei*-chănn) *n* designação *f*
dense (dénnç) *adj* denso
dent (dénnt) *n* mossa *f*
dentist (*dénn*-tiçt) *n* dentista *m*
denture (*dénn*-tchă) *n* dentadura *f*
deny (di-*nai*) *v* negar, recusar, denegar
deodorant (dii-oᵘ-dă-rănnt) *n* desodorizante *m*; desodorante *mBr*
depart (di-*paat*) *v* partir, *ir-se; falecer
department (di-*paat*-mănnt) *n* depar-

tamento m; ~ **store** armazém m

departure (di-*paa*-tchã) n partida f,
despedida f

dependant (di-*pénn*-dãnnt) adj dependente

depend on (di-*pénnd*) depender de

deposit (di-*pó*-zit) n depósito m; sedimento m; v depositar

depository (di-*pó*-zi-tã-ri) n armazém
m

depot (*dé*-po^u) n armazém m; nAm
estação f

depress (di-*préç*) v deprimir

depression (di-*pré*-chãnn) n depressão
f; recessão f

deprive of (di-*praiv*) privar de

depth (dép^θ) n profundidade f

deputy (*dé*-pⁱu-ti) n deputado m;
substituto m

descend (di-*çénnd*) v descer

descendant (di-*çénn*-dãnnt) n descendente m

descent (di-*çénnt*) n descida f

describe (di-* çkraib*) v descrever

description (di-*çkrip*-chãnn) n descrição f; sinais pessoais

desert[1] (*dé*-zãt) n deserto m; adj selvagem, deserto

desert[2] (di-*zããt*) v desertar; abandonar

deserve (di-*zããv*) v merecer

design (di-*zainn*) v desenhar; n proje-
jecto m; objectivo m

designate (*dé*-zigh-neit) v designar

desirable (di-*zai*^ã-rã-bãl) adj desejável

desire (di-*zai*^ã) n desejo m; vontade f;
v desejar, cobicar

desk (déçk) n secretária f; carteira f;
carteira de escola

despair (di-*çpé*^ã) n desespero m; v
desesperar

despatch (di-*çpætch*) v despachar

desperate (*dé*-çpã-rãt) adj desesperado

despise (di-*çpaiz*) v desprezar

despite (di-*çpait*) prep apesar de

dessert (di-*zããt*) n sobremesa f

destination (dé-çti-*nei*-chãnn) n destino m

destine (*dé*-çtinn) v destinar

destiny (*dé*-çti-ni) n sorte f, destino m

destroy (di-*çtroi*) v *destruir

destruction (di-*çtrak*-chãnn) n destrui-
cão f; ruína f

detach (di-*tætch*) v separar

detail (*dii*-teil) n particularidade f,
detalhe m

detailed (*dii*-teild) adj detalhado

detect (di-*tékt*) v *descobrir

detective (di-*ték*-tiv) n detective m;
~ **story** romance policial

detergent (di-*tãã*-djãnnt) n detergente
m

determine (di-*tãã*-minn) v definir, determinar

determined (di-*tãã*-minnd) adj resoluto

detour (dii-*tu*^ã) n desvio m

devaluation (dii-væl-ⁱu-*ei*-chãnn) n des-
valorizacão f

devalue (dii-*væl*-ⁱuu) v desvalorizar

develop (di-*vé*-lãp) v desenvolver; revelar

development (di-*vé*-lãp-mãnnt) n desenvolvimento m

deviate (*dii*-vi-eit) v desviar-se

devil (*dé*-vãl) n diabo m

devise (di-*vaiz*) v *planear

devote (di-*vo*^ut) v dedicar

dew (dⁱuu) n orvalho m

diabetes (dai-ã-*bii*-tiiz) n diabetes f

diabetic (dai-ã-*bé*-tik) n diabético m

diagnose (dai-ãgh-*no*^uz) v diagnosticar; constatar

diagnosis (dai-ãgh-*no*^u-çiç) n (pl -ses)
diagnóstico m

diagonal (dai-æ-ghã-nãl) n diagonal f;
adj diagonal

diagram 221 **discard**

diagram (*dai*-ă-ghræmm) *n* diagrama *m*; gráfico *m*, esquema *m*

dialect (*dai*-ă-lékt) *n* dialecto *m*

diamond (*dai*-ă-mănnd) *n* diamante *m*

diaper (*dai*-ă-pă) *nAm* fralda *f*

diaphragm (*dai*-ă-fræmm) *n* membrana *f*; diafragma *m*

diarrhoea (dai-ă-*ri*-ă) *n* diarreia *f*

diary (*dai*-ă-ri) *n* agenda *f*; diário *m*

Dictaphone® (*dik*-tă-fo^unn) *n* ditafone *m*

dictate (dik-*teit*) *v* ditar

dictation (dik-*tei*-chănn) *n* ditado *m*

dictator (dik-*tei*-tă) *n* ditador *m*

dictionary (*dik*-chă-nă-ri) *n* dicionário *m*

did (did) *v* (p do)

die (dai) *v* morrer

diet (*dai*-ăt) *n* dieta *f*

differ (*di*-fă) *v* *diferir

difference (*di*-fă-rănnç) *n* diferença *f*; distinção *f*

different (*di*-fă-rănnt) *adj* diferente; outro

difficult (*di*-fi-kălt) *adj* difícil

difficulty (*di*-fi-kăl-ti) *n* dificuldade *f*; obstáculo *m*

*****dig** (digh) *v* cavar; escavar

digest (di-*djéçt*) *v* *digerir

digestible (di-*djé*-çtă-băl) *adj* digestivo

digestion (di-*djéç*-tchănn) *n* digestão *f*

digit (*di*-djit) *n* algarismo *m*

digital (*di*-dji-tăl) *adj* digital

dignified (*digh*-ni-faid) *adj* distinto

dilapidated (di-*læ*-pi-dei-tid) *adj* delapidado

diligence (*di*-li-djănnç) *n* aplicação *f*, zelo *m*

diligent (*di*-li-djănnt) *adj* aplicado, zeloso

dilute (dai-*l*uut) *v* *diluir

dim (dimm) *adj* mate, baço; obscuro, vago

dine (dainn) *v* jantar

dinghy (*dinng*-ghi) *n* barquinho *m*

dining-car (*dai*-ninng-kaa) *n* carruagem-restaurante *m*

dining-room (*dai*-ninng-ruumm) *n* sala de jantar

dinner (*di*-nă) *n* jantar *m*; almoço *m*

dinner-jacket (*di*-nă-djæ-kit) *n* smoking *m*

dinner-service (*di*-nă-çăă-viç) *n* serviço de jantar

diphtheria (dif-*θi*-ri-ă) *n* difteria *f*

diploma (di-*plo*^u-mă) *n* diploma *m*

diplomat (*di*-plă-mæt) *n* diplomata *m*

direct (di-*rékt*) *adj* directo; *v* dirigir; encenar

direction (di-*rék*-chănn) *n* direcção *f*; instrução *f*; realização *f*; administração **directions for use** modo de emprego

directive (di-*rék*-tiv) *n* directiva *f*

director (di-*rék*-tă) *n* director *m*; encenador *m*

dirt (dăăt) *n* sujidade *f*

dirty (*dăă*-ti) *adj* porco, sujo

disabled (di-*çei*-băld) *adj* incapacitado, inválido

disadvantage (di-*căd*-vaann-tidj) *n* desvantagem *f*

disagree (di-çă-*ghrii*) *v* discordar

disagreeable (di-çă-*ghrii*-ă-băl) *adj* desagradável

disappear (di-çă-*pi*^ă) *v* desaparecer

disappoint (di-çă-*poinnt*) *v* desapontar

disappointment (di-çă-*poinnt*-mănnt) *n* desilusão *f*

disapprove (di-çă-*pruuv*) *v* desaprovar

disaster (di-*zaa*-çtă) *n* desastre *m*; desgraça *f*, catástrofe *f*

disastrous (di-*zaa*-çtrăç) *adj* desastroso

disc (diçk) *n* disco *m*; **slipped ~** hérnia discal

discard (di-*çkaad*) *v* *desfazer-se de

discharge (diç-*tchaadj*) v descarregar; ~ **of** dispensar de

discipline (*di*-çi-plinn) n disciplina f

discolour (di-*çka*-lã) v descolorir

disconnect (di-çkã-*nékt*) v desligar

discontented (di-çkänn-*ténn*-tid) adj descontente

discontinue (di-çkänn-*ti*-n'uu) v cessar, suspender

discount (*di*-çkaunnt) n redução f, desconto m

discover (di-*çka*-vã) v *descobrir

discovery (di-*çka*-vã-ri) n descoberta f

discuss (di-*çkaç*) v discutir; debater

discussion (di-*çka*-chänn) n discussão f; conversa f, debate m

disease (di-*ziiz*) n doença f

disembark (di-çimm-*baak*) v desembarcar

disgrace (diç-*ghreiç*) n desonra f; desgraça f

disguise (diç-*ghaiz*) v disfarçar-se; n disfarce m

disgusting (diç-*gha*-çtinng) adj repugnante

dish (dich) n prato m, travessa f

dishonest (di-*có*-niçt) adj desonesto

disinfect (di-çinn-*fékt*) v desinfectar

disinfectant (di-çinn-*fék*-tännt) n desinfectante m

dislike (di-*çlaik*) v não gostar, detestar; n antipatia f, aversão f, repugnância f

dislocated (*di*-çlã-kei-tid) adj deslocado

dismiss (diç-*miç*) v *despedir

disorder (di-*çóó*-dã) n desordem f

dispatch (di-*çpætch*) v enviar, *expedir

display (di-*çplei*) v *expor, exibir; mostrar; n exposição f

displease (di-*pliiz*) v desagradar, desgostar

disposable (di-çpou-zã-bãl) adj para deitar fora

disposal (di-çpou-zãl) n disposição f

dispose of (di-çpou'z) desembaraçar-se de

dispute (di-çp'uut) n disputa f; briga f, litígio m; v altercar, contestar

dissatisfied (di-çæ-tiç-faid) adj insatisfeito

dissolve (di-zólv) v *diluir, dissolver

dissuade from (di-çueid) dissuadir

distance (*di*-çtännç) n distância f; ~ **in kilometres** quilometragem m

distant (*di*-çtännt) adj distante

distinct (di-çtinngkt) adj distinto

distinction (di-çtinngk-chänn) n distinção f, diferença f

distinguish (di-çtinng-gh'uich) v distinguir

distinguished (di-çtinng-gh'uicht) adj distinto

distress (di-çtréç) n perigo m; ~ **signal** pedido de socorro

distribute (di-çtri-b'uut) v *distribuir

distributor (di-çtri-b'u-tã) n distribuidor m

district (*di*-çtrikt) n distrito m; região f; bairro m

disturb (di-çtääb) v incomodar

disturbance (di-çtää-bännç) n perturbação f; distúrbio m

ditch (ditch) n fosso m

dive (daiv) v mergulhar

diversion (dai-vää-chänn) n desvio m; diversão f

divide (di-vaid) v dividir; repartir; separar

divine (di-vainn) adj divino

division (di-vi-jänn) n divisão f; separação f; secção f

divorce (di-vóóç) n divórcio m; v divorciar-se

dizziness (*di*-zi-näç) n vertigem f

dizzy (*di*-zi) adj atordoado

***do** (duu) v *fazer; bastar

dock (dók) *n* doca *f; v* entrar em doca
docker (dó-kǎ) *n* estivador *m*
doctor (dók-tǎ) *n* médico *m; doutor m*
document (dó-kⁱu-mǎnnt) *n* documento *m*
dog (dógh) *n* cão *m*
dogged (dó-ghid) *adj* obstinado
doll (dól) *n* boneca *f*
dome (douᵐm) *n* cúpula *f*
domestic (dǎ-mé-çtik) *adj* doméstico; interno; *n* empregado doméstico
domicile (dó-mi-çail) *n* domicílio *m*
domination (dó-mi-nei-chǎnn) *n* dominação *f*
dominion (dǎ-mi-nⁱǎnn) *n* domínio *m*
donate (douᵘ-neit) *v* *dar
donation (douᵘ-nei-chǎnn) *n* donativo *m*, doação *f*
done (dann) *v* (pp do)
donkey (dónn-ki) *n* burro *m*
donor (douᵘ-nǎ) *n* doador *m*
door (dóó) *n* porta *f*; **revolving ~** porta giratória; **sliding ~** porta corrediça
doorbell (dóó-bél) *n* campainha da porta
door-keeper (dóó-kii-pǎ) *n* porteiro *m*
doorman (dóó-mǎnn) *n* (pl -men) porteiro *m*
dormitory (dóó-mi-tri) *n* dormitório *m*
dose (douᵘç) *n* dose *f*
dot (dót) *n* ponto *m*
double (da-bǎl) *adj* duplo
doubt (daut) *v* duvidar; *n* dúvida *f*; **without ~** sem dúvida
doubtful (daut-fǎl) *adj* duvidoso; incerto
dough (douᵘ) *n* massa *f*
down¹ (daunn) *adv* abaixo, para baixo; *adj* abatido; *prep* ao longo de, para baixo; **~ payment** sinal *m*
down² (daunn) *n* penugem *f*
downpour (daunn-póó) *n* aguaceiro *m*

downstairs (daunn-çtéᵃz) *adv* em baixo, para baixo
downstream (daunn-çtriimm) *adv* rio abaixo
down-to-earth (daunn-tu-ǎǎθ) *adj* sensato
downwards (daunn-ᵘǎdz) *adv* para baixo
dozen (da-zǎnn) *n* (pl ~, ~s) dúzia *f*
draft (draaft) *n* letra *f*
drag (drægh) *v* arrastar
dragon (dræ-ghǎnn) *n* dragão *m*
drain (dreinn) *v* secar; drenar; *n* esgoto *m*
drama (draa-mǎ) *n* drama *m*; tragédia *f*; teatro *m*
dramatic (drǎ-mæ-tik) *adj* dramático
dramatist (dræ-mǎ-tiçt) *n* dramaturgo *m*
drank (drænngk) *v* (p drink)
draper (drei-pǎ) *n* negociante de tecidos
drapery (drei-pǎ-ri) *n* têxteis *mpl*
draught (draaft) *n* corrente de ar; **draughts** jogo das damas
draught-board (draaft-bóód) *n* tabuleiro de damas
draw (dróó) *n* sorteio *m*
***draw** (dróó) *v* desenhar; puxar; levantar, sacar; **~ up** redigir
drawbridge (dróó-bridj) *n* ponte levadiça
drawer (dróó-ǎ) *n* gaveta *f*; **drawers** cuecas *fpl*
drawing (dróó-inng) *n* desenho *m*
drawing-pin (dróó-inng-pinn) *n* pionés *m*
drawing-room (dróó-inng-ruumm) *n* sala *f*
dread (dréd) *v* temer; *n* temor *m*
dreadful (dréd-fǎl) *adj* espantoso, terrível
dream (driimm) *n* sonho *m*
***dream** (driimm) *v* sonhar

dress (dréç) *v* *vestir; *vestir-se; pensar; *n* vestido *m*

dressing-gown (dré-çinng-ghaunn) *n* roupão *m*

dressing-room (dré-çinng-ruumm) *n* quarto de vestir

dressing-table (dré-çinng-tei-bãl) *n* toucador *m*

dressmaker (dréç-mei-kã) *n* modista *f*

drill (dril) *v* brocar; adestrar; *n* broca *f*

drink (drinngk) *n* bebida *f*

*drink (drinngk) *v* beber

drinking-water (drinng-kinng-ᵘóó-tã) *n* água potável

drip-dry (drip-*drai*) *adj* não passar a ferro

drive (draiv) *n* estrada *f*; passeio de carro

*drive (draiv) *v* guiar; *conduzir

driver (*drai*-vã) *n* condutor *m*

drizzle (dri-zãl) *n* chuva miudinha

drop (dróp) *v* deixar *cair; *n* gota *f*

drought (draut) *n* seca *f*

drown (draunn) *v* afogar; *be drowned afogar-se

drug (dragh) *n* estupefaciente *m*; medicamento *m*

drugstore (dragh-çtóó) *nAm* farmácia *f*; drogaria *f*

drunk (dranngk) *adj* (pp drink) bêbado

dry (drai) *adj* seco; *v* secar; enxugar

dry-clean (drai-*kliinn*) *v* limpar a seco

dry-cleaner's (drai-*klii*-nãz) *n* tinturaria *f*

dryer (*drai*-ã) *n* secador *m*

duchess (da-tchiç) *n* duquesa *f*

duck (dak) *n* pato *m*

due (dᶦuu) *adj* esperado; devido; vencido

dues (dᶦuuz) *pl* direitos *mpl*

dug (dagh) *v* (p, pp dig)

duke (dᶦuuk) *n* duque *m*

dull (dal) *adj* enfadonho, insípido; apagado, baço; embotado

dumb (damm) *adj* mudo; obtuso, estúpido

dune (dᶦuunn) *n* duna *f*

dung (danng) *n* esterco *m*

dunghill (danng-hil) *n* estrumeira *f*

duration (dᶦu-*rei*-chãnn) *n* duração *f*

during (dᶦuª-rinng) *prep* durante

dusk (daçk) *n* anoitecer *m*

dust (daçt) *n* poeira *f*

dustbin (daçt-binn) *n* caixote do lixo; lata de lixo *Br*

dusty (da-çti) *adj* poeirento

Dutch (datch) *adj* holandês

Dutchman (datch-männ) *n* (pl -men) holandês *m*

dutiable (dᶦuu-ti-ã-bãl) *adj* sujeito a taxas

duty (dᶦuu-ti) *n* dever *m*; tarefa *f*; direito de importação; **Customs** ~ direitos alfandegários

duty-free (dᶦuu-ti-*frii*) *adj* isento de direitos

dwarf (dᵘóóf) *n* anão *m*

dye (dai) *v* pintar, tingir; *n* tinta *f*

dynamo (*dai*-nã-moᵘ) *n* (pl ~s) dínamo *m*

dysentery (di-çänn-tri) *n* disenteria *f*

E

each (iitch) *adj* cada; ~ **other** mutuamente

eager (ii-ghã) *adj* impaciente, desejoso

eagle (ii-ghãl) *n* águia *f*

ear (iª) *n* orelha *f*

earache (iª-reik) *n* dor de ouvidos

ear-drum (iª-dramm) *n* tímpano *m*

earl (ããl) *n* conde *m*

early (ãã-li) *adj* cedo

earn (ããnn) v ganhar

earnest (ãã-niçt) n seriedade f

earnings (ãã-ninngz) pl ganhos mpl, rendimentos mpl

earring (i^ã-rinng) n brinco m

earth (ããθ) n terra f; solo m

earthenware (ãã-θãnn-^ué^ã) n olaria f

earthquake (ããθ-k^ueik) n tremor de terra

ease (iiz) n facilidade f, à-vontade m

east (iiçt) n este m

Easter (ii-çtã) Páscoa f

easterly (ii-çtã-li) adj oriental

eastern (ii-çtãnn) adj oriental

easy (ii-zi) adj fácil; cómodo; ~ chair poltrona f

easy-going (ii-zi-gho^u-inng) adj descontraído

*eat (iit) v comer

eavesdrop (iivz-dróp) v escutar indiscretamente

ebony (é-bã-ni) n ébano m

eccentric (ik-çénn-trik) adj excêntrico

echo (é-ko^u) n (pl ~es) eco m

eclipse (i-klipç) n eclipse m

economic (ii-kã-nó-mik) adj económico

economical (ii-kã-nó-mi-kãl) adj económico, poupado

economist (i-kó-nã-miçt) n economista m

economize (i-kó-nã-maiz) v economizar

economy (i-kó-nã-mi) n economia f

ecstasy (ék-çtã-zi) n êxtase m

Ecuador (é-k^uã-dóó) Equador m

Ecuadorian (é-k^uã-dóó-ri-ãnn) n equatoriano m

eczema (ék-çi-mã) n eczema m

edge (édj) n orla f, borda f

edible (é-di-bãl) adj comestível

edition (i-di-chãnn) n edição f; morning ~ edição da manhã

editor (é-di-tã) n redactor m

educate (é-dju-keit) v educar, formar

education (é-dju-kei-chãnn) n educação f

eel (iil) n enguia f

effect (i-fékt) n efeito m, resultado m; v efectuar; in ~ com efeito

effective (i-fék-tiv) adj eficaz

efficient (i-fi-chãnnt) adj eficiente

effort (é-fãt) n esforço m

egg (égh) n ovo m

egg-cup (égh-kap) n copinho para os ovos

eggplant (égh-plaannt) n beringela f

egg-yolk (égh-ⁱo^uk) n gema de ovo

egoistic (é-gho^u-i-çtik) adj egoísta

Egypt (ii-djipt) Egipto m

Egyptian (i-djip-chãnn) adj egípcio

eiderdown (ai-dã-daunn) n edredão m

eight (eit) num oito

eighteen (ei-tiinn) num dezoito

eighteenth (ei-tiinnθ) num décimo oitavo

eighth (eitθ) num oitavo

eighty (ei-ti) num oitenta

either (ai-ðã) pron um ou outro; either ... or seja ... seja, ou ... ou

elaborate (i-læ-bã-reit) v elaborar

elastic (i-læ-çtik) adj elástico; flexível; ~ band elástico m

elasticity (é-læ-çti-çã-ti) n elasticidade f

elbow (él-bo^u) n cotovelo m

elder (él-dã) adj mais velho

elderly (él-dã-li) adj de idade

eldest (él-diçt) adj o mais velho

elect (i-lékt) v escolher, eleger

election (i-lék-chãnn) n eleição f

electric (i-lék-trik) adj eléctrico; ~ razor máquina de barbear; barbeador eléctrico Br

electrician (i-lék-tri-chãnn) n electricista m

electricity (i-lék-tri-çã-ti) n electricidade f

electronic (i-lék-*tró*-nik) *adj* electrónico; ~ **game** jogo electrónico

elegance (é-li-ghãnnç) *n* elegância f

elegant (é-li-ghãnnt) *adj* elegante

element (é-li-mãnnt) *n* elemento m

elephant (é-li-fãnnt) *n* elefante m

elevator (é-li-vei-tã) *nAm* elevador m

eleven (i-lé-vãnn) *num* onze

eleventh (i-lé-vãnnθ) *num* décimo primeiro

elf (élf) *n* (pl elves) elfo m

eliminate (i-li-mi-neit) *v* eliminar

elm (élm) *n* ulmeiro m

else (élç) *adv* doutro modo

elsewhere (él-çʷéᵃ) *adv* noutro lado

elucidate (i-luu-çi-deit) *v* elucidar

emancipation (i-mænn-çi-*pei*-chãnn) *n* emancipação f

embankment (imm-*bænngk*-mãnnt) *n* paredão m

embargo (émm-*baa*-ghoᵘ) *n* (pl ~es) embargo m

embark (imm-*baak*) *v* embarcar

embarkation (émm-baa-*kei*-chãnn) *n* embarcação f

embarrass (imm-*bæ*-rãç) *v* perturbar, embaraçar; estorvar

embassy (émm-bã-çi) *n* embaixada f

emblem (émm-blãmm) *n* emblema m

embrace (imm-*breiç*) *v* abraçar; *n* abraço m

embroider (imm-*broi*-dã) *v* bordar

embroidery (imm-*broi*-dã-ri) *n* bordado m

emerald (é-mã-rãld) *n* esmeralda f

emergency (i-*mãã*-djãnn-çi) *n* emergência f; estado de emergência; ~ **exit** saída de emergência

emigrant (é-mi-ghrãnnt) *n* emigrante m

emigrate (é-mi-ghreit) *v* emigrar

emigration (é-mi-*ghrei*-chãnn) *n* emigração f

emotion (i-*moᵘ*-chãnn) *n* emoção f

emperor (émm-pã-rã) *n* imperador m

emphasize (émm-fã-çaiz) *v* acentuar, frisar

empire (émm-paiᵃ) *n* império m

employ (imm-*ploi*) *v* empregar; utilizar, usar

employee (émm-ploi-*ii*) *n* empregado m

employer (imm-*ploi*-ã) *n* patrão m

employment (imm-*ploi*-mãnnt) *n* emprego m; ~ **exchange** agência de colocação

empress (émm-priç) *n* imperatriz f

empty (émmp-ti) *adj* vazio; *v* esvaziar

enable (i-*nei*-bãl) *v* possibilitar

enamel (i-næ-mãl) *n* esmalte m

enamelled (i-næ-mãld) *adj* esmaltado

enchanting (inn-*tchaann*-tinng) *adj* encantador, esplêndido

encircle (inn-*çãã*-kãl) *v* cercar; *rodear

enclose (inng-*kloᵘz*) *v* incluir, juntar

enclosure (inng-*kloᵘ*-jã) *n* anexo m

encounter (inng-*kaunn*-tã) *v* encontrar; *n* encontro m

encourage (inng-*ka*-ridj) *v* encorajar

encyclopaedia (énn-çai-klã-*pii*-di-ã) *n* enciclopédia f

end (énnd) *n* extremidade f, fim m; conclusão f; *v* acabar, terminar

ending (énn-dinng) *n* fim m

endless (énnd-lãç) *adj* infinito

endorse (inn-*dóóç*) *v* endossar

endure (inn-*dʲuᵃ*) *v* suportar

enemy (é-nã-mi) *n* inimigo m

energetic (é-nã-*djé*-tik) *adj* enérgico

energy (é-nã-dji) *n* energia f; força f

engage (inng-*gheidj*) *v* empregar; contratar; comprometer-se; **engaged** noivo; ocupado

engagement (inng-*gheidj*-mãnnt) *n* noivado m; compromisso m; ~ **ring** anel de noivado

engine (énn-djinn) *n* motor m, máquina f: locomotiva f

engineer (énn-dji-ni*ă*) n engenheiro m

England (inng-ghlănnd) Inglaterra f

English (inng-ghlich) adj inglês

Englishman (inng-ghlich-männ) n (pl -men) inglês m

engrave (inng-ghreiv) v gravar

engraver (inng-ghrei-vă) n gravador m

engraving (inng-ghrei-vinng) n estampa f: gravação f

enigma (i-nigh-mă) n enigma m

enjoy (inn-djoi) v desfrutar, gozar

enjoyable (inn-djoi-ă-băl) adj agradável

enjoyment (inn-djoi-männt) n gozo m

enlarge (inn-laadj) v ampliar

enlargement (inn-laadj-männt) n ampliação f

enormous (i-nóó-măç) adj gigantesco, enorme

enough (i-naf) adv bastante; adj suficiente

enquire (inng-k*u*ai*ă*) v indagar, perguntar; investigar

enquiry (inng-k*u*ai*ă*-ri) n informação f; investigação f; inquérito m

enter (énn-tă) v entrar; inscrever

enterprise (énn-tă-praiz) n empresa f

entertain (énn-tă-teinn) v *divertir, *entreter; receber

entertaining (énn-tă-tei-ninng) adj divertido

entertainment (énn-tă-teinn-männt) n diversão f, divertimento m

enthusiasm (inn-θiuu-zi-æ-zămm) n entusiasmo m

enthusiastic (inn-θiuu-zi-æ-çtik) adj entusiástico

entire (inn-tai*ă*) adj todo, inteiro

entirely (inn-tai*ă*-li) adv inteiramente

entrance (énn-trănnç) n entrada f; acesso m

entrance-fee (énn-trănnç-fii) n preço de entrada

entry (énn-tri) n entrada f; lançamento m; **no ~** proibido entrar

envelope (énn-vă-lou*p*) n sobrescrito m, envelope m

envious (énn-vi-ăç) adj invejoso

environment (inn-vai*ă*-rănn-männt) n meio ambiente; arredores mpl

envoy (énn-voi) n emissário m

envy (énn-vi) n inveja f; v invejar

epic (é-pik) n epopeia f; adj épico

epidemic (é-pi-dé-mik) n epidemia f

epilepsy (é-pi-lép-çi) n epilepsia f

epilogue (é-pi-lógh) n epílogo m

episode (é-pi-ço*u*d) n episódio m

equal (ii-k*u*ăl) adj igual; v igualar

equality (i-k*u*ó-lă-ti) n igualdade f

equalize (ii-k*u*ă-laiz) v igualar

equally (ii-k*u*ă-li) adv igualmente

equator (i-k*u*ei-tă) n equador m

equip (i-k*u*ip) v equipar

equipment (i-k*u*ip-männt) n equipamento m

equivalent (i-k*u*i-vă-lännt) adj equivalente

eraser (i-rei-ză) n borracha f

erect (i-rékt) v erigir, edificar; adj erecto, em pé

err (ăă) v errar

errand (é-rănnd) n recado m

error (é-ră) n erro m, falta f

escalator (é-çkă-lei-tă) n escada rolante

escape (i-çkeip) v escapar; *fugir, evadir; n evasão f

escort¹ (é-çkóót) n escolta f

escort² (i-çkóót) v escoltar

especially (i-çpé-chă-li) adv principalmente, especialmente

esplanade (é-çplă-neid) n esplanada f

essay (é-çei) n ensaio m; composição f, tratado m

essence (é-çănnç) n essência f; natureza f

essential (i-çénn-chăl) adj indispensável; essencial

essentially (i-*çénn*-chã-li) *adv* essencialmente

establish (i-*çtæ*-blich) *v* estabelecer

estate (i-*çteit*) *n* propriedade *f*; fazenda *f*

esteem (i-*çtiimm*) *n* estima *f*; *v* estimar

estimate¹ (é-çti-meit) *v* estimar, *fazer a estimativa

estimate² (é-çti-mãt) *n* estimativa *f*

eternal (i-*tãã*-nãl) *adj* eterno

eternity (i-*tãã*-nã-ti) *n* eternidade *f*

ether (*ii*-θã) *n* éter *m*

Ethiopia (i-θi-o*ᵘ*-pi-ã) Etiópia *f*

Ethiopian (i-θi-o*ᵘ*-pi-änn) *adj* etíope

Europe (*ᶦuᵃ*-rãp) Europa *f*

European (*ᶦuᵃ*-rã-*pii*-änn) *adj* europeu; **European Union** União Européia

evacuate (i-*væ*-kᶦu-eit) *v* evacuar

evaluate (i-*væl*-ᶦu-eit) *v* avaliar

evaporate (i-*væ*-pã-reit) *v* evaporar

even (*ii*-vänn) *adj* liso, igual, plano; constante; par; *adv* mesmo

evening (*iiv*-ninng) *n* noite *f*; ~ **dress** traje a rigor

event (i-*vénnt*) *n* acontecimento *m*; caso *m*

eventual (i-*vénn*-tchu-ãl) *adj* final

ever (é-vã) *adv* jamais; sempre

every (év-ri) *adj* cada

everybody (*év*-ri-bó-di) *pron* toda a gente; todo o mundo *Br*

everyday (év-ri-dei) *adj* quotidiano

everyone (*év*-ri-ᵘann) *pron* cada um, toda a gente; todo o mundo *Br*

everything (*év*-ri-θinng) *pron* tudo

everywhere (*év*-ri-ᵘéᵃ) *adv* por toda a parte

evidence (é-vi-dãnnç) *n* prova *f*

evident (é-vi-dãnnt) *adj* evidente

evil (*ii*-vãl) *n* mal *m*; *adj* mau

evolution (ii-vã-*luu*-chãnn) *n* evolução *f*

exact (igh-*zækt*) *adj* exacto

exactly (igh-*zækt*-li) *adv* exactamente

exaggerate (igh-*zæ*-djã-reit) *v* exagerar

examination (igh-zæ-mi-*nei*-chänn) *n* exame *m*; interrogatório *m*

examine (igh-*zæ*-minn) *v* examinar

example (igh-*zaamm*-pãl) *n* exemplo *m*; **for** ~ por exemplo

excavation (ékç-kã-*vei*-chänn) *n* escavação *f*

exceed (ik-*çiid*) *v* exceder; superar

excel (ik-*çél*) *v* *sobressair

excellent (ék-çã-lännt) *adj* excelente, óptimo

except (ik-*çépt*) *prep* excepto

exception (ik-*çép*-chänn) *n* excepção *f*

exceptional (ik-çé-chã-nãl) *adj* excepcional, extraordinário

excerpt (ék-çããpt) *n* trecho *m*

excess (ik-*çéç*) *n* excesso *m*

excessive (ik-çé-çiv) *adj* excessivo

exchange (ikç-*tcheinndj*) *v* trocar; *n* troca *f*; bolsa *f*; ~ **office** casa de câmbio; ~ **rate** câmbio *m*

excite (ik-*çait*) *v* excitar

excitement (ik-*çait*-männt) *n* excitação *f*

exciting (ik-*çai*-tinng) *adj* emocionante

exclaim (ik-*çkleimm*) *v* exclamar

exclamation (ék-çklã-*mei*-chänn) *n* exclamação *f*

exclude (ik-*çkluud*) *v* *excluir

exclusive (ik-çkluu-çiv) *adj* exclusivo

exclusively (ik-çkluu-çiv-li) *adv* unicamente, exclusivamente

excursion (ik-*çkãã*-chänn) *n* excursão *f*

excuse¹ (ik-çkᶦuuç) *n* desculpa *f*

excuse² (ik-çkᶦuuz) *v* desculpar

execute (ék-çki-kᶦuut) *v* desempenhar, executar

execution (ék-çi-kᶦuu-chänn) *n* execucão f

executioner (ék-çi-kⁱuu-chă-nă) n carrasco m

executive (igh-zé-kⁱu-tiv) adj executivo; n poder executivo; director m

exempt (igh-zémmpt) v isentar, dispensar; adj isento

exemption (igh-zémmp-chänn) n isenção f

exercise (ék-çă-çaiz) n exercício m; v exercitar; exercer

exhale (ékç-heil) v exalar

exhaust (igh-zóóct) n tubo de escape, escape m; v extenuar; ~ **gases** gases de escape

exhibit (igh-zi-bit) v *expor, exibir

exhibition (ék-çi-bi-chänn) n exibição f, exposição f

exile (ék-çail) n exílio m; exilado m

exist (igh-zict) v existir

existence (igh-zi-çtănnç) n existência f

exit (ék-çit) n saída f

exotic (igh-zó-tik) adj exótico

expand (ik-çpænnd) v expandir; desenvolver

expect (ik-çpékt) v esperar

expectation (ék-çpék-tei-chänn) n expectativa f

expedition (ék-çpă-di-chänn) n expedição f

expel (ik-çpél) v expulsar

expenditure (ik-çpénn-di-tchă) n despesa f

expense (ik-çpénnç) n despesa f

expensive (ik-çpénn-çiv) adj caro

experience (ik-çpi^ă-ri-ănnç) n experiência f; v experimentar, viver; **experienced** experiente

experiment (ik-çpé-ri-mănnt) n experiência f, prova f; v experimentar

expert (ék-çpăăt) n especialista m, perito m; adj competente

expire (ik-çpai^ă) v expirar, terminar;

expired expirado

expiry (ik-çpai^ă-ri) n expiração f, vencimento m

explain (ik-çpleinn) v explicar

explanation (ék-çplă-nei-chänn) n explicação f, esclarecimento m

explicit (ik-çpli-çit) adj explícito, categórico

explode (ik-çplo^ud) v *explodir

exploit (ik-çploit) v explorar

explore (ik-çplóó) v explorar

explosion (ik-çplo^u-jänn) n explosão f

explosive (ik-çplo^u-çiv) adj explosivo; n explosivo m

export¹ (ik-çpóót) v exportar

export² (ék-çpóót) n exportação f

exportation (ék-çpóó-tei-chänn) n exportação f

exports (ék-çpóótç) pl exportações fpl

exposition (ék-çpă-zi-chänn) n exposição f

exposure (ik-çpo^u-jă) n exposição f; ~ **meter** fotómetro m

express (ik-çpréç) v expressar, exprimir; manifestar; adj expresso; explícito; ~ **train** comboio rápido

expression (ik-çpré-chänn) n expressão f

exquisite (ik-çk^ui-zit) adj requintado

extend (ik-çténnd) v prolongar; ampliar; conceder

extension (ik-çténn-chänn) n prolongamento m; ampliação f; extensão f; ~ **cord** fio de extensão

extensive (ik-çténn-çiv) adj amplo; extenso, vasto

extent (ik-çténnt) n dimensão f

exterior (ék-çti^ă-ri-ă) adj exterior; n exterior m

external (ék-çtăă-năl) adj exterior

extinguish (ik-çtinng-gh^uich) v apagar, extinguir

extort (ik-çtóót) v *extorquir

extortion (ik-çtóó-chănn) n extorsão f

extra (ék-çtră) adj suplementar

extract[1] (ik-çtrækt) v *extrair, arrancar

extract[2] (ék-çtrækt) n trecho m

extradite (ék-çtră-dait) v extraditar

extraordinary (ik-çtróó-dănn-ri) adj extraordinário

extravagant (ik-çtræ-vă-ghănnt) adj extravagante, exagerado

extreme (ik-çtriimm) adj extremo; n extremo m

exuberant (igh-z¹uu-bă-rănnt) adj exuberante

eye (ai) n olho m

eyebrow (ai-brau) n sobrancelha f

eyelash (ai-læch) n pestana f

eyelid (ai-lid) n pálpebra f

eye-pencil (ai-pénn-çăl) n lápis para os olhos

eye-shadow (ai-chæ-do**u**) n sombra para os olhos

eye-witness (ai-**u**it-năç) n testemunha ocular

F

fable (fei-băl) n fábula f

fabric (fæ-brik) n tecido m; estrutura f

façade (fă-çaad) n fachada f

face (feiç) n rosto m; v enfrentar; ~ **massage** massagem facial; **facing** defronte de

face-cream (feiç-kriimm) n creme de beleza

face-pack (feiç-pæk) n máscara facial

face-powder (feiç-pau-dă) n pó-de-arroz m

facility (fă-çi-lă-ti) n facilidade f

fact (fækt) n facto m; **in** ~ com efeito

factor (fæk-tă) n factor m

factory (fæk-tă-ri) n fábrica f

factual (fæk-tchu-ăl) adj real

faculty (fæ-kăl-ti) n faculdade f; aptidão f, capacidade f

fad (fæd) n capricho m

fade (feid) v desbotar, desvanecer

faience (fai-ăç) n faiança f

fail (feil) v fracassar; falhar; faltar; omitir; reprovar; **without** ~ sem falta

failure (feil-¹ă) n fracasso m; fiasco m

faint (feinnt) v desmaiar; adj vago, desfalecido, fraco

fair (fé**ă**) n feira f; adj justo; loiro; bonito

fairly (fé**ă**-li) adv bastante, razoavelmente

fairy (fé**ă**-ri) n fada f

fairytale (fé**ă**-ri-teil) n história de fadas

faith (feiθ) n fé f; confiança f

faithful (feiθ-ful) adj fiel

fake (feik) n falsificação f

fall (fóól) n queda f; nAm Outono m

***fall** (fóól) v *cair

false (fóólç) adj falso, errado; ~ **teeth** dentadura f

falter (fóól-tă) v vacilar; balbuciar

fame (feimm) n fama f; reputação f

familiar (fă-mil-¹ă) adj familiar

family (fæ-mă-li) n família f; ~ **name** apelido m

famous (fei-măç) adj famoso

fan (fænn) n ventilador m; leque m; admirador m; fã mBr; ~ **belt** correia de ventoinha

fanatical (fă-næ-ti-kăl) adj fanático

fancy (fænn-çi) v *ter vontade de, gostar de; imaginar; n capricho m; imaginação f

fantastic (fænn-tæ-çtik) adj fantástico

fantasy (fænn-tă-zi) n fantasia f

far (faa) adj longe; adv muito; **by** ~

de longe; **so** ~ até agora
far-away (*faa-ră-*ᵘei) *adj* distante
farce (faac) *n* farsa *f*
fare (féᵃ) *n* preço da viagem, preço do bilhete; comida *f*, alimentação *f*
farm (faamm) *n* quinta *f*; fazenda *f*
farmer (*faa-*mă) *n* lavrador *m*; **farmer's wife** mulher do lavrador
farmhouse (*faamm-*hauç) *n* casal *m*
far-off (faa-róf) *adj* longínquo
fascinate (*fæ-*çi-neit) *v* fascinar
fascism (*fæ-*chi-zămm) *n* fascismo *m*
fascist (*fæ-*chiçt) *adj* fascista
fashion (*fæ-*chănn) *n* moda *f*; maneira *f*
fashionable (*fæ-*chă-nă-băl) *adj* na moda
fast (faaçt) *adj* rápido; firme
fast-dyed (faaçt-*daid*) *adj* de cor fixa, não tinge
fasten (*faa-*çănn) *v* prender, atar; fechar
fastener (*fæt-*çă-nă) *n* fecho *m*
fat (fæt) *adj* gordo; *n* gordura *f*
fatal (*fei-*tăl) *adj* fatal, mortal
fate (feit) *n* destino *m*
father (*faa-*ðă) *n* pai *m*; padre *m*
father-in-law (*faa-*ðă-rinn-lóó) *n* (pl fathers-) sogro *m*
fatherland (*faa-*ðă-lännd) *n* pátria *f*
fatness (*fæt-*năç) *n* obesidade *f*
fatty (*fæ-*ti) *adj* gorduroso
faucet (*fóó-*çit) *n* Am torneira *f*
fault (fóólt) *n* culpa *f*; defeito *m*, imperfeição *f*, falha *f*
faultless (*fóólt-*lăç) *adj* impecável; perfeito
faulty (*fóól-*ti) *adj* defeituoso, imperfeito
favour (*fei-*vă) *n* favor *m*; *v* favorecer
favourable (*fei-*vă-ră-băl) *adj* favorável
favourite (*fei-*vă-rit) *n* favorito *m*; *adj* preferido

fax (faakç) *n* fax *m*; **send a** ~ mandar um fax
fear (fiᵃ) *n* receio *m*, medo *m*; *v* *recear
feasible (*fii-*ză-băl) *adj* realizável
feast (fiiçt) *n* festa *f*
feat (fiit) *n* feito *m*
feather (*fé-*ðă) *n* pena *f*
feature (*fii-*tchă) *n* característica *f*; feição do rosto
February (*fé-*bru-ă-ri) Fevereiro
federal (*fé-*dă-răl) *adj* federal
federation (fé-dă-*rei-*chănn) *n* federação *f*
fee (fii) *n* honorário *m*
feeble (*fii-*băl) *adj* fraco
***feed** (fiid) *v* alimentar; **fed up with** farto de
***feel** (fiil) *v* *sentir; apalpar; ~ **like** apetecer
feeling (*fii-*linng) *n* sensação *f*
fell (fél) *v* (p fall)
fellow (*fé-*loᵘ) *n* tipo *m*
felt¹ (félt) *n* feltro *m*
felt² (félt) *v* (p, pp feel)
female (*fii-*meil) *adj* feminino
feminine (*fé-*mi-ninn) *adj* feminino
fence (fénnç) *n* cerca *f*; *v* esgrimir
fender (*fénn-*dă) *n* pára-choques *m*
ferment (făă-*ménnt*) *v* fermentar
ferry-boat (*fé-*ri-boᵘt) *n* ferry-boat *m*
fertile (*făă-*tail) *adj* fértil
festival (*fé-*çti-văl) *n* festival *m*
festive (*fé-*çtiv) *adj* festivo
fetch (fétch) *v* *ir buscar
feudal (*fⁱuu-*dăl) *adj* feudal
fever (*fii-*vă) *n* febre *f*
feverish (*fii-*vă-rich) *adj* febril
few (fⁱuu) *adj* poucos
fiancé (fi-ă-*çei*) *n* noivo *m*
fiancée (fi-ă-*çei*) *n* noiva *f*
fibre (*fai-*bă) *n* fibra *f*
fiction (*fik-*chănn) *n* ficção *f*
field (fiild) *n* campo *m*; domínio *m*; ~

glasses binóculo *m*

fierce (fi*³*c) *adj* feroz, violento

fifteen (fif-*tiinn*) *num* quinze

fifteenth (fif-*tiinnθ*) *num* décimo quinto

fifth (fifθ) *num* quinto

fifty (*fif*-ti) *num* cinquenta

fig (figh) *n* figo *m*

fight (fait) *n* luta *f*

***fight** (fait) *v* combater, lutar

figure (*fi*-ghã) *n* estatura *f*, figura *f*; algarismo *m*

file (fail) *n* lima *f*; arquivo *m*; fila *f*

Filipino (fi-li-*pii*-no*ᵘ*) *n* filipino *m*

fill (fil) *v* encher; **~ in** preencher; **filling station** estação de serviço; **~ out** *Am* encher, preencher; **~ up** atestar

filling (*fi*-linng) *n* obturação *f*; recheio *m*

film (film) *n* filme *m*; película *f*; *v* filmar

filter (*fil*-tã) *n* filtro *m*

filthy (*fil*-θi) *adj* imundo

final (*fai*-nãl) *adj* final

finance (fai-*nænn*-çiz) *v* financiar

finances (fai-*nænn*-çiz) *pl* finanças *fpl*

financial (fai-*nænn*-chãl) *adj* financeiro

finch (finntch) *n* tentilhão *m*

***find** (fainnd) *v* achar, encontrar

fine (fainn) *n* multa *f*; *adj* fino; belo; maravilhoso, excelente; **~ arts** belas-artes *fpl*

finger (*finng*-ghã) *n* dedo *m*; **little ~** dedo mínimo

fingerprint (*finng*-ghã-prinnt) *n* impressão digital

finish (*fi*-nich) *v* terminar, acabar; *n* fim *m*; meta *f*; **finished** acabado

Finland (*finn*-lãnnd) Finlândia *f*

Finn (finn) *n* finlandês *m*

Finnish (*fi*-nich) *adj* finlandês

fire (fai*³*) *n* fogo *m*; incêndio *m*; *v* disparar; ***despedir

fire-alarm (*fai³*-rã-laamm) *n* alarme de incêndio

fire-brigade (*fai³*-bri-gheid) *n* bombeiros *mpl*

fire-escape (*fai³*-ri-çkeip) *n* escada de incêndio

fire-extinguisher (*fai³*-rik-çtinng-gh*ᵘ*i-chã) *n* extintor *m*

fireplace (*fai³*-pleiç) *n* lareira *f*

fireproof (*fai³*-pruuf) *adj* à prova de fogo; de ir ao forno

firm (fãämm) *adj* firme; sólido; *n* firma *f*

first (fããçt) *num* primeiro; **at ~** primeiro; **~ name** nome próprio; prenome *mBr*

first-aid (fããçt-*eid*) *n* primeiros socorros; **~ kit** caixa de primeiros socorros; **~ post** posto de socorros

first-class (fããçt-*klaaç*) *adj* de primeira qualidade

first-rate (fããçt-*reit*) *adj* excelente, de primeira qualidade

fir-tree (*fãã*-trii) *n* pinheiro *m*, abeto *m*

fish¹ (fich) *n* (pl ~, ~es) peixe *m*; **~ shop** peixaria *f*

fish² (fich) *v* pescar; **fishing gear** equipamento de pesca; **fishing hook** anzol *m*; **fishing industry** pesca *f*; **fishing licence** licença de pesca; **fishing line** linha de pesca; **fishing net** rede de pesca; **fishing rod** cana de pesca; **fishing tackle** aparelho de pesca

fishbone (*fich*-bo*ᵘ*nn) *n* espinha de peixe

fisherman (*fi*-chã-männ) *n* (pl -men) pescador *m*

fist (fiçt) *n* punho *m*

fit (fit) *adj* apropriado; *n* ataque *m*; *v* ***condizer; **fitting room** gabinete de provas

five (faiv) *num* cinco
fix (fikç) *v* reparar
fixed (fikçt) *adj* fixo
fizz (fiz) *n* efervescência *f*
fjord (fióód) *n* fiorde *m*
flag (flægh) *n* bandeira *f*
flame (fleimm) *n* chama *f*
flamingo (flã-*minng*-ghoᵘ) *n* (pl ~s, ~es) flamingo *m*
flannel (*flæ*-nãl) *n* flanela *f*
flash (flæch) *n* relâmpago *m*
flash-bulb (*flæch*-balb) *n* lâmpada de flash
flash-light (*flæch*-lait) *n* lanterna de mão
flask (flaaçk) *n* frasco *m*; **thermos ~** termo *m*
flat (flæt) *adj* raso, plano; *n* apartamento *m*; **~ tyre** pneu furado
flavour (*flei*-vã) *n* sabor *m*; *v* temperar
fleet (fliit) *n* frota *f*
flesh (fléch) *n* carne *f*
flew (fluu) *v* (p fly)
flex (flékç) *n* fio eléctrico
flexible (*flék*-çi-bãl) *adj* flexível; maleável
flight (flait) *n* voo *m*; **charter ~** voo charter
flint (flinnt) *n* pedra de isqueiro
float (floᵘt) *v* flutuar; *n* flutuador *m*
flock (flók) *n* rebanho *m*
flood (flad) *n* inundação *f*; enchente *f*
floor (flóó) *n* chão *m*; andar *m*, piso *m*; **~ show** espectáculo de variedades
florist (*fló*-riçt) *n* florista *m*
flour (flauᵃ) *n* farinha *f*
flow (floᵘ) *v* correr
flower (flauᵃ) *n* flor *f*
flowerbed (*flauᵃ*-béd) *n* canteiro *m*
flown (floᵘnn) *v* (pp fly)
flu (fluu) *n* gripe *f*
fluent (*fluu*-ãnnt) *adj* fluente

fluid (*fluu*-id) *adj* fluido; *n* líquido *m*
flute (fluut) *n* flauta *f*
fly (flai) *n* mosca *f*; braguilha *f*
*fly (flai) *v* voar
foam (foᵘmm) *n* espuma *f*; *v* espumar
foam-rubber (*foᵘmm*-ra-bã) *n* espuma de borracha
focus (*foᵘ*-kãç) *n* foco *m*
fog (fógh) *n* nevoeiro *m*
foggy (*fó*-ghi) *adj* enevoado
foglamp (*fógh*-læmmp) *n* farol de nevoeiro
fold (foᵘld) *v* dobrar; *n* dobra *f*
folk (foᵘk) *n* povo *m*; **~ song** canção popular
folk-dance (*foᵘk*-daannç) *n* dança folclórica
folklore (*foᵘk*-lóó) *n* folclore *m*
follow (*fó*-loᵘ) *v* *seguir; **following** *adj* seguinte
*be fond of (bii fónnd óv) gostar de
food (fuud) *n* alimento *m*; comida *f*; **~ poisoning** intoxicação alimentar
foodstuffs (*fuud*-çtafç) *pl* produtos alimentícios
fool (fuul) *n* idiota *m*, tolo *m*; *v* enganar
foolish (*fuu*-lich) *adj* tolo, maluco; absurdo
foot (fut) *n* (pl feet) pé *m*; **~ powder** pó para os pés; **on ~** a pé
football (*fut*-bóól) *n* bola de futebol; **~ match** jogo de futebol
foot-brake (*fut*-breik) *n* travão de pé
footpath (*fut*-paaθ) *n* passeio *m*; atalho *m*
footwear (*fut*-ᵘéᵃ) *n* calçado *m*
for (fóó) *prep* para; durante; por causa de, por, em consequência de; *conj* porque
*forbid (fã-*bid*) *v* proibir
force (fóóç) *v* forçar, obrigar; *n* força *f*; **by ~** forçosamente; **driving ~**

força motriz

ford (fóód) *n* vau *m*

forecast (fóó-kaaçt) *n* previsão *f*; *v* *prever

foreground (fóó-ghraunnd) *n* primeiro plano

forehead (fó-réd) *n* testa *f*

foreign (fó-rinn) *adj* estrangeiro; estranho

foreigner (fó-ri-nă) *n* estrangeiro *m*; forasteiro *m*

foreman (fóó-mănn) *n* (pl -men) capataz *m*

foremost (fóó-mouçt) *adj* primeiro

foresail (fóó-çeil) *n* traquete *m*

forest (fó-riçt) *n* floresta *f*

forester (fó-ri-çtă) *n* guarda-florestal *m*

forge (fóódj) *v* falsificar

*forget (fă-ghét) *v* esquecer

forgetful (fă-ghét-făl) *adj* esquecido

*forgive (fă-ghiv) *v* perdoar

fork (fóók) *n* garfo *m*; bifurcação *f*; *v* bifurcar

form (fóómm) *n* forma *f*; formulário *m*; classe *f*; *v* formar

formal (fóó-măl) *adj* formal

formality (fóó-mæ-lă-ti) *n* formalidade *f*

former (fóó-mă) *adj* antigo; antecedente; **formerly** anteriormente, antigamente

formula (fóó-m¡u-lă) *n* (pl ~e, ~s) fórmula *f*

fort (fóót) *n* forte *m*

fortnight (fóót-nait) *n* quinzena *f*

fortress (fóó-triç) *n* fortaleza *f*

fortunate (fóó-tchă-năt) *adj* afortunado

fortune (fóó-tchuunn) *n* fortuna *f*; sorte *f*

forty (fóó-ti) *num* quarenta

forward (fóó-uăd) *adv* em frente, avante; *v* *fazer seguir

foster-parents (fó-çtă-pé^ă-rănntç) *pl* pais adoptivos

fought (fóót) *v* (p, pp fight)

foul (faul) *adj* porco; infame

found¹ (faunnd) *v* (p, pp find)

found² (faunnd) *v* fundar, estabelecer, *instituir

foundation (faunn-dei-chănn) *n* fundação *f*; ~ **cream** creme de base

fountain (faunn-tinn) *n* fonte *f*

fountain-pen (faunn-tinn-pénn) *n* caneta de tinta permanente

four (fóó) *num* quatro

fourteen (fóó-tiinn) *num* catorze

fourteenth (fóó-tiinnθ) *num* décimo quarto

fourth (fóóθ) *num* quarto

fowl (faul) *n* (pl ~s, ~) aves de criação

fox (fókç) *n* raposa *f*

foyer (foi-ei) *n* entrada *f*

fraction (fræk-chănn) *n* fracção *f*

fracture (fræk-tchă) *v* quebrar, fracturar; *n* fractura *f*

fragile (fræ-djail) *adj* frágil

fragment (frægh-mănnt) *n* fragmento *m*; bocado *m*

frame (freimm) *n* moldura *f*; armação *f*

France (fraannç) França *f*

franchise (frænn-tchaiz) *n* direito de voto

fraternity (fră-tăă-nă-ti) *n* fraternidade *f*

fraud (fróód) *n* fraude *f*

fray (frei) *v* desfiar

free (frii) *adj* livre; ~ **of charge** gratuito; ~ **ticket** bilhete gratuito

freedom (frii-dămm) *n* liberdade *f*

*freeze (friiz) *v* gelar; congelar

freezing (frii-zinng) *adj* gelado

freezing-point (frii-zinng-poinnt) *n* ponto de congelação

freight (freit) *n* carga *f*

French (frénntch) adj francês
Frenchman (frénntch-männ) n (pl -men) francês m
frequency (frii-kᵘänn-çi) n frequência f
frequent (frii-kᵘännt) adj frequente
fresh (fréch) adj fresco; ~ water água doce
friction (frik-chänn) n fricção f
Friday (frai-di) sexta-feira f
fridge (fridj) n frigorífico m; geladeira fBr
friend (frénnd) n amigo m; amiga f
friendly (frénnd-li) adj afável; simpático, amistoso
friendship (frénnd-chip) n amizade f
fright (frait) n susto m, medo m
frighten (frai-tänn) v assustar
frightened (frai-tännd) adj assustado; *be ~ assustar-se
frightful (frait-fäl) adj terrível, medonho
fringe (frinndj) n franja f
frock (frók) n vestido m
frog (frógh) n rã f
from (frómm) prep de; a partir de
front (frannt) n frente f; in ~ of diante de
frontier (frann-tiᵃ) n fronteira f
frost (fróct) n geada f
froth (frôô) n espuma f
frozen (froᵘ-zänn) adj congelado; ~ food comida congelada
fruit (fruut) n fruta f; fruto m
fry (frai) v fritar
frying-pan (frai-inng-pænn) n frigideira f
fuel (fⁱuu-äl) n combustível m; ~ pump Am bomba de gasolina
full (ful) adj cheio; ~ board pensão completa; ~ stop ponto final; ~ up repleto
fun (fann) n divertimento m; prazer m

function (fanngk-chänn) n função f
fund (fannd) n fundo m
fundamental (fann-dä-ménn-täl) adj fundamental
funeral (fⁱuu-nä-räl) n funeral m
funnel (fa-näl) n funil m
funny (fa-ni) adj engraçado; estranho
fur (fää) n pele f; ~ coat casaco de peles; furs pele f
furious (fⁱuᵃ-ri-äc) adj furioso, furibundo
furnace (fää-niç) n forno m
furnish (fää-nich) v fornecer, proporcionar; mobilar; ~ with *prover de
furniture (fää-ni-tchä) n mobília f
furrier (fa-ri-ä) n peleiro m
further (fää-ðä) adj mais além; ulterior
furthermore (fää-ðä-móó) adv além disso
furthest (fää-ðiçt) adj o mais distante
fuse (fⁱuuz) n fusível m; mecha f
fuss (faç) n espalhafato m
future (fⁱuu-tchä) n futuro m; adj futuro

G

gable (ghei-bäl) n empena f
gadget (ghæ-djit) n engenhoca f
gaiety (ghei-ä-ti) n alegria f
gain (gheinn) v ganhar; n lucro m
gait (gheit) n passo m, andar m
gale (gheil) n temporal m
gall (ghóól) n bílis f; ~ bladder vesícula biliar
gallery (ghæ-lä-ri) n galeria f
gallop (ghæ-läp) n galope m
gallows (ghæ-loᵘz) pl forca f
gallstone (ghóól-çtoᵘnn) n cálculo biliar

game (gheimm) *n* jogo *m*; caça *f*; ~ **reserve** reserva natural

gang (ghænng) *n* quadrilha *f*; turno *m*

gangway (ghænng-ᵘei) *n* escada do portaló

gaol (djeil) *n* cadeia *f*

gap (ghæp) *n* brecha *f*

garage (ghæ-raaj) *n* garagem *f*; *v* *pôr na garagem

garbage (ghaa-bidj) *n* lixo *m*

garden (ghaa-dänn) *n* jardim *m*; **public** ~ jardim público; **zoological gardens** jardim zoológico

gardener (ghaa-dä-nä) *n* jardineiro *m*

gargle (ghaa-ghäl) *v* gargarejar

garlic (ghaa-lik) *n* alho *m*

gas (ghæç) *n* gás *m*; *nAm* gasolina *f*; ~ **cooker** fogão a gás; ~ **station** *Am* posto de gasolina; ~ **stove** fogão a gás

gasoline (ghæ-çä-liinn) *nAm* gasolina *f*

gastric (ghæ-çtrik) *adj* gástrico; ~ **ulcer** úlcera gástrica

gasworks (ghæç-ᵘääkç) *n* depósito de gás

gate (gheit) *n* porta *f*; portão *m*

gather (ghæ-ðä) *v* coleccionar; reunir; colher

gauge (gheidj) *n* medida *f*

gauze (ghóóz) *n* gaze *f*

gave (gheiv) *v* (p give)

gay (ghei) *adj* alegre; garrido

gaze (gheiz) *v* fitar

gazetteer (ghæ-zä-ti⁵) *n* dicionário geográfico

gear (ghi⁵) *n* velocidade *f*; equipamento *m*; **change** ~ mudar de velocidade; ~ **lever** alavanca das mudanças

gear-box (ghi⁵-bókç) *n* caixa de velocidades

gem (djëmm) *n* jóia *f*, pedra preciosa

gender (djénn-dä) *n* género *m*

general (djé-nä-räl) *adj* geral; *n* general *m*; ~ **practitioner** médico de clínica geral; **in** ~ em geral

generate (djé-nä-reit) *v* *produzir

generation (djé-nä-rei-chänn) *n* geração *f*

generator (djé-nä-rei-tär) *n* gerador *m*

generosity (djé-nä-ró-çä-ti) *n* generosidade *f*

generous (djé-nä-räç) *adj* magnânimo, generoso

genital (djé-ni-täl) *adj* genital

genius (djii-ni-äç) *n* génio *m*

gentle (djénn-täl) *adj* suave; ligeiro; terno; delicado

gentleman (djénn-täl-männ) *n* (pl -men) cavalheiro *m*

genuine (djé-nᵘ-inn) *adj* genuíno

geography (dji-ó-ghrä-fi) *n* geografia *f*

geology (dji-ó-lä-dji) *n* geologia *f*

geometry (dji-ó-mä-tri) *n* geometria *f*

germ (djäämm) *n* micróbio *m*; germe *m*

German (djää-männ) *adj* alemão

Germany (djää-mä-ni) Alemanha *f*

gesticulate (dji-çti-kᵘu-leit) *v* gesticular

***get** (ghét) *v* *obter; *ir buscar; *fazer-se, tornar-se; ~ **back** regressar; ~ **off** descer, *apear-se; ~ **on** *subir para; avançar, *progredir; ~ **up** levantar-se, erguer-se

ghost (ghoᵘçt) *n* fantasma *m*; espírito *m*

giant (djai-ännt) *n* gigante *m*

giddiness (ghi-di-näç) *n* tontura *f*

giddy (ghi-di) *adj* atordoado

gift (ghift) *n* oferta *f*, presente *m*; dom *m*

gifted (ghif-tid) *adj* dotado

gigantic (djai-ghænn-tik) *adj* gigantesco

giggle (ghi-ghäl) *v* *dar risadinhas

gill (ghil) *n* guelra *f*

gilt (ghilt) *adj* dourado

ginger (*djinn*-djä) *n* gengibre *m*

gipsy (*djip*-çi) *n* cigano *m*

girdle (*ghãã*-däl) *n* cinta *f*

girl (ghääl) *n* rapariga *f*; ~ guide escuteira *f*

*give (ghiv) *v* *dar; entregar; ~ away revelar; ~ in ceder; ~ up desistir, renunciar

glacier (*ghlæ*-çi-ä) *n* glaciar *m*

glad (ghlæd) *adj* contente; gladly com muito gosto, de boa vontade

gladness (*ghlæd*-näç) *n* alegria *f*

glamorous (*ghlæ*-mä-räç) *adj* fascinante

glamour (*ghlæ*-mä) *n* encanto *m*

glance (ghlaannç) *n* relance *m*; *v* *relancear

gland (ghlænnd) *n* glândula *f*

glare (ghlé*ä*) *n* brilho *m*; esplendor *m*

glaring (*ghlé*ä-rinng) *adj* deslumbrante

glass (ghlaaç) *n* copo *m*; vidro *m*; de vidro; glasses óculos *mpl*; magnifying ~ lupa *f*

glaze (ghleiz) *v* vidrar

glen (ghlénn) *n* ravina *f*

glide (ghlaid) *v* planar; deslizar

glider (*ghlai*-dä) *n* planador *m*

glimpse (ghlimmpç) *n* vislumbre *m*; *v* vislumbrar

global (*ghlo*ᵘ-bäl) *adj* mundial

globe (ghlo*ᵘ*b) *n* globo *m*

gloom (ghluumm) *n* obscuridade *f*; melancolia *f*

gloomy (*ghluu*-mi) *adj* sombrio

glorious (*ghlóó*-ri-äç) *adj* esplêndido

glory (*ghlóó*-ri) *n* glória *f*; louvor *m*, honra *f*

gloss (ghlóç) *n* lustro *m*

glossy (*ghló*-çi) *adj* lustroso

glove (ghlav) *n* luva *f*

glow (ghlo*ᵘ*) *v* brilhar; *n* brilho *m*

glue (ghluu) *n* cola *f*

*go (gho*ᵘ*) *v* *ir; andar; *fazer-se; ~ ahead avançar; ~ away *ir-se embora; ~ back regressar; ~ home *ir para casa; ~ in entrar; ~ on continuar, avançar; ~ out *sair; ~ through atravessar, passar por

goal (gho*ᵘ*l) *n* objectivo *m*, baliza *f*; golo *m*

goalkeeper (*gho*ᵘ*l*-kii-pä) *n* guarda-redes *m*; goleiro *mBr*

goat (gho*ᵘ*t) *n* bode *m*, cabra *f*

god (ghód) *n* deus *m*

goddess (*ghó*-diç) *n* deusa *f*

godfather (*ghód*-faa-ðä) *n* padrinho *m*

goggles (*ghó*-ghälz) *pl* óculos de protecção

gold (gho*ᵘ*ld) *n* ouro *m*; ~ leaf folha de ouro

golden (*gho*ᵘ*l*-dänn) *adj* de ouro

goldmine (*gho*ᵘ*ld*-mainn) *n* mina de ouro

goldsmith (*gho*ᵘ*ld*-çmiθ) *n* ourives *m*

golf (ghólf) *n* golfe *m*

golf-club (*ghólf*-klab) *n* clube de golfe

golf-course (*ghólf*-kóóç) *n* campo de golfe

golf-links (*ghólf*-linngkç) *n* campo de golfe

gondola (*ghónn*-dä-lä) *n* gôndola *f*

good (ghud) *adj* bom

good-bye! (ghud-*bai*) adeus!

good-humoured (ghud-*hⁱuu*-mäd) *adj* bem humorado

good-looking (ghud-*lu*-kinng) *adj* bonito

good-natured (ghud-*nei*-tchäd) *adj* bondoso

goods (ghudz) *pl* mercadorias *fpl*, bens *mpl*; ~ train comboio de mercadorias

good-tempered (ghud-*témm*-päd) *adj* bem disposto

goodwill (ghud-*ᵘil*) *n* boa vontade

goose (ghuuç) *n* (pl geese) ganso *m*

gooseberry (ghuz-bā-ri) *n* groselha verde

goose-flesh (ghuuç-fléch) *n* pele de galinha

gorge (góódj) *n* garganta *f*

gorgeous (ghóó-djãc) *adj* magnífico

gospel (gó-çpãl) *n* evangelho *m*

gossip (gó-çip) *n* mexerico *m*; *v* mexericar

got (ghót) *v* (p, pp get)

gourmet (ghuᵃ-mei) *n* gastrónomo *m*

gout (ghaut) *n* gota *f*

govern (gha-vǎnn) *v* governar

governess (gha-vǎ-niç) *n* governanta *f*

government (gha-vǎnn-mǎnnt) *n* regime *m*, governo *m*

governor (gha-vǎ-nǎ) *n* governador *m*

gown (ghaunn) *n* vestido *m*

grace (ghreiç) *n* graça *f*; perdão *m*

graceful (ghreiç-fǎl) *adj* gracioso

grab (ghræb) *v* agarrar, arrebatar; prender

grade (ghreid) *n* grau *m*; *v* classificar

gradient (ghrei-di-ǎnnt) *n* inclinação *f*

gradual (ghræ-dju-ǎl) *adj* gradual

graduate (ghræ-dju-eit) *v* diplomar-se

grain (ghreinn) *n* cereal *m*, grão *m*

gram (ghræmm) *n* grama *m*

grammar (ghræ-mǎ) *n* gramática *f*

grammatical (ghrǎ-mæ-ti-kǎl) *adj* gramatical

grand (ghrænnd) *adj* grandioso

granddad (ghrænn-dæd) *n* avô *m*

granddaughter (ghrænn-dóó-tǎ) *n* neta *f*

grandfather (ghrænn-faa-ðǎ) *n* avô *m*, avozinho

grandmother (ghrænn-ma-ðǎ) *n* avó *f*, avozinha

grandparents (ghrænn-péᵃ-rǎnntç) *pl* avós *mpl*

grandson (ghrænn-çann) *n* neto *m*

granite (ghræ-nit) *n* granito *m*

grant (ghraannt) *v* conceder, aceder; *n* subsídio *m*, subvenção *f*

grapefruit (ghreip-fruut) *n* toranja *f*

grapes (ghreipç) *pl* uvas *fpl*

graph (ghræf) *n* gráfico *m*

graphic (ghræ-fik) *adj* gráfico

grasp (ghraaçp) *v* agarrar, segurar; *n* aperto *m*

grass (ghraaç) *n* erva *f*

grasshopper (ghraaç-hó-pǎ) *n* gafanhoto *m*

grate (ghreit) *n* grelha *f*; *v* raspar

grateful (ghreit-fǎl) *adj* grato, reconhecido

grater (ghrei-tǎ) *n* ralador *m*

gratis (ghræ-tiç) *adj* gratuito

gratitude (ghræ-ti-tʲuud) *n* gratidão *f*

gratuity (ghrǎ-tʲuu-ǎ-ti) *n* gorjeta *f*

grave (ghreiv) *n* sepultura *f*; *adj* grave

gravel (ghræ-vǎl) *n* cascalho *m*

gravestone (ghreiv-çtoᵘnn) *n* lápide *f*

graveyard (ghreiv-ⁱaad) *n* cemitério *m*

gravity (ghræ-vǎ-ti) *n* gravidade *f*; seriedade *f*

gravy (ghrei-vi) *n* molho de carne

graze (ghreiz) *v* pastar; *n* arranhão *m*

grease (ghriiç) *n* gordura *f*; *v* lubrificar

greasy (ghrii-çi) *adj* gordurento, oleoso

great (ghreit) *adj* grande; **Great Britain** Grã-Bretanha *f*

Greece (ghriiç) Grécia *f*

greed (ghriid) *n* cupidez *f*

greedy (ghrii-di) *adj* ganancioso; guloso

Greek (ghriik) *adj* grego

green (ghriinn) *adj* verde; ~ **card** carta verde

greengrocer (ghriinn-ghroᵘ-çǎ) *n* vendedor de hortaliça

greenhouse (ghriinn-hauç) *n* estufa *f*

greens (ghriinnz) *pl* hortaliça *f*

greet (ghriit) *v* cumprimentar

greeting (*ghrii*-tinng) *n* saudação *f*

grey (ghrei) *adj* cinzento

greyhound (*ghrei*-haunnd) *n* galgo *m*

grief (ghriif) *n* desgosto *m*; aflição *f*, dor *f*

grieve (ghriiv) *v* *ter desgosto; afligir

grill (ghril) *n* grelhador *m*; *v* grelhar

grill-room (*ghril*-ruumm) *n* churrasqueira *f*

grin (ghrinn) *v* *sorrir-se; *n* careta *f*

***grind** (ghrainnd) *v* *moer; triturar

grip (ghrip) *v* agarrar; *n* abraço *m*, acção de agarrar; *nAm* saco de mão

grit (ghrit) *n* saibro *m*

groan (ghro^unn) *v* gemer

grocer (*ghro^u*-çã) *n* merceeiro *m*; **grocer's** mercearia *f*

groceries (*ghro^u*-çã-riz) *pl* artigos de mercearia

groin (ghroinn) *n* virilha *f*

groove (ghruuv) *n* sulco *m*

gross[1] (ghro^uç) *n* (pl ~) grosa *f*

gross[2] (ghro^uç) *adj* grosseiro; bruto

grotto (*ghró*-to^u) *n* (pl ~es, ~s) gruta *f*

ground[1] (ghraunnd) *n* solo *m*, fundo *m*; ~ **floor** rés-do-chão *m*; andar térreo *Br*; **grounds** terreno *m*

ground[2] (ghraunnd) *v* (p, pp grind)

group (ghruup) *n* grupo *m*

grove (ghro^uv) *n* mata *f*

***grow** (ghro^u) *v* crescer; cultivar; *fazer-se

growl (ghraul) *v* rosnar

grown-up (*ghro^unn*-ap) *adj* adulto; *n* adulto *m*

growth (ghro^uθ) *n* crescimento *m*; tumor *m*

grudge (ghradj) *v* invejar

grumble (*ghramm*-bãl) *v* resmungar

guarantee (ghæ-rãnn-*tii*) *n* garantia *f*; caução *f*; *v* garantir

guarantor (ghæ-rãnn-*tóó*) *n* fiador *m*

guard (ghaad) *n* guarda *m*; *v* guardar

guardian (*ghaa*-di-ãnn) *n* tutor *m*

guess (ghéç) *v* adivinhar; pensar, *supor; *n* conjectura *f*

guest (ghéçt) *n* hóspede *m*, convidado *m*

guest-house (*ghéçt*-hauç) *n* pensão *f*

guest-room (*ghéçt*-ruumm) *n* quarto de hóspedes

guide (ghaid) *n* guia *m*; *v* guiar

guidebook (*ghaid*-buk) *n* guia *m*

guide-dog (*ghaid*-dógh) *n* cão de cego

guilt (ghilt) *n* culpa *f*

guilty (*ghil*-ti) *adj* culpado

guinea-pig (*ghi*-ni-pigh) *n* porquinho-da-índia *m*

guitar (ghi-*taa*) *n* viola *f*

gulf (ghalf) *n* golfo *m*

gull (ghal) *n* gaivota *f*

gum (ghamm) *n* gengiva *f*; goma *f*; cola *f*

gun (ghann) *n* revólver *m*, espingarda *f*; canhão *m*

gunpowder (*ghann*-pau-dã) *n* pólvora *f*

gust (ghaçt) *n* rajada *f*

gusty (*gha*-çti) *adj* ventoso

gut (ghat) *n* intestino *m*; **guts** coragem *f*

gutter (*gha*-tã) *n* valeta *f*

guy (ghai) *n* tipo *m*

gymnasium (djimm-*nei*-zi-ãmm) *n* (pl ~s, -sia) ginásio *m*

gymnast (*djimm*-næçt) *n* ginasta *m*

gymnastics (djimm-*næ*-çtikç) *pl* ginástica *f*

gynaecologist (ghai-nã-*kó*-lã-djiçt) *n* ginecologista *m*

H

haberdashery (hæ-bă-dæ-chă-ri) n capelista m; armarinho mBr

habit (hæ-bit) n hábito m

habitable (hæ-bi-tă-băl) adj habitável

habitual (hă-bi-tchu-ăl) adj habitual

had (hæd) v (p, pp have)

haddock (hæ-dăk) n (pl ~) arinca f

haemorrhage (hé-mă-ridj) n hemorragia f

haemorrhoids (hé-mă-roidz) pl hemorróidas fpl

hail (heil) n granizo m

hair (héă) n cabelo m; ~ **cream** creme para o cabelo; ~ **gel** fixador de cabelos; ~ **piece** cabelo postiço; ~ **rollers** rolos de cabelo; ~ **tonic** tónico capilar

hairbrush (héă-brach) n escova de cabelo

haircut (héă-kat) n corte de cabelo

hair-do (héă-duu) n penteado m

hairdresser (héă-dré-çă) n cabeleireiro m

hair-dryer (héă-drai-ă) n secador de cabelo

hair-grip (héă-ghrip) n travessão m

hair-net (héă-nét) n rede para o cabelo

hairpin (héă-pinn) n gancho de cabelo

hair-spray (héă-çprei) n laca para o cabelo

hairy (héă-ri) adj cabeludo

half¹ (haaf) adj meio; adv meio

half² (haaf) n (pl halves) metade f

half-time (haaf-taimm) n intervalo m

halfway (haaf-ᵘei) adv a meio caminho

halibut (hæ-li-băt) n (pl ~) alabote m

hall (hóól) n vestíbulo m; sala f

halt (hóólt) v parar

halve (haav) v dividir ao meio

ham (hæmm) n fiambre m, presunto m

hamlet (hæmm-lăt) n aldeola f

hammer (hæ-mă) n martelo m

hammock (hæ-măk) n rede f

hamper (hæmm-pă) n cesta f

hand (hænnd) n mão f; v entregar; ~ **cream** creme para as mãos

handbag (hænnd-bægh) n mala de mão

handbook (hænnd-buk) n manual m

hand-brake (hænnd-breik) n travão de mão

handcuffs (hænnd-kafç) pl algemas fpl

handful (hænnd-ful) n punhado m

handicraft (hænn-di-kraaft) n trabalho manual; artesanato m

handkerchief (hænng-kă-tchif) n lenço de assoar

handle (hænn-dăl) n cabo m, pega f; v manejar; tratar

hand-made (hænnd-rneid) adj feito à mão

handshake (hænnd-cheik) n aperto de mão

handsome (hænn-çamm) adj belo

handwork (hænnd-ᵘăăk) n trabalho manual

handwriting (hænnd-rai-tinng) n escrita f

handy (hænn-di) adj jeitoso; à mão, conveniente

*hang (hænng) v pendurar; pender

hanger (hænng-ă) n cabide m

hangover (hænng-oᵘ-vă) n ressaca mBr

happen (hæ-pănn) v suceder, acontecer

happening (hæ-pă-ninng) n acontecimento m

happiness (hæ-pi-năç) n felicidade f

happy (hæ-pi) adj contente, feliz

harbour (haa-bă) n porto m

hard (haad) *adj* duro; difícil; **hardly** mal

hardware (*haad*-ᵘéª) *n* ferragens *fpl*; ~ **store** loja de ferragens

hare (héª) *n* lebre *f*

harm (haamm) *n* prejuízo *m*; mal *m*, dano *m*; *v* prejudicar, *fazer mal a

harmful (*haamm*-fǎl) *adj* prejudicial, nocivo

harmless (*haamm*-lǎç) *adj* inofensivo

harmony (*haa*-mǎ-ni) *n* harmonia *f*

harp (haap) *n* harpa *f*

harpsichord (*haap*-çi-kóód) *n* cravo *m*

harsh (haach) *adj* áspero; severo; cruel

harvest (*haa*-viçt) *n* colheita *f*

has (hæz) *v* (pr have)

haste (heiçt) *n* rapidez *f*, pressa *f*

hasten (*hei*-çǎnn) *v* apressar-se

hasty (*hei*-çti) *adj* apressado

hat (hæt) *n* chapéu *m*; ~ **rack** bengaleiro *m*

hatch (hætch) *n* alçapão *m*

hate (heit) *v* detestar; *odiar; *n* ódio *m*

hatred (*hei*-trid) *n* ódio *m*

haughty (*hóó*-ti) *adj* altivo

haul (hóól) *v* arrastar

***have** (hæv) *v* *ter; mandar; ~ **to** *ter de

hawk (hóók) *n* gavião *m*; falcão *m*

hay (hei) *n* feno *m*; ~ **fever** febre dos fenos

hazard (*hæ*-zǎd) *n* risco *m*

haze (heiz) *n* bruma *f*, névoa *f*

hazelnut (*hei*-zǎl-nat) *n* avelã *f*

hazy (*hei*-zi) *adj* fusco; enevoado

he (hii) *pron* ele

head (héd) *n* cabeça *f*; *v* dirigir; ~ **of state** chefe de estado; ~ **teacher** director de escola

headache (*hé*-deik) *n* dor de cabeça

heading (*hé*-dinng) *n* título *m*

headlamp (*héd*-læmmp) *n* farol *m*

headland (*héd*-lǎnnd) *n* promontório *m*

headlight (*héd*-lait) *n* farol *m*

headline (*héd*-lainn) *n* cabeçalho *m*

headmaster (*héd*-maa-çtǎ) *n* director de escola; reitor *m*

headquarters (héd-kᵘóó-tǎz) *pl* quartel-general *m*

head-strong (*héd*-çtrónn) *adj* obstinado

head-waiter (héd-ᵘei-tǎ) *n* chefe de mesa

heal (hiil) *v* sarar, curar

health (hélθ) *n* saúde *f*; ~ **centre** centro de saúde; ~ **certificate** atestado de saúde

healthy (*hél*-θi) *adj* são

heap (hiip) *n* monte *m*, montão *m*

***hear** (hiª) *v* *ouvir

hearing (*hiª*-rinng) *n* ouvido *m*

heart (haat) *n* coração *m*; âmago *m*; **by** ~ de cor; ~ **attack** ataque de coração

heartburn (*haat*-bǎǎnn) *n* azia *f*

hearth (haaθ) *n* lareira *f*

heartless (*haat*-lǎç) *adj* insensível

hearty (*haa*-ti) *adj* efusivo

heat (hiit) *n* calor *m*; *v* aquecer; **heating pad** almofada eléctrica

heater (*hii*-tǎ) *n* aquecedor *m*; **immersion** ~ aquecedor de imersão

heath (hiiθ) *n* charneca *f*

heathen (*hii*-ðǎnn) *n* pagão *m*

heather (*hé*-ðǎ) *n* urze *f*

heating (*hii*-tinng) *n* aquecimento *m*

heaven (*hé*-vǎnn) *n* céu *m*

heavy (*hé*-vi) *adj* pesado

Hebrew (*hii*-bruu) *n* hebreu *m*

hedge (hédj) *n* sebe *f*

hedgehog (*hédj*-hógh) *n* ouriço *m*

heel (hiil) *n* calcanhar *m*; salto *m*

height (hait) *n* altura *f*; topo *m*, apogeu *m*

hell (hél) *n* inferno *m*

hello! (*hé-lo*ᵘ) olá!; bom dia!

helm (hélm) *n* leme *m*

helmet (*hél*-mit) *n* capacete *m*

helmsman (*hélmz*-männ) *n* timoneiro *m*

help (hélp) *v* ajudar, socorrer; *n* socorro *m*

helper (*hél*-pä) *n* ajudante *m*

helpful (*hélp*-fäl) *adj* útil

helping (*hél*-pinng) *n* porção *f*

hem (hémm) *n* bainha *f*

hemp (hémmp) *n* cânhamo *m*

hen (hénn) *n* galinha *f*

henceforth (hénnç-*fóóθ*) *adv* de agora em diante

her (hää) *pron* lhe, a; *adj* seu

herb (hääb) *n* erva *f*

herd (hääd) *n* manada *f*

here (hiä) *adv* aqui; ~ **you are** aqui está

hereditary (hi-ré-di-tä-ri) *adj* hereditário

hernia (*hää*-ni-ä) *n* hérnia *f*

hero (*hiä*-roᵘ) *n* (pl ~es) herói *m*

heron (*hé*-ränn) *n* garça *f*

herring (*hé*-rinng) *n* (pl ~, ~s) arenque *m*

herself (hää-*çélf*) *pron* se; ela mesma

hesitate (*hé*-zi-teit) *v* hesitar

heterosexual (hé-tä-rä-*çék*-chu-äl) *adj* heterossexual

hiccup (*hi*-kap) *n* soluço *m*

hide (haid) *n* pele *f*

***hide** (haid) *v* esconder

hideous (*hi*-di-äç) *adj* horroroso

hierarchy (*haiä*-raa-ki) *n* hierarquia *f*

high (hai) *adj* alto

highway (*hai*-ᵘei) *n* estrada principal; *nAm* auto-estrada *f*

hijack (*hai*-djæk) *v* *saltear

hijacker (*hai*-djæ-kä) *n* salteador *m*, raptor *m*

hike (haik) *v* viajar a pé

hill (hil) *n* colina *f*

hillside (*hil*-çaid) *n* encosta *f*

hilltop (*hil*-tóp) *n* cume do monte

hilly (*hi*-li) *adj* acidentado

him (himm) *pron* o, lhe

himself (himm-*çélf*) *pron* se; ele mesmo

hinder (*hinn*-dä) *v* estorvar

hinge (hinndj) *n* dobradiça *f*

hip (hip) *n* anca *f*

hire (haiä) *v* alugar; **for** ~ para alugar

hire-purchase (haiä-*pää*-tchäç) *n* compra a prestações

his (hiz) *adj* seu

historian (hi-çtóó-ri-änn) *n* historiador *m*

historic (hi-çtó-rik) *adj* histórico

historical (hi-çtó-ri-käl) *adj* histórico

history (*hi*-çtä-ri) *n* história *f*

hit (hit) *n* sucesso *m*

***hit** (hit) *v* bater; acertar, atingir

hitchhike (*hitch*-haik) *v* *pedir boleia; *pedir carona *Br*

hitchhiker (*hitch*-hai-kä) *n* pessoa que pede boleia

hoarse (hóóç) *adj* rouco

hobby (*hó*-bi) *n* passatempo *m*

hobby-horse (*hó*-bi-hóóç) *n* cavalo-de-pau *m*

hockey (*hó*-ki) *n* hóquei *m*

hoist (hoiçt) *v* içar

hold (hoᵘld) *n* porão *m*

***hold** (hoᵘld) *v* segurar; guardar; ~ **on** agarrar-se; ~ **up** *suster

hold-up (*hoᵘl*-dap) *n* assalto à mão armada

hole (hoᵘl) *n* buraco *m*

holiday (*hó*-lä-di) *n* férias *fpl*; feriado *m*; ~ **camp** colónia de férias; ~ **resort** estância de férias; **on** ~ em férias

Holland (*hó*-lännd) Holanda *f*

hollow (*hó*-loᵘ) *adj* oco

holy (*hoᵘ*-li) *adj* sagrado

homage (*hó*-midj) *n* homenagem *f*
home (hou̯mm) *n* lar *m*; morada *f*;
adv para casa; **at** ~ em casa
home-made (hou̯mm-*meid*) *adj* caseiro
homesickness (hou̯mm-çik-nǎç) *n* nostalgia *f*
homosexual (hou̯-mǎ-*çék*-chu-ǎl) *adj*
homossexual
honest (ó-niçt) *adj* honesto; sincero
honesty (ó-ni-çti) *n* honestidade *f*
honey (*ha*-ni) *n* mel *m*
honeymoon (*ha*-ni-muunn) *n*
lua-de-mel *f*
honour (ó-nǎ) *n* honra *f*; *v* prestar
homenagem, honrar
honourable (ó-nǎ-rǎ-bǎl) *adj* honroso;
honrado
hood (hud) *n* capuz *m*; *nAm* cobertura do motor
hoof (huuf) *n* casco *m*
hook (huk) *n* gancho *m*
hoot (huut) *v* buzinar
hooter (*huu*-tǎ) *n* buzina *f*
hoover (*huu*-vǎ) *v* aspirar
hop¹ (hóp) *v* saltitar; *n* pulo *m*
hop² (hóp) *n* lúpulo *m*
hope (hou̯p) *n* esperança *f*; *v* esperar
hopeful (*hou̯p*-fǎl) *adj* esperançado
hopeless (*hou̯p*-lǎç) *adj* desesperado
horizon (hǎ-*rai*-zǎnn) *n* horizonte *m*
horizontal (hó-ri-*zónn*-tǎl) *adj* horizontal
horn (hóónn) *n* chifre *m*; trompa *f*;
buzina *f*
horrible (*hó*-ri-bǎl) *adj* horrível; atroz,
horripilante, horroroso
horror (*hó*-rǎ) *n* horror *m*, pavor *m*
hors-d'œuvre (óó-*dǎǎvr*) *n* acepipes
mpl
horse (hóóç) *n* cavalo *m*
horseman (*hóóç*-mǎnn) *n* (pl -men)
cavaleiro *m*
horsepower (*hóóç*-pauǎ) *n* cavalo-va-

por *m*
horserace (*hóóç*-reiç) *n* corrida de cavalos
horseradish (*hóóç*-ræ-dich) *n* rábano
silvestre
horseshoe (*hóóç*-chuu) *n* ferradura *f*
horticulture (*hóó*-ti-kal-tchǎ) *n* horticultura *f*
hosiery (*hou̯*-jǎ-ri) *n* malhas
hospitable (*hó*-çpi-tǎ-bǎl) *adj* hospitaleiro
hospital (*hó*-çpi-tǎl) *n* hospital *m*
hospitality (hó-çpi-*tæ*-lǎ-ti) *n* hospitalidade *f*
host (hou̯çt) *n* hospedeiro *m*
hostage (*hó*-çtidj) *n* refém *m*
hostel (*hó*-çtǎl) *n* albergue *m*
hostess (*hou̯*-çtiç) *n* hospedeira *f*
hostile (*hó*-çtail) *adj* hostil
hot (hót) *adj* quente
hotel (hou̯-*tél*) *n* hotel *m*
hot-tempered (hót-*témm*-pǎd) *adj*
irascível
hour (auǎ) *n* hora *f*
hourly (*auǎ*-li) *adj* hora a hora
house (hauç) *n* casa *f*; habitação *f*;
prédio *m*; ~ **agent** agente imobiliário; ~ **block** *Am* bloco habitacional; **public** ~ bar *m*
houseboat (*hauç*-bou̯t) *n* casa flutuante
household (*hauç*-hou̯ld) *n* lar *m*; família *f*
housekeeper (*hauç*-kii-pǎ) *n* governanta *f*
housekeeping (*hauç*-kii-pinng) *n* governo de casa, lida da casa
housemaid (*hauç*-meid) *n* empregada
doméstica
housewife (*hauç*-uaif) *n* dona de casa
housework (*hauç*-uǎǎk) *n* lida da casa
how (hau) *adv* como; que; ~ **many**
quantos; ~ **much** quanto

however (hau-*é*-vă) *conj* todavia, contudo
hug (hagh) *v* abraçar; *n* abraço *m*
huge (h*i*uudj) *adj* enorme, formidável
hum (hamm) *v* *trautear
human (h*i*uu-mănn) *adj* humano; ~ **being** ser humano
humanity (h*i*u-*mæ*-nă-ti) *n* humanidade *f*
humble (hamm-băl) *adj* humilde
humid (h*i*uu-mid) *adj* húmido
humidity (h*i*u-*mi*-dă-ti) *n* humidade *f*
humorous (h*i*uu-mă-răç) *adj* espirituoso, engraçado
humour (h*i*uu-mă) *n* humor *m*
hundred (hann-drăd) *n* cem
Hungarian (hanng-*ghé*ª-ri-ănn) *adj* húngaro
Hungary (hanng-ghă-ri) Hungria *f*
hunger (hanng-ghă) *n* fome *f*
hungry (hanng-ghri) *adj* esfomeado
hunt (hannt) *v* caçar; *n* caça *f*; ~ **for** procurar
hunter (hann-tă) *n* caçador *m*
hurricane (ha-ri-kănn) *n* furacão *m*; ~ **lamp** lâmpada de tempestade
hurry (ha-ri) *v* apressar-se, despachar-se; *n* pressa *f*; **in a** ~ apressadamente
*hurt (hăăt) *v* magoar, *ferir; ofender
hurtful (hăăt-făl) *adj* prejudicial
husband (haz-bănnd) *n* marido *m*, esposo *m*
hut (hat) *n* cabana *f*
hydrogen (hai-dră-djänn) *n* hidrogénio *m*
hygiene (hai-djiinn) *n* higiene *f*
hygienic (hai-*djii*-nik) *adj* higiénico
hymn (himm) *n* hino *m*
hyphen (hai-fănn) *n* hífen *m*
hypocrisy (hi-*pó*-kră-çi) *n* hipocrisia *f*
hypocrite (hi-pă-krit) *n* hipócrita *m*
hypocritical (hi-pă-*kri*-ti-kăl) *adj* falso, hipócrita
hysterical (hi-çté-ri-kăl) *adj* histérico

I

I (ai) *pron* eu
ice (aiç) *n* gelo *m*
ice-bag (aiç-bægh) *n* saco de gelo
ice-cream (aiç-kriimm) *n* gelado *m*; sorvete *mBr*
Iceland (aiç-lănnd) Islândia *f*
Icelander (aiç-lănn-dă) *n* islandês *m*
Icelandic (aiç-*læn*-dik) *adj* islandês
icon (ai-kónn) *n* ícone *m*
idea (ai-*di*ª) *n* ideia *f*; pensamento *m*; noção *f*, conceito *m*
ideal (ai-*di*ªl) *adj* ideal; *n* ideal *m*
identical (ai-*dénn*-ti-kăl) *adj* idêntico
identification (ai-dénn-ti-fi-*kei*-chănn) *n* identificação *f*
identify (ai-*dénn*-ti-fai) *v* identificar
identity (ai-*dénn*-tă-ti) *n* identidade *f*; ~ **card** bilhete de identidade
idiom (*i*-di-ămm) *n* expressão idiomática
idiomatic (i-di-ă-*mæ*-tik) *adj* idiomático
idiot (*i*-di-ăt) *n* idiota *m*
idiotic (i-di-*ó*-tik) *adj* idiota
idle (ai-dăl) *adj* ocioso; fútil
idol (ai-dăl) *n* ídolo *m*
if (if) *conj* se
ignition (igh-*ni*-chănn) *n* ignição *f*; ~ **coil** bobina de ignição
ignorant (*igh*-nă-rănnt) *adj* ignorante
ignore (igh-*nóó*) *v* ignorar
ill (il) *adj* doente; mau; maligno
illegal (i-*lii*-ghăl) *adj* ilegal
illegible (i-*lé*-djă-băl) *adj* ilegível
illiterate (i-*li*-tă-răt) *n* analfabeto *m*
illness (*il*-năç) *n* doença *f*
illuminate (i-*luu*-mi-neit) *v* iluminar,

alumiar

illumination (i-luu-mi-*nei*-chănn) *n* iluminacão *f*

illusion (i-*luu*-jänn) *n* ilusão *f*

illustrate (*i*-lă-çtreit) *v* ilustrar

illustration (i-lă-çtrei-chänn) *n* ilustracão *f*

image (*i*-midj) *n* imagem *f*

imaginary (i-*mæ*-dji-nă-ri) *adj* imaginário

imagination (i-mæ-dji-*nei*-chänn) *n* imaginacão *f*

imagine (i-*mæ*-djinn) *v* imaginar

imitate (*i*-mi-teit) *v* imitar

imitation (i-mi-*tei*-chänn) *n* imitacão *f*

immediate (i-*mii*-d^{i}ăt) *adj* imediato

immediately (i-*mii*-d^{i}ăt-li) *adv* já, imediatamente

immense (i-*ménnç*) *adj* enorme, imenso

immigrant (*i*-mi-ghrănnt) *n* imigrante *m*

immigrate (*i*-mi-ghreit) *v* imigrar

immigration (i-mi-*ghrei*-chänn) *n* imigracão *f*

immodest (i-*mó*-dịçt) *adj* imodesto

immunity (i-*m*^{i}*uu*-nă-ti) *n* imunidade *f*

immunize (*i*-m^{i}u-naiz) *v* imunizar

impartial (imm-*paa*-chăl) *adj* imparcial

impassable (imm-*paa*-çă-băl) *adj* impraticável

impatient (imm-*pei*-chănnt) *adj* impaciente

impede (imm-*piid*) *v* entravar, *impedir

impediment (imm-*pé*-di-mănnt) *n* impedimento *m*

imperfect (imm-*păă*-fikt) *adj* imperfeito

imperial (imm-*pi*^{ă}-ri-ăl) *adj* imperial

impersonal (imm-*păă*-çă-năl) *adj* impessoal

impertinence (imm-*păă*-ti-nănnç) *n*

impertinência *f*

impertinent (imm-*păă*-ti-nănnt) *adj* impertinente, insolente, malcriado

implement[1] (*imm*-pli-mănnt) *n* ferramenta *f*

implement[2] (*imm*-pli-ménnt) *v* realizar

imply (imm-*plai*) *v* implicar

impolite (imm-pă-*lait*) *adj* grosseiro

import[1] (imm-*póót*) *v* importar

import[2] (*imm*-póót) *n* importações *fpl*, importação *f*; ~ **duty** direitos de importação

importance (imm-*póó*-tănnç) *n* importância *f*, relevo *m*

important (imm-*póó*-tănnt) *adj* importante, relevante

importer (imm-*póó*-tă) *n* importador *m*

imposing (imm-*po*^{u}-zinng) *adj* imponente

impossible (imm-*pó*-çă-băl) *adj* impossível

impotence (*imm*-pă-tănnç) *n* impotência *f*

impotent (*imm*-pă-tănnt) *adj* impotente

impound (imm-*paunnd*) *v* apreender

impress (imm-*préç*) *v* impressionar

impression (imm-*pré*-chänn) *n* impressão *f*

impressive (imm-*pré*-çiv) *adj* impressionante

imprison (imm-*pri*-zănn) *v* prender

imprisonment (imm-*pri*-zănn-mănnt) *n* encarceramento *m*

improbable (imm-*pró*-bă-băl) *adj* improvável

improper (imm-*pró*-pă) *adj* impróprio

improve (imm-*pruuv*) *v* melhorar

improvement (imm-*pruuv*-mănnt) *n* melhoramento *m*

improvise (*imm*-pră-vaiz) *v* improvisar

impudent (*imm*-p^{i}u-dănnt) *adj* desavergonhado

impulse (*imm*-palç) *n* impulso *m*; estímulo *m*

impulsive (imm-*pal*-çiv) *adj* impulsivo

in (inn) *prep* em; dentro de; *adv* dentro

inaccessible (i-næk-*çé*-çã-bãl) *adj* inacessível

inaccurate (i-*næ*-k¹u-rãt) *adj* incorrecto

inadequate (i-*næ*-di-k^uãt) *adj* inadequado

incapable (inng-*kei*-pã-bãl) *adj* incapaz

incense (*inn*-çénnç) *n* incenso *m*

incident (*inn*-çi-dãnnt) *n* incidente *m*

incidental (inn-çi-*dénn*-tãl) *adj* incidental

incite (inn-*çait*) *v* incitar

inclination (inng-kli-*nei*-chãnn) *n* inclinação *f*

incline (inng-*klainn*) *n* declive *m*

inclined (inng-*klainnd*) *adj* propenso, disposto; *be ~ to* tender

include (inng-*kluud*) *v* incluir

inclusive (inng-*kluu*-çiv) *adj* inclusivo

income (*inng*-kãmm) *n* rendimento *m*

income-tax (*inng*-kãmm-tækç) *n* imposto sobre os rendimentos

incompetent (inng-*kómm*-pã-tãnnt) *adj* incompetente

incomplete (inn-kãmm-*pliit*) *adj* incompleto

inconceivable (inng-kãnn-*çii*-vã-bãl) *adj* inconcebível

inconspicuous (inng-kãnn-*çpi*-k¹u-ãç) *adj* discreto

inconvenience (inng-kãnn-*vii*-n¹ãnnç) *n* inconveniência *f*, incómodo *m*

inconvenient (inng-kãnn-*vii*-n¹ãnnt) *adj* inconveniente; maçador

incorrect (inng-kã-*rékt*) *adj* inexacto, incorrecto

increase¹ (inng-*kriiç*) *v* aumentar,

crescer

increase² (*inng*-kriiç) *n* aumento *m*

incredible (inng-*kré*-dã-bãl) *adj* incrível

incurable (inng-k¹u^ã-rã-bãl) *adj* incurável

indecent (inn-*dii*-çãnnt) *adj* indecente

indeed (inn-*diid*) *adv* efectivamente

indefinite (inn-*dé*-fi-nit) *adj* indefinido

indemnity (inn-*démm*-nã-ti) *n* indemnização *f*, compensação *f*

independence (inn-di-*pénn*-dãnnç) *n* independência *f*

independent (inn-di-*pénn*-dãnnt) *adj* independente; autónomo

index (*inn*-dékç) *n* índice *m*; ~ *finger* indicador *m*

India (*inn*-di-ã) Índia *f*

Indian (*inn*-di-ãnn) *adj* indiano; índio; *n* indiano *m*; índio *m*

indicate (*inn*-di-keit) *v* indicar, assinalar

indication (inn-di-*kei*-chãnn) *n* indicação *f*, sinal *m*

indicator (*inn*-di-kei-tã) *n* pisca-pisca *m*

indifferent (inn-*di*-fã-rãnnt) *adj* indiferente

indigestion (inn-di-*djéç*-tchãnn) *n* indigestão *f*

indignation (inn-digh-*nei*-chãnn) *n* indignação *f*

indirect (inn-di-*rékt*) *adj* indirecto

individual (inn-di-*vi*-dju-ãl) *adj* particular, individual; *n* indivíduo *m*

Indonesia (inn-dã-*nii*-zi-ã) Indonésia *f*

Indonesian (inn-dã-*nii*-zi-ãnn) *adj* indonésio

indoor (*inn*-dóó) *adj* interno

indoors (inn-*dóóz*) *adv* dentro de casa

indulge (inn-*daldj*) *v* ceder

industrial (inn-*da*-çtri-ãl) *adj* industrial; ~ *area* zona industrial

industrious (inn-*da*-çtri-ãç) *adj* traba-

lhador
industry (*inn*-dă-çtri) n indústria f
inedible (i-*né*-di-băl) adj incomestível
inefficient (i-ni-*fi*-chănnt) adj ineficiente
inevitable (i-*né*-vi-tă-băl) adj inevitável
inexpensive (i-nik-*çpénn*-çiv) adj barato
inexperienced (i-nik-*çpiă*-ri-ănnçt) adj
inexperiente
infant (*inn*-fănnt) n criança de peito
infantry (*inn*-fănn-tri) n infantaria f
infect (inn-*fékt*) v infectar
infection (inn-*fék*-chănn) n infecção f
infectious (inn-*fék*-chăç) adj infeccioso
infer (inn-*făă*) v *deduzir
inferior (inn-*fiă*-ri-ă) adj inferior, menor
infinite (*inn*-fi-năt) adj infinito
infinitive (inn-*fi*-ni-tiv) n infinitivo m
infirmary (inn-*făă*-mă-ri) n enfermaria
f
inflammable (inn-*flæ*-mă-băl) adj inflamável
inflammation (inn-flă-*mei*-chănn) n in-
flamacão f
inflatable (inn-*flei*-tă-băl) adj pneumático
inflate (inn-*fleit*) v inchar, encher de
ar
inflation (inn-*flei*-chănn) n inflação f
influence (*inn*-flu-ănnç) n influência f;
v influenciar
influential (inn-flu-*énn*-chăl) adj influente
influenza (inn-flu-*énn*-ză) n gripe f
inform (inn-*fóómm*) v informar; comunicar, *pôr ao corrente
informal (inn-*fóó*-măl) adj sem cerimónia
information (inn-fă-*mei*-chănn) n informação f, comunicação f; ~

bureau agência de informações
infra-red (inn-fră-*réd*) adj infra-vermelho
infrequent (inn-*frii*-kⁿănnt) adj raro
ingredient (inng-*ghrii*-di-ănnt) n ingrediente m
inhabit (inn-*hæ*-bit) v habitar
inhabitable (inn-*hæ*-bi-tă-băl) adj habitável
inhabitant (inn-*hæ*-bi-tănnt) n habitante m
inhale (inn-*heil*) v inalar
inherit (inn-*hé*-rit) v herdar
inheritance (inn-*hé*-ri-tănnç) n herança f
initial (i-*ni*-chăl) adj inicial; n inicial f;
v rubricar
initiative (i-*ni*-chă-tiv) n iniciativa f
inject (inn-*djékt*) v injectar
injection (inn-*djék*-chănn) n injecção f
injure (*inn*-djă) v *ferir; ofender
injury (*inn*-djă-ri) n ferida f, lesão f
injustice (inn-*dja*-çtiç) n injustiça f
ink (inngk) n tinta f
inlet (*inn*-lét) n enseada f; entrada f,
passagem f
inn (inn) n pousada f
inner (*i*-nă) adj interior; ~ **tube** câmara-de-ar f
inn-keeper (*inn*-kii-pă) n estalajadeiro
m
innocence (*i*-nă-çănnç) n inocência f
innocent (*i*-nă-çănnt) adj inocente
inoculate (i-*nó*-kⁱu-leit) v inocular
inoculation (i-nó-kⁱu-*lei*-chănn) n inoculação f
inquire (inng-kⁿ*aiă*) v informar-se, indagar, inquirir
inquiry (inng-kⁿ*aiă*-ri) n pergunta f,
inquérito m; ~ **office** agência de
informações
inquisitive (inng-kⁿ*i*-ză-tiv) adj curioso
insane (inn-*çeinn*) adj louco
inscription (inn-*çkrip*-chănn) n inscri-

ção *f*

insect (*inn*-çékt) *n* insecto *m*

insecticide (inn-*cék*-ti-çaid) *n* insecticida *m*

insensitive (inn-*çénn*-çă-tiv) *adj* insensível

insert (inn-*çäät*) *v* *inserir

inside (inn-*çaid*) *n* interior *m; adj* interior; *adv* dentro; por dentro; *prep* em, dentro de; ~ **out** do avesso; **insides** entranhas *fpl*

insight (*inn*-çait) *n* compreensão *f*

insignificant (inn-çigh-*ni*-fi-kănnt) *adj* insignificante; irrelevante; fútil

insist (inn-*çíçt*) *v* insistir; persistir

insolence (*inn*-çă-lănnç) *n* insolência *f*

insolent (*inn*-çă-lännt) *adj* insolente

insomnia (inn-*çómm*-ni-ă) *n* insónia *f*

inspect (inn-*çpékt*) *v* inspeccionar

inspection (inn-*çpék*-chănn) *n* inspecção *f*

inspector (inn-*çpék*-tă) *n* inspector *m*

inspire (inn-*çpaiă*) *v* inspirar

install (inn-*çtóól*) *v* instalar

installation (inn-çtă-*lei*-chănn) *n* instalação *f*

instalment (inn-*çtóól*-mănnt) *n* prestação *f*

instance (*inn*-çtănnç) *n* exemplo *m;* caso *m;* **for** ~ por exemplo

instant (*inn*-çtănnt) *n* instante *m*

instantly (*inn*-çtănnt-li) *adv* instantaneamente, imediatamente

instead of (inn-*çtéd* óv) em vez de

instinct (*inn*-çtinngkt) *n* instinto *m*

institute (*inn*-çti-t'uut) *n* instituto *m;* instituição *f; v* *instituir

institution (inn-çti-t'*uu*-chănn) *n* instituição *f*

instruct (inn-*çtrakt*) *v* *instruir

instruction (inn-*çtrak*-chănn) *n* instrução *f*

instructive (inn-*çtrak*-tiv) *adj* instrutivo

instructor (inn-*çtrak*-tă) *n* instrutor *m*

instrument (*inn*-çtru-mănnt) *n* instrumento *m;* **musical** ~ instrumento musical

insufficient (inn-çă-*fi*-chănnt) *adj* insuficiente

insulate (*inn*-ç'u-leit) *v* isolar

insulation (inn-ç'u-*lei*-chănn) *n* isolamento *m*

insulator (*inn*-ç'u-lei-tă) *n* isolador *m*

insult¹ (inn-*çalt*) *v* insultar

insult² (*inn*-çalt) *n* insulto *m*

insurance (inn-*chuă*-rănnç) *n* seguro *m;* ~ **policy** apólice de seguro

insure (inn-*chuă*) *v* segurar; garantir

intact (inn-*tækt*) *adj* intacto

intellect (*inn*-tă-lékt) *n* intelecto *m*

intellectual (inn-tă-*lék*-tchu-ăl) *adj* intelectual

intelligence (inn-*té*-li-djănnç) *n* inteligência *f*

intelligent (inn-*té*-li-djännt) *adj* inteligente

intend (inn-*ténnd*) *v* tencionar

intense (inn-*ténnç*) *adj* intenso

intention (inn-*ténn*-chănn) *n* intenção *f*

intentional (inn-*ténn*-chă-năl) *adj* intencional

intercourse (*inn*-tă-kóóç) *n* relações *fpl*

interest (*inn*-trăçt) *n* interesse *m;* juro *m; v* interessar

interesting (*inn*-tră-çtinng) *adj* interessante

interfere (inn-tă-*fiă*) *v* *interferir; ~ **with** intrometer-se em

interference (inn-tă-*fiă*-rănnç) *n* interferência *f*

interim (*inn*-tă-rimm) *n* interim *m*

interior (inn-*tiă*-ri-ă) *n* interior *m*

interlude (*inn*-tă-luud) *n* interlúdio *m*

intermediary (inn-tă-*mii*-d'ă-ri) *n* intermediário m

intermission (inn-tă-*mi*-chănn) n intervalo m

internal (inn-*tăă*-năl) adj interno

international (inn-tă-*næ*-chă-năl) adj internacional

interpret (inn-*tăă*-prit) v interpretar, *traduzir

interpreter (inn-*tăă*-pri-tă) n intérprete m

interrogate (inn-*té*-ră-gheit) v interrogar

interrogation (inn-té-ră-*ghei*-chănn) n interrogatório m

interrogative (inn-tă-*ró*-ghă-tiv) adj interrogativo

interrupt (inn-tă-*rapt*) v interromper

interruption (inn-tă-*rap*-chănn) n interrupção f

intersection (inn-tă-*cék*-chănn) n interseccão f

interval (*inn*-tă-văl) n intervalo m

intervene (inn-tă-*viinn*) v *intervir

interview (*inn*-tă-v'uu) n entrevista f

intestine (inn-*té*-çtinn) n intestino m

intimate (*inn*-ti-măt) adj íntimo

into (*inn*-tu) prep dentro de; para dentro

intolerable (inn-*tó*-lă-ră-băl) adj intolerável

intoxicated (inn-*tók*-ci-kei-tid) adj embriagado

intrigue (inn-*triigh*) n intriga f

introduce (inn-tră-*d'uuç*) v apresentar; *introduzir

introduction (inn-tră-*dak*-chănn) n apresentacão f; introducão f

invade (inn-*veid*) v invadir

invalid¹ (*inn*-vă-liid) n inválido m; adj inválido

invalid² (inn-*væ*-lid) adj sem validade

invasion (inn-*vei*-jănn) n invasão f

invent (inn-*vénnt*) v inventar

invention (inn-*vénn*-chănn) n invencão

f

inventive (inn-*vénn*-tiv) adj inventivo

inventor (inn-*vénn*-tă) n inventor m

inventory (*inn*-vănn-tri) n inventário m

invert (inn-*văăt*) v inverter

invest (inn-*véçt*) v *investir

investigate (inn-*vé*-çti-gheit) v investigar

investigation (inn-vé-çti-*ghei*-chănn) n investigação f

investment (inn-*véçt*-mănnt) n investimento m

investor (inn-*vé*-çtă) n aquele que faz investimento

invisible (inn-*vi*-ză-băl) adj invisível

invitation (inn-vi-*tei*-chănn) n convite m

invite (inn-*vait*) v convidar

invoice (*inn*-voiç) n factura f

involve (inn-*vólv*) v implicar

inwards (*inn*-ᵘădz) adv para dentro

iodine (*ai*-ă-diinn) n iodo m

Iran (i-*raann*) Irão m

Iranian (i-*rei*-ni-ănn) adj iraniano

Iraq (i-*raak*) Iraque m

Iraqi (i-*raa*-ki) adj iraquiano

irascible (i-*ræ*-çi-băl) adj irascível

Ireland (*aiᵃ*-lánnd) Irlanda f

Irish (*aiᵃ*-rich) adj irlandês

Irishman (*aiᵃ*-rich-mănn) n (pl -men) irlandês m

iron (*ai*-ănn) n ferro m; ferro de engomar; de ferro; v passar a ferro

ironical (ai-*ró*-ni-kăl) adj irónico

ironworks (*ai*-ănn-ᵘăăkç) n fundicão f

irony (*aiᵃ*-ră-ni) n ironia f

irregular (i-*ré*-gh'u-lă) adj irregular

irreparable (i-*ré*-pă-ră-băl) adj irreparável

irrevocable (i-*ré*-vă-kă-băl) adj irrevogável

irritable (*i*-ri-tă-băl) adj irritável

irritate (*i*-ri-teit) v irritar

is (iz) v (pr be)
island (ai-lánnd) n ilha f
isolate (ai-çă-leit) v isolar
isolation (ai-çă-lei-chänn) n isolamento m
Israel (iz-reil) Israel m
Israeli (iz-rei-li) adj israeliano
issue (i-chuu) v *distribuir; n edição f, emissão f, tiragem f; questão f, ponto m; consequência f, resultado m, fim m, conclusão f; saída f
isthmus (iç-măç) n istmo m
Italian (i-tæl-'änn) adj italiano
italics (i-tæ-likç) pl itálico m
Italy (i-tă-li) Itália f
itch (itch) n comichão f; prurido m; v *ter comichão
item (ai-tămm) n artigo m; ponto m
itinerant (ai-ti-nă-rănnt) adj itinerante
itinerary (ai-ti-nă-ră-ri) n itinerário m
ivory (ai-vă-ri) n marfim m
ivy (ai-vi) n hera f

J

jack (djæk) n macaco m
jacket (djæ-kit) n casaco m; paletó mBr; capa f
jade (djeid) n jade m
jail (djeil) n prisão f
jailer (djei-lă) n carcereiro m
jam (djæmm) n doce de fruta; geléia fBr; engarrafamento m
janitor (djæ-ni-tă) n porteiro m
January (djæ-nʰu-ă-ri) Janeiro
Japan (djă-pænn) Japão m
Japanese (djæ-pă-niiz) adj japonês
jar (djaa) n jarra f
jaundice (djóónn-diç) n icterícia f
jaw (djóó) n maxila f
jealous (djé-lăç) adj ciumento
jealousy (djé-lă-çi) n ciúme m

jeans (djiinnz) pl calças de ganga
jelly (djé-li) n geleia f
jelly-fish (djé-li-fich) n alforreca f; medusa fBr
jeopardy (djé-pă-di) n perigo m, risco m
jersey (djăă-zi) n jersey m; camisola de malha
jet (djét) n jacto m; avião a jacto
jetty (djé-ti) n molhe m
Jew (djuu) n judeu m
jewel (djuu-ăl) n jóia f
jeweller (djuu-ă-lă) n joalheiro m
jewellery (djuu-ăl-ri) n jóias fpl; joalharia f
Jewish (djuu-ich) adj judaico
job (djób) n trabalho m; emprego m
jockey (djó-ki) n jóquei m
join (djoinn) v unir, juntar; associar-se a, *aderir a; reunir
joint (djoinnt) n articulação f; soldadura f; adj unido, conjunto
jointly (djoinnt-li) adv conjuntamente
joke (djoᵘk) n anedota f, graça f
jolly (djó-li) adj jovial
Jordan (djóó-dănn) Jordânia f
Jordanian (djóó-dei-ni-ănn) adj jordaniano
journal (djăă-năl) n jornal m
journalism (djăă-nă-li-zămm) n jornalismo m
journalist (djăă-nă-liçt) n jornalista m
journey (djăă-ni) n viagem f
joy (djoi) n prazer m, alegria f
joyful (djoi-făl) adj contente, alegre
jubilee (djuu-bi-lii) n jubileu m
judge (djadj) n juiz m; v julgar
judgment (djadj-mănnt) n juízo m; julgamento m
jug (djagh) n jarro m, cântaro m, moringa fBr
juice (djuuç) n sumo m
juicy (djuu-çi) adj sumarento
July (dju-lai) Julho

jump (djammp) v saltar; n salto m
jumper (djamm-pä) n camisola f
junction (djanngk-chänn) n cruzamento m; junção f
June (djuunn) Junho
jungle (djanng-ghäl) n selva f
junior (djuu-n¹ä) adj júnior
junk (djanngk) n tralha f
jury (dju⁴-ri) n júri m
just (djaçt) adj justo; adv acabado de; justamente
justice (dja-çtiç) n direito m; justiça f
juvenile (djuu-vä-nail) adj juvenil

K

kangaroo (kænng-ghä-ruu) n canguru m
keel (kiil) n quilha f
keen (kiinn) adj entusiasta; perspicaz
***keep** (kiip) v *manter; guardar; não cessar de; ~ **away from** *manter-se à distância; ~ **off** não tocar; ~ **on** continuar a, continuar; ~ **quiet** calar-se; ~ **up** perseverar; ~ **up with** não lhe ficar atrás
keg (kégh) n barrica f
kennel (ké-näl) n casota do cão; canil m
Kenya (ké-n¹ä) Quénia m
kerosene (ké-rä-çiinn) n querosene m
kettle (ké-täl) n chaleira f
key (kii) n chave f
keyhole (kii-hoᵘl) n buraco da fechadura f
khaki (kaa-ki) n caqui m
kick (kik) v *dar um pontapé; n pontapé m
kick-off (ki-kóf) n pontapé de saída
kid (kid) n criança f, garoto m; pelica f; v gozar com
kidney (kid-ni) n rim m

kill (kil) v matar
kilogram (ki-lä-ghræmm) n quilograma m
kilometre (ki-lä-mii-tä) n quilómetro m
kind (kainnd) adj gentil, bondoso; bom; n género m
kindergarten (kinn-dä-ghaa-tänn) n jardim infantil
king (kinng) n rei m
kingdom (kinng-dämm) n reino m
kiosk (kii-óçk) n quiosque m
kiss (kiç) n beijo m; v beijar
kit (kit) n equipamento m
kitchen (ki-tchinn) n cozinha f; ~ **garden** horta f
knapsack (næp-çæk) n mochila f
knave (neiv) n valete m
knee (nii) n joelho m
kneecap (nii-kæp) n rótula f
***kneel** (niil) v ajoelhar
knew (n¹uu) v (p know)
knickers (ni-käz) pl calcinhas fpl
knife (naif) n (pl knives) faca f
knight (nait) n cavaleiro m
***knit** (nit) v tricotar
knob (nób) n maçaneta f
knock (nók) v bater; n pancada f; ~ **against** chocar com; ~ **down** derrubar
knot (nót) n nó m; v *fazer um nó
***know** (noᵘ) v *saber, conhecer
knowledge (nó-lidj) n conhecimento m
knuckle (na-käl) n nó dos dedos; jarrete m

L

label (lei-bäl) n etiqueta f; v etiquetar
laboratory (lä-bó-rä-tä-ri) n laboratório m

labour (*lei*-bă) *n* trabalho *m*; dores; *v* trabalhar arduamente, labutar; **labor permit** *Am* autorização de trabalho

labourer (*lei*-bă-ră) *n* operário *m*

labour-saving (*lei*-bă-çei-vinng) *adj* economisador de trabalho

labyrinth (*læ*-bă-rinnθ) *n* labirinto *m*

lace (leiç) *n* renda *f*; atacador *m*

lack (læk) *n* falta *f*, carência *f*; *v* carecer de

lacquer (*læ*-kă) *n* verniz *m*

lad (læd) *n* rapaz *m*

ladder (*læ*-dă) *n* escada *f*

lagoon (lă-*ghuunn*) *n* laguna *f*

lake (leik) *n* lago *m*

lamb (læmm) *n* cordeiro *m*; borrego *m*

lame (leimm) *adj* coxo, paralítico

lamentable (*læ*-mănn-tă-băl) *adj* lamentável

lamp (læmmp) *n* candeeiro *m*

lamp-post (*læmmp*-poᵘçt) *n* poste de iluminação

lampshade (*læmmp*-cheid) *n* abajur *m*

land (lænnd) *n* terra *f*, país *m*; *v* aterrar; desembarcar

landlady (*lænnd*-lei-di) *n* senhoria *f*

landlord (*lænnd*-lóód) *n* senhorio *m*, proprietário *m*

landmark (*lænnd*-maak) *n* ponto de referência; marco *m*

landscape (*lænnd*-çkeip) *n* paisagem *f*

lane (leinn) *n* azinhaga *f*, viela *f*; via *f*

language (*lænng*-ghᵘidj) *n* língua *f*; ~ **laboratory** laboratório de línguas

lantern (*lænn*-tănn) *n* lanterna *f*

lapel (lă-*pél*) *n* lapela *f*

larder (*laa*-dă) *n* despensa *f*

large (laadj) *adj* grande; espaçoso

lark (laak) *n* cotovia *f*

laryngitis (læ-rinn-*djai*-tiç) *n* laringite *f*

last (laaçt) *adj* último; precedente; *v* durar; **at** ~ finalmente

lasting (*laa*-çtinng) *adj* duradouro

latchkey (*lætch*-kii) *n* chave de trinco

late (leit) *adj* tardio; atrasado

lately (*leit*-li) *adv* ultimamente, recentemente

lather (*laa*-ðă) *n* espuma *f*

Latin America (*læ*-tinn ă-*mé*-ri-kă) América Latina

Latin-American (*læ*-tinn-ă-*mé*-ri-kănn) *adj* sul-americano

latitude (*læ*-ti-tⁱuud) *n* grau de latitude

laugh (laaf) *v* *rir; *n* riso *m*

laughter (*laaf*-tă) *n* risada *f*

launch (lóónntch) *v* lançar; *n* barco a motor

launching (*lóónn*-tchinng) *n* lançamento *m*

launderette (lóónn-dă-*rét*) *n* lavandaria automática

laundry (*lóónn*-dri) *n* lavandaria *f*; roupa para lavar

lavatory (*læ*-vă-tă-ri) *n* sanitário *m*

lavish (*læ*-vich) *adj* pródigo

law (lóó) *n* lei *f*; direito *m*; ~ **court** tribunal *m*

lawful (*lóó*-făl) *adj* legal

lawn (lóónn) *n* relvado *m*

lawsuit (*lóó*-çuut) *n* causa judicial, processo *m*

lawyer (*lóó*-ⁱă) *n* advogado *m*; jurista *m*

laxative (læk-çă-tiv) *n* laxante *m*

***lay** (lei) *v* pousar, colocar, *pôr; ~ **bricks** *fazer trabalho de pedreiro

layer (leiă) *n* camada *f*

layman (*lei*-mănn) *n* leigo *m*

lazy (*lei*-zi) *adj* preguiçoso

***lead** (liid) *v* dirigir

lead¹ (liid) *n* avanço *m*; direcção *f*; trela *f*

lead² (léd) *n* chumbo *m*

leader (*lii*-dă) *n* chefe *m*, dirigente *m*

leadership (*lii*-dă-chip) *n* direcção *f*

leading (*lii*-dinng) *adj* principal, dominante

leaf (liif) *n* (pl leaves) folha *f*

league (liigh) *n* liga *f*

leak (liik) *v* verter, vazar; *n* fuga *f*

leaky (*lii*-ki) *adj* com fuga

lean (liinn) *adj* magro

*****lean** (liinn) *v* apoiar-se

leap (liip) *n* salto *m*

*****leap** (liip) *v* saltar

leap-year (*liip*-i,ᵃ) *n* ano bissexto

*****learn** (läänn) *v* aprender

learner (*lää*-nă) *n* principiante *m*

lease (liic) *n* contrato de arrendamento; arrendamento *m*; *v* alugar, arrendar

leash (liich) *n* trela *f*

least (liiçt) *adj* mínimo, menos; **at ~** pelo menos

leather (*lé*-ðă) *n* couro *m*; de pele, de cabedal

leave (liiv) *n* licença *f*

*****leave** (liiv) *v* deixar, partir, abandonar; **~ out** omitir

Lebanese (lé-bă-*niiz*) *adj* libanês

Lebanon (*lé*-bă-nănn) Líbano *m*

lecture (*lék*-tchă) *n* palestra *f*, conferência *f*

left¹ (léft) *adj* esquerdo

left² (léft) *v* (p, pp leave)

left-hand (*léft*-hænnd) *adj* esquerdo

left-handed (*léft*-*hænn*-did) *adj* canhoto

leg (légh) *n* perna *f*

legacy (*lé*-ghă-çi) *n* legado *m*

legal (*lii*-ghăl) *adj* legal, legítimo; jurídico

legalization (lii-ghă-lai-*zei*-chănn) *n* legalização *f*

legation (li-*ghei*-chănn) *n* legação *f*

legible (*lé*-dji-băl) *adj* legível

legitimate (li-*dji*-ti-măt) *adj* legítimo

leisure (*lé*-jă) *n* vagar *m*; sossego *m*

lemon (*lé*-mănn) *n* limão *m*

lemonade (lé-mă-*neid*) *n* limonada *f*

*****lend** (lénnd) *v* emprestar

length (lénngθ) *n* comprimento *m*

lengthen (*lénng*-θănn) *v* alongar

lengthways (*lénng*θ-ᵘeiz) *adv* longitudinalmente

lens (lénnz) *n* lente *f*; **telephoto ~** teleobjectiva *f*; **zoom ~** lente zoom

leprosy (*lé*-pră-çi) *n* lepra *f*

less (léç) *adv* menos

lessen (*lé*-çănn) *v* *diminuir

lesson (*lé*-çănn) *n* lição *f*, aula *f*

*****let** (lét) *v* deixar; alugar; **~ down** desiludir

letter (*lé*-tă) *n* carta *f*; letra *f*; **~ of credit** carta de crédito; **~ of recommendation** carta de recomendação

letter-box (*lé*-tă-bókç) *n* caixa do correio

lettuce (*lé*-tiç) *n* alface *f*

level (*lé*-văl) *adj* igual; liso, plano, direito; *n* nível *m*; *v* aplanar, nivelar; **~ crossing** passagem de nível

lever (*lii*-vă) *n* alavanca *f*

liability (lai-ă-*bi*-lă-ti) *n* responsabilidade *f*

liable (*lai*-ă-băl) *adj* responsável; **~ to** sujeito a

liberal (*li*-bă-răl) *adj* liberal; generoso

liberation (li-bă-*rei*-chănn) *n* libertação *f*

Liberia (lai-*bi*ᵃ-ri-ă) Libéria *f*

Liberian (lai-*bi*ᵃ-ri-ănn) *adj* liberiano

liberty (*li*-bă-ti) *n* liberdade *f*

library (*lai*-bră-ri) *n* biblioteca *f*

licence (*lai*-çănnç) *n* licença *f*; **driving ~** carta de condução; carteira de motorista *Br*

license (*lai*-çănnç) *v* autorizar

lick (lik) *v* lamber

lid (lid) *n* tampa *f*

lie (lai) *v* *mentir; *n* mentira *f*

*lie (lai) *v* *estar deitado; ~ **down** deitar-se

life (laif) *n* (pl lives) vida *f;* ~ **insurance** seguro de vida

lifebelt (*laif*-bélt) *n* colete salva-vidas

lifetime (*laif*-taimm) *n* vida *f*

lift (lift) *v* levantar, erguer; *n* ascensor *m;* boleia *f;* carona *fBr*

light (lait) *n* luz *f; adj* leve; claro; ~ **bulb** lâmpada *f*

*light (lait) *v* acender

lighter (*lai*-tă) *n* isqueiro *m*

lighthouse (*lait*-hauç) *n* farol *m*

lighting (*lai*-tinng) *n* iluminação *f*

lightning (*lait*-ninng) *n* relâmpago *m*

like (laik) *v* gostar de; *adj* semelhante; *conj* como

likely (*lai*-kli) *adj* provável

like-minded (laik-*mainn*-did) *adj* unânime

likewise (laik-ᵘaiz) *adv* igualmente

lily (*li*-li) *n* lírio *m*

limb (limm) *n* membro *m*

lime (laimm) *n* cal *f;* tília *f;* lima *f*

limetree (*laimm*-trii) *n* tília *f*

limit (*li*-mit) *n* limite *m; v* limitar

limp (limmp) *v* *coxear; *adj* frouxo

line (lainn) *n* linha *f;* risco *m;* cordão *m;* fila *f*

linen (*li*-ninn) *n* linho *m;* roupa branca

liner (*lai*-nă) *n* paquete *m*

lingerie (*lón*-jă-rii) *n* roupa interior

lining (*lai*-ninng) *n* forro *m*

link (linngk) *v* ligar; *n* laço *m;* elo *m*

lion (*lai*-ănn) *n* leão *m*

lip (lip) *n* lábio *m*

lipsalve (*lip*-çaav) *n* pomada para os lábios

lipstick (*lip*-çtik) *n* baton *m*

liqueur (li-*k*ᵘᵃ) *n* licor *m*

liquid (*li*-kᵘid) *adj* líquido; *n* líquido *m*

liquor (*li*-kă) *n* bebidas alcoólicas

list (liçt) *n* lista *f; v* inscrever

listen (*li*-çănn) *v* escutar

listener (*liç*-nă) *n* ouvinte *m*

literary (*li*-tră-ri) *adj* literário

literature (*li*-tră-tchă) *n* literatura *f*

litre (*lii*-tă) *n* litro *m*

litter (*li*-tă) *n* lixo *m;* ninhada *f*

little (*li*-tăl) *adj* pequeno; pouco

live[1] (liv) *v* viver; morar

live[2] (laiv) *adj* vivo

livelihood (*laiv*-li-hud) *n* subsistência *f*

lively (*laiv*-li) *adj* cheio de vida, animado

liver (*li*-vă) *n* fígado *m*

living-room (*li*-vinng-ruumm) *n* sala de estar

load (loᵘd) *n* carregamento *m;* fardo *m; v* carregar

loaf (loᵘf) *n* (pl loaves) pão *m*

loan (loᵘnn) *n* empréstimo *m*

lobby (*ló*-bi) *n* átrio *m;* vestíbulo *m*

lobster (*lób*-çtă) *n* lagosta *f*

local (*loᵘ*-kăl) *adj* local; ~ **call** chamada local; ~ **train** comboio suburbano

locality (loᵘ-*kæ*-lă-ti) *n* localidade *f*

locate (loᵘ-*keit*) *v* localizar

location (loᵘ-*kei*-chănn) *n* localização *f*

lock (lók) *v* fechar à chave; *n* fechadura *f;* comporta *f;* ~ **up** fechar, encerrar

locomotive (loᵘ-kă-*mo*ᵘ-tiv) *n* locomotiva *f*

lodge (lódj) *v* hospedar; *n* pavilhão de caça

lodger (*ló*-djă) *n* hóspede *m*

lodgings (*ló*-djinngz) *pl* alojamento *m*

log (lógh) *n* toro *m*

logic (*ló*-djik) *n* lógica *f*

logical (*ló*-dji-kăl) *adj* lógico

lonely (*loᵘnn*-li) *adj* solitário

long (lónn) *adj* longo; ~ **for** desejar; **no longer** não mais

longing (*lónn*-inng) *n* desejo *m*

longitude (*lónn*-dji-tⁱuud) *n* longitude *f*
look (luk) *v* olhar; parecer, *ter ares; *n* olhar *m*, olhadela *f*; aparência *f*, aspecto *m*; ~ **after** ocupar-se de, cuidar de; ~ **at** olhar para; ~ **for** procurar; ~ **out** *ter cuidado, prestar atenção; ~ **up** procurar
looking-glass (*lu*-kinng-ghlaaç) *n* espelho *m*
loop (luup) *n* nó corrediço
loose (luuç) *adj* solto
loosen (*luu*-çänn) *v* desprender, desapertar
lord (lóód) *n* lorde *m*
lorry (*ló*-ri) *n* camião *m*
*lose (luuz) *v* *perder
loss (lóç) *n* perda *f*
lost (lóçt) *adj* perdido; desaparecido; ~ **and found** achados e perdidos; ~ **property office** depósito de objectos perdidos
lot (lót) *n* sorte *f*, destino *m*; quantidade *f*
lotion (*lo*^u-chänn) *n* loção *f*; **after-shave** ~ loção para depois da barba
lottery (*ló*-tä-ri) *n* lotaria *f*
loud (laud) *adj* forte, alto
loud-speaker (laud-*çpii*-kä) *n* altifalante *m*
lounge (launndj) *n* salão *m*
louse (lauç) *n* (pl lice) piolho *m*
love (lav) *v* amar; *n* amor *m*; **in** ~ apaixonado
lovely (*lav*-li) *adj* lindo, encantador, delicioso
lover (*la*-vä) *n* amante *m*
love-story (*lav*-çtóó-ri) *n* história de amor
low (lo^u) *adj* baixo; deprimido; ~ **tide** baixa-mar *f*
lower (*lo*^u-ä) *v* abaixar; baixar; *adj* inferior
lowlands (*lo*^u-länndz) *pl* terras baixas

loyal (*loi*-äl) *adj* leal
lubricate (*luu*-bri-keit) *v* *olear, untar, lubrificar
lubrication (luu-bri-*kei*-chänn) *n* lubrificação *f*; ~ **oil** óleo de lubrificação; ~ **system** sistema de lubrificação
luck (lak) *n* sorte *f*; acaso *m*; **bad** ~ azar *m*
lucky (*la*-ki) *adj* afortunado; ~ **charm** talismã *m*
ludicrous (*luu*-di-kräç) *adj* ridículo, grotesco
luggage (*la*-ghidj) *n* bagagem *f*; **hand** ~ bagagem de mão; **left** ~ **office** depósito de bagagens; ~ **rack** rede da bagagem, bagageira *f*; ~ **van** furgão *m*
lukewarm (*luuk*-^uóómm) *adj* morno
lumbago (lamm-*bei*-gho^u) *n* lumbago *m*
luminous (*luu*-mi-näç) *adj* luminoso
lump (lammp) *n* bocado *m*, nó *m*, grumo *m*; alto *m*; ~ **of sugar** torrão de açúcar; ~ **sum** soma global
lumpy (*lamm*-pi) *adj* grumoso
lunacy (*luu*-nä-çi) *n* loucura *f*
lunatic (*luu*-nä-tik) *adj* louco
lunch (lanntch) *n* almoço *m*
luncheon (*lann*-tchänn) *n* almoço *m*
lung (lanng) *n* pulmão *m*
lust (laçt) *n* volúpia *f*
luxurious (lagh-*ju*^ã-ri-äç) *adj* luxuoso
luxury (*lak*-chä-ri) *n* luxo *m*

M

machine (mä-*chiinn*) *n* máquina *f*
machinery (mä-*chii*-nä-ri) *n* maquinaria *f*; mecanismo *m*
mackerel (*mæ*-kräl) *n* (pl ~) cavala *f*
mackintosh (*mæ*-kinn-tóch) *n* gabar-

dina f; capa de chuva Br

mad (mæd) adj insensato, maluco, demente; raivoso

madam (mæ-dămm) n senhora f

madness (mæd-năç) n demência f

magazine (mæ-ghă-ziinn) n revista f

magic (mæ-djik) n magia f; adj mágico

magician (mă-dji-chănn) n prestidigitador m

magistrate (mæ-dji-çtreit) n magistrado m

magnetic (mægh-né-tik) adj magnético

magneto (mægh-nii-tou) n (pl ~s) magneto m

magnificent (mægh-ni-fi-çănnt) adj magnífico; grandioso, esplêndido

magpie (mægh-pai) n pega f

maid (meid) n empregada f

maiden name (mei-dănn neimm) apelido de solteira

mail (meil) n correio m; v *pôr no correio

mailbox (meil-bóKç) nAm caixa do correio

main (meinn) adj principal; maior; ~ **deck** convés principal; ~ **line** linha principal; ~ **road** estrada principal; ~ **street** rua principal

mainland (meinn-lănnd) n terra firme

mainly (meinn-li) adv principalmente

mains (meinnz) pl sector principal

maintain (meinn-teinn) v *manter, conservar

maintenance (meinn-tă-nănnç) n manutenção f

maize (meiz) n milho m

major (mei-djă) adj grande; maior; n major m

majority (mă-djó-ră-ti) n maioria f; maioridade f

*make (meik) v *fazer; ganhar; *conseguir; ~ **do with** arranjar-se

com; ~ **good** compensar; ~ **up** *compor

make-up (mei-kap) n maquilhagem f

malaria (mă-lé-á-ri-ă) n malária f

Malay (mă-lei) n malaio m

Malaysia (mă-lei-zi-ă) Malásia f

Malaysian (mă-lei-zi-ănn) adj malaio

male (meil) adj masculino

malicious (mă-li-chăç) adj malicioso

malignant (mă-ligh-nănnt) adj maligno

mallet (mæ-lit) n maço m

malnutrition (mæl-nʲu-tri-chănn) n subalimentação f

mammal (mæ-măl) n mamífero m

mammoth (mæ-măθ) n mamute m

man (mænn) n (pl men) homem m; **men's room** lavabos dos homens

manage (mæ-nidj) v administrar; *ter êxito, *conseguir

manageable (mæ-ni-djă-băl) adj manejável

management (mæ-nidj-mănnt) n direcção f; gestão f

manager (mæ-ni-djă) n gerente m, chefe m, director m

mandarin (mænn-dă-rinn) n tangerina f

mandate (mænn-deit) n mandato m

manger (meinn-djă) n manjedoura f

manicure (mæ-ni-kʲuă) n manicura f; v arranjar as unhas

mankind (mænn-kainnd) n humanidade f

mannequin (mæ-nă-kinn) n manequim m

manner (mæ-nă) n maneira f, modo m; **manners** maneiras fpl

man-of-war (mæ-năv-ᵘóó) n navio de guerra

manor-house (mæ-nă-hauç) n solar m

mansion (mænn-chănn) n palacete m

manual (mæ-nʲu-ăl) adj manual

manufacture (mæ-nʲu-fæk-tchă) v fabricar

manufacturer (mæ-n¹u-*fæk*-tchă-ră) *n* fabricante *m*

manure (mă-n¹u*ă*) *n* estrume *m*

manuscript (*mæ*-n¹u-çkript) *n* manuscrito *m*

many (*mé*-ni) *adj* muitos

map (mæp) *n* mapa *m*; planta *f*

maple (*mei*-păl) *n* ácer *m*

marble (*maa*-băl) *n* mármore *m*; berlinde *m*

March (maatch) Março

march (maatch) *v* marchar; *n* marcha *f*

mare (mé*ă*) *n* égua *f*

margarine (maa-djă-*riinn*) *n* margarina *f*

margin (*maa*-djinn) *n* margem *f*

maritime (*mæ*-ri-taimm) *adj* marítimo

mark (maak) *v* marcar; caracterizar; *n* marca *f*; nota *f*; alvo *m*

market (*maa*-kit) *n* mercado *m*

market-place (*maa*-kit-pleiç) *n* praça do mercado

marmalade (*maa*-mă-leid) *n* doce de laranja

marriage (*mæ*-ridj) *n* casamento *m*

marrow (*mæ*-ro*u*) *n* medula *f*

marry (*mæ*-ri) *v* casar-se, desposar; **married couple** casal *m*

marsh (maach) *n* pântano *m*

marshy (*maa*-chi) *adj* pantanoso

martyr (*maa*-tă) *n* mártir *m*

marvel (*maa*-văl) *n* maravilha *f*; *v* maravilhar-se

marvellous (*maa*-vă-lăç) *adj* maravilhoso

mascara (mæ-*çkaa*-ră) *n* rímel *m*

masculine (*mæ*-çk¹u-linn) *adj* masculino

mash (mæch) *v* esmagar

mask (maaçk) *n* máscara *f*

Mass (mæç) *n* missa *f*

mass (mæç) *n* massa *f*; ~ **produc-**

tion produção em série

massage (*mæ*-çaaj) *n* massagem *f*; *v* massajar

masseur (mæ-*çăă*) *n* massagista *m*

massive (*mæ*-çiv) *adj* maciço

mast (maaçt) *n* mastro *m*

master (*maa*-çtă) *n* mestre *m*; patrão *m*; professor *m*; *v* dominar

masterpiece (*maa*-çtă-piiç) *n* obra-prima *f*

mat (mæt) *n* tapete *m*; *adj* baço, mate

match (mætch) *n* fósforo *m*; desafio *m*; *v* *condizer com

match-box (*mætch*-bókç) *n* caixa de fósforos

material (mă-*ti*ă-ri-ăl) *n* material *m*; tecido *m*; *adj* material

mathematical (mæ-θă-*mæ*-ti-kăl) *adj* matemático

mathematics (mæ-θă-*mæ*-tikç) *n* matemática *f*

matrimonial (mæ-tri-*mo*u-ni-ăl) *adj* matrimonial

matrimony (*mæ*-tri-mă-ni) *n* matrimónio *m*

matter (*mæ*-tă) *n* matéria *f*; assunto *m*, questão *f*; *v* *ter importância; **as a ~ of fact** de facto, efectivamente

matter-of-fact (mæ-tă-răv-*fækt*) *adj* realista

mattress (*mæ*-trăç) *n* colchão *m*

mature (mă-t¹u*ă*) *adj* maduro

maturity (mă-t¹u*ă*-ră-ti) *n* maturidade *f*

mausoleum (móó-çă-*lii*-ămm) *n* mausoléu *m*

mauve (mo*u*v) *adj* lilás

May (mei) Maio

*may (mei) *v* *poder

maybe (*mei*-bii) *adv* talvez

mayor (mé*ă*) *n* presidente da Câmara

maze (meiz) n labirinto m
me (mii) pron me; mim
meadow (mé-do^u) n prado m
meal (miil) n refeição f
mean (miinn) adj mesquinho; n média f
*mean (miinn) v significar; *querer dizer
meaning (mii-ninng) n significado m
meaningless (mii-ninng-lắc) adj sem sentido
means (miinnz) n meio m; **by no ~** em caso algum, de modo nenhum
in the meantime (inn ðã miinn-taimm) entretanto
meanwhile (miinn-^uail) adv entretanto
measles (mii-zãlz) n sarampo m
measure (mé-jã) v *medir; n medida f
meat (miit) n carne f
mechanic (mi-kæ-nik) n mecânico m
mechanical (mi-kæ-ni-kãl) adj mecânico
mechanism (mé-kã-ni-zãmm) n mecanismo m
medal (mé-dãl) n medalha f
mediaeval (mé-di-ii-vãl) adj medieval
mediate (mii-di-eit) v *servir de intermediário
mediator (mii-di-ei-tã) n intermediário m
medical (mé-di-kãl) adj médico
medicine (méd-çinn) n medicamento m; medicina f
meditate (mé-di-teit) v meditar
Mediterranean (mé-di-tã-rei-ni-ãnn) Mediterrâneo m
medium (mii-di-ãmm) adj médio, mediano
*meet (miit) v encontrar
meeting (mii-tinng) n reunião f, assembleia f
meeting-place (mii-tinng-pleiç) n ponto de encontro
melancholy (mé-lãnng-kã-li) n melancolia f
mellow (mé-lo^u) adj macio
melodrama (mé-lã-draa-mã) n melodrama m
melody (mé-lã-di) n melodia f
melon (mé-lãnn) n melão m
melt (mélt) v derreter
member (mémm-bã) n membro m; **Member of Parliament** deputado m
membership (mémm-bã-chip) n filiação f
memo (mé-mo^u) n (pl ~s) memorando m
memorable (mé-mã-rã-bãl) adj memorável
memorial (mã-móó-ri-ãl) n memorial m
memorize (mé-mã-raiz) v decorar
memory (mé-mã-ri) n memória f, recordação f
mend (ménnd) v remendar, reparar
menstruation (ménn-çtru-ei-chãnn) n menstruação f
mental (ménn-tãl) adj mental
mention (ménn-chãnn) v mencionar, *nomear; n menção f
menu (mé-nⁱuu) n ementa f; cardápio mBr
merchandise (mãã-tchãnn-daiz) n mercadoria f
merchant (mãã-tchãnnt) n comerciante m
merciful (mãã-çi-fãl) adj misericordioso
mercury (mãã-kⁱu-ri) n mercúrio m
mercy (mãã-çi) n clemência f, misericórdia f
mere (mi^ã) adj simples
merely (mi^ã-li) adv somente
merit (mé-rit) v merecer; n mérito m
mermaid (mãã-meid) n sereia f

merry (*mé*-ri) *adj* alegre

merry-go-round (*mé*-ri-gho^u-raunnd) *n* carrossel *m*

mesh (méch) *n* malha *f*

mess (méç) *n* trapalhada *f*, desordem *f*; ~ **up** estragar

message (*mé*-çidj) *n* mensagem *f*, recado *m*

messenger (*mé*-çinn-djä) *n* mensageiro *m*

metal (*mé*-tãl) *n* metal *m*; metálico

meter (*mii*-tã) *n* contador *m*; medidor *mBr*

method (*mé*-θãd) *n* método *m*; ordem *f*

methodical (mã-*θó*-di-kãl) *adj* metódico

methylated spirits (*mé*-θã-lei-tid çpiritç) álcool desnaturado

metre (*mii*-tã) *n* metro *m*

metric (*mé*-trik) *adj* métrico

Mexican (*mék*-çi-kãnn) *adj* mexicano

Mexico (*mék*-çi-ko^u) México *m*

mezzanine (*mé*-zã-niinn) *n* sobreloja *f*

microphone (*mai*-krã-fo^unn) *n* microfone *m*

midday (*mid*-dei) *n* meio-dia *m*

middle (*mi*-dãl) *n* meio *m*; *adj* médio; **Middle Ages** Idade Média; ~ **class** classe média; **middle-class** *adj* burguês

midnight (*mid*-nait) *n* meia-noite *f*

midst (midçt) *n* meio *m*

midsummer (*mid*-ça-mã) *n* pleno Verão

midwife (*mid*-^uaif) *n* (pl -wives) parteira *f*

might (mait) *n* poder *m*

***might** (mait) *v* *poder

mighty (*mai*-ti) *adj* poderoso

migraine (*mi*-ghreinn) *n* enxaqueca *f*

mild (maild) *adj* suave

mildew (*mil*-dⁱu) *n* bolor *m*

mile (mail) *n* milha *f*

milestone (*mail*-çto^unn) *n* marco miliário

milieu (*mii*-lⁱãã) *n* meio ambiente

military (*mi*-li-tã-ri) *adj* militar; ~ **force** força armada

milk (milk) *n* leite *m*

milkman (*milk*-männ) *n* (pl -men) leiteiro *m*

milk-shake (*milk*-cheik) *n* batido de leite

milky (*mil*-ki) *adj* leitoso

mill (mil) *n* moinho *m*; fábrica *f*

miller (*mi*-lã) *n* moleiro *m*

milliner (*mi*-li-nã) *n* chapeleira de senhoras

millionaire (mil-ⁱã-*né*^ã) *n* milionário *m*

mince (minnç) *v* picar

mind (mainnd) *n* mente *f*; *v* *fazer objecção a; prestar atenção a, importar-se com, prestar atenção

mine (mainn) *n* mina *f*

miner (*mai*-nã) *n* mineiro *m*

mineral (*mi*-nã-rãl) *n* mineral *m*; ~ **water** água mineral

miniature (*minn*-ⁱã-tchã) *n* miniatura *f*

minimum (*mi*-ni-mãmm) *n* mínimo *m*

mining (*mai*-ninng) *n* exploração mineira

minister (*mi*-ni-çtã) *n* ministro *m*; pastor *m*; **Prime Minister** primeiro-ministro *m*

ministry (*mi*-ni-çtri) *n* ministério *m*

mink (minngk) *n* vison *m*

minor (*mai*-nã) *adj* menor, pequeno; *n* menor *m*

minority (mai-*nó*-rã-ti) *n* minoria *f*; menoridade *f*

mint (minnt) *n* hortelã *f*

minus (*mai*-nãç) *prep* menos

minute[1] (*mi*-nit) *n* minuto *m*; **minutes** acta *f*

minute[2] (mai-nⁱ*uut*) *adj* minúsculo

miracle (*mi*-ră-kăl) *n* milagre *m*

miraculous (mi-ræ-ki̯u-lăç) *adj* milagroso

mirror (*mi*-ră) *n* espelho *m*

misbehave (miç-bi-*heiv*) *v* portar-se mal

miscarriage (miç-*kæ*-ridj) *n* aborto *m*

miscellaneous (mi-çă-*lei*-ni-ăç) *adj* misturado

mischief (*miç*-tchif) *n* diabrura *f*; maldade *f*, malícia *f*, dano *m*

mischievous (miç-tchi-văç) *adj* maroto

miserable (*mi*-ză-ră-băl) *adj* miserável; triste

misery (*mi*-ză-ri) *n* miséria *f*, infelicidade *f*

misfortune (miç-*fóó*-tchénn) *n* infortúnio *m*, infelicidade *f*

***mislay** (miç-*lei*) *v* desencaminhar, extraviar

misplaced (miç-*pleiçt*) *adj* inoportuno; despropositado

mispronounce (miç-pră-*naunnç*) *v* pronunciar mal

miss[1] (miç) menina

miss[2] (miç) *v* *perder

missing (*mi*-çinng) *adj* perdido; ~ **person** desaparecido *m*

mist (miçt) *n* neblina *f*, nevoeiro *m*

mistake (mi-*çteik*) *n* engano *m*, erro *m*, equívoco *m*

***mistake** (mi-*çteik*) *v* confundir

mistaken (mi-*çtei*-kănn) *adj* errado; ***be** ~ enganar-se

mister (*mi*-çtă) senhor

mistress (*mi*-çtrăç) *n* dona de casa; patroa *f*; amante *f*

mistrust (miç-*traçt*) *v* desconfiar

misty (*mi*-çti) *adj* enevoado

***misunderstand** (mi-çann-dă-*çtænnd*) *v* perceber mal, compreender mal

misunderstanding (mi-çann-dă-*çtænn*-dinng) *n* mal-entendido *m*

misuse (miç-*i̯uuç*) *n* abuso *m*

mittens (*mi*-tănnz) *pl* luvas sem dedos

mix (mikç) *v* misturar; ~ **with** frequentar

mixed (mikçt) *adj* misturado

mixer (*mik*-çă) *n* batedeira *f*

mixture (*mikç*-tchă) *n* mistura *f*

moan (mou̯nn) *v* gemer; queixar-se

moat (mou̯t) *n* fosso *m*

mobile (mou̯-*bail*) *adj* móvel

mock (mók) *v* troçar

mockery (*mó*-kă-ri) *n* troça *f*

model (*mó*-dăl) *n* modelo *m*; manequim *m*; *v* modelar, moldar

moderate (*mó*-dă-răt) *adj* moderado; medíocre

modern (*mó*-dănn) *adj* moderno

modest (*mó*-diçt) *adj* modesto

modesty (*mó*-di-çti) *n* modéstia *f*

modify (*mó*-di-fai) *v* modificar

mohair (mou̯-*hé*ă) *n* mohair *m*

moist (moiçt) *adj* húmido, molhado

moisten (*moi*-çănn) *v* humedecer

moisture (*moiç*-tchă) *n* humidade *f*; **moisturizing cream** creme hidratante

molar (mou̯-lă) *n* molar *m*

moment (mou̯-mănnt) *n* momento *m*, instante *m*

momentary (mou̯-mănn-tă-ri) *adj* momentâneo

monarch (*mó*-năk) *n* monarca *m*

monarchy (*mó*-nă-ki) *n* monarquia *f*

monastery (*mó*-nă-çtri) *n* mosteiro *m*

Monday (*mann*-di) segunda-feira *f*

monetary (*ma*-ni-tă-ri) *adj* monetário; ~ **unit** unidade monetária

money (*ma*-ni) *n* dinheiro *m*; ~ **exchange** casa de câmbio; ~ **order** ordem postal

monk (manngk) *n* monge *m*

monkey (*manng*-ki) *n* macaco *m*

monologue (*mó*-nó-lógh) *n* monólogo *m*

monopoly (mǎ-nó-pǎ-li) n monopólio m

monotonous (mǎ-nó-tǎ-nǎç) adj monótono

month (mannθ) n mês m

monthly (mannθ-li) adj mensal; ~ magazine revista mensal

monument (mó-nⁱu-mǎnnt) n monumento m

mood (muud) n humor m, disposição f

moon (muunn) n lua f

moonlight (muunn-lait) n luar m

moor (muᵃ) n charneca f, urzal m

moose (muuç) n (pl ~, ~s) alce m

moped (moᵘ-péd) n bicicleta a motor

moral (mó-rǎl) n moral f; adj moral; morals costumes mpl

morality (mǎ-ræ-lǎ-ti) n moralidade f

more (móó) adj mais; once ~ uma vez mais

moreover (móó-roᵘ-vǎ) adv demais a mais, além disso

morning (móó-ninng) n manhã f; ~ paper jornal da manhã

Moroccan (mǎ-ró-kǎnn) adj marroquino

Morocco (mǎ-ró-koᵘ) Marrocos m

morphia (móó-fi-ã) n morfina f

morphine (móó-fiinn) n morfina f

morsel (móó-çǎl) n bocado m

mortal (móó-tǎl) adj mortal, fatal

mortgage (móó-ghidj) n hipoteca f

mosaic (mǎ-zei-ik) n mosaico m

mosque (móçk) n mesquita f

mosquito (mǎ-çkii-toᵘ) n (pl ~es) mosquito m

mosquito-net (mǎ-çkii-toᵘ-nét) n mosquiteiro m

moss (móç) n musgo m

most (moᵘçt) adj mais; at ~ no máximo, quando muito; ~ of all sobretudo

mostly (moᵘçt-li) adv principalmente

motel (moᵘ-tél) n motel m

moth (móθ) n traça f

mother (ma-ðǎ) n mãe f; ~ tongue língua materna

mother-in-law (ma-ðǎ-rinn-lóó) n (pl mothers-) sogra f

mother-of-pearl (ma-ðǎ-rǎv-pǎǎl) n madre-pérola f

motion (moᵘ-chǎnn) n movimento m; moção f

motive (moᵘ-tiv) n motivo m

motor (moᵘ-tǎ) n motor m; v viajar de automóvel; starter ~ motor de arranque

motorbike (moᵘ-tǎ-baik) nAm bicicleta a motor

motor-boat (moᵘ-tǎ-boᵘt) n barco a motor

motor-car (moᵘ-tǎ-kaa) n automóvel m

motor-cycle (moᵘ-tǎ-çai-kǎl) n motocicleta f

motoring (moᵘ-tǎ-rinng) n automobilismo m

motorist (moᵘ-tǎ-riçt) n automobilista m

motorway (moᵘ-tǎ-ᵘei) n auto-estrada f

motto (mó-toᵘ) n (pl ~es, ~s) divisa f

mouldy (moᵘl-di) adj bolorento

mound (maunnd) n montículo m

mount (maunnt) v *subir; n monte m

mountain (maunn-tinn) n montanha f; ~ pass desfiladeiro m; ~ range cordilheira f

mountaineering (maunn-ti-niᵃ-rinng) n alpinismo m

mountainous (maunn-ti-nǎç) adj montanhoso

mourning (móó-ninng) n luto m

mouse (mauç) n (pl mice) rato m

moustache (mǎ-çtaach) n bigode m

mouth (mauθ) n boca f, focinho m;

foz f
mouthwash (mauθ-ʋóch) n líquido dentífrico
movable (muu-vă-băl) adj móvel
move (muuv) v mover; deslocar; mexer-se; mudar-se; comover; n jogada f, passo m; mudança f
movement (muuv-mănnt) n movimento m
movie (muu-vi) n filme m
much (match) adj muito; **as ~** tanto
muck (mak) n porcaria f
mud (mad) n lama f
muddle (ma-dăl) n confusão f, trapalhada f; v *fazer trapalhada
muddy (ma-di) adj lamacento
mud-guard (mad-ghaad) n guarda-lama m
mug (magh) n caneca f
mulberry (mal-bă-ri) n amora f
mule (mʲuul) n macho m, mulo m
mullet (ma-lit) n tainha f
multiplication (mal-ti-pli-kei-chănn) n multiplicação f
multiply (mal-ti-plai) v multiplicar
mumps (mammpç) n papeira f
municipal (mʲuu-ni-çi-păl) adj municipal
municipality (mʲuu-ni-çi-pæ-lă-ti) n municipalidade f
murder (mằă-dă) n homicídio m; v assassinar
murderer (mằă-dă-ră) n assassino m
muscle (ma-çăl) n músculo m
muscular (ma-çkʲu-lă) adj musculoso
museum (mʲuu-zii-ămm) n museu m
mushroom (mach-ruumm) n cogumelo m
music (mʲuu-zik) n música f; **~ academy** conservatório m
musical (mʲuu-zi-kăl) adj musical; n comédia musical
music-hall (mʲuu-zik-hóól) n teatro de variedades

musician (mʲuu-zi-chănn) n músico m
muslin (maz-linn) n musselina f
mussel (ma-çăl) n mexilhão m
***must** (maçt) v *ter de, dever
mustard (ma-çtăd) n mostarda f
mute (mʲuut) adj mudo
mutiny (mʲuu-ti-ni) n motim m
mutton (ma-tănn) n carne de carneiro
mutual (mʲuu-tchu-ăl) adj mútuo, recíproco
my (mai) adj meu
myself (mai-çélf) pron me; eu mesmo
mysterious (mi-çtiᵃ-ri-ăç) adj misterioso
mystery (mi-çtă-ri) n mistério m, enigma m
myth (miθ) n mito m

N

nail (neil) n unha f; prego m
nailbrush (neil-brach) n escova de unhas
nail-file (neil-fail) n lima de unhas
nail-polish (neil-pó-lich) n verniz de unhas
nail-scissors (neil-çi-zăz) pl tesoura de unhas
naïve (naa-iiv) adj ingénuo
naked (nei-kid) adj nu, despido
name (neimm) n nome m; v chamar, *nomear; **in the ~ of** em nome de
namely (neimm-li) adv a saber
nap (næp) n soneca f
napkin (næp-kinn) n guardanapo m
nappy (næ-pi) n fralda f
narcosis (naa-koᵘ-çiç) n (pl -ses) narcose f
narcotic (naa-kó-tik) n narcótico m
narrow (næ-roᵘ) adj apertado, estreito
narrow-minded (næ-roᵘ-mainn-did)

adj tacanho

nasty (*naa-*çti) *adj* antipático, desagradável

nation (*nei-*chänn) *n* povo *m*

national (*næ-*chä-näl) *adj* nacional; do estado: ~ **anthem** hino nacional; ~ **dress** traje nacional; ~ **park** parque nacional

nationality (næ-chä-*næ-*lä-ti) *n* nacionalidade *f*

nationalize (*næ-*chä-nä-laiz) *v* nacionalizar

native (*nei-*tiv) *n* indígena *m; adj* nativo *m*: ~ **country** pátria *f*, país natal; ~ **language** língua materna

natural (*næ-*tchä-räl) *adj* natural; nato

naturally (*næ-*tchä-rä-li) *adv* naturalmente, certamente

nature (*nei-*tchä) *n* natureza *f*

naughty (*nóó-*ti) *adj* travesso, maroto

nausea (*nóó-*çi-ä) *n* náusea *f*

naval (*nei-*väl) *adj* naval

navel (*nei-*väl) *n* umbigo *m*

navigable (*næ-*vi-ghä-bäl) *adj* navegável

navigate (*næ-*vi-gheit) *v* navegar

navigation (næ-vi-*ghei-*chänn) *n* navegação *f*

navy (*nei-*vi) *n* marinha *f*

near (niä) *prep* perto de; *adj* vizinho, chegado

nearby (niä-bai) *adj* próximo

nearly (niä-li) *adv* quase

neat (niit) *adj* asseado; puro

necessary (*né-*çä-çä-ri) *adj* necessário

necessity (nä-*cé-*çä-ti) *n* necessidade *f*

neck (nék) *n* pescoço *m*; **nape of the** ~ nuca *f*

necklace (*nék-*läç) *n* colar *m*

necktie (*nék-*tai) *n* gravata *f*

need (niid) *v* necessitar, precisar; *n* necessidade *f*, precisão *f*; ~ **to** *ter

de

needle (*nii-*däl) *n* agulha *f*

needlework (*nii-*däl-uääk) *n* costura *f*

negative (*né-*ghä-tiv) *adj* negativo; *n* negativo *m*

neglect (ni-*ghlékt*) *v* descuidar; *n* negligência *f*

neglectful (ni-*ghlékt-*fäl) *adj* negligente

negotiate (ni-*ghou-*chi-eit) *v* *negociar

negotiation (ni-ghou-chi-*ei-*chänn) *n* negociação *f*

Negro (*nii-*ghrou) *n* (pl ~es) negro *m*

neighbour (*nei-*bä) *n* vizinho *m*

neighbourhood (*nei-*bä-hud) *n* vizinhança *f*

neighbouring (*nei-*bä-rinng) *adj* contíguo, vizinho

neither (*nai-*ðä) *pron* nem um nem outro; **neither ... nor** nem ... nem

neon (*nii-*ónn) *n* néon *m*

nephew (*né-*fiuu) *n* sobrinho *m*

nerve (nääv) *n* nervo *m*; audácia *f*

nervous (*nää-*väç) *adj* nervoso

nest (néçt) *n* ninho *m*

net (nét) *n* rede *f*; *adj* líquido

the Netherlands (*né-*ðä-länndz) Os Países Baixos

network (*nét-*uääk) *n* rede *f*

neuralgia (niuä-*ræl-*djä) *n* nevralgia *f*

neurosis (niuä-*rou-*çiç) *n* neurose *f*

neuter (*niuu-*tä) *adj* neutro

neutral (*niuu-*träl) *adj* neutral

never (*né-*vä) *adv* nunca

nevertheless (né-vä-ðä-*léç*) *adv* não obstante

new (niuu) *adj* novo; **New Year** Ano Novo

news (niuuz) *n* notícias, notícia *f*; noticiário *m*

newsagent (*niuu-*zei-djännt) *n* vendedor de jornais

newspaper (*niuuz-*pei-pä) *n* jornal *m*

newsstand (*niuuz-*çtænnd) *n* quiosque

de jornais

New Zealand (n¹uu zii-lánnd) Nova Zelândia

next (nékçt) *adj* próximo, seguinte; ~ **to** junto a

next-door (nékçt-dóó) *adv* ao lado

nice (naiç) *adj* bonito, agradável; bom; simpático

nickel (*ni*-kāl) *n* níquel *m*

nickname (*nik*-neimm) *n* alcunha *f*; apelido *mBr*

nicotine (*ni*-kā-tiinn) *n* nicotina *f*

niece (niiç) *n* sobrinha *f*

Nigeria (nai-*dji*ª-ri-ā) Nigéria *f*

Nigerian (nai-*dji*ª-ri-ānn) *adj* nigeriano

night (nait) *n* noite *f*; **by** ~ de noite; ~ **flight** voo nocturno; ~ **rate** tarifa nocturna; ~ **train** comboio nocturno

nightclub (*nait*-klab) *n* boate *f*

night-cream (*nait*-kriimm) *n* creme de noite

nightdress (*nait*-dréç) *n* camisa de dormir; camisola *fBr*

nightingale (*nai*-tinng-gheil) *n* rouxinol *m*

nightly (*nait*-li) *adj* nocturno

nil (nil) *nada*

nine (nainn) *num* nove

nineteen (nainn-*tiinn*) *num* dezanove

nineteenth (nainn-*tiinn*θ) *num* décimo nono

ninety (*nainn*-ti) *num* noventa

ninth (nainnθ) *num* nono

nitrogen (*nai*-trā-djānn) *n* azoto *m*

no (noᵘ) não; *adj* nenhum; ~ **one** ninguém

nobility (noᵘ-*bi*-lā-ti) *n* nobreza *f*

noble (noᵘ-bāl) *adj* nobre

nobody (noᵘ-*bó*-di) *pron* ninguém

nod (nód) *n* inclinação de cabeça; *v* inclinar a cabeça

noise (noiz) *n* ruído *m*, barulho *m*

noisy (*noi*-zi) *adj* ruidoso

nominal (*nó*-mi-nāl) *adj* nominal

nominate (*nó*-mi-neit) *v* *nomear

nomination (nó-mi-*nei*-chānn) *n* nomeação *f*

none (nann) *pron* nenhum

nonsense (*nónn*-çānnç) *n* disparate *m*

noon (nuunn) *n* meio-dia *m*

normal (*nóó*-māl) *adj* normal

north (nóóθ) *n* norte *m*; *adj* setentrional; **North Pole** pólo norte

north-east (nóóθ-*iiçt*) *n* nordeste *m*

northerly (*nóó*-ðā-li) *adj* do norte

northern (*nóó*-ðānn) *adj* nórdico

north-west (nóóθ-ᵘéçt) *n* noroeste *m*

Norway (*nóó*-ᵘei) Noruega *f*

Norwegian (nóó-ᵘii-djānn) *adj* norueguês

nose (noᵘz) *n* nariz *m*

nosebleed (*noᵘz*-bliid) *n* hemorragia nasal

nostril (*nó*-çtril) *n* narina *f*

not (nót) *adv* não

notary (*noᵘ*-tā-ri) *n* notário *m*

note (noᵘt) *n* nota *f*, apontamento *m*; *v* anotar; constatar, observar

notebook (*noᵘt*-buk) *n* agenda *f*

noted (noᵘ-tid) *adj* ilustre

notepaper (*noᵘt*-pei-pā) *n* papel para escrever, papel de carta

nothing (*na*-θinng) *n* nada *m*

notice (*noᵘ*-tiç) *v* notar, reparar em; *ver; *n* notícia *f*, aviso *m*; atenção *f*

noticeable (*noᵘ*-ti-çā-bāl) *adj* perceptível; notável

notify (*noᵘ*-ti-fai) *v* notificar, participar; avisar

notion (*noᵘ*-chānn) *n* noção *f*

notorious (noᵘ-*tóó*-ri-āç) *adj* notório

nougat (*nuu*-ghaa) *n* nogado *m*

nought (nóót) *n* zero *m*

noun (naunn) *n* substantivo *m*

nourishing (*na*-ri-chinng) *adj* alimentício

novel (*nó*-vāl) *n* romance *m*

novelist (nó-vă-liçt) n romancista m

November (nou-vémm-bă) Novembro

now (nau) adv agora; actualmente;
~ **and then** de tempos a tempos

nowadays (nau-ă-deiz) adv hoje em dia

nowhere (nou-uéă) adv em parte alguma

nozzle (nó-zăl) n bocal m

nuance (n'uu-āç) n cambiante m; nuance f

nuclear (n'uu-kli-ă) adj nuclear; ~ **energy** energia nuclear

nucleus (n'uu-kli-ăç) n núcleo m

nude (n'uud) adj nu; n nu m

nuisance (n'uu-çănnç) n incómodo m

numb (namm) adj entorpecido

number (namm-bă) n número m, algarismo m; quantidade f

numeral (n'uu-mă-răl) n numeral m

numerous (n'uu-mă-răç) adj numeroso

nun (nann) n freira f

nunnery (na-nă-ri) n convento m

nurse (năăç) n enfermeira f; ama-seca f; v tratar de; amamentar

nursery (nǎǎ-çă-ri) n quarto das crianças; creche f; viveiro m

nut (nat) n noz f; porca f

nutcrackers (nat-kræ-kăz) pl quebra-nozes m

nutmeg (nat-mégh) n noz moscada

nutritious (n'uu-tri-chăç) adj nutritivo

nutshell (nat-chél) n casca de noz

nylon (nai-lónn) n nylon m

O

oak (ouk) n carvalho m

oar (óó) n remo m

oasis (ou-ei-çiç) n (pl oases) oásis m

oath (ouθ) n juramento m

oats (outç) pl aveia f

obedience (ă-bii-di-ănnç) n obediência f

obedient (ă-bii-di-ănnt) adj obediente

obey (ă-bei) v obedecer

object¹ (ób-djikt) n objecto m

object² (ăb-djékt) v objectar, *opor; ~ **to** *opor-se a

objection (ăb-djék-chănn) n objecção f

objective (ăb-djék-tiv) adj objectivo; n objectivo m

obligatory (ă-bli-ghă-tă-ri) adj obrigatório

oblige (ă-blaidj) v obrigar; *be **obliged to** *ser obrigado a; *ter de

obliging (ă-blai-djinng) adj solícito

oblong (ób-lónn) adj oblongo; n rectângulo m

obscene (ăb-çiinn) adj obsceno

obscure (ăb-çk'uă) adj obscuro, confuso, vago, escuro

observation (ób-ză-vei-chănn) n observação f

observatory (ăb-zăă-vă-tri) n observatório m

observe (ăb-zăăv) v observar

obsession (ăb-cé-chănn) n obsessão f

obstacle (ób-çtă-kăl) n obstáculo m

obstinate (ób-çti-năt) adj obstinado; teimoso

obtain (ăb-teinn) v *conseguir, *obter

obvious (ób-vi-ăç) adj óbvio

occasion (ă-kei-jănn) n ocasião f; motivo m

occasionally (ă-kei-jă-nă-li) adv de vez em quando, ocasionalmente

occupant (ó-k'u-pănnt) n morador m

occupation (ó-k'u-pei-chănn) n ocupação f

occupy (ó-k'u-pai) v ocupar

occur (ă-kăă) v suceder, acontecer

occurrence (ă-ka-rănnç) n ocorrência f

ocean (ou-chănn) n oceano m

October (ók-*to*ᵘ-bă) Outubro
octopus (ók-tă-păç) *n* polvo *m*
oculist (ó-k'u-liçt) *n* oculista *m*
odd (ód) *adj* invulgar, estranho; ímpar
odour (*o*ᵘ-dă) *n* odor *m*
of (óv ăv) *prep* de
off (óf) *adv* embora; *prep* de
offence (ă-fénnç) *n* falta *f*; ofensa *f*, ultraje *m*
offend (ă-fénnd) *v* ofender; *transgredir
offensive (ă-fénn-çiv) *adj* ofensivo, insultante; *n* ofensiva *f*
offer (ó-fă) *v* oferecer; *n* oferta *f*
office (ó-fiç) *n* escritório *m*; cargo *m*; ~ **hours** horas de serviço
officer (ó-fi-çă) *n* oficial *m*
official (ă-*fi*-chăl) *adj* oficial
off-licence (óf-lai-çănnç) *n* loja de vinhos
often (ó-fănn) *adv* muitas vezes, frequentemente
oil (oil) *n* óleo *m*; petróleo *m*; **fuel** ~ óleo combustível; ~ **filter** filtro de óleo; ~ **pressure** pressão do óleo
oil-painting (oil-*peinn*-tinng) *n* pintura a óleo
oil-refinery (*oil*-ri-fai-nă-ri) *n* refinaria de petróleo
oil-well (*oil*-ᵘél) *n* poço de petróleo
oily (*oi*-li) *adj* oleoso
ointment (*oinnt*-mănnt) *n* unguento *m*
okay! (*o*ᵘ-*kei*) de acordo!
old (*o*ᵘld) *adj* velho; ~ **age** velhice *f*
old-fashioned (*o*ᵘld-*fæ*-chănnd) *adj* antiquado
olive (ó-liv) *n* azeitona *f*; ~ **oil** azeite *m*
omelette (*ómm*-lăt) *n* omeleta *f*
ominous (ó-mi-năç) *adj* sinistro
omit (ă-*mit*) *v* omitir
omnipotent (*ómm*-*ni*-pă-tănnt) *adj* omnipotente

on (ónn) *prep* sobre; a
once (ᵘannç) *adv* uma vez; **at** ~ já, imediatamente; ~ **more** uma vez mais
oncoming (ónn-ka-minng) *adj* próximo
one (ᵘann) *num* um; *pron* uma pessoa
oneself (ᵘann-çélf) *pron* si mesmo
onion (a-n'ănn) *n* cebola *f*
only (*o*ᵘnn-li) *adj* só; *adv* somente, só; *conj* mas
onwards (ónn-ᵘădz) *adv* para a frente
onyx (ó-nikç) *n* ónix *m*
opal (*o*ᵘ-păl) *n* opala *f*
open (*o*ᵘ-pănn) *v* abrir; *adj* aberto; franco
opening (*o*ᵘ-pă-ninng) *n* abertura *f*
opera (ó-pă-ră) *n* ópera *f*
operate (ó-pă-reit) *v* funcionar, actuar; operar
operation (ó-pă-*rei*-chănn) *n* funcionamento *m*; operação *f*
operator (ó-pă-rei-tă) *n* telefonista *f*
operetta (ó-pă-*ré*-tă) *n* opereta *f*
opinion (ă-*pi*-n'ănn) *n* opinião *f*, parecer *m*
opponent (ă-*po*ᵘ-nănnt) *n* adversário *m*
opportunity (ó-pă-*t*ᶦuu-nă-ti) *n* oportunidade *f*
oppose (ă-*po*ᵘz) *v* *opor-se
opposite (ó-pă-zit) *prep* em frente de; *adj* oposto, contrário
opposition (ó-pă-*zi*-chănn) *n* oposição *f*
oppress (ă-*préç*) *v* oprimir
optician (óp-*ti*-chănn) *n* oculista *m*
optimism (óp-ti-mi-zămm) *n* optimismo *m*
optimist (óp-ti-miçt) *n* optimista *m*
optimistic (óp-ti-*mi*-çtik) *adj* optimista
optional (óp-chă-năl) *adj* facultativo

or (óó) *conj* ou
oral (óó-răl) *adj* oral
orange (ó-rinndj) *n* laranja *f; adj* cor-de-laranja
orchard (óó-tchăd) *n* pomar *m*
orchestra (óó-ki-çtră) *n* orquestra *f;* ~ **seat** *Am* plateia *f*
order (óó-dă) *v* mandar, ordenar; encomendar; *n* ordem *f;* comando *m;* encomenda *f;* **in** ~ em ordem; **in** ~ **to** para; **made to** ~ feito por encomenda; **out of** ~ avariado; **postal** ~ vale postal
order-form (óó-dă-fóómm) *n* nota de encomenda
ordinary (óó-dănn-ri) *adj* usual, vulgar
ore (óó) *n* minério *m*
organ (óó-ghănn) *n* orgão *m*
organic (óó-ghæ-nik) *adj* orgânico
organization (óó-ghă-nai-zei-chănn) *n* organização *f*
organize (óó-ghă-naiz) *v* organizar
Orient (óó-ri-ănnt) *n* oriente *m*
oriental (óó-ri-énn-tăl) *adj* oriental
orientate (óó-ri-ănn-teit) *v* orientar-se
origin (ó-ri-djinn) *n* origem *f;* ascendência *f,* proveniência *f*
original (ă-*ri*-dji-năl) *adj* autêntico, original
originally (ă-*ri*-dji-nă-li) *adv* originalmente
ornament (óó-nă-mănnt) *n* ornamento *m*
ornamental (óó-nă-*ménn*-tăl) *adj* ornamental
orphan (óó-fănn) *n* órfão *m*
orthodox (óó-θă-dókç) *adj* ortodoxo
ostrich (ó-çtritch) *n* avestruz *f*
other (a-ðă) *adj* outro
otherwise (a-ðă-ᵘaiz) *conj* senão; *adv* doutro modo
***ought to** (óót) *dever*
our (auᵃ) *adj* nosso

ourselves (auᵃ-çélvz) *pron* nos; nós próprios
out (aut) *adv* fora; ~ **of** fora de, de
outbreak (*aut*-breik) *n* explosão *f*
outcome (*aut*-kamm) *n* resultado *m*
***outdo** (aut-*duu*) *v* superar
outdoors (aut-*dóóz*) *adv* ao ar livre
outfit (*aut*-fit) *n* equipamento *m*
outline (*aut*-lainn) *n* contorno *m; v* esboçar
outlook (*aut*-luk) *n* previsão *f;* ponto de vista
output (*aut*-put) *n* produção *f*
outrage (*aut*-reidj) *n* ultraje *m*
outside (aut-*çaid*) *adv* de fora; *prep* fora de; *n* exterior *m*
outsize (*aut*-çaiz) *n* tamanho extra-grande
outskirts (*aut*-çkăătç) *pl* arredores *mpl*
outstanding (aut-*çtænn*-dinng) *adj* eminente
outward (*aut*-ᵘăd) *adj* externo
outwards (*aut*-ᵘădz) *adv* para fora
oval (oᵘ-văl) *adj* oval
oven (a-vănn) *n* forno *m;* **microwave** ~ forno de microonda
over (oᵘ-vă) *prep* sobre, por cima de; mais de; *adv* por cima; abaixo; *adj* acabado; ~ **there** ali
overall (oᵘ-vă-róól) *adj* global
overalls (oᵘ-vă-róólz) *pl* fato-macaco *m;* macacão *mBr*
overcast (oᵘ-vă-kaaçt) *adj* nublado
overcoat (oᵘ-vă-koᵘt) *n* sobretudo *m*
***overcome** (oᵘ-vă-*kamm*) *v* vencer
overdue (oᵘ-vă-dᵘuu) *adj* atrasado
overgrown (oᵘ-vă-*ghroᵘnn*) *adj* coberto de vegetação
overhaul (oᵘ-vă-*hóól*) *v* *rever
overhead (oᵘ-vă-*héd*) *adv* em cima
overlook (oᵘ-vă-*luk*) *v* deixar passar
overnight (oᵘ-vă-*nait*) *adv* durante a noite

overseas (oᵘ-vă-çiiz) adj ultramarino

oversight (oᵘ-vă-çait) n inadvertência f

***oversleep** (oᵘ-vă-çliip) v *dormir demais

overstrung (oᵘ-vă-çtranng) adj sobre-excitado

***overtake** (oᵘ-vă-teik) v ultrapassar; **no overtaking** ultrapassagem proibida

over-tired (oᵘ-vă-taiᵃd) adj exausto

overture (oᵘ-vă-tchă) n abertura f

overweight (oᵘ-vă-ᵘeit) n excesso de peso

overwhelm (oᵘ-vă-ᵘélm) v *submergir, desconcertar

overwork (oᵘ-vă-ᵘăăk) v trabalhar demais

owe (oᵘ) v dever; **owing to** devido a

owl (aul) n mocho m

own (oᵘnn) v *possuir; adj próprio

owner (oᵘ-nă) n proprietário m

ox (ókç) n (pl oxen) boi m

oxygen (ók-çi-djănn) n oxigénio m

oyster (oi-çtă) n ostra f

P

pace (peiç) n andar m; passo m; ritmo m

Pacific Ocean (pă-çi-fik oᵘ-chănn) Oceano Pacífico

pacifism (pæ-çi-fi-zămm) n pacifismo m

pacifist (pæ-çi-fiçt) n pacifista m

pack (pæk) v embalar; ~ **up** embalar

package (pæ-kidj) n volume m

packet (pæ-kit) n pacote m

packing (pæ-kinng) n embalagem f

pad (pæd) n almofadinha f; bloco de notas

paddle (pæ-dăl) n remo m

padlock (pæd-lók) n cadeado m

pagan (pei-ghănn) adj pagão; n pagão m

page (peidj) n página f

page-boy (peidj-boi) n paquete m; moço de hotel Br

pail (peil) n balde m

pain (peinn) n dor f; **pains** dificuldade f

painful (peinn-făl) adj doloroso

painless (peinn-lăç) adj sem dor

paint (peinnt) n tinta f; v pintar

paint-box (peinnt-bókç) n caixa de tintas

paint-brush (peinnt-brach) n pincel m

painter (peinn-tă) n pintor m

painting (peinn-tinng) n pintura f

pair (péᵃ) n par m

Pakistan (paa-ki-çtaann) Paquistão m

Pakistani (paa-ki-çtaa-ni) adj paquistanês

palace (pæ-lăç) n palácio m

pale (peil) adj pálido

palm (paamm) n palmeira f; palma da mão

palpable (pæl-pă-băl) adj palpável

palpitation (pæl-pi-tei-chănn) n palpitação f

pan (pænn) n panela f

pane (peinn) n vidro m

panel (pæ-năl) n painel m

panelling (pæ-nă-linng) n lambril m

panic (pæ-nik) n pânico m

pant (pænnt) v arquejar

panties (pænn-tiz) pl calcinhas fpl

pants (pænntç) pl cuecas fpl; plAm calças fpl

pant-suit (pænnt-çuut) n fato calça e casaco

panty-hose (pænn-ti-hoᵘz) n meia-calça f

paper (pei-pă) n papel m; jornal m; de papel; **carbon** ~ papel químico;

papel carbono *Br*; ~ **bag** saco de papel; ~ **napkin** guardanapo de papel; **typing** ~ papel de máquina; **wrapping** ~ papel de embrulho

paperback (*pei*-pă-bæk) *n* livro de bolso

paper-knife (*pei*-pă-naif) *n* corta-papel *m*

parade (pă-*reid*) *n* parada *f*, desfile *m*

paraffin (*pæ*-ră-finn) *n* petróleo *m*

paragraph (*pæ*-ră-ghraaf) *n* parágrafo *m*, alínea *f*

parakeet (*pæ*-ră-kiit) *n* periquito *m*

parallel (*pæ*-ră-lél) *adj* paralelo; *n* paralelo *m*

paralyse (*pæ*-ră-laiz) *v* paralisar

parcel (*paa*-căl) *n* embrulho *m*, encomenda *f*

pardon (*paa*-dănn) *n* perdão *m*; indulto *m*

parents (*péª*-rănntç) *pl* pais *mpl*

parents-in-law (*péª*-rănntç-inn-lóó) *pl* sogros *mpl*

parish (*pæ*-rich) *n* paróquia *f*

park (paak) *n* parque *m*; *v* estacionar

parking (*paa*-kinng) *n* estacionamento *m*; **no** ~ estacionamento proibido; ~ **fee** tarifa de estacionamento; ~ **light** luz de estacionamento; ~ **lot** *Am* parque de estacionamento; ~ **meter** parcómetro *m*; ~ **zone** zona de estacionamento

parliament (*paa*-lă-mănnt) *n* parlamento *m*

parliamentary (paa-lă-*ménn*-tă-ri) *adj* parlamentar

parrot (*pæ*-răt) *n* papagaio *m*

parsley (*paa*-çli) *n* salsa *f*

parson (*paa*-çănn) *n* vigário *m*, pároco *m*

parsonage (*paa*-çă-nidj) *n* presbitério *m*

part (paat) *n* parte *f*; bocado *m*; *v* separar; **spare** ~ peça sobresselente

partial (*paa*-chăl) *adj* parcial

participant (paa-*ti*-çi-pănnt) *n* participante *m*

participate (paa-*ti*-çi-peit) *v* participar

particular (pă-*ti*-k¹u-lă) *adj* especial; exigente; **in** ~ em particular

parting (*paa*-tinng) *n* despedida *f*; risca *f*

partition (paa-*ti*-chănn) *n* tabique *m*

partly (*paat*-li) *adv* parcialmente, em parte

partner (*paat*-nă) *n* parceiro *m*; sócio *m*

partridge (*paa*-tridj) *n* perdiz *f*

party (*paa*-ti) *n* partido *m*; festa *f*; grupo *m*

pass (paaç) *v* passar, ultrapassar; ~ **by** passar por; ~ **through** atravessar

passage (*pæ*-çidj) *n* passagem *f*; travessia *f*; trecho *m*; viagem *f*

passenger (*pæ*-çănn-djă) *n* passageiro *m*; ~ **train** comboio de passageiros

passer-by (paa-çă-*bai*) *n* transeunte *m*

passion (*pæ*-chănn) *n* paixão *f*; fúria *f*

passionate (*pæ*-chă-năt) *adj* apaixonado

passive (*pæ*-çiv) *adj* passivo

passport (*paaç*-póót) *n* passaporte *m*; ~ **control** inspecção de passaportes; ~ **photograph** fotografia de passe

password (*paaç*-ªăăd) *n* santo-e-senha *m*

past (paaçt) *n* passado *m*; *adj* passado; *prep* por, além de

paste (peiçt) *n* pasta *f*; *v* colar

pastry (*pei*-çtri) *n* pastelaria *f*; ~ **shop** pastelaria *f*

pasture (*paaç*-tchă) *n* pastagem *f*

patch (pætch) *v* remendar; *n* remendo *m*

patent (*pei*-tănnt) *n* patente *f*, alvará

m

path (paaθ) *n* carreiro *m*

patience (*pei*-chănnç) *n* paciência *f*

patient (*pei*-chănnt) *adj* paciente; *n* doente *m*

patriot (*pei*-tri-ăt) *n* patriota *m*

patrol (pă-*trouʰ*l) *n* patrulha *f*; *v* patrulhar; vigiar

pattern (*pæ*-tănn) *n* desenho *m*, padrão *m*

pause (póóz) *n* intervalo *m*; *v* *fazer uma pausa

pave (peiv) *v* pavimentar

pavement (*peiv*-mănnt) *n* passeio *m*; pavimento *m*

pavilion (pă-*vil*-ʰiănn) *n* pavilhão *m*

paw (póó) *n* pata *f*

pawn (póónn) *v* empenhar; *n* peão *m*

pawnbroker (*póónn*-brouʰ-kă) *n* penhorista *m*

pay (pei) *n* ordenado *m*, salário *m*

*pay** (pei) *v* pagar; compensar; ~ **attention to** prestar atenção a; **paying** rentável; ~ **off** liquidar; ~ **on account** pagar a prestações

pay-desk (*pei*-desk) *n* caixa *f*

payee (pei-*ii*) *n* beneficiário *m*

payment (*pei*-mănnt) *n* pagamento *m*

pea (pii) *n* ervilha *f*

peace (piiç) *n* paz *f*

peaceful (*piiç*-făl) *adj* tranquilo

peach (piitch) *n* pêssego *m*

peacock (*pii*-kók) *n* pavão *m*

peak (piik) *n* cume *m*; apogeu *m*; ~ **hour** hora de ponta; ~ **season** plena estação

peanut (*pii*-nat) *n* amendoim *m*

pear (pèă) *n* pêra *f*

pearl (păăl) *n* pérola *f*

peasant (*pé*-zănnt) *n* camponês *m*

pebble (*pé*-băl) *n* seixo *m*

peculiar (pi-*kʰuul*-ʰiă) *adj* estranho; especial, peculiar

peculiarity (pi-kʰuu-li-æ-ră-ti) *n* particularidade *f*

pedal (*pé*-dăl) *n* pedal *m*

pedestrian (pi-dé-çtri-ănn) *n* peão *m*; pedestre *mBr*; **no pedestrians** interdito a peões; ~ **crossing** passagem de peões; passagem de pedestres *Br*

pedicure (*pé*-di-kʰuʰ) *n* pedicuro *m*

peel (piil) *v* descascar; *n* casca *f*

peep (piip) *v* espreitar

peg (pégh) *n* gancho *m*

pelican (*pé*-li-kănn) *n* pelicano *m*

pelvis (*pél*-viç) *n* pélvis *f*

pen (pénn) *n* caneta *f*

penalty (*pé*-năl-ti) *n* penalidade *f*; castigo *m*; ~ **kick** grande penalidade

pencil (*pénn*-çăl) *n* lápis *m*

pencil-sharpener (*pénn*-çăl-chaap-nă) *n* apara-lápis *m*; apontador *mBr*

pendant (*pénn*-dănnt) *n* pingente *m*

penetrate (*pé*-ni-treit) *v* penetrar

penguin (*pénng*-ghʰuinn) *n* pinguim *m*

penicillin (pé-ni-çi-linn) *n* penicilina *f*

peninsula (pă-*ninn*-çʰu-lă) *n* península *f*

penknife (*pénn*-naif) *n* (*pl* -knives) canivete *m*

pension[1] (pă-çi-ónn) *n* pensão *f*

pension[2] (*pénn*-chănn) *n* pensão *f*

people (*pii*-păl) *pl* pessoas, gente *f*; *n* gente *f*, povo *m*

pepper (*pé*-pă) *n* pimenta *f*

peppermint (*pé*-pă-minnt) *n* hortelã-pimenta *f*

perceive (pă-*çiiv*) *v* aperceber

percent (pă-*çénnt*) *n* porcento *m*

percentage (pă-*çénn*-tidj) *n* percentagem *f*

perceptible (pă-*çép*-ti-băl) *adj* perceptível

perception (pă-*çép*-chănn) *n* percepção *f*

perch (păătch) (*pl* ~) perca *f*

percolator (*păă*-kă-lei-tă) *n* cafeteira de filtro

perfect (*păă*-fikt) *adj* perfeito

perfection (pă-*fék*-chănn) *n* perfeição *f*

perform (pă-*fóómm*) *v* desempenhar, executar, cumprir

performance (pă-*fóó*-mănnç) *n* representação *f*

perfume (*păă*-f¹uumm) *n* perfume *m*

perhaps (pă-*hæpç*) *adv* talvez; quiçá

peril (*pé*-ril) *n* perigo *m*

perilous (*pé*-ri-lăç) *adj* perigoso

period (pi*ă*-ri-ăd) *n* período *m*, época *f*; ponto *m*

periodical (pi*ă*-ri-ó-di-kăl) *n* periódico *m*; *adj* periódico

perish (*pé*-rich) *v* perecer

perishable (*pé*-ri-chă-băl) *adj* deteriorável

perjury (*păă*-djă-ri) *n* perjúrio *m*

permanent (*păă*-mă-nănnt) *adj* duradouro, permanente; estável, fixo; ~ **press** engomado permanente; ~ **wave** permanente *f*

permission (pă-*mi*-chănn) *n* autorização *f*; licença *f*

permit¹ (pă-*mit*) *v* permitir

permit² (*păă*-mit) *n* autorização *f*, licença *f*

peroxide (pă-*rók*-çaid) *n* água oxigenada

perpendicular (păă-pănn-*di*-k¹u-lă) *adj* perpendicular

Persia (*păă*-chă) Pérsia *f*

Persian (*păă*-chănn) *adj* persa

person (*păă*-çănn) *n* pessoa *f*; per ~ por pessoa

personal (*păă*-çă-năl) *adj* pessoal

personality (păă-çă-*næ*-lă-ti) *n* personalidade *f*

personnel (păă-çă-*nél*) *n* pessoal *m*

perspective (pă-*çpék*-tiv) *n* perspectiva *f*

perspiration (păă-çpă-*rei*-chănn) *n* suor *m*, transpiração *f*, perspiração *f*

perspire (pă-*çpai*ă) *v* transpirar, suar

persuade (pă-ç*u*eid) *v* persuadir, convencer

persuasion (pă-ç*u*ei-jänn) *n* convicção *f*

pessimism (*pé*-çi-mi-zămm) *n* pessimismo *m*

pessimistic (pé-çi-*mi*-çtik) *adj* pessimista

pet (pét) *n* animal de estimação; riqueza *f*; favorito

petal (*pé*-tăl) *n* pétala *f*

petition (pi-*ti*-chănn) *n* petição *f*

petrol (*pé*-trăl) *n* gasolina *f*; ~ **pump** bomba de gasolina; ~ **station** posto de gasolina; ~ **tank** depósito da gasolina; **unleaded** ~ gasolina sem chumbo

petroleum (pi-*tro*u-li-ămm) *n* petróleo *m*

petty (*pé*-ti) *adj* insignificante, fútil, pequeno; ~ **cash** fundo de maneio

pewter (*p¹uu*-tă) *n* peltre *m*

phantom (*fænn*-tămm) *n* fantasma *m*

pharmacology (faa-mă-*kó*-lă-dji) *n* farmacologia *f*

pharmacy (faa-mă-çi) *n* farmácia *f*; drogaria *f*

phase (feiz) *n* fase *f*

pheasant (*fé*-zănnt) *n* faisão *m*

Philippine (*fi*-li-painn) *adj* filipino

Philippines (*fi*-li-piinnz) *pl* Filipinas *fpl*

philosopher (fi-*ló*-çă-fă) *n* filósofo *m*

philosophy (fi-*ló*-çă-fi) *n* filosofia *f*

phone (fou nn) *n* telefone *m*; *v* telefonar

phonetic (fă-*né*-tik) *adj* fonético

photo (fou-tou) *n* (pl ~s) fotografia *f*

photocopy (fou-tă-kó-pi) *n* fotocópia *f*

photograph (fou-tă-ghraaf) *n* fotografia f; v fotografar

photographer (fă-*tó*-ghră-fă) n fotógrafo m

photography (fă-*tó*-ghră-fi) n fotografia f

phrase (freiz) n frase f

phrase-book (*freiz*-buk) n guia linguístico

physical (fi-zi-kăl) adj físico

physician (fi-zi-chănn) n médico m

physicist (*fi*-zi-çiçt) n físico m

physics (*fi*-zikç) n ciências naturais, física f

physiology (fi-zi-ó-lă-dji) n fisiologia f

pianist (pii-ă-niçt) n pianista m

piano (pi-æ-noᵘ) n piano m; **grand ~** piano de cauda

pick (pik) v colher; escolher; n escolha f; **~ up** apanhar; *ir buscar; **pick-up van** furgoneta f

pick-axe (*pik*-kækç) n picareta f

pickles (*pi*-kălz) pl pickles mpl, conservas em vinagre

picnic (*pik*-nik) n piquenique m; v piquenicar

picture (*pik*-tchă) n quadro m; gravura f, ilustração f; imagem f; **~ postcard** postal ilustrado; **pictures** cinema m

picturesque (pik-tchă-*réçk*) adj pitoresco

piece (piiç) n fragmento m, peça f

pier (piᵃ) n molhe m

pierce (piᵃç) v perfurar

pig (pigh) n porco m

pigeon (*pi*-djănn) n pombo m

pig-headed (pigh-*hé*-did) adj teimoso

piglet (*pigh*-lăt) n leitão m

pigskin (*pigh*-çkinn) n pele de porco

pike (paik) n (pl ~) lúcio m

pile (pail) n pilha f; v empilhar, amontoar; **piles** hemorróidas fpl

pilgrim (*pil*-ghrimm) n peregrino m

pilgrimage (*pil*-ghri-midj) n peregrinação f

pill (pil) n pílula f

pillar (*pi*-lă) n coluna f, pilar m

pillar-box (*pi*-lă-bókç) n caixa do correio

pillow (*pi*-loᵘ) n almofada f, almofadão m

pillow-case (*pi*-loᵘ-keiç) n fronha f

pilot (*pai*-lăt) n piloto m

pimple (*pimm*-păl) n borbulha f

pin (pinn) n alfinete m; v prender com alfinetes; **bobby ~** Am gancho de cabelo

pincers (*pinn*-çăz) pl tenaz f

pinch (pinntch) v beliscar

pineapple (*pai*-næ-păl) n ananás m; abacaxi mBr

pink (pinngk) adj cor-de-rosa

pioneer (pai-ă-*niᵃ*) n pioneiro m

pious (*pai*-ăç) adj pio

pip (pip) n caroço m

pipe (paip) n cachimbo m; cano m; **~ cleaner** limpa-cachimbos m; **~ tobacco** tabaco para cachimbo

pirate (*paiᵃ*-răt) n pirata m

pistol (*pi*-çtăl) n pistola f

piston (*pi*-çtănn) n pistão m; **~ ring** segmento do pistão

piston-rod (*pi*-çtănn-ród) n biela f

pit (pit) n cova f; mina f

pitcher (*pi*-tchă) n bilha f

pity (*pi*-ti) n piedade f; v *condoer-se de, *ter pena de; **what a pity!** que pena!

placard (*plæ*-kaad) n cartaz m

place (pleiç) n lugar m; v colocar, pousar; **~ of birth** lugar de nascimento; ***take ~** *ter lugar, acontecer

plague (pleigh) n praga f

plaice (pleiç) n (pl ~) solha f

plain (pleinn) adj claro; comum, simples; n planície f

plan (plænn) *n* plano *m*; *v* *planear
plane (pleinn) *adj* plano; *n* avião *m*; ~ **crash** desastre de aviação
planet (*plæ*-nit) *n* planeta *m*
planetarium (plæ-ni-té^ǎ-ri-ǎmm) *n* planetário *m*
plank (plænngk) *n* prancha *f*
plant (plaannt) *n* planta *f*; fábrica *f*; *v* plantar
plantation (plænn-*tei*-chǎnn) *n* plantação *f*
plaster (*plaa*-ctǎ) *n* estuque *m*, gesso *m*; penso rápido; esparadrapo *mBr*
plastic (*plæ*-çtik) *adj* de plástico; *n* plástico *m*
plate (pleit) *n* prato *m*; chapa *f*
plateau (*plæ*-to^u) *n* (pl ~x, ~s) planalto *m*
platform (*plæt*-fóómm) *n* plataforma *f*: ~ **ticket** bilhete de gare
platinum (*plæ*-ti-nǎmm) *n* platina *f*
play (plei) *v* jogar; tocar; *n* jogo *m*; peça de teatro; **one-act** ~ peça num acto; ~ **truant** *fazer gazeta
player (plei^ǎ) *n* jogador *m*
playground (*plei*-ghraunnd) *n* recreio *m*
playing-card (*plei*-inng-kaad) *n* carta de jogar
playwright (*plei*-rait) *n* dramaturgo *m*
plea (plii) *n* defesa *f*
plead (pliid) *v* advogar
pleasant (*plé*-zǎnnt) *adj* simpático, agradável
please (pliiz) se faz favor; *v* agradar; **pleased** satisfeito; **pleasing** agradável
pleasure (*plé*-jǎ) *n* prazer *m*, divertimento *m*
plentiful (*plénn*-ti-fǎl) *adj* abundante
plenty (*plénn*-ti) *n* abundância *f*; fartura *f*
pliers (plai^ǎz) *pl* alicate *m*
plimsolls (*plimm*-çǎlz) *pl* sapatos de ginástica

plot (plót) *n* conspiração *f*, conjura *f*; enredo *m*; parcela *f*
plough (plau) *n* arado *m*; *v* lavrar
plucky (*pla*-ki) *adj* valente
plug (plagh) *n* ficha *f*; ~ **in** ligar
plum (plamm) *n* ameixa *f*
plumber (*pla*-mǎ) *n* canalizador *m*
plump (plammp) *adj* roliço
plural (*plu*^ǎ-rǎl) *n* plural *m*
plus (plaç) *prep* mais
pneumatic (n'uu-*mæ*-tik) *adj* pneumático
pneumonia (n'uu-*mo*^u-ni-ǎ) *n* pneumonia *f*
poach (po^utch) *v* caçar furtivamente
pocket (*pó*-kit) *n* bolso *m*
pocket-book (*pó*-kit-buk) *n* carteira *f*
pocket-comb (*pó*-kit-ko^umm) *n* pente de bolso
pocket-knife (*pó*-kit-naif) *n* (pl -knives) canivete *m*
pocket-watch (*pó*-kit-^uótch) *n* relógio de bolso
poem (*po*^u-imm) *n* poema *m*
poet (*po*^u-it) *n* poeta *m*
poetry (*po*^u-i-tri) *n* poesia *f*
point (poinnt) *n* ponto *m*; bico *m*; *v* apontar; ~ **of view** ponto de vista; ~ **out** indicar, apontar
pointed (*poinn*-tid) *adj* pontiagudo
poison (*poi*-zǎnn) *n* veneno *m*; *v* envenenar
poisonous (*poi*-zǎ-nǎç) *adj* venenoso
Poland (*po*^u-lǎnnd) Polónia *f*
Pole (po^ul) *n* polaco *m*
pole (po^ul) *n* poste *m*
police (pǎ-*liiç*) *pl* polícia *f*
policeman (pǎ-*liiç*-mǎnn) *n* (pl -men) polícia *m*, guarda *m*
police-station (pǎ-*liiç*-çtei-chǎnn) *n* posto da polícia; delegacia de polícia *Br*
policy (*pó*-li-çi) *n* política *f*; apólice *f*

polio (*pou*-li-o*u*) *n* pólio *f*, paralisia infantil

Polish (*pou*-lich) *adj* polaco

polish (*pó*-lich) *v* *polir

polite (på-*lait*) *adj* educado

political (på-*li*-ti-kål) *adj* político

politician (pó-li-*ti*-chånn) *n* político *m*

politics (*pó*-li-tikç) *n* política *f*

pollution (på-*luu*-chånn) *n* poluição *f*

pond (pónnd) *n* tanque *m*

pony (*pou*-ni) *n* pónei *m*

poor (pu*å*) *adj* pobre; fraco

pope (po*u*p) *n* papa *m*

poplin (*pó*-plinn) *n* popelina *f*

pop music (póp *m'uu*-zik) música pop

poppy (*pó*-pi) *n* papoila *f*; papoula *f*

popular (*pó*-p'u-lå) *adj* popular

population (pó-p'u-*lei*-chånn) *n* população *f*

populous (*pó*-p'u-låç) *adj* populoso

porcelain (*póó*-çå-linn) *n* porcelana *f*

porcupine (*póó*-k'u-painn) *n* porco-espinho *m*

pork (póók) *n* carne de porco

port (póót) *n* porto *m*; bombordo *m*

portable (*póó*-tå-bål) *adj* portátil

porter (*póó*-tå) *n* carregador *m*; porteiro *m*

porthole (*póót*-ho*u*l) *n* vigia *f*

portion (*póó*-chånn) *n* porção *f*

portrait (*póó*-trit) *n* retrato *m*

Portugal (*póó*-t'u-ghål) Portugal *m*

Portuguese (póó-t'u-*ghiiz*) *adj* português

position (på-*zi*-chånn) *n* posição *f*; atitude *f*; situação *f*

positive (*pó*-zå-tiv) *adj* positivo; *n* positivo *m*

possess (på-*zéç*) *v* *possuir; possessed possesso

possession (på-*zé*-chånn) *n* posse *f*; possessions bens *mpl*

possibility (pó-çå-*bi*-lå-ti) *n* possibilidade *f*

possible (*pó*-çå-bål) *adj* possível; eventual

post (po*u*çt) *n* poste *m*; posto *m*; correio *m*; *v* deitar no correio; post-office correios

postage (*pou*-çtidj) *n* franquia *f*; ~ paid porte pago; ~ stamp selo postal

postcard (*pou*çt-kaad) *n* bilhete postal; postal ilustrado

poster (*pou*-çtå) *n* cartaz *m*

poste restante (po*u*çt ré-çtãt) posta-restante

postman (*pou*çt-månn) *n* (pl -men) carteiro *m*

post-paid (po*u*çt-peid) *adj* porte pago

postpone (på-*çpou*nn) *v* adiar, *transferir

pot (pót) *n* vaso *m*

potato (på-*tei*-to*u*) *n* (pl ~es) batata *f*

pottery (*pó*-tå-ri) *n* cerâmica *f*; loiça *f*

pouch (pautch) *n* bolsa *f*

poulterer (*pou*l-tå-rå) *n* vendedor de aves de criação

poultry (*pou*l-tri) *n* aves de criação

pound (paunnd) *n* libra *f*

pour (póó) *v* deitar, verter

poverty (*pó*-vå-ti) *n* pobreza *f*

powder (pau-då) *n* pó *m*; ~ compact caixa de pó-de-arroz; talc ~ pó de talco

powder-puff (pau-då-paf) *n* borla de pó-de-arroz

powder-room (pau-då-ruumm) *n* lavabos das senhoras

power (pau*å*) *n* energia *f*, potência *f*; poder *m*

powerful (pau*å*-fål) *adj* poderoso; forte

powerless (pau*å*-låç) *adj* impotente

power-station (pau*å*-çtei-chånn) *n* central eléctrica

practical (*præk*-ti-kål) *adj* prático

practically (*præk*-ti-kli) *adv* praticamente
practice (*præk*-tiç) *n* prática *f*
practise (*præk*-tiç) *v* praticar; exercitar-se
praise (preiz) *v* louvar; *n* elogio *m*
pram (præmm) *n* carrinho de bebé
prawn (próónn) *n* gamba *f*, camarão
grande
pray (prei) *v* rezar
prayer (pré^ä) *n* oração *f*
preach (priitch) *v* pregar
precarious (pri-ké^ä-ri-äç) *adj* precário
precaution (pri-kóó-chänn) *n* precau-
ção *f*
precede (pri-*ciid*) *v* preceder
preceding (pri-*cii*-dinng) *adj* precedente
precious (pré-chäç) *adj* precioso; caro
precipice (pré-ci-piç) *n* precipício *m*
precipitation (pri-ci-pi-*tei*-chänn) *n*
precipitação *f*
precise (pri-*çaiç*) *adj* exacto, preciso;
meticuloso
predecessor (prii-di-cé-çä) *n* predecessor *m*
predict (pri-*dikt*) *v* *predizer
prefer (pri-*fää*) *v* *preferir, *dar preferência a
preferable (pré-fä-rä-bäl) *adj* preferível
preference (pré-fä-rännç) *n* preferência *f*
prefix (*prii*-fikç) *n* prefixo *m*
pregnant (prégh-nännt) *adj* grávida
prejudice (pré-djä-diç) *n* preconceito
m
preliminary (pri-*li*-mi-nä-ri) *adj* preliminar
premature (pré-mä-tchu^ä) *adj* prematuro
premier (prémm-i^ä) *n* primeiro-ministro *m*
premises (pré-mi-çiz) *pl* local *m*

premium (*prii*-mi-ämm) *n* prémio *m*
prepaid (prii-*peid*) *adj* pago adiantado
preparation (pré-pä-*rei*-chänn) *n* preparação *f*
prepare (pri-pé^ä) *v* preparar
preposition (pré-pä-*zi*-chänn) *n* preposição *f*
prescribe (pri-*çkraib*) *v* prescrever, receitar
prescription (pri-*çkrip*-chänn) *n* receita *f*
presence (pré-zännç) *n* presença *f*
present¹ (pré-zännt) *n* presente *m*;
adj actual, presente
present² (pri-*zénnt*) *v* apresentar; oferecer
presently (pré-zännt-li) *adv* a seguir,
dentro em pouco
preservation (pré-zä-*vei*-chänn) *n* conservação *f*
preserve (pri-*zääv*) *v* conservar; *pôr
em conserva
president (pré-zi-dännt) *n* presidente
m
press (préç) *n* imprensa *f*; *v* carregar
em, carregar, oprimir; passar a fer-
ro; ~ **conference** conferência de
imprensa
pressing (pré-çinng) *adj* urgente
pressure (pré-chä) *n* pressão *f*; tensão
f; **atmospheric** ~ pressão atmosférica
pressure-cooker (pré-chä-ku-kä) *n*
panela de pressão
prestige (pré-*çtiij*) *n* prestígio *m*
presumable (pri-zⁱuu-mä-bäl) *adj* presumível
presumptuous (pri-*zammp*-chäç) *adj*
presunçoso
pretence (pri-*ténnç*) *n* pretexto *m*
pretend (pri-*ténnd*) *v* fingir
pretext (*prii*-tékçt) *n* pretexto *m*
pretty (*pri*-ti) *adj* bonito; *adv* assaz,
bastante, um tanto

prevent (pri-*vénnt*) *v* *impedir; evitar
preventive (pri-*vénn*-tiv) *adj* preventivo
previous (*prii*-vi-àç) *adj* anterior, precedente, prévio
pre-war (prii-*uóó*) *adj* do anteguerra
price (praiç) *n* preço *m*; *v* fixar o preço de
priceless (*praiç*-làç) *adj* inestimável
price-list (*praiç*-liçt) *n* lista de preços
prick (prik) *v* picar
pride (praid) *n* orgulho *m*
priest (priiçt) *n* padre *m*
primary (*prai*-mà-ri) *adj* primário; primeiro, primordial; elementar
prince (prinnç) *n* príncipe *m*
princess (prinn-*céç*) *n* princesa *f*
principal (*prinn*-çà-pàl) *adj* principal; *n* reitor *m*, director *m*
principle (*prinn*-çà-pàl) *n* princípio *m*
print (prinnt) *v* imprimir; *n* prova *f*; gravura *f*; **printed matter** impresso *m*
prior (prai*à*) *adj* anterior
priority (prai-ó-rà-ti) *n* prioridade *f*
prison (*pri*-zànn) *n* prisão *f*
prisoner (*pri*-zà-nà) *n* prisioneiro *m*, detido *m*; ∼ **of war** prisioneiro de guerra
privacy (*prai*-và-çi) *n* intimidade *f*
private (*prai*-vit) *adj* privado, particular; pessoal
privilege (*pri*-vi-lidj) *n* privilégio *m*
prize (praiz) *n* prémio *m*; recompensa *f*
probable (*pró*-bà-bàl) *adj* provável
probably (*pró*-bà-bli) *adv* provavelmente
problem (*pró*-blàmm) *n* problema *m*
procedure (prà-*cii*-djà) *n* processo *m*
proceed (prà-*çiid*) *v* *prosseguir; proceder
process (*prou*-çéç) *n* processo *m*, procedimento *m*

procession (prà-çé-chànn) *n* procissão *f*, cortejo *m*
proclaim (prà-*kleimm*) *v* proclamar
produce[1] (prà-*d*[i]*uuç*) *v* *produzir
produce[2] (*pród*-[i]uuç) *n* produto *m*
producer (prà-*d*[i]*uu*-çà) *n* produtor *m*
product (*pró*-dakt) *n* produto *m*
production (prà-*dak*-chànn) *n* produção *f*
profession (prà-*fé*-chànn) *n* profissão *f*
professional (prà-*fé*-chà-nàl) *adj* profissional
professor (prà-*fé*-çà) *n* professor *m*
profit (*pró*-fit) *n* benefício *m*, lucro *m*; vantagem *f*; *v* aproveitar-se
profitable (*pró*-fi-tà-bàl) *adj* lucrativo
profound (prà-*faunnd*) *adj* profundo
programme (*prou*-ghràmm) *n* programa *m*
progress[1] (*prou*-ghréç) *n* progresso *m*
progress[2] (prà-*ghréç*) *v* progredir
progressive (prà-*ghré*-çiv) *adj* progressista; progressivo
prohibit (prà-*hi*-bit) *v* proibir
prohibition (prou-[i]-*bi*-chànn) *n* interdição *f*
prohibitive (prà-*hi*-bi-tiv) *adj* proibitivo
project (*pró*-djékt) *n* plano *m*, projecto *m*
promenade (pró-mà-*naad*) *n* passeio *m*
promise (*pró*-miç) *n* promessa *f*; *v* prometer
promote (prà-*mo*[u]t) *v* promover
promotion (prà-*mo*[u]-chànn) *n* promoção *f*
prompt (prómmpt) *adj* imediato, pronto
pronoun (*prou*-naunn) *n* pronome *m*
pronounce (prà-*naunnç*) *v* pronunciar
pronunciation (prà-nann-çi-*ei*-chànn) *n* pronúncia *f*

proof (pruuf) *n* prova *f*

propaganda (pró-pă-*ghænn*-dă) *n* propaganda *f*

propel (pră-*pél*) *v* impulsionar, propulsionar

propeller (pră-*pé*-lă) *n* hélice *f*

proper (pró-pă) *adj* justo; apropriado, devido, indicado

property (pró-pă-ti) *n* propriedade *f*

prophet (pró-fit) *n* profeta *m*

proportion (pră-*póó*-chănn) *n* proporção *f*

proportional (pră-*póó*-chă-năl) *adj* proporcional

proposal (pră-*pou*-zăl) *n* proposta *f*

propose (pră-*pou*z) *v* *propor

proposition (pró-pă-*zi*-chănn) *n* proposta *f*

proprietor (pră-*prai*-ă-tă) *n* proprietário *m*

prospect (pró-çpékt) *n* perspectiva *f*

prospectus (pră-*çpék*-tăç) *n* prospecto *m*

prosperity (pró-çpé-ră-ti) *n* prosperidade *f*

prosperous (pró-çpă-răç) *adj* próspero

prostitute (pró-çti-t'uut) *n* prostituta *f*

protect (pră-*tékt*) *v* proteger

protection (pră-*ték*-chănn) *n* protecção *f*

protein (prou-tiinn) *n* proteína *f*

protest[1] (prou-téçt) *n* protesto *m*

protest[2] (pră-*téçt*) *v* protestar

Protestant (pró-ti-çtănnt) *adj* protestante

proud (praud) *adj* vaidoso; orgulhoso

prove (pruuv) *v* provar, demonstrar; revelar-se

proverb (pró-văăb) *n* provérbio *m*

provide (pră-*vaid*) *v* fornecer; **provided that** contanto que

province (pró-vinnç) *n* província *f*

provincial (pră-*vinn*-chăl) *adj* provincial

provisional (pră-*vi*-jă-năl) *adj* provisório

provisions (pră-*vi*-jănnz) *pl* provisões *fpl*

prune (pruunn) *n* ameixa passada

psychiatrist (çai-*kai*-ă-triçt) *n* psiquiatra *m*

psychic (çai-kik) *adj* psíquico

psychoanalyst (çai-ko*u*-æ-nă-liçt) *n* psicanalista *m*

psychological (çai-kó-*ló*-dji-kăl) *adj* psicológico

psychologist (çai-*kó*-lă-djiçt) *n* psicólogo *m*

psychology (çai-*kó*-lă-dji) *n* psicologia *f*

pub (pab) *n* taberna *f*; cervejaria *f*

public (pa-blik) *adj* público; geral; *n* público *m*; ~ **garden** jardim público; ~ **house** bar *m*

publication (pa-bli-*kei*-chănn) *n* publicação *f*

publicity (pa-*bli*-çă-ti) *n* publicidade *f*

publish (pa-blich) *v* publicar

publisher (pa-bli-chă) *n* editor *m*

puddle (pa-dăl) *n* charco *m*

pull (pul) *v* puxar; ~ **out** partir; ~ **up** parar

pulley (pu-li) *n* (pl ~s) roldana *f*

Pullman (*pul*-männ) *n* carruagem-cama *f*

pullover (pu-lo*u*-vă) *n* pulóver *m*

pulpit (*pul*-pit) *n* púlpito *m*, tribuna *f*

pulse (palç) *n* pulso *m*

pump (pammp) *n* bomba *f*; *v* *dar à bomba; *bombear *vBr*

punch (panntch) *v* socar; *n* soco *m*

punctual (panngk-tchu-ăl) *adj* pontual

puncture (panngk-tchă) *n* furo *m*

punctured (panngk-tchăd) *adj* furado

punish (pa-nich) *v* castigar

punishment (pa-nich-mănnt) *n* castigo *m*

pupil (pⁱuu-pǎl) n aluno m
puppet-show (pa-pit-cho^u) n teatro de fantoches
purchase (pǎǎ-tchǎç) v comprar; n compra f; ~ **price** preço de compra; ~ **tax** imposto de consumo
purchaser (pǎǎ-tchǎ-çǎ) n comprador m
pure (pⁱu^ǎ) adj puro
purple (pǎǎ-pǎl) adj purpúreo
purpose (pǎǎ-pǎç) n intento m, intenção f, propósito m; **on** ~ propositado
purse (pǎǎç) n porta-moedas m
pursue (pǎ-çⁱuu) v *prosseguir; pretender
pus (paç) n pus m
push (puch) n empurrão m; v empurrar
push-button (puch-ba-tǎnn) n botão m
***put** (put) v pousar, colocar, *pôr; meter; formular; ~ **away** guardar; ~ **off** adiar; ~ **on** *vestir; ~ **out** apagar
puzzle (pa-zǎl) n puzzle m; enigma m; v embaraçar; **jigsaw** ~ quebra-cabeças m
puzzling (paz-linng) adj incompreensível
pyjamas (pǎ-djaa-mǎz) pl pijama m

Q

quack (k^uæk) n curandeiro m, charlatão m
quail (k^ueil) n (pl ~, ~s) codorniz f
quaint (k^ueinnt) adj estranho; antiquado
qualification (k^uó-li-fi-kei-chǎnn) n habilitação f; restrição f, reserva f
qualified (k^uó-li-faid) adj qualificado; competente
qualify (k^uó-li-fai) v qualificar-se
quality (k^uó-lǎ-ti) n qualidade f; característica f
quantity (k^uónn-tǎ-ti) n quantidade f; número m
quarantine (k^uó-rǎnn-tiinn) n quarentena f
quarrel (k^uó-rǎl) v disputar, discutir; n briga f, litígio m
quarry (k^uó-ri) n pedreira f
quarter (k^uóó-tǎ) n quarto m; trimestre m; bairro m; ~ **of an hour** quarto de hora
quarterly (k^uóó-tǎ-li) adj trimestral
quay (kii) n cais m
queen (k^uiinn) n rainha f
queer (k^ui^ǎ) adj estranho, esquisito
query (k^ui^ǎ-ri) n pergunta f; v indagar; *pôr em dúvida
question (k^uéç-tchǎnn) n pergunta f; questão f, problema m; v interrogar; pôr em dúvida; ~ **mark** ponto de interrogação
queue (kⁱuu) n bicha f; v *fazer bicha
quick (k^uik) adj rápido
quick-tempered (k^uik-témm-pǎd) adj irascível
quiet (k^uai-ǎt) adj calmo, tranquilo, sossegado; n silêncio m, tranquilidade f
quilt (k^uilt) n colcha f
quinine (k^ui-niinn) n quinina f
quit (k^uit) v cessar
quite (k^uait) adv completamente; bastante, relativamente; muito
quiz (k^uiz) n (pl ~zes) concurso m
quota (k^uo^u-tǎ) n quota f
quotation (k^uo^u-tei-chǎnn) n citação f; ~ **marks** aspas fpl
quote (k^uo^ut) v citar

R

rabbit (ræ-bit) *n* coelho *m*

rabies (*rei*-biz) *n* raiva *f*

race (reiç) *n* corrida *f*; raça *f*

race-course (*reiç*-kóóç) *n* pista de corridas, hipódromo *m*

race-horse (*reiç*-hóóç) *n* cavalo de corridas

race-track (*reiç*-træk) *n* pista de corridas

racial (*rei*-chăl) *adj* racial

racket (ræ-kit) *n* alarido *m*

racquet (ræ-kit) *n* raqueta *f*

radiator (*rei*-di-ei-tă) *n* radiador *m*

radical (ræ-di-kăl) *adj* radical

radio (*rei*-di-oᵘ) *n* rádio *m*

radish (ræ-dich) *n* rabanete *m*

radius (*rei*-di-ăç) *n* (pl radii) raio *m*

raft (raaft) *n* jangada *f*

rag (rægh) *n* trapo *m*

rage (reidj) *n* raiva *f*, furor *m*; *v* enfurecer

raid (reid) *n* incursão *f*

rail (reil) *n* barra *f*, balaustrada *f*

railing (*rei*-linng) *n* gradeamento *m*

railroad (*reil*-roᵘd) *nAm* caminho-de-ferro; via férrea; estrada de ferro *Br*

railway (*reil*-ᵘei) *n* via férrea, caminho-de-ferro; estrada de ferro *Br*

rain (reinn) *n* chuva *f*; *v* chover

rainbow (*reinn*-boᵘ) *n* arco-íris *m*

raincoat (*reinn*-koᵘt) *n* impermeável *m*; capa de chuva *Br*

rainproof (*reinn*-pruuf) *adj* impermeável

rainy (*rei*-ni) *adj* chuvoso

raise (reiz) *v* levantar; aumentar; criar, educar, cultivar; *v* tributar; *nAm* aumento de salário

raisin (*rei*-zănn) *n* passa *f*

rake (reik) *n* ancinho *m*

rally (ræ-li) *n* reunião *f*

ramp (ræmmp) *n* rampa *f*

ramshackle (*ræmm*-chæ-kăl) *adj* desmantelado

rancid (rænn-çid) *adj* rançoso

rang (rænng) *v* (p ring)

range (reinndj) *n* alcance *m*

range-finder (*reinndj*-fainn-dă) *n* telémetro *m*

rank (rænngk) *n* patente *f*; fila *f*

ransom (rænn-çămm) *n* resgate *m*

rape (reip) *v* violar

rapid (ræ-pid) *adj* rápido, veloz

rapids (ræ-pidz) *pl* rápidos *mpl*

rare (ré ̊) *adj* raro

rarely (ré ̊-li) *adv* raramente

rascal (raa-çkăl) *n* patife *m*, malandro *m*

rash (ræch) *n* erupção *f*; *adj* irreflectido, precipitado

raspberry (*raaz*-bă-ri) *n* framboesa *f*

rat (ræt) *n* ratazana *f*

rate (reit) *n* preço *m*, tarifa *f*; velocidade *f*; **at any ~** de qualquer modo, seja como for; **~ of exchange** taxa do câmbio

rather (*raa*-ðă) *adv* bastante, um tanto; antes

ration (ræ-chănn) *n* ração *f*

rattan (ræ-tænn) *n* rotim *m*

raven (*rei*-vänn) *n* corvo *m*

raw (róó) *adj* cru; **~ material** matéria-prima *f*

ray (rei) *n* raio *m*

rayon (*rei*-ónn) *n* seda artificial

razor (*rei*-ză) *n* aparelho para barbear; navalha *f*

razor-blade (*rei*-ză-bleid) *n* lâmina de barbear

reach (riitch) *v* alcançar; *n* alcance *m*

reaction (ri-æk-chănn) *n* reacção *f*

*read (riid) *v* *ler

reading (*rii*-dinng) *n* leitura *f*

reading-lamp (*rii*-dinng-læmmp) *n* candeeiro de mesa

reading-room (*rii*-dinng-ruumm) *n* sala de leitura

ready (ré-di) *adj* pronto, preparado

ready-made (ré-di-*meid*) *adj* de confecção

real (ri³l) *adj* verdadeiro

reality (ri-æ-lã-ti) *n* realidade *f*

realizable (ri³-lai-zã-bãl) *adj* realizável

realize (ri³-laiz) *v* perceber; realizar

really (ri³-li) *adv* verdadeiramente, realmente; na realidade

rear (ri³) *n* retaguarda *f*; *v* criar

rear-light (ri³-*lait*) *n* luz da retaguarda

reason (*rii*-zãnn) *n* razão *f*, causa *f*; senso *m*; *v* raciocinar

reasonable (*rii*-zã-nã-bãl) *adj* razoável

reassure (rii-ã-*chu*³) *v* tranquilizar

rebate (*rii*-beit) *n* redução *f*, desconto *m*

rebellion (ri-*bél*-iãnn) *n* revolta *f*, rebelião *f*

recall (ri-*kóól*) *v* recordar-se; chamar; revogar

receipt (ri-*çiit*) *n* recibo *m*; recepção *f*

receive (ri-*çiiv*) *v* receber

receiver (ri-*çii*-vã) *n* auscultador *m*

recent (*rii*-çãnnt) *adj* recente

recently (*rii*-çãnnt-li) *adv* recentemente, há pouco tempo

reception (ri-*çép*-chãnn) *n* recepção *f*; acolhimento *m*; ~ **office** recepção *f*

receptionist (ri-*çép*-chã-niçt) *n* recepcionista *f*

recession (ri-*çé*-chãnn) *n* recessão *f*

recipe (ré-çi-pi) *n* receita *f*

recital (ri-*çai*-tãl) *n* recital *m*

reckon (ré-kãnn) *v* calcular; considerar; *crer

recognition (ré-kãgh-*ni*-chãnn) *n* reconhecimento *m*

recognize (ré-kãgh-naiz) *v* reconhecer

recollect (ré-kã-*lékt*) *v* recordar-se

recommence (rii-kã-*ménnç*) *v* recomeçar

recommend (ré-kã-*ménnd*) *v* recomendar; aconselhar

recommendation (ré-kã-ménn-*dei*-chãnn) *n* recomendação *f*

reconciliation (ré-kãnn-çi-li-*ei*-chãnn) *n* reconciliação *f*

record[1] (ré-kóód) *n* disco *m*; recorde *m*; registo *m*; **long-playing** ~ disco de longa duração

record[2] (ri-*kóód*) *v* registar

recorder (ri-*kóó*-dã) *n* gravador *m*

recording (ri-*kóó*-dinng) *n* gravação *f*

record-player (ré-kóód-plei³) *n* gira-discos *m*; toca-discos *mBr*

recover (ri-ka-vã) *v* recuperar; curar-se, restabelecer-se

recovery (ri-ka-vã-ri) *n* cura *f*, restabelecimento *m*

recreation (ré-kri-*ei*-chãnn) *n* recreação *f*; ~ **centre** centro recreativo; ~ **ground** campo de jogos

recruit (ri-*kruut*) *n* recruta *m*

rectangle (*rék*-tænng-ghãl) *n* rectângulo *m*

rector (*rék*-tã) *n* pastor *m*, reitor *m*

rectory (*rék*-tã-ri) *n* reitoria *f*

rectum (*rék*-tãmm) *n* recto *m*

recycle (ri-*çai*-kãl) *v* reciclar

recyclable (ri-*çai*-klã-bãl) *adj* reciclável

red (réd) *adj* encarnado

redeem (ri-*diimm*) *v* redimir

reduce (ri-d¹uuç) *v* *reduzir, *diminuir

reduction (ri-*dak*-chãnn) *n* redução *f*, desconto *m*

redundant (ri-*dann*-dãnnt) *adj* supérfluo

reed (riid) *n* cana *f*

reef (riif) *n* recife *m*

reference (*réf*-rãnnç) *n* referência *f*;

relação f; **with ~ to** relativo a
refer to (ri-fáã) *referir a
refill (rii-fil) n recarga f
refinery (ri-fai-nã-ri) n refinaria f
reflect (ri-flékt) v *reflectir
reflection (ri-flék-chänn) n reflexão f; imagem reflectida
reflector (ri-flék-tã) n reflector m
reformation (ré-fã-mei-chänn) n Reforma f
refresh (ri-fréch) v refrescar
refreshment (ri-fréch-männt) n refresco m
refrigerator (ri-fri-djä-rei-tã) n frigorífico m
refund¹ (ri-fannd) v reembolsar
refund² (rii-fannd) n reembolso m
refusal (ri-fⁱuu-zãl) n recusa f
refuse¹ (ri-fⁱuuz) v recusar
refuse² (ré-fⁱuuç) n lixo m
regard (ri-ghaad) v considerar; n respeito m; **as regards** quanto a, respeitante a, no que diz respeito a
regarding (ri-ghaa-dinng) prep relativamente a, relativo a; com respeito a
regatta (ri-ghæ-tã) n regata f
régime (rei-jiimm) n regime m
region (rii-djänn) n região f
regional (rii-djä-nãl) adj regional
register (ré-dji-çtã) v inscrever-se, registar-se; registar; **registered letter** carta registada
registration (ré-dji-çtrei-chänn) n registo m; ~ **form** formulário de inscrição; ~ **number** número de matrícula; ~ **plate** chapa da matrícula
regret (ri-ghrét) v lamentar; n pena f
regular (ré-ghⁱu-lã) adj regular; normal, corrente
regulate (ré-ghⁱu-leit) v regular
regulation (ré-ghⁱu-lei-chänn) n regulamento m; regulamentação f

rehabilitation (rii-hã-bi-li-tei-chänn) n reabilitação f
rehearsal (ri-hãã-çãl) n ensaio m
rehearse (ri-hãã) v ensaiar
reign (reinn) n reinado m; v reinar
reimburse (rii-imm-bããç) v reembolsar
reindeer (reinn-diã) n (pl ~) rena f
reject (ri-djékt) v recusar, rejeitar; reprovar
relate (ri-leit) v contar, relatar
related (ri-lei-tid) adj aparentado
relation (ri-lei-chänn) n relação f; parente m
relative (ré-lã-tiv) n parente m; adj relativo
relax (ri-lækç) v *descontrair-se
relaxation (ri-læk-çei-chänn) n descontracção f
reliable (ri-lai-ã-bãl) adj de confiança
relic (ré-lik) n relíquia f
relief (ri-liif) n alívio m; assistência f; relevo m
relieve (ri-liiv) v aliviar; render
religion (ri-li-djänn) n religião f
religious (ri-li-djäç) adj religioso
rely on (ri-lai) contar com
remain (ri-meinn) v ficar; sobejar
remainder (ri-meinn-dã) n remanescente m, restante m, resto m
remaining (ri-mei-ninng) adj restante
remark (ri-maak) n observação f; v observar
remarkable (ri-maa-kã-bãl) adj notável
remedy (ré-mã-di) n remédio m
remember (ri-mémm-bã) v recordar-se, lembrar-se
remembrance (ri-mémm-brännç) n lembrança f, recordação f
remind (ri-mainnd) v recordar, lembrar
remit (ri-mit) v remeter
remittance (ri-mi-tãnnç) n remessa f

remnant (*rémm*-nännt) *n* excedente *m*, remanescente *m*

remote (ri-*mo*ᵘt) *adj* distante, remoto

removal (ri-*muu*-väl) *n* remoção *f*

remove (ri-*muuv*) *v* remover

remunerate (ri-*m*ⁱ*uu*-nä-reit) *v* remunerar

remuneration (ri-mⁱuu-nä-*rei*-chänn) remuneração *f*

renew (ri-*n*ⁱ*uu*) *v* renovar, prolongar

rent (rénnt) *v* arrendar, alugar; *n* renda *f*

repair (ri-*pé*ᵃ) *v* reparar; *n* conserto *m*

reparation (ré-pä-*rei*-chänn) *n* reparação *f*

***repay** (ri-*pei*) *v* reembolsar

repayment (ri-*pei*-männt) *n* reembolso *m*

repeat (ri-*piit*) *v* *repetir

repellent (ri-*pé*-länt) *adj* repugnante, repelente

repentance (ri-*pénn*-tännç) *n* arrependimento *m*

repertory (ré-*pä*-tä-ri) *n* repertório *m*

repetition (ré-pä-*ti*-chänn) *n* repetição *f*

replace (ri-*pleiç*) *v* *substituir

reply (ri-*plai*) *v* responder; *n* resposta *f*; in ~ em resposta

report (ri-*póót*) *v* relatar; participar; apresentar-se; *n* relatório *m*, relação *f*

reporter (ri-*póó*-tä) *n* repórter *m*

represent (ré-pri-*zénnt*) *v* representar

representation (ré-pri-zénn-*tei*-chänn) *n* representação *f*

representative (ré-pri-*zénn*-tä-tiv) *adj* representativo

reprimand (ré-pri-*maannd*) *v* repreender

reproach (ri-*pro*ᵘtch) *n* censura *f*; *v* censurar

reproduce (rii-prä-*d*ⁱ*uuç*) *v* *reprodu-

zir

reproduction (rii-prä-*dak*-chänn) *n* reprodução *f*

reptile (*rép*-tail) *n* réptil *m*

republic (ri-*pa*-blik) *n* república *f*

republican (ri-*pa*-bli-känn) *adj* republicano

repulsive (ri-*pal*-çiv) *adj* repelente

reputation (ré-pⁱu-*tei*-chänn) *n* reputação *f*; renome *m*

request (ri-*k*ᵘ*éçt*) *n* pedido *m*; *v* *requerer

require (ri-*k*ᵘ*ai*ᵃ) *v* exigir

requirement (ri-*k*ᵘ*ai*ᵃ-männt) *n* necessidade *f*

requisite (ré-*k*ᵘi-zit) *adj* necessário

rescue (ré-çkⁱuu) *v* salvar; *n* salvação *f*

research (ri-*çää*tch) *n* investigação *f*

resemblance (ri-*zémm*-blännç) *n* semelhança *f*

resemble (ri-*zémm*-bäl) *v* assemelhar-se

resent (ri-*zénnt*) *v* levar a mal, melindrar-se por

reservation (ré-zä-*vei*-chänn) *n* reserva *f*

reserve (ri-*zääv*) *v* reservar; *n* reserva *f*

reserved (ri-*zäävd*) *adj* reservado

reservoir (ré-zä-vᵘaa) *n* reservatório *m*

reside (ri-*zaid*) *v* residir

residence (ré-zi-dännç) *n* residência *f*; ~ **permit** autorização de residência

resident (ré-zi-dännt) *n* residente *m*; *adj* residente; interno

resign (ri-*zainn*) *v* demitir-se

resignation (ré-zigh-*nei*-chänn) *n* demissão *f*

resin (ré-zinn) *n* resina *f*

resist (ri-*ziçt*) *v* resistir

resistance (ri-zi-çtännç) *n* resistência

f

resolute (ré-ză-luut) *adj* decidido, resoluto

respect (ri-çpékt) *n* respeito *m*; veneração *f*, estima *f*; *v* respeitar

respectable (ri-çpék-tă-băl) *adj* respeitável

respectful (ri-çpékt-făl) *adj* respeitoso

respective (ri-çpék-tiv) *adj* respectivo

respiration (ré-çpă-rei-chănn) *n* respiração *f*

respite (ré-çpait) *n* protelação *f*

responsibility (ri-çpónn-çă-bi-lă-ti) *n* responsabilidade *f*

responsible (ri-çpónn-çă-băl) *adj* responsável

rest (réçt) *n* descanso *m*; resto *m*; *v* repousar, descansar

restaurant (ré-çtă-rón) *n* restaurante *m*

restful (réçt-făl) *adj* sossegado

rest-home (réçt-houmm) *n* casa de repouso

restless (réçt-lăç) *adj* inquieto

restrain (ri-çtreinn) *v* *conter, *reter

restriction (ri-çtrik-chănn) *n* restrição f

result (ri-zalt) *n* resultado *m*; consequência *f*; *v* resultar

resume (ri-zíuumm) *v* recomeçar

résumé (ré-z¹u-mei) *n* resumo *m*

retail (rii-teil) *v* vender a retalho; ~ **trade** comércio a retalho

retailer (rii-tei-lă) *n* retalhista *m*; revendedor *m*

retina (ré-ti-nă) *n* retina *f*

retired (ri-taiăd) *adj* reformado

return (ri-tăănn) *v* voltar; *n* regresso *m*; ~ **flight** voo de regresso; ~ **journey** viagem de regresso

reunite (rii-¹uu-nait) *v* reunir

reveal (ri-viil) *v* revelar

revelation (ré-vă-lei-chănn) *n* revelação f

revenge (ri-vénndj) *n* vingança *f*

revenue (ré-vă-n¹uu) *n* receita *f*, rendimento *m*

reverse (ri-văăç) *n* contrário *m*; reverso *m*; marcha atrás; revés *m*, reviravolta *f*; *adj* inverso; *v* *fazer marcha atrás; *fazer marcha à ré *Br*

review (ri-v¹uu) *n* crítica *f*; revista *f*

revise (ri-vaiz) *v* *rever

revolt (ri-voult) *v* revoltar-se; *n* rebelião *f*, revolta *f*

revolting (ri-voul-tinng) *adj* chocante, nojento, revoltante

revolution (ré-vă-luu-chănn) *n* revolução *f*; rotação *f*

revolutionary (ré-vă-luu-chă-nă-ri) *adj* revolucionário

revolver (ri-vól-vă) *n* revólver *m*

revue (ri-v¹uu) *n* revista *f*

reward (ri-uóód) *n* recompensa *f*; *v* recompensar

rheumatism (ruu-mă-ti-zămm) *n* reumatismo *m*

rhinoceros (rai-nó-çă-răç) *n* (pl ~, ~es) rinoceronte *m*

rhubarb (ruu-baab) *n* ruibarbo *m*

rhyme (raimm) *n* rima *f*

rhythm (ri-ðămm) *n* ritmo *m*

rib (rib) *n* costela *f*

ribbon (ri-bănn) *n* fita *f*

rice (raiç) *n* arroz *m*

rich (ritch) *adj* rico

riches (ri-tchiz) *pl* riqueza *f*

riddle (ri-dăl) *n* adivinha *f*

ride (raid) *n* passeio *m*, volta *f*

*ride (raid) *v* andar de automóvel; montar a cavalo

rider (rai-dă) *n* cavaleiro *m*

ridge (ridj) *n* cumeada *f*

ridicule (ri-di-k¹uul) *v* troçar, ridicularizar

ridiculous (ri-di-k¹u-lăç) *adj* ridículo

riding (rai-dinng) *n* equitação *f*

riding-school (*rai*-dinng-çkuul) *n* escola de equitação

rifle (*rai*-fâl) *v* espingarda *f*

right (rait) *n* direito *m*; *adj* correcto; recto; direito; equitativo, justo; **all right!** de acordo!; * **be ~ *ter** razão; **~ of way** prioridade *f*

righteous (*rai*-tchâç) *adj* justo

right-hand (*rait*-hænnd) *adj* à direita, direito

rightly (*rait*-li) *adv* justamente

rim (rimm) *n* jante *f*; borda *f*

ring (rinng) *n* anel *m*; círculo *m*; pista *f*

*ring (rinng) *v* tocar; **~ up** telefonar

rinse (rinnç) *v* enxaguar; *n* enxaguadela *f*

riot (*rai*-ât) *n* motim *m*, desordem *f*

rip (rip) *v* rasgar

ripe (raip) *adj* maduro

rise (raiz) *n* aumento *m*; elevação *f*; subida *f*; origem *f*

*rise (raiz) *v* erguer-se, levantar-se; *subir

rising (*rai*-zinng) *n* insurreição *f*

risk (riçk) *n* risco *m*; perigo *m*; *v* arriscar

risky (*ri*-çki) *adj* perigoso, arriscado

rival (*rai*-vâl) *n* rival *m*; *v* rivalizar

rivalry (*rai*-vâl-ri) *n* rivalidade *f*; concorrência *f*

river (*ri*-vã) *n* rio *m*; **~ bank** margem *f*

riverside (*ri*-vã-çaid) *n* beira-rio *f*

roach (roᵘtch) *n* (pl **~**) robalo *m*

road (roᵘd) *n* estrada *f*; **~ fork** bifurcação *f*; **~ map** mapa de estradas; **~ system** rede rodoviária; **~ up** estrada em obras

roadhouse (*roᵘd*-hauç) *n* estalagem *f*

roadside (*roᵘd*-çaid) *n* berma *f*

roam (roᵘmm) *v* *vagabundear

roar (róó) *v* rugir, bramir; *n* rugido *m*, rumor *m*

roast (roᵘçt) *v* grelhar, assar

rob (rób) *v* roubar

robber (*ró*-bã) *n* ladrão *m*

robbery (*ró*-bã-ri) *n* roubo *m*

robe (roᵘb) *n* vestido comprido; veste *f*

robin (*ró*-binn) *n* pintarroxo *m*

robust (roᵘ-*baçt*) *adj* robusto

rock (rók) *n* rocha *f*; *v* baloiçar

rocket (*ró*-kit) *n* foguete *m*

rocky (*ró*-ki) *adj* rochoso

rod (ród) *n* vara *f*, varão *m*

roe (roᵘ) *n* ova *f*

roll (roᵘl) *v* rolar; *n* rolo *m*; pãozinho *m*

roller-skating (*roᵘ*-lã-çkei-tinng) *n* patinagem *f*

Roman Catholic (*roᵘ*-mãnn *kæ*-θã-lik) católico

romance (rã-*mænnç*) *n* romance *m*

romantic (rã-*mænn*-tik) *adj* romântico

roof (ruuf) *n* telhado *m*; **thatched ~** telhado de colmo

room (ruumm) *n* quarto *m*; espaço *m*, lugar *m*; **~ and board** cama e mesa; **~ service** serviço de quarto; **~ temperature** temperatura ambiente

roomy (*ruu*-mi) *adj* espaçoso

root (ruut) *n* raiz *f*

rope (roᵘp) *n* corda *f*

rosary (*roᵘ*-zã-ri) *n* rosário *m*

rose (roᵘz) *n* rosa *f*; *adj* rosado

rotten (*ró*-tänn) *adj* podre

rouge (ruuj) *n* rouge *m*

rough (raf) *adj* áspero; brusco

roulette (ruu-*lét*) *n* roleta *f*

round (raunnd) *adj* redondo; *prep* em torno de, à volta; *n* volta *f*; **~ trip** *Am* ida e volta

roundabout (*raunn*-dã-baut) *n* rotunda *f*

rounded (*raunn*-did) *adj* arredondado

route (ruut) *n* rota *f*

routine (ruu-*tiinn*) n rotina f
row¹ (ro^u) n fila f; v remar
row² (rau) n zaragata f
rowdy (rau-di) adj turbulento
rowing-boat (ro^u-inng-bo^ut) n barco a remos
royal (roi-äl) adj real
rub (rab) v esfregar
rubber (ra-bä) n borracha f; ~ **band** elástico m
rubbish (ra-bich) n lixo m; disparates, asneira f: bobagem fBr; **talk ~** *dizer disparates
rubbish-bin (ra-bich-binn) n caixote do lixo: lata de lixo Br
ruby (ruu-bi) n rubi m
rucksack (rak-çæk) n mochila f
rudder (ra-dä) n leme m
rude (ruud) adj rude
rug (ragh) n tapete m
ruin (ruu-inn) v arruinar; n ruína f
ruination (ruu-i-nei-chänn) n ruína f
rule (ruul) n regra f; governo m, regime m, domínio m; v governar; **as a ~** em regra, geralmente
ruler (ruu-lä) n governante m, monarca m: régua f
Rumania (ruu-*mei*-ni-ä) Roménia f
Rumanian (ruu-*mei*-ni-änn) adj romeno
rumour (ruu-mä) n rumor m
*run (rann) v correr; ~ **into** deparar com
runaway (ra-nä-^uei) n fugitivo m
rung (rann) v (pp ring)
runway (rann-^uei) n pista de descolagem
rural (ru^ä-räl) adj rural
ruse (ruuz) n ardil m
rush (rach) v apressar-se; n junco m
rush-hour (rach-au^ä) n hora de ponta
Russia (ra-chä) Rússia f
Russian (ra-chänn) adj russo
rust (raçt) n ferrugem f

rustic (ra-çtik) adj rústico
rusty (ra-çti) adj ferrugento

S

saccharin (çæ-kä-rinn) n sacarina f
sack (çæk) n saca f
sacred (çei-krid) adj sagrado
sacrifice (çæ-kri-faiç) n sacrifício m; v sacrificar
sacrilege (çæ-kri-lidj) n sacrilégio m
sad (çæd) adj triste; desgostoso, melancólico
saddle (çæ-däl) n sela f
sadness (çæd-näç) n tristeza f
safe (çeif) adj seguro; n cofre-forte m
safety (çeif-ti) n segurança f
safety-belt (çeif-ti-bélt) n cinto de segurança
safety-pin (çeif-ti-pinn) n alfinete de segurança
safety-razor (çeif-ti-rei-zä) n gilete f
sail (çeil) v navegar; n vela f
sailing-boat (çei-linng-bo^ut) n barco à vela
sailor (çei-lä) n marinheiro m
saint (çeinnt) n santo m
salad (çæ-läd) n salada f
salad-oil (çæ-läd-oil) n óleo para salada, azeite m
salary (çæ-lä-ri) n ordenado m, salário m
sale (çeil) n venda f; **clearance ~** liquidação f; **for ~** à venda; **sales** saldos mpl
saleable (çei-lä-bäl) adj vendável
salesgirl (çeilz-ghääl) n vendedora f
salesman (çeilz-männ) n (pl -men) vendedor m
salon (çæ-lón) n salão m
saloon (çä-*luunn*) n bar m
salt (çóólt) n sal m

salt-cellar (çóólt-çé-lǎ) *n* saleiro *m*
salty (çóól-ti) *adj* salgado
salute (çǎ-luut) *v* saudar
salve (çaav) *n* unguento *m*
same (çeimm) *adj* mesmo
sample (çaamm-pǎl) *n* amostra *f*
sanatorium (çæ-nǎ-tóó-ri-âmm) *n* (pl ~s, -ria) sanatório *m*
sand (cænnd) *n* areia *f*
sandal (çænn-dǎl) *n* sandália *f*
sandpaper (çænnd-pei-pǎ) *n* lixa *f*
sandwich (çænn-ᵘidj) *n* sanduíche *f*
sandy (çænn-di) *adj* arenoso
sanitary (çæ-ni-tǎ-ri) *adj* sanitário; ~ **towel** penso higiénico
sapphire (çæ-faiᵃ) *n* safira *f*
sardine (çaa-diinn) *n* sardinha *f*
satchel (çæ-tchǎl) *n* pasta da escola
satellite (çæ-tǎ-lait) *n* satélite *m*
satin (çæ-tinn) *n* cetim *m*
satisfaction (çæ-tiç-fæk-chǎnn) *n* satisfação *f*
satisfy (çæ-tiç-fai) *v* *satisfazer
Saturday (çæ-tǎ-di) sábado *m*
sauce (çóóç) *n* molho *m*
saucepan (çóó-pǎnn) *n* caçarola *f*
saucer (çóó-çǎ) *n* pires *m*
Saudi Arabia (çau-di-ǎ-rei-bi-ǎ) Arábia Saudita
Saudi Arabian (çau-di-ǎ-rei-bi-ânn) *adj* saudita
sauna (çóó-nǎ) *n* sauna *f*
sausage (çó-çidj) *n* salsicha *f*
savage (çæ-vidj) *adj* selvagem
save (çeiv) *v* salvar; poupar
savings (çei-vinngz) *pl* economias *fpl*; ~ **bank** caixa económica
saviour (çei-vʼlǎ) *n* salvador *m*
savoury (çei-vǎ-ri) *adj* saboroso; picante
saw¹ (çóó) *v* (p see)
saw² (çóó) *n* serra *f*
sawdust (çóó-daçt) *n* serradura *f*
saw-mill (çóó-mil) *n* serração *f*

say (çei) *v* *dizer
scaffolding (çkæ-fǎl-dinng) *n* andaime *m*
scale (çkeil) *n* escala *f*; escama *f*; **scales** balança *f*
scandal (çkænn-dǎl) *n* escândalo *m*
Scandinavia (çkænn-di-nei-vi-ǎ) Escandinávia *f*
Scandinavian (çkænn-di-nei-vi-ânn) *adj* escandinavo
scapegoat (çkeip-ghoᵘt) *n* bode expiatório
scar (çkaa) *n* cicatriz *f*
scarce (çkéᵃç) *adj* escasso
scarcely (çkéᵃ-çli) *adv* raramente
scarcity (çkéᵃ-çǎ-ti) *n* escassez *f*
scare (çkéᵃ) *v* assustar; *n* susto *m*
scarf (çkaaf) *n* (pl ~s, scarves) lenço do pescoço, lenço da cabeça
scarlet (çkaa-lǎt) *adj* escarlate
scary (çkéᵃ-ri) *adj* assustador
scatter (çkæ-tǎ) *v* dispersar
scene (çiinn) *n* cena *f*
scenery (çii-nǎ-ri) *n* paisagem *f*
scenic (çii-nik) *adj* pitoresco
scent (çénnt) *n* perfume *m*
schedule (ché-dʼuul) *n* horário *m*
scheme (çkiimm) *n* esquema *m*; plano *m*
scholar (çkó-lǎ) *n* erudito *m*; aluno *m*
scholarship (çkó-lǎ-chip) *n* bolsa de estudos
school (çkuul) *n* escola *f*
schoolboy (çkuul-boi) *n* escolar *m*
schoolgirl (çkuul-ghǎǎl) *n* escolar *f*
schoolmaster (çkuul-maa-çtǎ) *n* professor de escola
schoolteacher (çkuul-tii-tchǎ) *n* professor de escola
science (çai-ânnç) *n* ciência *f*
scientific (çai-ânn-ti-fik) *adj* científico
scientist (çai-ânn-tiçt) *n* cientista *m*
scissors (çi-zǎz) *pl* tesoura *f*
scold (çkoᵘld) *v* repreender; ralhar

scooter (çkuu-tã) *n* scooter *f;* trotineta *f*

score (çkóó) *n* resultado *m; v* marcar

scorn (çkóónn) *n* escárnio *m,* desprezo *m; v* desprezar

Scot (çkót) *n* escocês *m*

Scotch (çkótch) *adj* escocês

Scotland (çkót-lãnnd) Escócia *f*

Scottish (çkó-tich) *adj* escocês

scout (çkaut) *n* escuteiro *m*

scrap (çkræp) *n* pedaço *m*

scrap-book (çkræp-buk) *n* álbum de
recortes

scrape (çkreip) *v* raspar

scrap-iron (çkræ-paiãnn) *n* sucata *f*

scratch (çkrætch) *v* arranhar, riscar;
n risco *m,* arranhão *m*

scream (çkriimm) *v* gritar; *n* grito *m*

screen (çkriinn) *n* biombo *m;* tela *f,* é-
cran *m*

screw (çkruu) *n* parafuso *m; v* aparafusar

screw-driver (çkruu-drai-vã) *n* chave
de parafusos

scrub (çkrab) *v* esfregar; *n* moita *f*

sculptor (çkalp-tã) *n* escultor *m*

sculpture (çkalp-tchã) *n* escultura *f*

sea (çii) *n* mar *m*

sea-bird (çii-bãd) *n* ave marinha

sea-coast (çii-ko⁴çt) *n* litoral *m*

seagull (çii-ghal) *n* gaivota *f*

seal (çiil) *n* selo *m;* foca *f*

seam (çiimm) *n* costura *f*

seaman (çii-mãnn) *n* (pl -men) marinheiro *m*

seamless (çiimm-lãç) *adj* sem costura

seaport (çii-póót) *n* porto marítimo

search (çãåtch) *v* procurar; revistar,
rebuscar, pesquisar; *n* busca *f*

searchlight (çãåtch-lait) *n* holofote *m*

seascape (çii-çkeip) *n* paisagem marítima

sea-shell (çii-chél) *n* concha *f*

seashore (çii-chóó) *n* beira-mar *f*

seasick (çii-çik) *adj* enjoado

seasickness (çii-çik-nãç) *n* enjoo *m*

seaside resort estação balnear

season (çii-zãnn) *n* estação *f;* **high ~**
alta estação; **low ~** baixa estação;
off ~ fora da época

season-ticket (çii-zãnn-ti-kit) *n* assinatura de temporada

seat (çiit) *n* assento *m;* sítio *m,* lugar
m; sede *f*

seat-belt (çiit-bélt) *n* cinto de segurança

sea-urchin (çii-ãã-tchinn) *n* ouriço-do-mar *m*

sea-water (çii-⁴çó-tã) *n* água do mar

second (cé-kãnnd) *num* segundo; *n*
segundo *m;* instante *m*

secondary (cé-kãnn-dã-ri) *adj* secundário; **~ school** escola secundária

second-hand (cé-kãnnd-hænnd) *adj*
em segunda mão

secret (çii-krãt) *n* segredo *m; adj* secreto

secretary (cé-krã-tri) *n* secretária *f;*
secretário *m*

section (cék-chãnn) *n* secção *f;* divisão *f*

secure (çi-kⁱu⁸) *adj* seguro

security (çi-kⁱu⁸-rã-ti) *n* segurança *f;*
fiança *f*

sedate (çi-deit) *adj* calmo

sedative (cé-dã-tiv) *n* sedativo *m*

seduce (çi-dⁱuuç) *v* *seduzir

***see** (çii) *v* *ver; perceber, com-
preender; **~ to** tratar de

seed (çiid) *n* semente *f*

***seek** (çiik) *v* procurar

seem (çiimm) *v* parecer

seen (çiinn) *v* (pp see)

seesaw (çii-çóó) *n* balancé *m;* gangorra *fBr*

seize (çiiz) *v* agarrar

seldom (cél-dãmm) *adv* raramente

select (çi-lékt) *v* escolher, seleccionar; adj seleccionado, selecto

selection (çi-*lék*-chänn) n selecção f, escolha f

self-centred (çélf-*çénn*-tăd) adj egocêntrico

self-employed (cél-fimm-*ploid*) adj independente

self-government (çélf-*gha*-vă-mănnt) n autonomia f

selfish (*cél*-fich) adj egoísta

selfishness (*cél*-fich-năç) n egoísmo m

*sell (çél) v vender

semblance (*cémm*-blănnç) n aparência f

semi- (*cé*-mi) semi-

semicircle (*cé*-mi-çăă-kăl) n semi-círculo m

semi-colon (cé-mi-*ko*ᵘ-lănn) n ponto e vírgula

senate (*cé*-năt) n senado m

senator (*cé*-nă-tă) n senador m

*send (çénnd) v enviar, mandar; ~ **back** devolver; ~ **for** mandar vir; ~ **off** *expedir

senile (*çii*-nail) adj senil

sensation (çénn-*çei*-chänn) n sensação f

sensational (çénn-*çei*-chă-năl) adj sensacional

sense (çénnç) n sentido m; juízo m, razão f; v perceber, *sentir; ~ **of honour** sentimento de honra

senseless (*çénnç*-lăç) adj sem sentido

sensible (*çénn*-çă-băl) adj sensato

sensitive (*çénn*-çi-tiv) adj sensível

sentence (*çénn*-tănnç) n frase f; sentença f; v condenar

sentimental (çénn-ti-*ménn*-tăl) adj sentimental

separate¹ (*cé*-pă-reit) v separar

separate² (*cé*-pă-răt) adj distinto, separado

separately (*cé*-pă-răt-li) adv à parte

September (çép-*témm*-bă) Setembro

septic (*cép*-tik) adj séptico; ***become ~** infectar

sequel (*çii*-kᵘăl) n continuação f

sequence (*çii*-kᵘănnç) n sequência f; série f

serene (çă-*riinn*) adj sereno

serial (*çi*ᵃ-ri-ăl) n folhetim m

series (*çi*ᵃ-riiz) n (pl ~) série f

serious (*çi*ᵃ-ri-ăç) adj sério

seriousness (*çi*ᵃ-ri-ăç-năç) n seriedade f

sermon (*çăă*-mănn) n sermão m

serum (*çi*ᵃ-rămm) n soro m

servant (*çăă*-vănnt) n criado m

serve (çăăv) v *servir

service (*çăă*-viç) n serviço m; ~ **charge** taxa de serviço; ~ **station** estação de serviço

serviette (çăă-vi-*ét*) n guardanapo m

session (*cé*-chänn) n sessão f

set (çét) n grupo m; jogo m

*set (çét) v pousar, *pôr; ~ **menu** ementa fixa; ~ **out** partir

setting (*cé*-tinng) n cenário m; ~ **lotion** loção fixadora

settle (*cé*-tăl) v regularizar, resolver; ~ **down** fixar-se

settlement (*cé*-tăl-mănnt) n ajuste m, acordo m

seven (*cé*-vănn) num sete

seventeen (cé-vănn-*tiinn*) num dezassete

seventeenth (cé-vănn-*tiinn*θ) num décimo sétimo

seventh (*cé*-vănnθ) num sétimo

seventy (*cé*-vănn-ti) num setenta

several (*cé*-vă-răl) adj vários

severe (çi-*vi*ᵃ) adj violento, grave, rigoroso

*sew (çoᵘ) v coser; ~ **up** suturar

sewer (*çuu*-ă) n esgoto m

sewing-machine (*ço*ᵘ-inng-mă-chiinn) n máquina de costura

sex (çékç) n sexo m; sexualidade f

sexton (*cék-çtänn*) *n* sacristão *m*
sexual (*cék-chu-ãl*) *adj* sexual
sexuality (*cék-chu-æ-lã-ti*) *n* sexualidade *f*
shade (cheid) *n* sombra *f*; tom *m*
shadow (*chæ-do*ᵘ) *n* sombra *f*
shady (*chei-*di) *adj* sombrio
***shake** (cheik) *v* *sacudir, abanar
shaky (*chei-*ki) *adj* vacilante
***shall** (chæl) *v* dever
shallow (*chæ-*loᵘ) *adj* pouco profundo
shame (cheimm) *n* vergonha *f*; desonra *f*; **shame!** que vergonha!
shampoo (chæmm-*puu*) *n* champô *m*
shamrock (*chæmm-*rók) *n* trevo *m*
shape (cheip) *n* forma *f*; *v* formar
share (chéᵃ) *v* partilhar; *n* parte *f*; acção *f*
shark (chaak) *n* tubarão *m*
sharp (chaap) *adj* afiado
sharpen (chaa-*pänn*) *v* afiar
shave (cheiv) *v* *fazer a barba, *barbear-se
shaver (*chei-*vä) *n* máquina de barbear; barbeador eléctrico *Br*
shaving-brush (*chei-*vinng-brach) *n* pincel da barba
shaving-cream (*chei-*vinng-kriimm) *n* creme para a barba
shaving-soap (*chei-*vinng-çoᵘp) *n* sabão da barba
shawl (chóól) *n* xaile *m*, xale *m*
she (chii) *pron* ela
shed (chéd) *n* arrecadação *f*
***shed** (chéd) *v* derramar, vazar; espalhar
sheep (chiip) *n* (pl ~) ovelha *f*
sheer (chiᵃ) *adj* puro, absoluto; delicado, translúcido, fino
sheet (chiit) *n* lençol *m*; folha *f*; chapa *f*
shelf (chélf) *n* (pl shelves) prateleira *f*

shell (chél) *n* concha *f*; casca *f*
shellfish (*chél-*fich) *n* marisco *m*
shelter (*chél-*tä) *n* refúgio *m*, abrigo *m*; *v* abrigar
shepherd (*ché-*päd) *n* pastor *m*
shift (chift) *n* turno *m*
***shine** (chainn) *v* brilhar; *reluzir
ship (chip) *n* navio *m*; *v* *expedir; **shipping line** companhia de navegação
shipowner (*chi-*poᵘ-nä) *n* armador *m*
shipyard (*chip-*iaad) *n* estaleiro *m*
shirt (chäät) *n* camisa *f*
shiver (*chi-*vä) *v* tremer, tiritar; *n* arrepio *m*
shivery (*chi-*vä-ri) *adj* trémulo
shock (chók) *n* choque *m*; *v* chocar; ~ **absorber** amortecedor *m*
shocking (*chó-*kinng) *adj* chocante
shoe (chuu) *n* sapato *m*; **gym shoes** sapatos de ginástica; ~ **polish** graxa *f*
shoe-lace (*chuu-*leiç) *n* atacador *m*
shoemaker (*chuu-*mei-kä) *n* sapateiro *m*
shoe-shop (*chuu-*chóp) *n* sapataria *f*
shook (chuk) *v* (p shake)
***shoot** (chuut) *v* disparar
shop (chóp) *n* loja *f*; *v* *fazer compras; ~ **assistant** empregado de balcão; **shopping bag** saco das compras; **shopping centre** centro comercial
shopkeeper (*chóp-*kii-pä) *n* lojista *m*
shop-window (chóp-ᵘinn-doᵘ) *n* montra *f*
shore (chóó) *n* margem *f*, beira-mar *f*
short (chóót) *adj* curto; baixo; ~ **circuit** curto-circuito *m*
shortage (*chóó-*tidj) *n* escassez *f*, carência *f*
shortcoming (*chóót-*ka-minng) *n* falha *f*

shorten (*chóó-*tănn) *v* encurtar

shorthand (*chóót-*hænnd) *n* estenografia *f*

shortly (*chóót-*li) *adv* dentro em breve, brevemente, daqui a pouco

shorts (chóótç) *pl* calções *mpl*; *plAm* cuecas *fpl*

short-sighted (chóót-*çai-*tid) *adj* míope *m*

shot (chót) *n* tiro *m*; injecção *f*

***should** (chud) *v* dever

shoulder (*chou*l-dă) *n* ombro *m*

shout (chaut) *v* gritar; *n* grito *m*

shovel (cha-văl) *n* pá *f*

show (cho*u*) *n* representação *f*, espectáculo *m*; exposição *f*

***show** (cho*u*) *v* mostrar; exibir, *ex-por; demonstrar

show-case (*cho*u-keiç) *n* vitrina *f*

shower (chau*ă*) *n* duche *m*; aguaceiro *m*

showroom (*cho*u-ruumm) *n* sala de exposições

shriek (chriik) *v* gritar; *n* guincho *m*

shrimp (chrimmp) *n* camarão *m*

shrine (chrainn) *n* santuário *m*

***shrink** (chrinngk) *v* encolher

shrinkproof (*chrinngk-*pruuf) *adj* não encolhe

shrub (chrab) *n* arbusto *m*

shudder (cha-dă) *n* estremecimento *m*

shuffle (cha-făl) *v* baralhar

***shut** (chat) *v* fechar; **shut** fechado, encerrado; ~ **in** fechar

shutter (cha-tă) *n* janela de madeira, persiana *f*

shy (chai) *adj* tímido

shyness (chai-nãç) *n* timidez *f*

Siamese (cai-ă-miiz) *adj* siamês

sick (çik) *adj* doente; enjoado

sickness (*çik-*nãç) *n* doença *f*; enjoo *m*

side (çaid) *n* lado *m*; partido *m*;

one-sided unilateral

sideburns (çaid-bǎnnz) *pl* suíças *fpl*

sidelight (çaid-lait) *n* luz lateral

side-street (çaid-çtriit) *n* transversal *f*

sidewalk (çaid-*u*óók) *nAm* passeio *m*

sideways (çaid-*u*eiz) *adv* de lado

siege (ciidj) *n* cerco *m*

sieve (civ) *n* peneira *m*; *v* peneirar

sift (çíft) *v* peneirar

sight (çait) *n* vista *f*, espectáculo *m*; ponto de interesse

sign (çainn) *n* sinal *m*, marca *f*, gesto *m*; *v* assinar

signal (*çigh-*năl) *n* sinal *m*; *v* *fazer sinais

signature (*çigh-*nă-tchă) *n* assinatura *f*

significant (çigh-*ni-*fi-kănnt) *adj* significativo

signpost (*çainn-*po*u*çt) *n* poste indicador

silence (çai-lănnç) *n* silêncio *m*; *v* calar

silencer (çai-lănn-că) *n* silencioso *m*

silent (çai-lănnt) *adj* calado, silencioso

silk (çilk) *n* seda *f*

silken (*çil-*kănn) *adj* sedoso

silly (ci-li) *adj* palerma, disparatado

silver (çil-vă) *n* prata *f*; de prata

silversmith (*çil-*vă-çmiθ) *n* ourives *m*

silverware (*çil-*vă-*u*é*ă*) *n* pratas *fpl*

similar (ci-mi-lă) *adj* semelhante, análogo

similarity (çi-mi-*læ-*ră-ti) *n* semelhança *f*

simple (*çimm-*păl) *adj* ingénuo; simples; ordinário

simply (*çimm-*pli) *adv* simplesmente

simulate (çi-m*u*-leit) *v* simular

simultaneous (çi-mǎl-*tei-*ni-ăç) *adj* simultâneo

sin (çinn) *n* pecado *m*

since (çinnç) *prep* desde; *adv* desde

então; *conj* desde que; visto que

sincere (çinn-*çi*ª) *adj* sincero

sinew (*çi*-n¹uu) *n* tendão *m*

***sing** (çinng) *v* cantar

singer (çinng-ă) *n* cantor *m*; cantora *f*

single (çinng-ghăl) *adj* só; solteiro; ~ **room** quarto individual

singular (çinng-gh¹u-lă) *n* singular *m*; *adj* singular

sinister (*çi*-ni-çtă) *adj* sinistro

sink (çinngk) *n* lava-louça *m*

***sink** (çinngk) *v* afundar-se

sip (çip) *n* sorvo *m*

siphon (*çai*-fănn) *n* sifão *m*

sir (çăă) senhor

siren (*çai*ª-rănn) *n* sirene *f*

sister (*çi*-çtă) *n* irmã *f*

sister-in-law (*çi*-çtă-rinn-lóó) *n* (pl sisters-) cunhada *f*

***sit** (çit) *v* *estar sentado; ~ **down** sentar-se

site (çait) *n* sítio *m*

sitting-room (*çi*-tinng-ruumm) *n* sala de estar

situated (*çi*-tchu-ei-tid) *adj* situado

situation (çi-tchu-*ei*-chănn) *n* situação *f*

six (çikç) *num* seis

sixteen (çikç-*tiinn*) *num* dezasseis

sixteenth (çikç-*tiinn*θ) *num* décimo sexto

sixth (çikçθ) *num* sexto

sixty (*çikç*-ti) *num* sessenta

size (çaiz) *n* medida *f*, tamanho *m*, dimensão *f*; formato *m*

skate (çkeit) *v* patinar; *n* patim *m*

skating (*çkei*-tinng) *n* patinagem *f*

skating-rink (*çkei*-tinng-rinngk) *n* ringue de patinagem no gelo

skeleton (*çké*-li-tănn) *n* esqueleto *m*

sketch (çkétch) *n* esboço *m*, desenho *m*: *v* desenhar, esboçar

sketch-book (*çkétch*-buk) *n* caderno de desenho

ski[1] (çkii) *v* esquiar

ski[2] (çkii) *n* (pl ~, ~s) esqui *m*; ~ **boots** botas de esqui; ~ **pants** calças de esqui; ~ **sticks** varas de esqui

skid (çkid) *v* derrapar

skier (*çkii*-ă) *n* esquiador *m*

skiing (*çkii*-inng) *n* esqui *m*

ski-jump (*çkii*-djammp) *n* salto de esqui

skilful (*çkil*-făl) *adj* hábil, destro

ski-lift (*çkii*-lift) *n* telesqui *m*

skill (çkil) *n* perícia *f*

skilled (çkild) *adj* perito, hábil; especializado

skin (çkinn) *n* pele *f*; casca *f*; ~ **cream** creme para a pele

skip (çkip) *v* saltitar; saltar

skirt (çkăăt) *n* saia *f*

skull (çkal) *n* crânio *m*

sky (çkai) *n* céu *m*; ar *m*

skyscraper (*çkai*-çkrei-pă) *n* arranha-céus *m*

slack (çlæk) *adj* lento

slacks (çlækç) *pl* calças *fpl*

slam (çlæmm) *v* fechar violentamente

slander (*çlaann*-dă) *n* calúnia *f*

slant (çlaannt) *v* inclinar-se

slanting (*çlaann*-tinng) *adj* oblíquo, inclinado

slap (çlæp) *v* bater; *n* bofetada *f*

slate (çleit) *n* ardósia *f*

slave (çleiv) *n* escravo *m*

sledge (çlédj) *n* trenó *m*

sleep (çliip) *n* sono *m*

***sleep** (çliip) *v* *dormir

sleeping-bag (*çlii*-pinng-bægh) *n* saco-cama *m*

sleeping-car (*çlii*-pinng-kaa) *n* carruagem-cama *f*

sleeping-pill (*çlii*-pinng-pil) *n* comprimido para dormir

sleepless (*çliip*-lăç) *adj* sem dormir

sleepy (*çlii*-pi) *adj* sonolento

sleeve (çliiv) n manga f; capa f

sleigh (çlei) n trenó m

slender (çlénn-dä) adj esbelto

slice (çlaiç) n fatia f

slide (çlaid) n deslize m; escorrega-douro m; slide m

*****slide** (çlaid) v deslizar

slight (çlait) adj ligeiro

slim (çlimm) adj delgado; v emagre-cer

slip (çlip) v escorregar, deslizar; esca-par; n escorregadela f; saia de bai-xo

slipper (çli-pä) n pantufa f

slippery (çli-pä-ri) adj escorregadio

slogan (çloᵘ-ghänn) n slogan m, lema m

slope (çloᵘp) n vertente f; v inclinar, *ter declive

sloping (çloᵘ-pinng) adj inclinado

slot (çlót) n fenda f

slot-machine (çlót-mä-chiinn) n slot-machine f

slovenly (çla-vänn-li) adj descuidado

slow (çloᵘ) adj lento; ~ **down** abrandar, afrouxar; travar; *frear vBr

sluice (çluuç) n comporta f

slum (çlamm) n bairro pobre

slump (çlammp) n baixa de preços

slush (çlach) n neve meio derretida

sly (çlai) adj astuto

smack (çmæk) v bater; n palmada f

small (çmóól) adj pequeno

smallpox (çmóól-pókç) n varíola f

smart (çmaat) adj elegante; esperto, inteligente

smell (çmél) n cheiro m

*****smell** (çmél) v cheirar; cheirar mal

smelly (çmé-li) adj mal cheiroso

smile (çmail) v *sorrir; n sorriso m

smith (çmiθ) n ferreiro m

smoke (çmoᵘk) v fumar; n fumo m; **no smoking** proibido fumar

smoker (çmoᵘ-kä) n fumador m; compartimento para fumadores

smoking-compartment (çmoᵘ-kinng-kämm-paat-männt) n compartimento para fumadores

smoking-room (çmoᵘ-kinng-ruumm) n sala de fumo

smooth (çmuuð) adj plano, liso; sua-ve

smuggle (çma-ghäl) v *contraban-dear

snack (çnæk) n refeição ligeira

snail (çneil) n caracol m

snake (çneik) n serpente f

snapshot (çnæp-chót) n instantâneo m

sneakers (çnii-käz) plAm sapatos de ginástica

sneeze (çniiz) v espirrar

sniper (çnai-pä) n franco-atirador m

snooty (çnuu-ti) adj arrogante

snore (çnóó) v ressonar

snorkel (çnóó-käl) n tubo respirador

snout (çnaut) n focinho m

snow (çnoᵘ) n neve f; v nevar

snowy (çnoᵘ-i) adj nevado

so (çoᵘ) conj portanto; adv assim; tão; **and ~ on** assim por diante; ~ **far** até agora; ~ **that** para que, de modo que, a fim de

soak (çoᵘk) v embeber, ensopar, mo-lhar, pôr de molho

soap (çoᵘp) n sabão m; ~ **powder** sabão em pó

sober (çoᵘ-bä) adj sóbrio; ponderado

so-called (çoᵘ-kóóld) adj pretenso

soccer (çó-kä) n futebol m; ~ **team** equipa f

social (çoᵘ-chäl) adj social

socialism (çoᵘ-chä-li-zämm) n socialis-mo m

socialist (çoᵘ-chä-liçt) adj socialista; n socialista m

society (çä-çai-ä-ti) n sociedade f, associacão f; companhia f

sock (çók) n peúga f

socket (çó-kit) n casquilho m

soda-water (çoʊ-dä-ᵘóó-tä) n soda f, água gasificada

sofa (çoʊ-fä) n sofá m

soft (çóft) adj mole; ~ **drink** bebida não alcoólica

soften (çó-fänn) v suavizar

soil (çoil) n solo m; terra f

soiled (çoild) adj sujo

sold (coʊld) v (p, pp sell) ; ~ **out** esgotado

solder (çól-dä) v soldar

soldering-iron (çól-dä-rinng-aiänn) n ferro de soldar

soldier (çoʊl-djä) n soldado m

sole[1] (çoʊl) adj único

sole[2] (çoʊl) n sola f; linguado m

solely (çoʊl-li) adv exclusivamente

solemn (çó-lämm) adj solene

solicitor (çä-li-ci-tä) n advogado m

solid (çó-lid) adj robusto, sólido; maciço; n sólido m

soluble (çó-lᵘu-bäl) adj solúvel

solution (çä-luu-chänn) n solução f

solve (çólv) v resolver

sombre (cómm-bä) adj sombrio

some (çamm) adj alguns; pron certos, uns; ~ **day** qualquer dia; ~ **more** um pouco mais; ~ **time** alguma vez

somebody (çamm-bä-di) pron alguém

somehow (çamm-hau) adv duma maneira au doutra

someone (çamm-ᵘann) pron alguém

something (çamm-θinng) pron alguma coisa

sometimes (çamm-taimmz) adv às vezes

somewhat (çamm-ᵘót) adv um tanto

somewhere (çamm-ᵘéä) adv em qualquer parte

son (çann) n filho m

song (çónn) n canção f

son-in-law (ça-ninn-lóó) n (pl sons-) genro m

soon (çuunn) adv brevemente, rapidamente, em breve; **as ~ as** assim que

soothe (çuuð) v confortar; aliviar

sooner (çuu-nä) adv antes

sore (çóó) adj doloroso; n dor f; úlcera f; ~ **throat** dor de garganta

sorrow (çó-roʊ) n desgosto m, tristeza f, dor f

sorry (çó-ri) adj desolado; **sorry!** desculpe!, perdão!

sort (çóót) v ordenar, classificar; n género m, categoria f; **all sorts of** toda a espécie de

soul (çoʊl) n alma f; espírito m

sound (çaunnd) n som m; v parecer, soar; adj seguro; **safe and ~** são e salvo

soundproof (çaunnd-pruuf) adj à prova de som

soup (çuup) n sopa f

soup-plate (çuup-pleit) n prato de sopa

soup-spoon (çuup-çpuunn) n colher de sopa

sour (çauä) adj azedo

source (çóóç) n fonte f

south (çauθ) n sul m; **South Pole** pólo sul

South Africa (çauθ æ-fri-kä) África do Sul

south-east (çauθ-iiçt) n sueste m

southerly (ça-ðä-li) adj meridional

southern (ça-ðänn) adj do sul

south-west (çauθ-ᵘéçt) n sudoeste m

souvenir (çuu-vä-niä) n recordação f

sovereign (cóv-rinn) n soberano m

***sow** (çoʊ) v *semear

spa (çpaa) n termas fpl

space (çpeiç) n espaço m; distância f, intervalo m; v espaçar spacious (çpei-chàç) adj espaçoso

spade (çpeid) n pá f

Spain (çpeinn) Espanha f

Spaniard (çpæ-n'åd) n espanhol m

Spanish (çpæ-nich) adj espanhol

spanking (çpænng-kinng) n tareia f

spanner (çpæ-nä) n chave de porcas

spare (çpéå) adj de reserva, sobres-selente; v dispensar; ~ part peça sobresselente; ~ room quarto de hóspedes; ~ time tempo livre; ~ tyre pneu sobresselente; ~ wheel roda sobresselente

spark (çpaak) n faísca f

sparking-plug (çpaa-kinng-plagh) n vela de ignição

sparkling (çpaa-klinng) adj cintilante; espumante

sparrow (çpæ-rou) n pardal m

*speak (çpiik) v falar

spear (çpiå) n lança f

special (çpé-chäl) adj particular, especial; ~ delivery distribuição expressa

specialist (çpé-chä-liçt) n especialista m

speciality (çpé-chi-æ-lä-ti) n especialidade f

specialize (çpé-chä-laiz) v especializar-se

specially (çpé-chä-li) adv particularmente

species (çpii-chiiz) n (pl ~) espécie f

specific (çpä-çi-fik) adj específico

specimen (çpé-çi-männ) n amostra f, exemplar m

speck (çpék) n mancha f

spectacle (çpék-tä-käl) n espectáculo m: spectacles óculos mpl

spectator (çpék-tei-tä) n espectador m

speculate (çpé-k'u-leit) v especular

speech (çpiitch) n fala f; discurso m, alocução f; linguagem f

speechless (çpiitch-läç) adj mudo

speed (çpiid) n velocidade f; pressa f, rapidez f; cruising ~ velocidade de cruzeiro; ~ limit limitação de velocidade, velocidade máxima

*speed (çpiid) v guiar com excesso de velocidade

speeding (çpii-dinng) n excesso de velocidade

speedometer (çpii-dó-mi-tä) n velocímetro m

spell (çpél) n encantamento m

*spell (çpél) v soletrar

spelling (çpé-linng) n ortografia f

*spend (çpénnd) v gastar; passar, empregar

sphere (çfiå) n esfera f

spice (çpaiç) n especiaria f

spiced (çpaiçt) adj condimentado

spicy (çpai-çi) adj picante

spider (çpai-dä) n aranha f; spider's web teia de aranha

*spill (çpil) v entornar

*spin (çpinn) v fiar; *fazer girar

spinach (çpi-nidj) n espinafres mpl

spine (çpainn) n espinha dorsal

spinster (çpinn-çtä) n solteirona f

spire (çpaiå) n agulha f

spirit (çpi-rit) n espírito m; humor m; spirits bebidas alcoólicas; moral m; ~ stove lamparina de álcool

spiritual (çpi-ri-tchu-äl) adj espiritual

spit (çpit) n cuspo m, saliva f; espeto m

*spit (çpit) v *cuspir

in spite of (inn çpait óv) apesar de

spiteful (çpait-fäl) adj malévolo

splash (çplæch) v salpicar

splendid (çplénn-did) adj esplêndido, magnífico

splendour (çplénn-dä) n esplendor m

splint (çplinnt) n tala f

splinter (çplinn-tä) n farpa f

*split (çplit) v fender

*spoil (çpoil) *v* estragar; amimar

spoke¹ (çpouk) *v* (p speak)

spoke² (çpouk) *n* raio *m*

sponge (çpanndj) *n* esponja *f*

spook (çpuuk) *n* fantasma *m*

spool (çpuul) *n* bobina *f*

spoon (çpuunn) *n* colher *f*

spoonful (çpuunn-ful) *n* colherada *f*

sport (çpóót) *n* desporto *m*; esporte *mBr*; divertimento *m*; brincadeira *f*; *v* brincar, passar o tempo; *adj* desportivo

sports-car (çpóótç-kaa) *n* carro de desporto

sports-jacket (çpóótç-djæ-kit) *n* casaco desportivo

sportsman (çpóótç-männ) *n* (pl -men) desportista *m*

sportswear (çpóótç-ᵘéª) *n* vestuário de desporto

spot (çpót) *n* mancha *f*, nódoa *f*; local *m*

spotless (çpót-läç) *adj* sem mancha; impecável

spotlight (çpót-lait) *n* projector *m*

spotted (çpó-tid) *adj* sarapintado

spout (çpaut) *n* jorro *m*

sprain (çpreinn) *v* torcer, deslocar; *n* distensão *f*

*spread (çpréd) *v* espalhar

spring (çprinng) *n* Primavera *f*; mola *f*; nascente *f*

springtime (çprinng-taimm) *n* Primavera *f*

sprouts (çprautç) *pl* couve-de-bruxelas

spy (çpai) *n* espião *m*

squadron (çkᵘó-dränn) *n* esquadrilha *f*

square (çkᵘéª) *adj* quadrado; *n* quadrado *m*; praça *f*

squash (çkᵘóch) *n* sumo *m*

squirrel (çkᵘi-räl) *n* esquilo *m*

squirt (çkᵘäät) *n* esguicho *m*

stable (çtei-bäl) *adj* estável; *n* estábulo *m*

stack (çtæk) *n* pilha *f*

stadium (çtei-di-ämm) *n* estádio *m*

staff (çtaaf) *n* pessoal *m*

stage (çteidj) *n* palco *m*; fase *f*; etapa *f*

stain (çteinn) *v* manchar; *n* nódoa *f*, mancha *f*; **stained glass** vidro colorido; **~ remover** tira-nódoas *m*

stainless (çteinn-läç) *adj* imaculado; **~ steel** aço inoxidável

staircase (çtéª-keiç) *n* escada *f*

stairs (çtéªz) *pl* escada *f*

stale (çteil) *adj* velho, estragado

stall (çtóól) *n* tenda *f*; plateia *f*

stamina (çtæ-mi-nä) *n* resistência *f*

stamp (çtæmmp) *n* selo *m*; *v* franquiar; calcar; **~ machine** distribuidor automático de selos

stand (çtænnd) *n* stand *m*; tribuna *f*

*stand (çtænnd) *v* *estar de pé

standard (çtænn-däd) *n* padrão *m*, norma *f*; normal; **~ of living** nível de vida

stanza (çtænn-zä) *n* estrofe *f*

staple (çtei-päl) *n* agrafo *m*; grampo *mBr*

star (çtaa) *n* estrela *f*

starboard (çtaa-bäd) *n* estibordo *m*

starch (çtaatch) *n* goma *f*; *v* engomar

stare (çtéª) *v* fitar

starling (çtaa-linng) *n* estorninho *m*

start (çtaat) *v* começar; *n* começo *m*; **starter motor** motor de arranque

starting-point (çtaa-tinng-poinnt) *n* ponto de partida

state (çteit) *n* estado *m*; *v* declarar

the States (ðä çteitç) Estados Unidos

statement (çteit-männt) *n* declaração *f*

statesman (çteitç-männ) *n* (pl -men) estadista *m*

station (çtei-chänn) *n* estação *f*; posto

m

stationary (*çtei*-chă-nă-ri) *adj* estacionário

stationer's (*çtei*-chă-năz) *n* papelaria *f*

stationery (*çtei*-chă-nă-ri) *n* artigos de escritório

station-master (*çtei*-chănn-maa-çtă) *n* chefe de estação

statistics (çtă-*ti*-çtikç) *pl* estatística *f*

statue (*çtæ*-tchuu) *n* estátua *f*

stay (çtei) *v* ficar; permanecer, hospedar-se; *n* estadia *f*

steadfast (*çtéd*-faaçt) *adj* constante

steady (*çté*-di) *adj* firme

steak (çteik) *n* bife *m*

***steal** (çtiil) *v* roubar

steam (çtiimm) *n* vapor *m*

steamer (*çtii*-mă) *n* barco a vapor

steel (çtiil) *n* aço *m*

steep (çtiip) *adj* íngreme, escarpado

steeple (*çtii*-păl) *n* campanário *m*

steering-column (*çti*ă-rinng-kó-lămm) *n* coluna de direcção

steering-wheel (*çti*ă-rinng-ᵁiil) *n* volante *m*

steersman (*çti*ăz-mănn) *n* (pl -men) timoneiro *m*

stem (çtémm) *n* haste *f*

stenographer (çté-*nó*-ghră-fă) *n* estenógrafo *m*

step (çtép) *n* passo *m*; degrau *m*; *v* caminhar, andar

stepchild (*çtép*-tchaild) *n* (pl -children) enteado *m*; enteada *f*

stepfather (*çtép*-faa-ðă) *n* padrasto *m*

stepmother (*çtép*-ma-ðă) *n* madrasta *f*

sterile (*çté*-rail) *adj* estéril

sterilize (*çté*-ri-laiz) *v* esterilizar

steward (*çtⁱuu*-ăd) *n* comissário de bordo

stewardess (*çtⁱuu*-ă-déç) *n* hospedeira *f*

stick (çtik) *n* pau *m*

***stick** (çtik) *v* colar, pegar

sticky (*çti*-ki) *adj* pegajoso

stiff (çtif) *adj* teso

still (çtil) *adv* ainda; todavia; *adj* tranquilo

stillness (*çtil*-năç) *n* silêncio *m*

stimulant (*çti*-mⁱu-lănnt) *n* estimulante *m*

stimulate (*çti*-mⁱu-leit) *v* estimular

sting (çtinng) *n* picadela *f*, picada *f*

***sting** (çtinng) *v* picar

stingy (*çtinn*-dji) *adj* mesquinho

***stink** (çtinngk) *v* cheirar mal

stipulate (*çti*-pⁱu-leit) *v* estipular

stipulation (çti-pⁱu-*lei*-chănn) *n* estipulação *f*

stir (çtăă) *v* mexer

stirrup (*çti*-răp) *n* estribo *m*

stitch (çtitch) *n* ponto *m*, pontada *f*; sutura *f*

stock (çtók) *n* stock *m*; *v* *ter em stock; ~ exchange bolsa de valores, bolsa *f*; ~ market bolsa *f*; **stocks and shares** acções *fpl*

stocking (*çtó*-kinng) *n* meia *f*

stole¹ (çtoᵁl) *v* (p steal)

stole² (çtoᵁl) *n* estola *f*

stomach (*çta*-măk) *n* estômago *m*

stomach-ache (*çta*-mă-keik) *n* dor de barriga, dor de estômago

stone (çtoᵁnn) *n* pedra *f*; pedra preciosa; caroço *m*; de pedra; **pumice ~** pedra-pomes *f*

stood (çtud) *v* (p, pp stand)

stop (çtóp) *v* acabar, parar; cessar; *n* paragem *f*; parada *fBr*; **stop!** alto!

stopper (*çtó*-pă) *n* rolha *f*

storage (*çtóó*-ridj) *n* armazenagem *f*

store (çtóó) *n* reserva *f*; loja *f*; *v* armazenar

store-house (*çtóó*-hauç) *n* armazém *m*

storey (*çtóó*-ri) *n* andar *m*

stork (çtóók) *n* cegonha *f*

storm (çtóómm) *n* tempestade *f*

stormy (çtóó-mi) *adj* tempestuoso

story (çtóó-ri) *n* história *f*

stout (çtaut) *adj* obeso, corpulento, gordo

stove (çto⁰ᵛ) *n* fogão *m*

straight (çtreit) *adj* direito; recto; *adv* directamente; ~ **ahead** sempre em frente; ~ **away** imediatamente, directamente; ~ **on** sempre em frente

strain (çtreinn) *n* esforço *m*; tensão *f*; *v* forçar; filtrar

strainer (çtrei-nǎ) *n* coador *m*

strange (çtreinndj) *adj* estranho; insólito

stranger (çtreinn-djǎ) *n* estrangeiro *m*; forasteiro *m*

strangle (çtrænng-ghǎl) *v* estrangular

strap (çtræp) *n* correia *f*

straw (çtróó) *n* palha *f*

strawberry (çtróó-bǎ-ri) *n* morango *m*

stream (çtriimm) *n* ribeiro *m*; corrente *f*; *v* correr

street (çtriit) *n* rua *f*

streetcar (çtriit-kaa) *nAm* eléctrico *m*; bonde *mBr*

street-organ (çtrii-tóó-ghǎnn) *n* realejo *m*

strength (çtrénngθ) *n* força *f*, resistência *f*

stress (çtréç) *n* tensão *f*; ênfase *f*; *v* acentuar, sublinhar

stretch (çtrétch) *v* esticar; *n* trecho *m*

strict (çtrikt) *adj* severo; rigoroso

*strike** *dar passadas

strife (çtraif) *n* luta *f*

strike (çtraik) *n* greve *f*

*strike** (çtraik) *v* bater; atacar; impressionar; *fazer greve

striking (çtrai-kinng) *adj* impressionante, notável

string (çtrinng) *n* cordel *m*; fio *m*, cordão *m*

strip (çtrip) *n* faixa *f*

stripe (çtraip) *n* risca *f*

striped (çtraipt) *adj* às riscas

stroke (çtro⁰k) *n* ataque *m*

stroll (çtro⁰l) *n* passeio *m*

strong (çtrónn) *adj* forte; possante

stronghold (çtrónn-ho⁰ld) *n* praça-forte *f*

structure (çtrak-tchǎ) *n* estrutura *f*

struggle (çtra-ghǎl) *n* combate *m*, luta *f*; *v* lutar

stub (çtab) *n* talão *m*

stubborn (çta-bǎnn) *adj* teimoso

student (çtⁱuu-dǎnnt) *n* estudante *m*; estudante *f*

study (çta-di) *v* estudar; *n* estudo *m*; escritório *m*

stuff (çtaf) *n* substância *f*; coisa *f*

stuffed (çtaft) *adj* recheado

stuffing (çta-finng) *n* recheio *m*

stuffy (çta-fi) *adj* sufocante

stumble (çtamm-bǎl) *v* tropeçar

stung (çtanng) *v* (p, pp sting)

stupid (çtⁱuu-pid) *adj* estúpido

style (çtail) *n* estilo *m*

subject¹ (çab-djikt) *n* assunto *m*; súbdito *m*; ~ **to** sujeito a

subject² (çăb-djékt) *v* submeter

submit (çăb-mit) *v* submeter-se

subordinate (çă-bóó-di-nǎt) *adj* subordinado; secundário

subscriber (çăb-çkrai-bǎ) *n* assinante *m*

subscription (çăb-çkrip-chǎnn) *n* assinatura *f*

subsequent (çab-çi-kᵘǎnnt) *adj* subsequente

subsidy (çab-çi-di) *n* subsídio *m*

substance (çab-çtǎnnç) *n* substância *f*

substantial (çăb-çtænn-chǎl) *adj* material; real; substancial

substitute (çab-çti-tⁱuut) *v* *substituir; *n* substituto *m*

subtitle (* cab*-tai-tãl) *n* legenda *f*

subtle (*ca*-tãl) *adj* subtil

subtract (*cãb*-*trækt*) *v* *deduzir, *subtrair

suburb (*ca*-bããb) *n* subúrbio *m*

suburban (*cã*-*bãã*-bãnn) *adj* suburbano

subway (*cab*-ᵘei) *nAm* metropolitano *m*

succeed (*cãk*-*ciid*) *v* *ter êxito; suceder

success (*cãk*-*céc*) *n* sucesso *m*

successful (*cãk*-*céc*-fãl) *adj* bem sucedido

succumb (*cã*-*kamm*) *v* sucumbir

such (*catch*) *adj* tal; *adv* tão; ~ **as** tal como

suck (*cak*) *v* chupar

sudden (*ca*-dãnn) *adj* repentino

suddenly (*ca*-dãnn-li) *adv* repentinamente

suede (*c*ᵘeid) *n* camurça *f*

suffer (*ca*-fã) *v* sofrer; suportar

suffering (*ca*-fã-rinng) *n* sofrimento *m*

suffice (*cã*-*faiç*) *v* bastar

sufficient (*cã*-*fi*-chãnnt) *adj* bastante, suficiente

suffrage (*ca*-fridj) *n* sufrágio *m*

sugar (*chu*-ghã) *n* açúcar *m*

suggest (*cã*-*djéçt*) *v* *sugerir

suggestion (*cã*-*djéç*-tchãnn) *n* sugestão *f*

suicide (*cuu*-i-çaid) *n* suicídio *m*

suit (*cuut*) *v* *convir; adaptar a; ficar bem; *n* fato *m*; terno *mBr*

suitable (*cuu*-tã-bãl) *adj* apropriado

suitcase (*cuut*-keiç) *n* mala *f*

suite (*c*ᵘiit) *n* apartamento *m*

sum (*camm*) *n* soma *f*

summary (*ca*-mã-ri) *n* resumo *m*

summer (*ca*-mã) *n* Verão *m*; ~ **time** horário de Verão

summit (*ca*-mit) *n* cima *f*

summons (*ca*-mãnnz) *n* (pl ~es) convocação *f*

sun (*cann*) *n* sol *m*

sunbathe (*cann*-beið) *v* tomar um banho de sol

sunburn (*cann*-bãnn) *n* queimadura do sol

Sunday (*cann*-di) domingo *m*

sun-glasses (*cann*-ghlaa-çiz) *pl* óculos escuros

sunlight (*cann*-lait) *n* luz do sol

sunny (*ca*-ni) *adj* soalheiro

sunrise (*cann*-raiz) *n* nascer do sol

sunset (*cann*-çét) *n* pôr do sol

sunshade (*cann*-cheid) *n* pára-sol *m*

sunshine (*cann*-chainn) *n* sol *m*

sunstroke (*cann*-çtroᵘk) *n* insolação *f*

suntan oil (*cann*-tænn-oil) óleo de bronzear

superb (*cu*-*pããb*) *adj* grandioso, soberbo

superficial (*çuu*-pã-*fi*-chãl) *adj* superficial

superfluous (*çu*-*pãã*-flu-ãç) *adj* supérfluo

superior (*cu*-*pi*ª-ri-ã) *adj* superior, melhor, maior

superlative (*cu*-*pãã*-lã-tiv) *adj* superlativo; *n* superlativo *m*

supermarket (*çuu*-pã-maa-kit) *n* supermercado *m*

superstition (*çuu*-pã-*çti*-chãnn) *n* superstição *f*

supervise (*çuu*-pã-vaiz) *v* superintender

supervision (*çuu*-pã-*vi*-jãnn) *n* supervisão *f*, fiscalização *f*

supervisor (*çuu*-pã-vai-zã) *n* superintendente *m*

supper (*ca*-pã) *n* ceia *f*

supple (*ca*-pãl) *adj* flexível, ágil, maleável

supplement (*ca*-pli-mãnnt) *n* suplemento *m*

supply (*cã*-*plai*) *n* abastecimento *m*,

fornecimento *m*; provisão *f*; oferta *f*; *v* fornecer

support (că-*póót*) *v* suportar; *n* suporte *m*; ~ **hose** meias de descanso

supporter (că-*póó*-tă) *n* adepto *m*; torcedor *mBr*

suppose (că-*poᵘz*) *v* *supor; **supposing that** supondo que

suppository (că-*pó*-zi-tă-ri) *n* supositório *m*

suppress (că-*préç*) *v* reprimir; suprimir

surcharge (*căă*-tchaadj) *n* sobretaxa *f*

sure (chuᵃ) *adj* certo

surely (*chu*ᵃ-li) *adv* certamente

surface (*căă*-fiç) *n* superfície *f*

surf-board (*căăf*-bóód) *n* prancha de surf

surgeon (*căă*-djănn) *n* cirurgião *m*; **veterinary** ~ veterinário *m*

surgery (*căă*-djă-ri) *n* operação *f*; consultório *m*

surname (*căă*-neimm) *n* apelido *m*; sobrenome *m*

surplus (*căă*-plăç) *n* excedente *m*

surprise (că-*praiz*) *n* surpresa *f*; *v* surpreender

surrender (că-*rénn*-dă) *v* render-se; *n* rendição *f*

surround (că-*raunnd*) *v* cercar, *rodear

surrounding (că-*raunn*-dinng) *adj* em redor

surroundings (că-*raunn*-dinngz) *pl* arredores *mpl*

survey (*căă*-vei) *n* resumo *m*

survival (că-*vai*-văl) *n* sobrevivência *f*

survive (că-*vaiv*) *v* sobreviver

suspect[1] (că-*çpékt*) *v* suspeitar

suspect[2] (*ça*-çpékt) *n* suspeito *m*

suspend (că-*çpénnd*) *v* suspender

suspenders (că-*çpénn*-dăz) *plAm* suspensórios *mpl*; **suspender belt** cinto de ligas

suspension (că-*çpénn*-chănn) *n* suspensão *f*; ~ **bridge** ponte pênsil

suspicion (că-*çpi*-chănn) *n* suspeita *f*; desconfiança *f*

suspicious (că-*çpi*-chăç) *adj* suspeito; desconfiado

sustain (că-*çteinn*) *v* suportar

Swahili (çᵘă-*hii*-li) *n* suaíli *m*

swallow (çᵘó-loᵘ) *v* *engolir; *n* andorinha *f*

swam (çᵘæmm) *v* (p swim)

swamp (çᵘómmp) *n* pântano *m*

swan (çᵘónn) *n* cisne *m*

swap (çᵘóp) *v* trocar

***swear** (çᵘéᵃ) *v* jurar; praguejar

sweat (çᵘét) *n* suor *m*; *v* suar

sweater (çᵘé-tă) *n* camisola *f*; suéter *mBr*

Swede (çᵘiid) *n* sueco *m*

Sweden (çᵘii-dănn) Suécia *f*

Swedish (çᵘii-dich) *adj* sueco

***sweep** (çᵘiip) *v* varrer

sweet (çᵘiit) *adj* doce; encantador; *n* rebuçado *m*; doce *m*; **sweets** doces *mpl*, rebuçados *mpl*; balas *fplBr*

sweeten (çᵘii-tănn) *v* adoçar

sweetheart (çᵘiit-haat) *n* querido *m*, meu amor

sweetshop (çᵘiit-chóp) *n* confeitaria *f*

swell (çᵘél) *adj* formidável

***swell** (çᵘél) *v* inchar

swelling (çᵘé-linng) *n* inchaço *m*

swift (çᵘift) *adj* rápido

***swim** (çᵘimm) *v* nadar

swimmer (çᵘi-mă) *n* nadador *m*

swimming (çᵘi-minng) *n* natação *f*; ~ **pool** piscina *f*

swimming-trunks (çᵘi-minng-tranngkç) *pl* calções de banho

swim-suit (çᵘimm-çuut) *n* fato de banho

swindle (çᵘinn-dăl) *v* burlar; *n* burla *f*

swindler (çᵘinn-dlă) *n* burlão *m*

swing (ç^uinng) *n* baloiço *m*; balanço *m Br*

*****swing** (ç^uinng) *v* balançar

Swiss (ç^uiç) *adj* suíço

switch (ç^uitch) *n* interruptor *m*; *v* trocar; ~ **off** desligar; ~ **on** ligar

switchboard (ç^uitch-bóód) *n* quadro de distribuição

Switzerland (ç^uit-çã-lãnnd) Suíça *f*

sword (çóód) *n* espada *f*

swum (ç^uamm) *v* (pp swim)

syllable (çi-lã-bãl) *n* sílaba *f*

symbol (çimm-bãl) *n* símbolo *m*

sympathetic (çimm-pã-θé-tik) *adj* cordial, compreensivo

sympathy (çimm-pã-θi) *n* simpatia *f*; compaixão *f*

symphony (çimm-fã-ni) *n* sinfonia *f*

symptom (çimm-tãmm) *n* sintoma *m*

synagogue (çi-nã-ghógh) *n* sinagoga *f*

synonym (çi-nã-nimm) *n* sinónimo *m*

synthetic (çinn-θé-tik) *adj* sintético

syphon (çai-fãnn) *n* sifão *m*

Syria (çi-ri-ã) Síria *f*

Syrian (çi-ri-ãnn) *adj* sírio

syringe (çi-rinndj) *n* seringa *f*

syrup (çi-rãp) *n* xarope *m*

system (çi-çtãmm) *n* sistema *m*; **decimal** ~ sistema decimal

systematic (çi-çtã-*mæ*-tik) *adj* sistemático

T

table (tei-bãl) *n* mesa *f*; tabela *f*; ~ **of contents** índice *m*; ~ **tennis** ténis de mesa

table-cloth (tei-bãl-klóθ) *n* toalha de mesa

tablespoon (tei-bãl-çpuunn) *n* colher de sopa

tablet (*tæ*-blit) *n* pastilha *f*

taboo (tã-buu) *n* tabu *m*

tactics (*tæk*-tikç) *pl* táctica *f*

tag (tægh) *n* etiqueta *f*

tail (teil) *n* cauda *f*

tail-light (teil-lait) *n* farol traseiro

tailor (tei-lã) *n* alfaiate *m*

tailor-made (tei-lã-meid) *adj* feito à medida

*****take** (teik) *v* tomar; agarrar; levar; perceber, entender, compreender; ~ **away** levar, tirar; ~ **off** descolar; ~ **out** tirar; ~ **over** tomar conta de; ~ **place** acontecer

take-off (tei-kóf) *n* descolagem *f*

tale (teil) *n* narrativa *f*, conto *m*

talent (*tæ*-lãnnt) *n* talento *m*

talented (*tæ*-lãnn-tid) *adj* dotado

talk (tóók) *v* falar; *n* conversa *f*

talkative (tóó-kã-tiv) *adj* falador

tall (tóól) *adj* alto

tame (teimm) *adj* domesticado, manso; *v* domesticar

tampon (*tæmm*-pãnn) *n* tampão *m*

tangerine (tænn-djã-*riinn*) *n* tangerina *f*

tangible (tænn-dji-bãl) *adj* tangível

tank (tænngk) *n* tanque *m*

tanker (tænng-kã) *n* navio-cisterna *m*

tanned (tænnd) *adj* bronzeado

tap (tæp) *n* torneira *f*; pancadinha *f*; *v* bater

tape (teip) *n* fita *f*; **adhesive** ~ fita adesiva; adesivo *m*; esparadrapo *m Br*

tape-measure (teip-mé-jã) *n* fita métrica

tape-recorder (teip-ri-kóó-dã) *n* gravador *m*

tapestry (*tæ*-pi-çtri) *n* tapeçaria *f*

tar (taa) *n* alcatrão *m*

target (taa-ghit) *n* alvo *m*, objectivo *m*

tariff (*tæ*-rif) *n* tarifa *f*

tarpaulin (taa-*póó*-linn) *n* toldo imper-

meável
task (taaçk) n tarefa f
taste (teiçt) n gosto m, paladar m; v
*saber a; provar
tasteless (teiçt-lãç) adj insípido
tasty (tei-çti) adj saboroso
taught (tóót) v (p, pp teach)
tavern (tæ-vänn) n taberna f
tax (tæks) n imposto m; v lançar impostos
taxation (tæk-çei-chänn) n impostos mpl
tax-free (tæks-frii) adj isento de imposto
taxi (tæk-çi) n táxi m; ~ **rank** praça de táxis; ponto de táxis Br; ~ **stand** Am paragem de táxis
taxi-driver (tæk-çi-drai-vä) n motorista de táxi
taxi-meter (tæk-çi-mii-tä) n taxímetro m
taxiplane (tæk-çi-pleinn) n táxi aéreo
tea (tii) n chá m
*teach** (tiitch) v ensinar
teacher (tii-tchä) n professor m; professora f, mestre m
teachings (tii-tchinngz) pl ensinamentos mpl
tea-cloth (tii-klóθ) n pano da loiça
teacup (tii-kap) n chávena de chá
team (tiimm) n equipa f
teapot (tii-pót) n bule m
*tear** (téä) v rasgar
tear¹ (tiä) n lágrima f
tear² (téä) n rasgão m
tear-jerker (tiä-djää-kä) n lamechice f
tease (tiiz) v arreliar
tea-set (tii-çét) n serviço de chá
tea-shop (tii-chóp) n salão de chá
teaspoon (tii-çpuunn) n colher de chá
technical (ték-ni-käl) adj técnico
technician (ték-ni-chänn) n técnico m
technique (ték-niik) n técnica f
technology (ték-nó-lä-dji) n tecnologia

f
teenager (tii-nei-djä) n adolescente m
teetotaller (tii-toᵁ-tä-lä) n abstémio m
telegram (té-li-ghræmm) n telegrama m
telegraph (té-li-ghraaf) v telegrafar; ~ **pole** poste telegráfico
telepathy (ti-lé-pä-θi) n telepatia f
telephone (té-li-foᵁnn) n telefone m; ~ **book** Am lista telefónica, lista dos telefones; ~ **booth** cabina telefónica; ~ **call** chamada telefónica, telefonema m; ~ **directory** lista telefónica, lista dos telefones; ~ **operator** telefonista f
television (té-li-vi-jänn) n televisão f; ~ **set** aparelho de televisão; **cable** ~ televisão a cabo; **satellite** ~ televisão a satélite
*tell** (tél) v *dizer; contar
temper (témm-pä) n mau génio m
temperature (témm-prä-tchä) n temperatura f
tempest (témm-piçt) n tempestade f
temple (témm-päl) n templo m; fonte f
temporary (témm-pä-rä-ri) adj temporário, provisório
tempt (témmpt) v tentar
temptation (témmp-tei-chänn) n tentação f
ten (ténn) num dez
tenant (té-nännt) n inquilino m
tend (ténnd) v *ter tendência; cuidar; ~ **to** tender para
tendency (ténn-dänn-çi) n tendência f, inclinação f
tender (ténn-dä) adj terno, delicado; tenro
tendon (ténn-dänn) n tendão m
tennis (té-niç) n ténis m; ~ **shoes** sapatos de ténis
tennis-court (té-niç-kóót) n campo de

ténis
tense (ténnç) *adj* tenso
tension (ténn-chänn) *n* tensão *f*
tent (ténnt) *n* tenda *f*
tenth (ténnθ) *num* décimo
tepid (té-pid) *adj* tépido
term (täämm) *n* termo *m*; período *m*;
    condição *f*
terminal (tää-mi-näl) *n* terminal *m*
terrace (té-räç) *n* terraço *m*
terrain (té-reinn) *n* terreno *m*
terrible (té-ri-bäl) *adj* medonho, terrí-
    vel, tremendo
terrific (tä-*ri*-fik) *adj* fantástico
terrify (té-ri-fai) *v* aterrorizar; **terrify-
    ing** aterrador
territory (té-ri-tä-ri) *n* território *m*
terror (té-rä) *n* terror *m*
terrorism (té-rä-ri-zämm) *n* terror *m*,
    terrorismo *m*
terrorist (té-rä-riçt) *n* terrorista *m*
test (téçt) *n* prova *f*, teste *m*; *v* expe-
    rimentar
testify (té-çti-fai) *v* testemunhar
text (tékçt) *n* texto *m*
textbook (tékç-buk) *n* compêndio *m*
textile (ték-çtail) *n* tecido *m*; *adj* têx-
    til
texture (tékç-tchä) *n* contextura *f*
Thai (tai) *adj* tailandês
Thailand (*tai*-lænnd) Tailândia *f*
than (ðænn) *conj* que
thank (θænngk) *v* agradecer; ~ **you**
    obrigado
thankful (θænngk-fäl) *adj* agradecido
that (ðæt) *adj* esse, aquele; *pron*
    aquele, isso; que; *conj* que
thaw (θóó) *v* degelar, descongelar; *n*
    degelo *m*
the (ðä-ði) *art* o *art*; **the ... the** quanto
    mais ... mais
theatre (θi-ä-tä) *n* teatro *m*
theft (θéft) *n* roubo *m*
their (ðéä) *adj* deles

them (ðémm) *pron* os; lhes
theme (θiimm) *n* tema *m*, assunto *m*
themselves (ðämm-çélvz) *pron* se;
    eles mesmos
then (ðénn) *adv* então; em seguida,
    depois
theology (θi-ó-lä-dji) *n* teologia *f*
theoretical (θi-ä-ré-ti-käl) *adj* teórico
theory (*θi*ä-ri) *n* teoria *f*
therapy (θé-rä-pi) *n* terapia *f*
there (ðéä) *adv* lá; para ali
therefore (ðéä-fóó) *conj* portanto
thermometer (θä-mó-mi-tä) *n* termó-
    metro *m*
thermostat (θää-mä-çtæt) *n* termós-
    tato *m*
these (ðiiz) *adj* estes
thesis (*θii*-çiç) *n* (pl theses) tese *f*
they (ðei) *pron* eles
thick (θik) *adj* grosso; espesso
thicken (*θi*-känn) *v* engrossar
thickness (*θik*-näç) *n* grossura *f*
thief (θiif) *n* (pl thieves) ladrão *m*
thigh (θai) *n* coxa *f*
thimble (*θimm*-bäl) *n* dedal *m*
thin (θinn) *adj* fino; magro
thing (θinng) *n* coisa *f*
***think** (θinngk) *v* pensar; ***reflectir**;
    ~ **of** pensar em; ~ **over** ponderar
thinker (*θinng*-kä) *n* pensador *m*
third (θääd) *num* terceiro
thirst (θääçt) *n* sede *f*
thirsty (*θää*-çti) *adj* sedento
thirteen (θää-*tiinn*) *num* treze
thirteenth (θää-*tiinn*θ) *num* décimo
    terceiro
thirtieth (*θää*-ti-äθ) *num* trigésimo
thirty (*θää*-ti) *num* trinta
this (ðiç) *adj* este; *pron* este
thistle (*θi*-çäl) *n* cardo *m*
thorn (θóónn) *n* espinho *m*
thorough (*θa*-rä) *adj* minucioso
thoroughbred (*θa*-rä-bréd) *adj* puro
    sangue

thoroughfare (*θa*-rä-fé*ª*) *n* artéria principal, estrada principal

those (ðo*u*z) *adj* esses; *pron* aqueles

though (ðo*u*) *conj* ainda que, se bem que, embora; *adv* no entanto

thought[1] (θóót) *v* (p, pp think)

thought[2] (θóót) *n* pensamento *m*

thoughtful (*θóót*-fäl) *adj* pensativo; atencioso

thousand (*θau*-zånnd) *num* mil

thread (θréd) *n* fio *m*; linha *f*; *v* enfiar

threadbare (*θréd*-bé*ª*) *adj* coçado

threat (θrét) *n* ameaça *f*

threaten (*θré*-tänn) *v* ameaçar; **threatening** ameaçador

three (θrii) *num* três

three-quarter (θrii-k*u*óó-tä) *adj* três quartos

threshold (*θré*-cho*u*ld) *n* limiar *m*

threw (θruu) *v* (p throw)

thrifty (*θrif*-ti) *adj* económico

throat (θro*u*t) *n* garganta *f*

throne (θro*u*nn) *n* trono *m*

through (θruu) *prep* através

throughout (θruu-*aut*) *adv* por toda a parte

throw (θro*u*) *n* lançamento *m*

***throw** (θro*u*) *v* atirar, lançar, deitar

thrush (θrach) *n* tordo *m*

thumb (θamm) *n* polegar *m*

thumbtack (*θamm*-tæk) *nAm* pionés *m*

thump (θammp) *v* martelar

thunder (*θann*-dä) *n* trovão *m*; *v* troar

thunderstorm (*θann*-dä-çtóómm) *n* trovoada *f*

thundery (*θann*-dä-ri) *adj* tempestuoso

Thursday (*θãäz*-di) quinta-feira *f*

thus (ðaç) *adv* assim

thyme (taimm) *n* tomilho *m*

tick (tik) *n* marca *f*; ~ **off** marcar

ticket (*ti*-kit) *n* bilhete *m*; multa *f*; ~

collector revisor *m*; ~ **machine** bilheteira automática

tickle (*ti*-käl) *v* *fazer cócegas

tide (taid) *n* maré *f*; **high** ~ maré cheia; **low** ~ maré baixa

tidings (*tai*-dinngz) *pl* notícias *fpl*

tidy (*tai*-di) *adj* asseado; ~ **up** arrumar

tie (tai) *v* atar, *dar um nó; *n* gravata *f*

tiger (*tai*-ghä) *n* tigre *m*

tight (tait) *adj* apertado; estreito; *adv* fortemente

tighten (*tai*-tänn) *v* apertar, estreitar; apertar-se

tights (taitç) *pl* collants *mpl*

tile (tail) *n* azulejo *m*; telha *f*

till (til) *prep* até; *conj* até que

timber (*timm*-bä) *n* madeira de construção

time (taimm) *n* tempo *m*; vez *f*; **all the** ~ continuamente; **in** ~ a tempo; ~ **of arrival** hora de chegada; ~ **of departure** hora de partida

time-saving (*taimm*-çei-vinng) *adj* economizador de tempo

timetable (*taimm*-tei-bäl) *n* horário *m*

timid (*ti*-mid) *adj* tímido

timidity (ti-*mi*-dä-ti) *n* timidez *f*

tin (tinn) *n* estanho *m*; lata *f*; **tinned food** conservas *fpl*

tin-opener (*ti*-no*u*-pä-nä) *n* abre-latas *m*

tiny (*tai*-ni) *adj* minúsculo

tip (tip) *n* ponta *f*; gorjeta *f*

tire[1] (tai*ª*) *n* pneu *m*

tire[2] (tai*ª*) *v* cansar

tired (tai*ª*d) *adj* fatigado, cansado; ~ **of** farto de

tiring (*tai*ª-rinng) *adj* fatigante

tissue (*ti*-chuu) *n* tecido *m*; lenço de papel

title (*tai*-täl) *n* título *m*

to (tuu) *prep* até; a, para

toad (to^ud) *n* sapo *m*

toadstool (to^ud-ctuul) *n* cogumelo *m*

toast (to^uct) *n* torrada *f*; brinde *m*

tobacco (tă-bæ-ko^u) *n* (pl ~s) tabaco *m*; ~ **pouch** bolsa de tabaco

tobacconist (tă-bæ-kă-niçt) *n* tabacaria *f*; **tobacconist's** tabacaria *f*

today (tă-dei) *adv* hoje

toddler (tód-lă) *n* criança pequenina

toe (to^u) *n* dedo do pé

toffee (tó-fi) *n* caramelo *m*

together (tă-ghé-ðă) *adv* juntos

toilet (toi-lăt) *n* retretes *fpl*; ~ **case** estojo de toalete

toilet-paper (toi-lăt-pei-pă) *n* papel higiénico

toiletry (toi-lă-tri) *n* artigos de toalete

token (to^u-kănn) *n* sinal *m*; prova *f*; ficha *f*

told (to^uld) *v* (p, pp tell)

tolerable (tó-lă-ră-băl) *adj* tolerável

toll (to^ul) *n* portagem *f*

tomato (tă-maa-to^u) *n* (pl ~es) tomate *m*

tomb (tuumm) *n* túmulo *m*

tombstone (tuumm-çto^unn) *n* pedra tumular

tomorrow (tă-mó-ro^u) *adv* amanhã

ton (tann) *n* tonelada *f*

tone (to^unn) *n* tom *m*; timbre *m*

tongs (tónnz) *pl* tenaz *f*

tongue (tanng) *n* língua *f*

tonic (tó-nik) *n* tónico *m*

tonight (tă-nait) *adv* esta noite

tonsilitis (tónn-çă-lai-tiç) *n* amigdalite *f*

tonsils (tónn-călz) *pl* amígdalas *fpl*

too (tuu) *adv* demasiado; também

took (tuk) *v* (p take)

tool (tuul) *n* ferramenta *f*, instrumento *m*; ~ **kit** caixa de ferramenta

tooth (tuuθ) *n* (pl teeth) dente *m*

toothache (tuu-θeik) *n* dor de dentes

toothbrush (tuuθ-brach) *n* escova de dentes

toothpaste (tuuθ-peiçt) *n* pasta de dentes

toothpick (tuuθ-pik) *n* palito *m*

toothpowder (tuuθ-pau-dă) *n* pós dentífricos

top (tóp) *n* cimo *m*; parte de cima; tampa *f*; superior; **on ~ of** em cima de; ~ **side** parte superior

topcoat (tóp-ko^ut) *n* sobretudo *m*

topic (tó-pik) *n* tópico *m*

topical (tó-pi-kăl) *adj* actual

torch (tóótch) *n* archote *m*; lanterna de bolso

torment[1] (tóó-ménnt) *v* atormentar

torment[2] (tóó-ménnt) *n* tormento *m*

torture (tóó-tchă) *n* tortura *f*; *v* torturar

toss (tóç) *v* lançar, arremessar

tot (tót) *n* criança pequena

total (to^u-tăl) *adj* total; completo, absoluto; *n* total *m*

totalitarian (to^u-tæ-li-té^ă-ri-ănn) *adj* totalitário

totalizator (to^u-tă-lai-zei-tă) *n* totalizador *m*

touch (tatch) *v* tocar; *dizer respeito a; *n* contacto *m*, toque *m*; tacto *m*

touching (ta-tchinng) *adj* tocante

tough (taf) *adj* duro

tour (tu^ă) *n* circuito turístico

tourism (tu^ă-ri-zămm) *n* turismo *m*

tourist (tu^ă-riçt) *n* turista *m*; ~ **class** classe turística; ~ **office** agência de turismo

tournament (tu^ă-nă-mănnt) *n* torneio *m*

tow (to^u) *v* rebocar

towards (tă-^uóódz) *prep* em direcção a; para com

towel (tau^ăl) *n* toalha *f*

towelling (tau^ă-linng) *n* pano para toalhas

tower (tau^ă) *n* torre *f*

town (taunn) n cidade f; ~ **centre** centro da cidade; ~ **hall** câmara municipal

townspeople (taunnz-pii-păl) pl citadinos mpl

toxic (tók-çik) adj tóxico

toy (toi) n brinquedo m

toyshop (toi-chóp) n loja de brinquedos

trace (treiç) n rasto m; v *seguir o rasto to

track (træk) n via f; pista f

tractor (træk-tă) n tractor m

trade (treid) n comércio m; ofício m; v comerciar, *negociar

trademark (treid-maak) n marca de fábrica

trader (trei-dă) n comerciante m

tradesman (treidz-männ) n (pl -men) comerciante m

trade-union (treid-ʲuu-nʲänn) n sindicato m

tradition (tră-di-chănn) n tradição f

traditional (tră-di-chă-năl) adj tradicional

traffic (træ-fik) n trânsito m; ~ **jam** engarrafamento de trânsito; ~ **light** semáforo m

trafficator (træ-fi-kei-tă) n indicador de direcção

tragedy (træ-djă-di) n tragédia f

tragic (træ-djik) adj trágico

trail (treil) n pista f, atalho m

trailer (trei-lă) n reboque m; nAm caravana f

train (treinn) n comboio m; trem mBr; v treinar, adestrar; **stopping** ~ comboio correio; **through** ~ comboio directo; ~ **ferry** ferry-boat m

training (trei-ninng) n treino m

trait (treit) n traço m

traitor (trei-tă) n traidor m

tram (træmm) n eléctrico m; bonde mBr

tramp (træmmp) n vagabundo m, vadio m; v vadiar

tranquil (trænng-kʷil) adj tranquilo

tranquillizer (trænng-kʷi-lai-ză) n calmante m

transaction (trænn-zæk-chănn) n transacção f

transatlantic (trænn-zăt-lænn-tik) adj transatlântico

transfer (trænnç-făă) v *transferir

transform (trænnç-fóómm) v transformar, mudar

transformer (trænnç-fóó-mă) n transformador m

transition (trænn-çi-chănn) n transição f

translate (trænnç-leit) v *traduzir

translation (trænnç-lei-chănn) n tradução f

translator (trænnç-lei-tă) n tradutor m

transmission (trænnz-mi-chănn) n transmissão f

transmit (trænnz-mit) v transmitir

transmitter (trænnz-mi-tă) n emissor m

transparent (trænn-çpéă-rănnt) adj transparente

transport[1] (trænn-çpóót) n transporte m

transport[2] (trænn-çpóót) v transportar

transportation (trænn-çpóó-tei-chănn) n transporte m

trap (træp) n armadilha f

trash (træch) n lixo m

travel (træ-văl) v viajar; ~ **agency** agência de viagens; ~ **agent** agente de viagens; ~ **insurance** seguro de viagem; **travelling expenses** despesas de viagem

traveller (træ-vă-lă) n viajante m; **traveller's cheque** cheque de viagem

tray (trei) *n* tabuleiro *m*

treason (*trii*-zänn) *n* traição *f*

treasure (*tré*-jä) *n* tesouro *m*

treasurer (*tré*-jä-rä) *n* tesoureiro *m*

treasury (*tré*-jä-ri) *n* tesouro público; caixa *f*

treat (triit) *v* tratar

treatment (*triit*-männt) *n* tratamento *m*

treaty (*trii*-ti) *n* tratado *m*

tree (trii) *n* árvore *f*

tremble (*trémm*-bäl) *v* tremer, tiritar; vibrar

tremendous (tri-*ménn*-däç) *adj* formidável

trespass (*tréç*-päç) *v* infringir

trespasser (*tréç*-pä-çä) *n* intruso *m*

trial (trai^äl) *n* julgamento *m;* experiência *f*

triangle (*trai*-ænng-ghäl) *n* triângulo *m*

triangular (trai-*ænng*-ghi^u-lä) *adj* triangular

tribe (traib) *n* tribo *f*

tributary (*tri*-bi^u-tä-ri) *n* afluente *m*

tribute (*tri*-bi^uut) *n* homenagem *f*

trick (trik) *n* manha *f;* truque *m*

trigger (*tri*-ghä) *n* gatilho *m*

trim (trimm) *v* aparar

trip (trip) *n* viagem *f*, passeio *m*

triumph (*trai*-ämmf) *n* triunfo *m; v* triunfar

triumphant (trai-*amm*-fännt) *adj* triunfante

trolley-bus (*tró*-li-baç) *n* troleicarro *m*

troops (truupç) *pl* tropas *fpl*

tropical (*tró*-pi-käl) *adj* tropical

tropics (*tró*-pikç) *pl* trópicos *mpl*

trouble (*tra*-bäl) *n* incómodo *m*, preocupação *f; v* incomodar

troublesome (*tra*-bäl-çämm) *adj* maçador

trousers (*trau*-zäz) *pl* calças *fpl*

trout (traut) *n* (pl ~) truta *f*

truck (trak) *n*Am camião *m*

true (truu) *adj* verdadeiro, real; fiel, leal

trumpet (*tramm*-pit) *n* trombeta *f*

trunk (tranngk) *n* baú *m;* tronco *m; n*Am mala *f;* **trunks** calções de ginástica

trunk-call (*tranngk*-kóól) *n* chamada interurbana

trust (traçt) *v* confiar em; *n* confiança *f*

trustworthy (*traçt*-^uää-ði) *adj* digno de confiança

truth (truuθ) *n* verdade *f*

truthful (*truuθ*-fäl) *adj* verídico

try (trai) *v* experimentar, tentar, esforçar-se; *n* tentativa *f;* ~ **on** provar

tube (tⁱuub) *n* cano *m*, tubo *m*

tuberculosis (tⁱuu-bää-kⁱu-*lo*^u-çiç) *n* tuberculose *f*

Tuesday (*tⁱuuz*-di) terça-feira *f*

tug (tagh) *v* rebocar; *n* rebocador *m;* esticão *m*

tuition (tⁱuu-*i*-chänn) *n* instrução *f*

tulip (*tⁱuu*-lip) *n* tulipa *f*

tumbler (*tamm*-blä) *n* copo *m*

tumour (*tⁱuu*-mä) *n* tumor *m*

tuna (*tⁱuu*-nä) *n* (pl ~, ~s) atum *m*

tune (tⁱuunn) *n* melodia *f;* ~ **in** sintonizar

tuneful (*tⁱuunn*-fäl) *adj* melodioso

tunic (*tⁱuu*-nik) *n* túnica *f*

Tunisia (tⁱuu-*ni*-zi-ä) Tunísia *f*

Tunisian (tⁱuu-*ni*-zi-änn) *adj* tunisino

tunnel (*ta*-näl) *n* túnel *m*

turbine (*tää*-bainn) *n* turbina *f*

turbojet (tää-bo^u-*djét*) *n* motor a jacto-propulsão

Turk (tääk) *n* turco *m*

Turkey (*tää*-ki) Turquia *f*

turkey (*tää*-ki) *n* peru *m*

Turkish (*tää*-kich) *adj* turco; ~ **bath**

banho turco

turn (täänn) v virar; rodar; n viragem f, volta f; curva f; vez f; ~ **back** voltar atrás; ~ **down** rejeitar; ~ **into** transformar em; ~ **off** fechar; ~ **on** ligar, acender; abrir; ~ **over** inverter; ~ **round** voltar; virar-se

turning (tää-ninng) n curva f

turning-point (tää-ninng-poinnt) n momento decisivo

turnover (tää-nou-vä) n movimento de negócios; ~ **tax** imposto sobre a cifra de negócios

turnpike (täänn-paik) nAm estrada com portagem

turpentine (tää-pänn-tainn) n terebentina f

turtle (tää-täl) n tartaruga f

tutor (tⁱuu-tä) n preceptor m; tutor m

tuxedo (tak-çⁱⁱ-doᵘ) nAm (pl ~s, ~es) smoking m

tweed (tⁱⁱid) n tweed m

tweezers (tⁱⁱii-zäz) pl pinça f

twelfth (tⁱélfⁱ) num décimo segundo

twelve (tⁱélv) num doze

twentieth (tⁱénn-ti-äⁱ) num vigésimo

twenty (tⁱénn-ti) num vinte

twice (tⁱaiç) adv duas vezes

twig (tⁱigh) n raminho m

twilight (tⁱai-lait) n crepúsculo m

twine (tⁱainn) n guita f

twins (tⁱinnz) pl gémeos mpl; **twin beds** duas camas

twist (tⁱiçt) v torcer; n torção f

two (tuu) num dois

two-piece (tuu-piiç) adj de duas peças

type (taip) v escrever à máquina, dactilografar; n tipo m

typewriter (taip-rai-tä) n máquina de escrever

typewritten (taip-ri-tänn) dactilografado

typhoid (tai-foid) n tifo m

typical (ti-pi-käl) adj típico, característico

typist (tai-piçt) n dactilógrafa f

tyrant (taiᵃ-rännt) n tirano m

tyre (taiᵃ) n pneu m; ~ **pressure** pressão dos pneus

U

ugly (a-ghli) adj feio

ulcer (al-çä) n úlcera f

ultimate (al-ti-mät) adj último, final

ultraviolet (al-trä-vaiᵃ-lät) adj ultravioleta

umbrella (amm-bré-lä) n guarda-chuva m

umpire (amm-paiᵃ) n árbitro m

unable (a-nei-bäl) adj incapaz

unacceptable (a-näk-çép-tä-bäl) adj inaceitável

unaccountable (a-nä-kaunn-tä-bäl) adj inexplicável

unaccustomed (a-nä-ka-çtämmd) adj desacostumado

unanimous (ⁱuu-næ-ni-mäç) adj unânime

unanswered (a-naann-çäd) adj sem resposta

unauthorized (a-nóó-θä-raizd) adj ilícito

unavoidable (a-nä-voi-dä-bäl) adj inevitável

unaware (a-nä-ᵘéᵃ) adj inconsciente

unbearable (ann-béᵃ-rä-bäl) adj insuportável

unbreakable (ann-brei-kä-bäl) adj inquebrável

unbroken (ann-broᵘ-känn) adj inteiro

unbutton (ann-ba-tänn) v desabotoar

uncertain (ann-çää-tänn) adj incerto

uncle (anng-käl) n tio m

unclean (ann-kliinn) adj sujo

uncomfortable (ann-*kamm*-fã-tã-bãl) *adj* desconfortável

uncommon (ann-*kó*-mãnn) *adj* insólito, raro

unconditional (ann-kãnn-*di*-chã-nãl) *adj* incondicional

unconscious (ann-*kónn*-chãç) *adj* inconsciente

uncork (ann-*kóók*) *v* desarrolhar

uncover (ann-*ka*-vã) *v* destapar

uncultivated (ann-*kal*-ti-vei-tid) *adj* inculto

under (*ann*-dã) *prep* debaixo de

undercurrent (*ann*-dã-ka-rãnnt) *n* ressaca *f*

underestimate (ann-dã-*ré*-çti-meit) *v* menosprezar

underground (*ann*-dã-ghraunnd) *adj* subterrâneo; *n* metropolitano *m*

underline (ann-dã-*lainn*) *v* sublinhar

underneath (ann-dã-*niiθ*) *adv* debaixo

undershirt (*ann*-dã-chäät) *n* camisola interior; camiseta *fBr*

undersigned (*ann*-dã-çainnd) *n* abaixo-assinado *m*

*****understand** (ann-dã-*çtännd*) *v* compreender, perceber

understanding (ann-dã-*çtänn*-dinng) *n* compreensão *f*

*****undertake** (ann-dã-*teik*) *v* empreender

undertaking (ann-dã-*tei*-kinng) *n* empresa *f*

underwater (*ann*-dã-ᵁóó-tã) *adj* submarino

underwear (*ann*-dã-ᵁéã) *n* roupa interior

undesirable (ann-di-*zai*ã-rã-bãl) *adj* indesejável

*****undo** (ann-*duu*) *v* *desfazer

undoubtedly (ann-*dau*-tid-li) *adv* sem dúvida

undress (ann-*dréç*) *v* *despir-se

undulating (*ann*-dⁱu-lei-tinng) *adj* ondulante

unearned (a-*nããnnd*) *adj* imerecido

uneasy (a-*nii*-zi) *adj* pouco à vontade

uneducated (a-*né*-dⁱu-kei-tid) *adj* inculto

unemployed (a-nimm-*ploid*) *adj* desempregado

unemployment (a-nimm-*ploi*-mãnnt) *n* desemprego *m*

unequal (a-*nii*-kᵁãl) *adj* desigual

uneven (a-*nii*-vãnn) *adj* desigual, rugoso; irregular

unexpected (a-nik-*çpék*-tid) *adj* inesperado, imprevisto

unfair (ann-*féã*) *adj* injusto

unfaithful (ann-*feiθ*-fãl) *adj* infiel

unfamiliar (ann-fã-*mil*-ⁱã) *adj* desconhecido

unfasten (ann-*faa*-çãnn) *v* soltar, desprender

unfavourable (ann-*fei*-vã-rã-bãl) *adj* desfavorável

unfit (ann-*fit*) *adj* inadequado

unfold (ann-*fo*ᵁld) *v* desdobrar

unfortunate (ann-*fóó*-tchã-nãt) *adj* desgraçado

unfortunately (ann-*fóó*-tchã-nãt-li) *adv* infelizmente

unfriendly (ann-*frénnd*-li) *adj* antipático

unfurnished (ann-*fãã*-nicht) *adj* desmobilado

ungrateful (ann-*ghreit*-fãl) *adj* ingrato

unhappy (ann-*hæ*-pi) *adj* infeliz

unhealthy (ann-*hél*-θi) *adj* doentio

unhurt (ann-*hããt*) *adj* ileso

uniform (*ⁱuu*-ni-fóómm) *n* uniforme *m*; *adj* uniforme

unimportant (a-nimm-*póó*-tãnnt) *adj* insignificante

uninhabitable (a-ninn-*hæ*-bi-tã-bãl) *adj* inabitável

uninhabited (a-ninn-*hæ*-bi-tid) *adj* desabitado

unintentional (a-ninn-*ténn*-chã-nãl) *adj* involuntário

union (¹*uu*-n¹ãnn) *n* união *f*; confederação *f*, liga *f*

unique (¹*uu*-*niik*) *adj* único

unit (¹*uu*-nit) *n* unidade *f*

unite (¹*uu*-*nait*) *v* unir, reunir

United States (¹*uu*-*nai*-tid ¢teit¢) Estados Unidos

unity (¹*uu*-nã-ti) *n* unidade *f*

universal (¹uu-ni-*vãã*-çãl) *adj* geral, universal

universe (¹*uu*-ni-*vãã*ç) *n* universo *m*

university (¹uu-ni-*vãã*-çã-ti) *n* universidade *f*

unjust (ann-*djaç*t) *adj* injusto

unkind (ann-*kainn*d) *adj* desagradável, pouco amável

unknown (ann-*noʷnn*) *adj* desconhecido

unlawful (ann-*lóó*-fãl) *adj* ilegal

unlearn (ann-*lããnn*) *v* desaprender

unless (ãnn-*léç*) *conj* a não ser que

unlike (ann-*laik*) *adj* diferente

unlikely (ann-*lai*-kli) *adj* improvável

unlimited (ann-*li*-mi-tid) *adj* ilimitado, sem fim

unload (ann-*loʷd*) *v* descarregar

unlock (ann-*lók*) *v* abrir

unlucky (ann-*la*-ki) *adj* infortunado

unnecessary (ann-*né*-çã-çã-ri) *adj* desnecessário

unoccupied (a-*nó*-kʲu-paid) *adj* desocupado

unofficial (a-nã-*fi*-chãl) *adj* oficioso

unpack (ann-*pæk*) *v* desempacotar

unpleasant (ann-*plé*-zãnnt) *adj* desagradável; maçador, aborrecido

unpopular (ann-*pó*-pʲu-lã) *adj* pouco popular, impopular

unprotected (ann-prã-*ték*-tid) *adj* desprotegido

unqualified (ann-*kʷó*-li-faid) *adj* incompetente

unreal (ann-*riãl*) *adj* irreal

unreasonable (ann-*rii*-zã-nã-bãl) *adj* desarrazoado

unreliable (ann-ri-*lai*-ã-bãl) *adj* indigno de confiança

unrest (ann-*réç*t) *n* agitação *f*; desassossego *m*

unsafe (ann-*çeif*) *adj* inseguro

unsatisfactory (ann-çæ-tiç-*fæk*-tã-ri) *adj* insatisfatório

unscrew (ann-*çkruu*) *v* desaparafusar

unselfish (ann-*çél*-fich) *adj* desinteressado

unsound (ann-*çaunn*d) *adj* doentio

unstable (ann-*çtei*-bãl) *adj* instável

unsteady (ann-*çté*-di) *adj* vacilante, instável

unsuccessful (ann-çãk-*çéç*-fãl) *adj* mal sucedido

unsuitable (ann-*çuu*-tã-bãl) *adj* inadequado

unsurpassed (ann-çã-*paaç*t) *adj* insuperável

untidy (ann-*tai*-di) *adj* desalinhado; desarrumado

untie (ann-*tai*) *v* desatar

until (ãnn-*til*) *prep* até

untrue (ann-*truu*) *adj* falso

untrustworthy (ann-*traçt*-ʷãã-ði) *adj* indigno de confiança

unusual (ann-¹*uu*-ju-ãl) *adj* desusado

unwell (ann-ʷ*él*) *adj* indisposto

unwilling (ann-ʷ*i*-linng) *adj* de má vontade

unwise (ann-ʷ*aiz*) *adj* imprudente

unwrap (ann-*ræp*) *v* desembrulhar

up (ap) *adv* em cima, acima, para cima

upholster (ap-*hoʷl*-çtã) *v* forrar, estofar

upkeep (*ap*-kiip) *n* manutenção *f*

uplands (*ap*-lãnndz) *pl* terras altas

upon (ã-*pónn*) *prep* sobre

upper (*a*-pã) *adj* superior

upright (*ap*-rait) *adj* direito; *adv* em pé

***upset** (ap-*cét*) *v* transtornar; *adj* transtornado

upside-down (ap-*çaid-daunn*) *adv* de pernas para o ar

upstairs (ap-*çté*ᵃ*z*) *adv* em cima; para cima

upstream (ap-* çtriimm*) *adv* rio acima

upwards (*ap*-ᵘ*ädz*) *adv* para cima

urban (*ãã*-bänn) *adj* urbano

urge (*ããdj*) *v* incitar; *n* impulso *m*

urgency (*ãã*-djänn- çi) *n* urgência *f*

urgent (*ãã*-djännt) *adj* urgente

urine (ᶦ*u*ᵃ-rinn) *n* urina *f*

Uruguay (ᶦ*u*ᵃ-rä-ghᵘai) Uruguai *m*

Uruguayan (ᶦ*u*ᵃ-rä-*gh*ᵘ*ai*-änn) *adj* uruguaio

us (aç) *pron* nós

usable (ᶦ*uu*-zä-bäl) *adj* utilizável

usage (ᶦ*uu*-zidj) *n* uso *m*

use¹ (ᶦuuz) *v* usar; ***be used to** *estar habituado a; ~ **up** *consumir

use² (ᶦuuç) *n* uso *m*; utilidade *f*; ***be of** ~ *servir

useful (ᶦ*uuç*-fäl) *adj* útil

useless (ᶦ*uuç*-läç) *adj* inútil

user (ᶦ*uu*-zä) *n* o que usa, utente *m*

usher (a-chä) *n* arrumador *m*

usherette (a-chä-*rét*) *n* arrumadora *f*

usual (ᶦ*uu*-ju-äl) *adj* usual

usually (ᶦ*uu*-ju-a-li) *adv* habitualmente

utensil (ᶦ*uu-ténn*-çäl) *n* utensílio *m*, ferramenta *f*

utility (ᶦ*uu-ti*-lä-ti) *n* utilidade *f*

utilize (ᶦ*uu*-ti-laiz) *v* utilizar

utmost (at-*mo*ᵘçt) *adj* máximo

utter (a-tä) *adj* completo, total; *v* emitir

V

vacancy (*vei*-känn-çi) *n* vaga *f*

vacant (*vei*-kännt) *adj* vago

vacate (vä-*keit*) *v* vagar

vacation (vä-*kei*-chänn) *n* férias *fpl*

vaccinate (væk-çi-neit) *v* vacinar

vaccination (væk-çi-*nei*-chänn) *n* vacinação *f*

vacuum (væ-kᶦu-ämm) *n* vácuo *m*; ~ **cleaner** aspirador *m*; ~ **flask** garrafa termos

vagrancy (*vei*-ghränn-çi) *n* vadiagem *f*

vague (veigh) *adj* vago

vain (veinn) *adj* vaidoso; vão; **in** ~ em vão, inutilmente

valet (væ-lit) *n* criado *m*, criado de quarto

valid (væ-lid) *adj* válido

valley (væ-li) *n* vale *m*

valuable (væ-lᶦu-bäl) *adj* valioso, de valor; **valuables** valores *mpl*

value (væ-lᶦuu) *n* valor *m*; *v* avaliar

valve (vælv) *n* válvula *f*

van (vænn) *n* furgoneta *f*

vanilla (vä-*ni*-lä) *n* baunilha *f*

vanish (væ-nich) *v* desaparecer

vapour (vei-pä) *n* vapor *m*

variable (vé*ᵃ*-ri-ä-bäl) *adj* variável

variation (vé*ᵃ*-ri-*ei*-chänn) *n* variação *f*; mudança *f*

varied (vé*ᵃ*-rid) *adj* variado

variety (vä-*rai*-ä-ti) *n* variedade *f*; ~ **show** espectáculo de variedades; ~ **theatre** teatro de variedades

various (vé*ᵃ*-ri-äç) *adj* diversos

varnish (vaa-nich) *n* verniz *m*; *v* envernizar

vary (vé*ᵃ*-ri) *v* variar; mudar; *diferir

vase (vaaz) *n* vaso *m*

vast (vaaçt) *adj* vasto, imenso

vault (vóólt) *n* abóbada *f*; casa-forte *f*

veal (viil) *n* vitela *f*

vegetable (vé-djă-tă-băl) *n* legume *m*
vegetarian (vé-dji-té*ă*-ri-ănn) *n* vegetariano *m*
vegetation (vé-dji-*tei*-chänn) *n* vegetação *f*
vehicle (vii-ă-kăl) *n* veículo *m*
veil (veil) *n* véu *m*
vein (veinn) *n* veia *f*; **varicose ~** variz *f*
velvet (vél-vit) *n* veludo *m*
velveteen (vél-vi-*tiinn*) *n* belbutina *f*
venerable (vé-nă-ră-băl) *adj* venerável
venereal disease (vi-ni*ă*-ri-ăl di-ziiz) doença venérea
Venezuela (vé-ni-z*u*ei-lă) Venezuela *f*
Venezuelan (vé-ni-z*u*ei-lănn) *adj* venezuelano
ventilate (vénn-ti-leit) *v* ventilar, arejar
ventilation (vénn-ti-*lei*-chänn) *n* ventilação *f*; arejamento *m*
ventilator (vénn-ti-lei-tă) *n* ventilador *m*
venture (vénn-tchă) *v* aventurar
veranda (vă-*ræ*nn-dă) *n* varanda *f*
verb (văăb) *n* verbo *m*
verbal (văă-băl) *adj* verbal
verdict (văă-dikt) *n* sentença *f*, veredicto *m*
verge (văădj) *n* borda *f*
verify (vé-ri-fai) *v* verificar
verse (văăç) *n* verso *m*
version (văă-chänn) *n* versão *f*
versus (văă-çăç) *prep* contra
vertical (văă-ti-kăl) *adj* vertical
vertigo (văă-ti-gho*u*) *n* vertigem *f*
very (vé-ri) *adv* muito; *adj* preciso, verdadeiro; extremo
vessel (vé-çăl) *n* embarcação *f*, navio *m*; vasilha *f*
vest (véçt) *n* camisa *f*; *nAm* colete *m*
veterinary surgeon (vé-tri-nă-ri çăă-djänn) veterinário *m*
via (vai*ă*) *prep* via

viable (vai*ă*-băl) *adj* viável
viaduct (vai*ă*-dakt) *n* viaduto *m*
vibrate (vai-breit) *v* vibrar
vibration (vai-brei-chänn) *n* vibração *f*
vicar (vi-kă) *n* vigário *m*
vicarage (vi-kă-ridj) *n* presbitério *m*
vicinity (vi-çi-nă-ti) *n* vizinhança *f*, proximidades *fpl*
vicious (vi-chăç) *adj* vicioso
victim (vik-timm) *n* vítima *f*
victory (vik-tă-ri) *n* vitória *f*
video (vi-di-o*u*) *n* vídeo *m*; **~ camera** vídeo câmera; **~ cassette** videocassete; **~ recorder** videocassete
view (v¹uu) *n* vista *f*; opinião *f*, parecer *m*; *v* observar
view-finder (v¹uu-fainn-dă) *n* visor *m*
vigilant (vi-dji-lănnt) *adj* vigilante
villa (vi-lă) *n* vivenda *f*; vila *fBr*
village (vi-lidj) *n* aldeia *f*
villain (vi-lănn) *n* patife *m*
vine (vainn) *n* videira *f*
vinegar (vi-ni-ghă) *n* vinagre *m*
vineyard (vinn-¹ăd) *n* vinha *f*
vintage (vinn-tidj) *n* vindima *f*
violation (vai*ă*-*lei*-chänn) *n* violação *f*
violence (vai*ă*-lănnç) *n* violência *f*
violent (vai*ă*-lănnt) *adj* violento; impetuoso
violet (vai*ă*-lăt) *n* violeta *f*
violin (vai*ă*-linn) *n* violino *m*
virgin (văă-djinn) *n* virgem *f*
virtue (văă-tchuu) *n* virtude *f*
visa (vii-ză) *n* visto *m*
visibility (vi-ză-bi-lă-ti) *n* visibilidade *f*
visible (vi-ză-băl) *adj* visível
vision (vi-jänn) *n* visão *f*
visit (vi-zit) *v* visitar; *n* visita *f*; **visiting hours** horas de visita
visitor (vi-zi-tă) *n* visitante *m*
vital (vai-tăl) *adj* vital
vitamin (vi-tă-minn) *n* vitamina *f*
vivid (vi-vid) *adj* vivo
vocabulary (vă-*kæ*-b¹u-lă-ri) *n* vocabu-

lário *m*

vocal (*vou*-kãl) *adj* vocal

vocalist (*vou*-kã-liçt) *n* vocalista *m*

voice (voiç) *n* voz *f*

void (void) *adj* nulo; vazio; *n* vácuo *m*

volcano (vól-*kei*-nou) *n* (pl ~es, ~s) vulcão *m*

volt (voult) *n* volt *m*

voltage (*voul*-tidj) *n* voltagem *f*

volume (*vó*-l*i*umm) *n* volume *m*

voluntary (*vó*-lãnn-tã-ri) *adj* voluntário

volunteer (vó-lãnn-*tiã*) *n* voluntário *m*

vomit (*vó*-mit) *v* vomitar

vote (vout) *v* votar; *n* voto *m*; votação *f*

voucher (*vau*-tchã) *n* vale *m*

vow (vau) *n* juramento *m*, voto *m*; *v* jurar

vowel (vau*ãl*) *n* vogal *f*

voyage (*voi*-idj) *n* viagem *f*

vulgar (*val*-ghã) *adj* vulgar; popular, ordinário

vulnerable (*val*-nã-rã-bãl) *adj* vulnerável

vulture (*val*-tchã) *n* abutre *m*

W

wade (ueid) *v* patinhar

wafer (*uei*-fã) *n* bolacha de baunilha

waffle (*uó*-fãl) *n* bolacha *f*

wages (*uei*-djiz) *pl* salário *m*

waggon (*uæ*-ghãnn) *n* vagão *m*

waist (ueiçt) *n* cintura *f*

waistcoat (*uei*ç-kout) *n* colete *m*

wait (ueit) *v* esperar; ~ **on** *servir

waiter (*uei*-tã) *n* criado *m*, empregado de mesa; garçom *mBr*

waiting (*uei*-tinng) *n* espera *f*

waiting-list (*uei*-tinng-liçt) *n* lista de espera

waiting-room (*uei*-tinng-ruumm) *n* sala de espera

waitress (*uei*-triç) *n* empregada de mesa; garçonete *fBr*

***wake** (ueik) *v* acordar; ~ **up** despertar, acordar

walk (uók) *v* andar; *passear; *n* passeio *m*; **walking** a pé

walker (*uó*-kã) *n* passeante *m*

walking-stick (*uó*-kinng-çtik) *n* bengala *f*

wall (uóI) *n* muro *m*; parede *f*

wallet (*uó*-lit) *n* carteira *f*

wallpaper (*uóól*-pei-pã) *n* papel de parede

walnut (*uóól*-nat) *n* noz *f*

waltz (uóólç) *n* valsa *f*

wander (*uónn*-dã) *v* *vaguear, errar

want (uónnt) *v* *querer; desejar; *n* necessidade *f*; carência *f*, falta *f*

war (uóó) *n* guerra *f*

warden (*uóó*-dãnn) *n* guarda *m*

wardrobe (*uóó*-droub) *n* roupeiro *m*, guarda-roupa *m*

warehouse (*uéã*-hauç) *n* armazém *m*

wares (uéãz) *pl* mercadorias *fpl*

warm (uóómm) *adj* quente; *v* aquecer

warmth (uóómmθ) *n* calor *m*

warn (uóónn) *v* *prevenir, avisar

warning (*uóó*-ninng) *n* aviso *m*

wary (*uéã*-ri) *adj* prudente

was (uóz) *v* (p be)

wash (uóch) *v* lavar; ~ **and wear** não passar a ferro; ~ **up** lavar a loiça

washable (*uó*-chã-bãl) *adj* lavável

wash-basin (*uóch*-bei-çãnn) *n* lavatório *m*

washing (*uó*-chinng) *n* lavagem *f*; roupa para lavar

washing-machine (*uó*-chinng-mã-chiinn) *n* máquina de lavar

washing-powder (*uó*-chinng-pau-dã) *n* detergente em pó

washroom (ᵘóch-ruumm) *nAm* lavabos *mpl*

wash-stand (ᵘóch-çtænnd) *n* lavatório *m*

wasp (ᵘóçp) *n* vespa *f*

waste (ᵘeiçt) *v* desperdiçar; *n* desperdício *m*; *adj* inculto

wasteful (ᵘeiçt-fâl) *adj* gastador

wastepaper-basket (ᵘeiçt-*pei*-pă-baa-çkit) *n* cesto dos papéis

watch (ᵘótch) *v* observar; vigiar; *n* relógio *m*; ~ **for** espreitar; ~ **out** tomar cuidado

watch-maker (ᵘótch-mei-kă) *n* relojoeiro *m*

watch-strap (ᵘótch-çtræp) *n* correia de relógio

water (ᵘóó-tă) *n* água *f*; **iced** ~ água gelada; **running** ~ água corrente; ~ **pump** bomba de água; ~ **ski** esqui aquático

water-colour (ᵘóó-tă-ka-lă) *n* tinta de água; aguarela *f*

watercress (ᵘóó-tă-kréç) *n* agrião *m*

waterfall (ᵘóó-tă-fóól) *n* queda de água

watermelon (ᵘóó-tă-mé-lănn) *n* melancia *f*

waterproof (ᵘóó-tă-pruuf) *adj* impermeável

water-softener (ᵘóó-tă-çóf-nă) *n* produto amaciador da água

waterway (ᵘóó-tă-ᵘei) *n* via navegável

watt (ᵘót) *n* watt *m*

wave (ᵘeiv) *n* onda *f*, ondulação *f*; *v* acenar

wave-length (ᵘeiv-lénngθ) *n* comprimento de onda

wavy (ᵘei-vi) *adj* ondulado

wax (ᵘækç) *n* cera *f*

waxworks (ᵘækç-ᵘăăkç) *pl* museu das ceras

way (ᵘei) *n* maneira *f*, modo *m*; caminho *m*; lado *m*, direcção *f*; distância *f*; **any** ~ de qualquer maneira; **by the** ~ a propósito; **one-way traffic** sentido único; **out of the** ~ afastado; **the other** ~ **round** ao contrário; ~ **back** volta *f*; ~ **in** entrada *f*; ~ **out** saída *f*

wayside (ᵘei-çaid) *n* beira do caminho

we (ᵘii) *pron* nós

weak (ᵘiik) *adj* fraco

weakness (ᵘiik-năç) *n* fraqueza *f*

wealth (ᵘélθ) *n* riqueza *f*

wealthy (ᵘél-θi) *adj* rico

weapon (ᵘé-pănn) *n* arma *f*

*****wear** (ᵘéᵃ) *v* usar, *trazer vestido; ~ **out** gastar

weary (ᵘiᵃ-ri) *adj* cansado

weather (ᵘé-ðă) *n* tempo *m*; ~ **forecast** boletim meteorológico

*****weave** (ᵘiiv) *v* tecer

weaver (ᵘii-vă) *n* tecelão *m*

wedding (ᵘé-dinng) *n* casamento *m*

wedding-ring (ᵘé-dinng-rinng) *n* aliança *f*

wedge (ᵘédj) *n* cunha *f*

Wednesday (ᵘénnz-di) quarta-feira *f*

weed (ᵘiid) *n* erva daninha

week (ᵘiik) *n* semana *f*

weekday (ᵘiik-dei) *n* dia de semana

weekend (ᵘii-kénnd) *n* fim-de-semana *m*

weekly (ᵘii-kli) *adj* semanal

*****weep** (ᵘiip) *v* chorar

weigh (ᵘei) *v* pesar

weighing-machine (ᵘei-inng-mă-chiinn) *n* balança *f*

weight (ᵘeit) *n* peso *m*

welcome (ᵘél-kămm) *adj* benvindo; *n* acolhimento *m*; *v* acolher

weld (ᵘéld) *v* soldar

welfare (ᵘél-féᵃ) *n* bem-estar *m*

well[1] (ᵘél) *adv* bem; *adj* bom; **as** ~ também; **as** ~ **as** assim como;

well! bem!

well² (ᵘél) n poço m

well-founded (ᵘél-faunn-did) adj fundamentado

well-known (ᵘél-noᵘnn) adj conhecido

well-to-do (ᵘél-tã-duu) adj abastado

went (ᵘénnt) v (p go)

were (ᵘãã) v (p be)

west (ᵘéct) n ocidente m, oeste m

westerly (ᵘé-çtã-li) adj ocidental

western (ᵘé-çtãnn) adj ocidental

wet (ᵘét) adj molhado; húmido

whale (ᵘeil) n baleia f

wharf (ᵘóóf) n (pl ~s, wharves) cais m

what (ᵘót) pron o quê; o que; ~ for para quê

whatever (ᵘó-té-vã) pron tudo o que

wheat (ᵘiit) n trigo m

wheel (ᵘiil) n roda f

wheelbarrow (ᵘiil-bæ-roᵘ) n carrinho de mão

wheelchair (ᵘiil-tchéᵃ) n cadeira de rodas

when (ᵘénn) adv quando; conj quando, logo que

whenever (ᵘé-né-vã) conj sempre que

where (ᵘéᵃ) adv onde; conj onde

wherever (ᵘéᵃ-ré-vã) conj onde quer que

whether (ᵘé-ðã) conj se; whether ... or quer ... quer

which (ᵘitch) pron qual; que

whichever (ᵘi-tché-vã) adj qualquer

while (ᵘail) conj enquanto; n momento m

whilst (ᵘailçt) conj enquanto

whim (ᵘimm) n capricho m, veleidade f

whip (ᵘip) n chicote m; v bater

whiskers (ᵘi-çkãz) pl suíças fpl

whisper (ᵘi-çpã) v murmurar, sussurrar; n sussurro m

whistle (ᵘi-çãl) v assobiar; n apito m

white (ᵘait) adj branco

whitebait (ᵘait-beit) n peixe miúdo

whiting (ᵘai-tinng) n (pl ~) pescada f

Whitsun (ᵘit-çãnn) Pentecostes m

who (huu) pron quem; que

whoever (huu-é-vã) pron quem quer que

whole (hoᵘl) adj completo, inteiro; intacto; n todo m

wholesale (hoᵘl-çeil) n venda por grosso; ~ dealer armazenista m

wholesome (hoᵘl-çãmm) adj saudável

wholly (hoᵘl-li) adv completamente

whom (huumm) pron a quem

whore (hóó) n prostituta f

whose (huuz) pron cujo; de quem

why (ᵘai) adv porquê

wicked (ᵘi-kid) adj mau

wide (ᵘaid) adj vasto, largo

widen (ᵘai-dãnn) v alargar

widow (ᵘi-doᵘ) n viúva f

widower (ᵘi-doᵘ-ã) n viúvo m

width (ᵘidθ) n largura f

wife (ᵘaif) n (pl wives) esposa f, mulher f

wig (ᵘigh) n peruca f

wild (ᵘaild) adj selvagem; feroz

will (ᵘil) n vontade f; testamento m

*will (ᵘil) v *querer

willing (ᵘi-linng) adj disposto

willingly (ᵘi-linng-li) adv de boa vontade

will-power (ᵘil-pauᵃ) n força de vontade

*win (ᵘinn) v ganhar

wind (ᵘinnd) n vento m

*wind (ᵘainnd) v serpentear; *dar corda, enrolar

winding (ᵘainn-dinng) adj sinuoso

windmill (ᵘinnd-mil) n moinho de vento

window (ᵘinn-doᵘ) n janela f

window-sill (^{u}inn-do^u-çil) n peitoril m

windscreen (^{u}innd-çkriinn) n pára-brisas m; ~ wiper limpa pára-brisas

windshield (^{u}innd-chiild) nAm pára-brisas m

windy (^{u}inn-di) adj ventoso

wine (^{u}ainn) n vinho m

wine-cellar (^{u}ainn-çé-lä) n adega f

wine-list (^{u}ainn-liçt) n lista dos vinhos

wine-merchant (^{u}ainn-mää-tchännt) n negociante de vinhos

wine-waiter (^{u}ainn-^{u}ei-tä) n sommelier m

wing (^{u}inng) n asa f

winkle (^{u}inng-käl) n búzio m

winner (^{u}i-nä) n vencedor m

winning (^{u}i-ninng) adj vencedor; winnings lucros

winter (^{u}inn-tä) n Inverno m; ~ sports desportos de inverno

wipe (^{u}aip) v limpar

wire (^{u}ai^a) n fio m; arame m

wireless (^{u}ai^a-läç) n rádio m

wisdom (^{u}iz-dämm) n sabedoria f

wise (^{u}aiz) adj erudito; sensato

wish (^{u}ich) v desejar, ambicionar; n desejo m

witch (^{u}itch) n bruxa f

with (^{u}ið) prep com

*withdraw (^{u}ið-dróó) v retirar

within (^{u}i-ðinn) prep dentro de; adv por dentro

without (^{u}i-ðaut) prep sem

witness (^{u}it-näç) n testemunha f

wits (^{u}itç) pl razão f

witty (^{u}i-ti) adj espirituoso

wolf (^{u}ulf) n (pl wolves) lobo m

woman (^{u}u-männ) n (pl women) mulher f

womb (^{u}uumm) n útero m

won (^{u}ann) v (p, pp win)

wonder (^{u}ann-dä) n milagre m; admiração f; v perguntar a si próprio

wonderful (^{u}ann-dä-fäl) adj maravi-

lhoso, estupendo; delicioso

wood (^{u}ud) n madeira f; bosque m

wood-carving (^{u}ud-kaa-vinng) n talha f

wooded (^{u}u-did) adj arborizado

wooden (^{u}u-dänn) adj de madeira; ~ shoe tamanco m

woodland (^{u}ud-lännd) n região arborizada

wool (^{u}ul) n lã f; darning ~ linha de passajar

woollen (^{u}u-länn) adj de lã

word (^{u}ääd) n palavra f

wore (^{u}óó) v (p wear)

work (^{u}ääk) n trabalho m; faina f; v trabalhar; funcionar; working day dia útil; ~ of art obra de arte; ~ permit autorização de trabalho

worker (^{u}ää-kä) n trabalhador m

working (^{u}ää-kinng) n funcionamento m

workman (^{u}ääk-männ) n (pl -men) operário m

works (^{u}ääkç) pl fábrica f

workshop (^{u}ääk-chóp) n oficina f

world (^{u}ääld) n mundo m; ~ war guerra mundial

world-famous (^{u}ääld-fei-mäç) adj mundialmente famoso

world-wide (^{u}ääld-^{u}aid) adj mundial

worm (^{u}ämm) n verme m

worn (^{u}óónn) adj (pp wear) gasto

worn-out (^{u}óónn-aut) adj gasto

worried (^{u}a-rid) adj preocupado

worry (^{u}a-ri) v afligir-se; n preocupação f

worse (^{u}ääç) adj pior; adv pior

worship (^{u}ää-chip) v adorar; n culto m

worst (^{u}ääçt) adj o pior; adv pior

worsted (^{u}u-çtid) n lã cardada

worth (^{u}ääθ) n valor m; *be ~ *valer; *be worth-while *valer a pena

worthless (^{u}ääθ-läç) adj sem valor

worthy of (ᵘǎǎ-ði ǎv) digno de
would (ᵘud) v (p will)
wound¹ (ᵘuunnd) n ferida f; v *ferir,
ofender
wound² (ᵘaunnd) v (p, pp wind)
wrap (ræp) v envolver; embrulhar
wreck (rék) n carcaça f; v *destruir
wrench (rénntch) n chave-inglesa f;
torcedura f; v torcer
wrinkle (rinng-kǎl) n ruga f
wrist (rict) n pulso m
wrist-watch (rict-ᵘótch) n relógio de
pulso
*write (rait) v escrever; in writing
por escrito; ~ down anotar
writer (rai-tǎ) n escritor m
writing-pad (rai-tinng-pæd) n bloco de
notas, bloco de papel
writing-paper (rai-tinng-pei-pǎ) n papel para escrever
written (ri-tǎnn) adj (pp write) por
escrito
wrong (rónn) adj errado, impróprio;
n mal m; v lesar; *be ~ *estar errado
wrote (roᵘt) v (p write)

X

Xmas (kriç-mǎç) Natal m
X-ray (ékç-rei) n radiografia f; v radiografar

Y

yacht (iót) n iate m
yacht-club (iót-klab) n clube náutico
yachting (ió-tinng) n vela f
yard (iaad) n pátio m
yarn (iaann) n fio m

yawn (ióónn) v bocejar
year (iᵢǎ) n ano m
yearly (iᵢǎ-li) adj anual
yearn (ǎǎnn) v ansiar; ter saudades
yeast (iict) n levedura f
yell (iél) v berrar; n berro m
yellow (ié-loᵘ) adj amarelo
yes (iéç) sim
yesterday (ié-ctǎ-di) adv ontem
yet (iét) adv ainda; conj contudo,
mas
yield (iild) v render; ceder; n rendimento m; produção f
yoke (ioᵘk) n canga f
yolk (ioᵘk) n gema f
you (iuu) pron tu; te; você; o senhor;
ao senhor; vocês; os senhores
young (ianng) adj jovem
your (ióó) adj seu; teu; vosso, teus
yourself (ióó-çélf) pron te; tu mesmo;
você mesmo; o senhor mesmo
yourselves (ióó-célvz) pron se; vocês
mesmos; os senhores mesmos
youth (iuuθ) n juventude f; ~ hostel
albergue de juventude

Z

zeal (ziil) n zelo m
zealous (zé-lǎç) adj zeloso
zebra (zii-brǎ) n zebra f
zenith (zé-niθ) n zénite m; apogeu m
zero (ziᵃ-roᵘ) n (pl ~s) zero m
zest (zéçt) n gosto m
zinc (zinngk) n zinco m
zip (zip) n fecho éclair; ~ code Am
código postal
zipper (zi-pǎ) n fecho éclair
zodiac (zoᵘ-di-æk) n zodíaco m
zone (zoᵘnn) n zona f; região f

Léxico gastronómico

Comidas

almond amêndoa
anchovy anchova
angel (food) cake bolo fofo à base de claras
angels on horseback ostras envolvidas em bacon, grelhadas e servidas sobre torradas
appetizer aperitivo
apple maçã
  ~ **dumpling** espécie de pastel recheado de compota de maçã
  ~ **sauce** molho de maçã
apricot alperce (Bras. damasco)
Arbroath smoky arinca fumado
artichoke alcachofra
asparagus espargo
  ~ **tip** cabeça de espargo
assorted sortido, variado
aubergine beringela
avocado (pear) abacate
bacon toucinho fumado
  ~ **and eggs** ovos estrelados com toucinho fumado
bagel rosca
baked cozido no forno
  ~ **Alaska** sobremesa composta duma camada de bolo fino e outra de gelado (Bras. sorvete), recoberta de claras em castelo e açúcar e levada ao forno rapidamente a alourar
  ~ **beans** feijão branco guisado

com molho de tomate adocicado
  ~ **potato** batata no forno com pele
Bakewell tart tarte de amêndoa com doce (Bras. geléia) de fruta
baloney espécie de mortadela
banana split banana cortada ao comprido com gelado (Bras. sorvete) e nozes e coberta de calda de fruta ou de chocolate
barbecue 1) carne de vaca picada servida com um molho de tomate picante 2) churrasco ao ar livre
  ~ **sauce** molho de tomate picante
barbecued grelhado nas brasas
basil manjericão
bass robalo
bean feijão
beef carne de vaca (Bras. boi)
  ~ **olive** trouxa, rolinho de vaca
beefburger hamburger, sanduíche de bife de vaca picado
beet, beetroot beterraba
bilberry uva-do-monte
bill conta
  ~ **of fare** lista (Bras. cardápio)
biscuit 1) biscoito, bolacha (GB) 2) pãozinho (EUA)

black pudding chouriço de sangue, morcela
blackberry amora
blackcurrant groselha negra
bloater arenque salgado e fumado
blood sausage chouriço de sangue, morcela
blueberry uva-do-monte (Bras. mirtilo)
boiled cozido
Bologna (sausage) espécie de mortadela
bone osso
boned desossado, sem ossos
Boston baked beans feijão branco guisado com toucinho fumado e melaço
Boston cream pie bolo recheado com chantilly ou creme de pasteleiro e coberto com glace de chocolate
brains miolos
braised estufado, assado
bramble pudding pudim de amoras (geralmente servido com maçãs)
braunschweiger chouriço de fígado
bread pão
breaded panado
breakfast pequeno almoço (Bras. café da manhã)
breast peito (de aves)
brisket peito (de animais)
broad bean fava
broth caldo
brown Betty espécie de pudim de maçã coberto de pão ralado
brunch pequeno almoço (Bras. café da manhã) abundante que substitui o almoço
Brussels sprout couve-de-bruxelas

bubble and squeak batatas e couve fritas como uma omeleta e misturadas, por vezes, com bocados de carne
bun 1) pãozinho de leite com frutas secas (GB) 2) pãozinho redondo (EUA)
butter manteiga
buttered barrado com manteiga
cabbage couve
Caesar salad salada de alface com alho, anchovas, crostões de pão e queijo ralado
cake bolo
cakes bolos, pastéis
calf vitela
Canadian bacon lombo de porco fumado cortado às fatias
cantaloupe variedade de melão
caper alcaparra
capercaillie, capercailzie galo (silvestre)
carp carpa
carrot cenoura
cashew castanha de caju
casserole espécie de guisado
catfish gata (peixe)
catsup ketchup
cauliflower couve-flor
celery aipo
cereal cornflakes
  hot ~ papas de aveia
check conta
Cheddar (cheese) queijo de gosto um pouco ácido, parecido com o queijo da ilha
cheese queijo
  ~ **board** tabuleiro de queijos variados
  ~ **cake** tarte de requeijão
cheeseburger sanduíche de bife picado com uma fatia de queijo
chef's salad salada mista de pre-

sunto, frango, ovos cozidos, tomates, alface e queijo
cherry cereja
chestnut castanha
chicken frango
chicory 1) endívia (GB) 2) escarola, chicória (EUA)
chili con carne carne de vaca picada com malaguetas e feijão encarnado
chili pepper piripiri, malagueta
chips 1) batatas fritas (GB) 2) batatas chips (EUA)
chitt(er)lings tripas de porco
chive cebolinho
choice 1) escolha 2) primeira qualidade
chop costeleta
~ **suey** prato chinês; tiras muito finas de carne ou de galinha e de legumes variados (feijão, soja, aipo, junça) cortados finos
chopped cortado aos bocados pequenos
chowder sopa creme de marisco
Christmas pudding pudim escuro com frutas cristalizadas e passas, por vezes flamejado com conhaque, e servido com creme de baunilha
chutney condimento indiano agridoce que acompanha os pratos à base de caril
cinnamon canela
clam amêijoa
club sandwich sanduíche americana composta de várias tostas intercaladas de frango, toucinho fumado, alface, tomate e maionese
cobbler espécie de tarte de frutas
cock-a-leekie soup sopa de frango e alho-porro

coconut coco
cod bacalhau fresco
Colchester oyster ostra inglesa muito apreciada
cold cuts/meat prato de carnes frias
coleslaw salada de couve
cooked cozido, cozinhado
cookie bolacha, biscoito
corn 1) trigo (GB) 2) milho (EUA)
~ **on the cob** espiga de milho, maçaroca
corned beef carne enlatada
cornflakes flocos de milho
Cornish pasty pastel recheado com bocados de batata e de carneiro
cottage cheese espécie de requeijão
cottage pie empadão de batata
course prato
cover charge preço do talher
crab caranguejo
cracker bolacha de água e sal
cranberry arando
~ **sauce** molho de arandos
crawfish, crayfish 1) lagostim-do-rio 2) lagostim
cream 1) natas (Bras. creme de leite) 2) sopa creme 3) creme (sobremesa)
~ **cheese** queijo fresco muito cremoso
~ **puff** espécie de farto recheado com chantilly
creamed potatoes batatas cozidas, cortadas aos quadrados e envolvidas em béchamel
creole prato muito condimentado, preparado com tomates, pimentos e cebolas e acompanhado de arroz à crioula
cress agrião

crisps batatas chips
crumpet espécie de pãozinho achatado geralmente torrado
cucumber pepino
Cumberland ham presunto muito apreciado
Cumberland sauce molho agri-doce composto de vinho, sumo de laranja, raspa de limão, condimentos e geleia de groselhas
cupcake queque
cured marinado, salgado e, por vezes, fumado
currant 1) passa de uva (GB) 2) groselha (EUA)
curried com caril
custard creme de baunilha
  ~ pie pastel de nata
cutlet 1) costeleta 2) posta de peixe 3) escalope (EUA)
dab solhão (peixe)
Danish pastry pastel folhado
date tâmara
Derby cheese queijo cremoso e picante de cor amarela pálida
dessert sobremesa
devil(l)ed com molho muito picante
devil's food cake bolo de choco-late
devils on horseback ameixas cozi-das em vinho tinto, recheadas de amêndoas e anchovas, en-volvidas em toucinho fumado e grelhadas
Devonshire cream natas (Bras. creme de leite) muito espessas
diced cortado aos quadradinhos
diet food comida dietética
dill endro, aneto
dinner jantar
dish prato
donut, doughnut bola de Berlim

double cream natas (Bras. creme de leite) muito espessas
Dover sole linguado de Dôver, muito apreciado
dressing 1) molho para a salada 2) recheio para aves
Dublin Bay prawn camarão grande
duck pato
duckling pato novo
dumpling bolinha de massa, por vezes recheada, cozida em água ou caldo
Dutch apple pie tarte de maçã polvilhada de açúcar mascava-do ou coberta de melaço
eel enguia, eiró
egg ovo
  boiled ~ semi-cozido (5 min.)
  fried ~ estrelado
  hard-boiled ~ cozido
  poached ~ escalfado (Bras. escaldado)
  scrambled ~ mexido
  soft-boiled ~ semi-cozido (3 min.) (Bras. ovo quente)
eggplant beringela
endive 1) escarola, chicória (GB) 2) endívia (EUA)
entrée 1) primeiro prato (GB) 2) prato principal (EUA)
fennel funcho
fig figo
fillet lombo de carne ou filete de peixe
finnan haddock arinca, pequeno bacalhau fumado
fish peixe
  ~ and chips filete de peixe com batatas fritas
  ~ cake croquete de peixe panada
  ~ finger palito de peixe panado
flan tarte

flapjack crepe (Bras. panqueca) espesso

flounder patruça

fool mousse de fruta com natas (Bras. creme de leite) batidas

forcemeat recheio, picado

fowl criação

frankfurter salsicha

French bean feijão verde (Bras. vagem)

French bread cacete (pão)

French dressing 1) molho de vinagre para a salada (GB) 2) molho de maionese com ketchup para a salada (EUA)

french fries batatas fritas

French toast rabanada, fatia dourada

fresh fresco

fried frito

fritter frito

frogs' legs pernas de rã

frosting glace, cobertura

fruit fruta

fry fritada

game caça

gammon carne de porco fumada

garfish peixe-agulha

garlic alho

garnish acompanhamento, guarnição

gherkin pickle, pequeno pepino conservado em vinagre

giblets miúdos

ginger gengibre

goose ganso

gooseberry groselha verde

grape uva
  ~**fruit** toranja

grated ralado

gravy molho de carne

grayling peixe do lago parecido com a truta

green bean feijão verde

(Bras. vagem)

green pepper piment(ã)o verde

greens legumes verdes, hortaliça

grilled grelhado

grilse salmão novo

grouse galinha-do-mato

gumbo 1) quiabo, gombo 2) prato crioula à base de quiabo com legumes, carne, peixe ou mariscos

haddock arinca, pequeno bacalhau geralmente salgado e fumado

haggis bucho de carneiro recheado de flocos de aveia

hake pescada

half meio, metade

halibut alabote (peixe)

ham fiambre (Bras. presunto)
  ~ **and eggs** com ovos estrelados

hare lebre

haricot bean feijão verde (Bras. vagem)

hash restos cortados aos bocadinhos e aquecidos (geralmente carne de vaca e batatas)

hazelnut avelã

heart coração

herbs ervas de cheiros

herring arenque

home-made caseiro

hominy grits milho pilado, cozido em água salgada

honey mel

honeydew melon melão muito doce, cujo interior é amarelo esverdeado

horse-radish rábano silvestre

hot 1) muito quente 2) muito condimentado, apimentado
  ~ **cross bun** pãozinho de leite com passas
  ~ **dog** cachorro (Bras. cachorro quente)

huckleberry uva-do-monte
(Bras. mirtilo)
hush puppy frito de farinha de
milho com cebolas picadas
ice-cream gelado (Bras. sorvete)
iced gelado, muito fresco
icing glace, cobertura
Idaho baked potato batata muito
apreciada cozida no forno
Irish stew guisado de carneiro
com cebolas e batatas
Italian dressing molho vinagrete
com alho para a salada
jam doce (Bras. geléia) de fruta
~ tart tartelete de doce de fruta
jellied em gelatina
Jell-O sobremesa de gelatina
jelly geleia de fruta
Jerusalem artichoke tupinambo
(Bras. topinamba)
John Dory peixe-galo, São Pedro
jugged hare lebrada
juniper berry baga de zimbro
junket requeijão com açúcar
kale espécie de couve frisada
kedgeree arroz de peixe com ovos
cozidos e manteiga
kidney rim
kipper arenque fumado
Lady Curzon soup sopa de tartaruga com natas (Bras. creme de
leite) e caril
lamb borrego
Lancashire hot-pot guisado de
costeletas, rins de carneiro,
batatas e cebolas
laver alga marinha comestível
lean magro, com pouca gordura
leek alho-porro, alho francês
leg perna
lemon limão
~ sole azevia, espécie de linguado
lentil lentilha

lettuce alface
lima bean 1) fava (EUA) 2) feijão
encarnado (GB)
lime lima, limão verde
liver fígado
lobster lavagante
loin lombo
Long Island duck pato de Long
Island, muito apreciado
low-calorie pobre em calorias
lox salmão fumado
lunch almoço
macaroon bolinho de claras, coco
ou amêndoas
mackerel sarda
maize milho seco
maple syrup xarope de ácer
marinated marinado
marjoram manjerona
marmelade marmelada de laran-
jas
marrow 1) tutano 2) variedade de
abóbora (GB)
~bone osso com tutano
marshmallow rebuçado de mal-
vaísco
marzipan massa de amêndoas,
maçapão
mashed potatoes puré de batata
mayonnaise maionese
meal refeição
meat carne
~ ball almôndega
~ loaf bolo de carne
medium (done) mal passado
melon melão
melted derretido
Melton Mowbray pie empadão de
carne
menu lista (Bras. cardápio)
meringue merengue
milk leite
mince picado
~-pie empada de frutas cristali-

zadas cortadas aos bocados com passas e condimentos

minced picado

~ **meat** carne picada

mint hortelã

mixed misto, variado

~ **grill** 1) espetada mista (EUA) 2) prato guarnecido geralmente de tomate, cogumelos, ovo estrelado, toucinho fumado e, por vezes, feijão branco e carne grelhada

molasses melaço

morel funcho, cogumelo muito apreciado

mulberry amora

mullet tainha

mulligatawny soup canja de galinha muito condimentada de origem indiana

mushroom cogumelo

muskmelon variedade de melão muito doce

mussel mexilhão

mustard mostarda (geralmente agridoce)

mutton carneiro

noodle nuilha, espécie de massa às tiras

nut noz

oatmeal papas de aveia

oil óleo

okra quiabo (Bras. gombo)

olive azeitona

omelet omelete

onion cebola

orange laranja

ox tongue língua de vaca

oxtail rabo de boi

oyster ostra

pancake crepe (Bras. panqueca)

paprika colorau

parsley salsa

parsnip pastinaga, cenoura

branca

partridge perdiz

pastry 1) massa 2) pastel, bolo

pasty pastel de carne ou de peixe

pâté espécie de pasta de fígado enformada, também feita com carnes diversas

pea ervilha

peach pêssego

peanut amendoim

~ **butter** manteiga de amendoim

pear pêra

pearl barley cevadinha

pepper pimenta

peppermint hortelã-pimenta

perch perca

persimmon dióspiro, caqui

pheasant faisão

pickerel lúcio pequeno

pickled conservado em vinagre, em salmoura

pie empada, empadão recheado de carne, legumes ou frutas

pig porco

pigs' feet/trotters chispe, pé de porco

pigeon pombo

pike lúcio

pineapple ananás (Bras. abacaxi)

plaice solha

plain ao natural, simples

plate prato

plum ameixa

~ **pudding** pudim escuro com frutas cristalizadas e passas, por vezes flamejado com conhaque, e servido com creme de baunilha

poached escalfado, cozido ligeiramente

popcorn pipoca

popover pãozinho de leite

pork porco

porridge papas (Bras. mingau) de aveia

porterhouse steak grande bife de lombo de vaca

potato batata

~ **chips** 1) batatas fritas (GB) 2) batatas chips (EU)

~ **in its jacket** cozida com a pele

potted shrimps camarões conservados em manteiga condimentada e servidos frios

poultry criação

prawn camarão

prune ameixa seca

ptarmigan perdiz da montanha

pudding pudim

pumpernickel pão de centeio integral

pumpkin abóbora

quail codorniz

quince marmelo

rabbit coelho

radish rabanete

rainbow trout truta arco-íris

raisin passa (de uva)

rare muito mal passado

raspberry framboesa

raw cru

red mullet salmonete

red (sweet) pepper pimentão vermelho

redcurrant groselha

relish pickles

rhubarb ruibarbo

rib (of beef) costeleta (de vaca)

rib-eye steak bife de lombo

rice arroz

river trout truta

roast assado

~ **beef** rosbife

Rock Cornish hen variedade de frango alimentado com grãos

roe ovas

roll pãozinho

rollmop herring filete de arenque marinado em vinho branco e enrolado à volta dum pepino de conserva

round steak bife do alto da perna de vaca

Rubens sandwich fatia de pão de centeio guarnecida com carne de vaca fumada e chucrute, temperada com molho para salada e alourada no forno

rumpsteak bife do alto da perna de vaca

rusk tosta

rye bread pão de centeio

saddle sela, lombo

saffron açafrão

sage salva

salad salada

~ **bar** saladas variadas à descrição

~ **cream** espécie de maionese adocicada

~ **dressing** molho para a salada

salmon salmão

~ **trout** truta-das-fontes

salt sal

salted salgado

sandwich sande (Bras. sanduíche)

sardine sardinha

sauce molho

sauerkraut chucrute, couve picada em salmoura

sausage enchido

sautéed salteado

scallop concha de vieira

scampi rabo de lagostim descascado

scone espécie de pãozinho

Scotch broth sopa de legumes com carne de carneiro ou de vaca

Scotch egg ovo cozido, enrolado em miolo de salsicha e frito

Scotch woodcock torrada com pasta de anchovas e ovos mexidos

sea bass robalo

sea bream goraz (peixe)

sea kale espécie de couve

seafood marisco

(in) season (da) época

seasoning condimento

service charge serviço

service (not) included serviço (não) incluído

set menu ementa fixa (Bras. menu) do dia

shad sável

shallot chalota

shellfish marisco de concha

sherbet sorvete (Bras. sorvete com água)

shortbread biscoito areado

shoulder pá

shredded cortado em tiras finas

~ **wheat** espécie de flocos de trigo

shrimp camarão

silverside (of beef) peça grande de carne de vaca

sirloin steak bife de lombo de vaca

skewer espetada

slice fatia

sliced cortado às fatias

sloppy Joe picado de vaca com um molho de tomate bem condimentado servido dentro dum pãozinho

smelt biqueirão (peixe)

smoked fumado

snack refeição ligeira

sole linguado

soup sopa

sour azedo

soused herring arenque de escabeche

spare rib entrecosto de porco

spice especiaria

spinach espinafre

spiny lobster lagosta

(on a) spit (no) espeto

sponge cake espécie de pão-de-ló

sprat espadilha

squash espécie de abóbora

starter entrada, primeiro prato

steak-and-kidney pie empadão de vaca recheado de carne de vaca e rins

steamed cozido ao vapor

stew guisado

Stilton (cheese) queijo inglês muito apreciado, branco com veios azuis

strawberry morango

string bean feijão verde (Bras. vagem)

stuffed recheado

stuffing recheio

suck(l)ing pig leitão

sugar açúcar

sugarless sem açúcar

sundae taça de gelado (Bras. sorvete) guarnecida

supper ceia

swede rutabaga

sweet 1) doce 2) sobremesa

~**-corn** milho tenro (Bras. milho doce)

~ **potato** batata doce

sweetbread moleja (de vitela ou de borrego)

Swiss cheese queijo adocicado com buracos

Swiss roll torta enrolada

Swiss steak carne de vaca estufada com legumes

T-bone steak grande bife de vaca com um osso ao meio

table d'hôte ementa (Bras. menu) do dia

tangerine tangerina

tarragon estragão

tenderloin lombo

Thousand Island dressing maionese com ketchup, pimentos, azeitonas e ovos cozidos

thyme tomilho

toad-in-the-hole pudim de massa de crepes (Bras. panquecas) com salsichas

toast torrada

toasted torrado
~ **cheese** tosta de queijo
~ **sandwich** tosta mista (Bras. misto quente)

tomato tomate

tongue língua

treacle melaço

trifle bolo de massa lêveda com doce de fruta, amêndoas raladas, demolhado em vinho e servido com chantilly e creme de baunilha

tripe tripas

trout truta

truffle trufa

tuna, tunny atum

turbot pregado

turkey perú

turnip nabo

turnover espécie de pastel de massa tenra geralmente recheado de puré de maçã doce

turtle soup sopa de tartaruga

underdone muito mal passado

vanilla baunilha

veal vitela
~ **bird** trouxa de vitela
~ **cutlet** escalope

vegetable legume
~ **marrow** abobrinha

venison caça

vichyssoise sopa fria de alhos-porros, batatas e natas (Bras. creme de leite)

vinegar vinagre

Virginia baked ham presunto (Bras. pernil) assado no forno com cravinhos, guarnecido de ananás (Bras. abacaxi) e cerejas e regado com o sumo (Bras. suco) das frutas

vol-au-vent vol-au-vent, pequena forma de massa folhada, recheada com um creme de carne, molejas e cogumelos

wafer espécie de bolacha de baunilha

waffle panqueca de máquina

walnut noz

water ice sorvete, gelado feito com água (Bras. sorvete de água)

watercress agrião

watermelon melancia

well-done bem passado

Welsh rabbit/rarebit tosta de queijo

whelk búzio

whipped cream chantilly

whitebait espadilha

Wiener Schnitzel escalope

wine list lista dos vinhos

woodcock galinhola

Worcestershire sauce molho inglês, condimento líquido picante à base de soja, alho e vinagre

yoghurt iogurte

York ham presunto de York

Yorkshire pudding pudim de massa de crepes (Bras. panquecas) cozido no forno sob uma peça de rosbife

zucchini abobrinha

zwieback tosta

Bebidas

ale cerveja levemente adocicada e fermentada a uma elevada temperatura
    bitter ~ cerveja a copo, bastante amarga e pesada
    brown ~ cerveja preta de garrafa, ligeiramente adocicada
    light ~ cerveja branca de garrafa
    mild ~ cerveja preta a copo, de gosto acentuado
    pale ~ cerveja branca de garrafa
angostura amargo de angustura, essência aromática amarga que se adiciona aos cocktails
applejack aguardente de maçã
Athol Brose bebida escocesa composta de whisky, mel, água e, por vezes, flocos de aveia
Bacardi cocktail cocktail à base de rum, gin, xarope de romã e sumo (Bras. suco) de limão verde
barley water refresco aromatizado à base de cevada
barley wine cerveja preta de garrafa, muito alcoólica
beer cerveja
    bottled ~ de garrafa
    draft/draught ~ a copo, imperial
bitters aperitivos e digestivos, feitos à base de raízes, cascas de frutas ou ervas aromáticas
black velvet champanhe misturado com *stout* (bebida que acompanha normalmente as ostras)
bloody Mary vodka com sumo

(Bras. suco) de tomate e condimentos
bottle garrafa
bourbon whisky americano à base de milho
brandy 1) nome que designa todas as aguardentes de vinho ou de frutas 2) conhaque
    ~ **Alexander** mistura de conhaque, creme de cacau e natas (Bras. creme de leite)
British wines vinhos «ingleses», feitos de uvas ou de sumo (bras. suco) de uvas importados
champagne champanhe
cherry brandy licor de cereja
cider sidra
claret vinho tinto de Bordéus
cobbler *long drink* à base de sumo (Bras. suco) de frutas misturado com vinho ou licor servido muito gelado
cocoa cacau
coffee café
    ~ **with cream** com natas magras (Bras. creme de leite)
    black ~ simples
    caffeine-free ~ sem cafeína
    iced ~ café gelado servido em copo, geralmente com chantilly
    white ~ com leite
coke coca-cola
cordial 1) licor 2) espécie de xarope
cream 1) natas (Bras. creme de leite) 2) licor espresso
cup 1) chávena 2) refresco à base de vinho, água gaseificada,

aguardente e frutas variadas
servido com uma concha
daiquiri cocktail de rum, sumo
(Bras. suco) de lima e de ananás (Bras. abacaxi)
double dose dupla
Drambuie licor de whisky com
mel
dry seco
~ **martini** 1) vermute seco (GB)
2) cocktail de gin com vermute
seco (EUA)
medium ~ meio-seco
egg flip/nog gemada de bar
fizzy gazeificado
gill medida utilizada para servir
as aguardentes (0,142 litro na
GB e 0,118 litro nos EUA)
gin and it cocktail de gin
gin-fizz gin com sumo (Bras.
suco) de limão, açúcar e soda
ginger beer limonada de gengibre, ligeiramente alcoólica
grasshopper mistura de creme de
hortelã-pimenta, de creme de
cacau e de natas (Bras. creme
de leite)
Guinness (stout) cerveja preta
ligeiramente adocicada, de
gosto acentuado, contendo
grande quantidade de malte e
de lúpulo
half pint medida que corresponde
aproximadamente a 3 deci-
litros
highball aguardente ou whisky a
que se junta uma boa quantidade de gasosa
iced gelado, muito frio
Irish coffee café com açúcar e
whisky irlandês, coberto de
chantilly
Irish Mist licor irlandês de whisky
com mel

Irish whiskey whisky irlandês
feito quase exclusivamente de
cevada e menos amargo que o
escocês
juice sumo (Bras. suco)
lager cerveja branca e leve,
servida muito fresca
lemonade limonada
lime juice amargo de lima
(Bras. suco de limão verde)
liqueur licor
liquor bebida espirituosa
long drink aguardente ou whisky
a que se junta uma boa quantidade de gasosa
Manhattan cocktail de whisky de
milho e vermute com amargo
de angustura
mead hidromel
milk leite
~ **shake** batido
mineral water água mineral
mulled wine vinho quente com
especiarias
neat puro, simples
old-fashioned cocktail de whisky
e marrasquino com cerejas e
amargo de angustura
on the rocks com gelo
Ovaltine Ovomaltine
Pimm's cup(s) bebida alcoólica
misturada com sumo
(Bras. suco) de frutas ou
soda
~ **No. 1** à base de gin
~ **No. 2** à base de whisky
~ **No. 3** à base de rum
~ **No. 4** à base de aguardente
pink champagne champanhe rosé
pink lady mistura de claras com
aguardente de sidra, sumo
(Bras. suco) de limão, xarope
de romã e gin
pint medida que corresponde

aproximadamente a 6 deci-
litros
port (wine) vinho do Porto
porter cerveja preta e amarga
quart medida que corresponde a
1,14 litro (EUA 0,95 litro)
red tinto
root beer refresco doce gaseifica-
do, com essências aromáticas
rye (whiskey) whisky de centeio,
mais pesado e mais áspero que
o *bourbon*
screwdriver mistura de vodka e
sumo (Bras. suco) de laranja
shandy *bitter ale* misturada com
limonada ou *ginger beer*
sherry xerez
short drink expressão que designa
uma bebida espirituosa pura
shot dose de licor ou de espirituoso
sloe gin-fizz licor de ameixas sil-
vestres com soda e sumo

(Bras. suco) de limão
soft drink bedina não alcoólica,
refresco
spirits bebidas espirituosas
stinger conhaque com creme de
hortelã
stout cerveja preta, muito alcoólica
straight puro, simples
sweet doce
tea chá
toddy grogue
Tom Collins mistura de gin com
sumo (Bras. suco) de limão,
açúcar e água gaseificada
water água
    tonic ~ água tónica
whisky sour whisky com sumo
(Bras. suco) de limão, açúcar e
soda
white branco
wine vinho
    sparkling ~ espumante

Mini-gramática

O artigo

O artigo indefinido tem duas formas: *a* emprega-se antes de uma consoante, *an* antes de vogal ou "h" mudo.

a coat	um sobretudo
an umbrella	um guarda-chuva
an hour	uma hora

O artigo definido tem uma só forma: *the.*

the room, the rooms	o quarto, os quartos

Some indica uma quantidade ou número indefinido.

I'd like some coffee, please.	Queria café, por favor.
Please bring me some cigarettes.	Traga-me cigarros, por favor.

Any emprega-se nas frases negativas e em vários tipos de interrogativas.

There isn't any soap.	Não há sabão.
Do you have any stamps?	Tem selos?
Is there any mail for me?	Há correspondência para mim?

O substantivo

O plural da maioria dos substantivos forma-se acrescentando *-s* ou *-es* ao singular.

cup — cups	xícara — xícaras
dress — dresses	vestido — vestidos

Nota: Se o substantivo terminar em *-y* precedido de consoante, o plural faz-se em *-ies;* se o "y" for precedido de vogal, junta-se apenas um *-s.*

lady — ladies	senhora — senhoras
key — keys	chave — chaves

Alguns plurais irregulares:

man — men	homen — homens
woman — women	mulher — mulheres
child — children	criança — crianças
foot — feet	pé — pés
tooth — teeth	dente — dentes

Determinativo de posse (genitivo)

1. Quando o possuidor é uma pessoa e o substantivo não termina em *-s,* junta-se *'s.*

the boy's room	o quarto do rapaz
Anne's dress	o vestido de Ana
the children's clothes	as roupas das crianças

Se o substantivo acaba em *-s,* acrescenta-se apenas o apóstrofo (').

the boys' rooms	os quartos dos rapazes

2. Quando o possuidor não é uma pessoa: empregar a preposição *of*.

the key of the door — a chave da porta

This/That (este/aquele). *This* (plural *these*) refere-se a uma coisa próxima (no espaço e no tempo). *That* (plural *those*) refere-se a uma coisa mais afastada.

Is this seat taken? — Este lugar está ocupado?
That's my seat. — Aquele é o meu lugar.
Those are not my suitcases. — Aquelas não são as minhas malas.

O adjetivo

Os adjetivos colocam-se normalmente antes do substantivo.

a large brown suitcase — uma grande mala marrom

Comparativo e superlativo

Há duas maneiras de formar o comparativo e o superlativo dos adjetivos:

1. Os adjetivos de uma sílaba e muitos de duas sílabas acrescentam: *-r* ou *-er* para o comparativo, *-st* ou *-est* para o superlativo.

small — smaller — smallest
pequeno — menor — o menor
busy — busier — busiest*
ocupado — mais ocupado — o mais ocupado

2. Os adjetivos de três ou mais sílabas e alguns de duas sílabas (por ex. os que terminam em *-ful* ou em *-less*) formam o comparativo e o superlativo antepondo respectivamente *more* e *most*.

expensive (caro) — more expensive — most expensive
careful (prudente) — more careful — most careful

Atenção às seguintes formas irregulares:

good (bom)	better	best
bad (mau)	worse	worst
little (pequeno)	less	least
much (muito) } many (muitos) }	more	most

O pronome

	Sujeito	Complemento	Possessivo 1	2
Singular				
1ª pessoa	I	me	my	mine
2ª pessoa	you	you	your	yours
3ª pessoa (m)	he	him	his	his
(f)	she	her	her	hers
(n)	it	it	its	—

*O *y* muda em *i* quando precedido de uma consoante.

	Sujeito	Complemento	Possessivo 1	2
Plural				
1ª pessoa	**we**	**us**	**our**	**ours**
2ª pessoa	**you**	**you**	**your**	**yours**
3ª pessoa	**they**	**them**	**their**	**theirs**

Nota: Em inglês não se emprega o tratamento: "tu". Existe, pois, uma única forma, *you*, significando "tu" ou "vós, você, vocês". O pronome complemento, tanto se emprega para o complemento indireto como depois de preposições:

Give it to me.	Me dá isto.
He came with us.	Ele veio conosco.

A forma um do possessivo corresponde ao adjetivo determinativo possessivo; a forma dois ao pronome.

Where is my key?	Onde está a minha chave?
That's not mine.	Não é a minha.

Advérbios

Muitos advérbios formam-se juntando *-ly* ao adjetivo.

easy — easily	fácil — facilmente
slow — slowly	lento — lentamente

Note, no entanto:

good — well	bom — bem
fast — fast	rápido — rapidamente

Verbos auxiliares

Os verbos auxiliares são muito importantes. Deve-se, por isso, aprender o presente do indicativo dos três seguintes:

a. **to be** (ser)

Afirmativa	Contração	Negativa — Contrações	
I am	I'm		I'm not
you are	you're	you're not	you aren't
he is	he's	he's not	he isn't
she is	she's	she's not	she isn't
it is	it's	it's not	it isn't
we are	we're	we're not	we aren't
they are	they're	they're not	they aren't

Interrogação: **Am I? — Is he?** etc.

Nota: Na linguagem quotidiana, as formas contractas são mais usadas.

O inglês tem duas formas para traduzir "há" (verbo haver) impessoal: *there is (there's)*, seguido de um substantivo no singular; *there are*, seguido de um substantivo no plural.

Negação: **There isn't — There aren't**
Interrogação: **Is there? — Are there?**

b. **to have** (ter)

	Contração		Contração
I have	I've	it has	it's
you have	you've	we have	we've
he/she has	he's/she's	they have	they've

Negação: **I have not (haven't)**
Interrogação: **Have you? — Has he?**

c. **to do** (fazer)

I do, you do, he/she/it does, we do, they do

Negação: **I do not (I don't) — He does not (doesn't)**
Interrogação: **Do you? — Does he?**

Os auxiliares obedecem todos ao mesmo modelo:

1. a forma negativa obtém-se acrescentando *not*;
2. as perguntas fazem-se por inversão do sujeito.

Outros verbos

Presente do indicativo: a mesma forma que o infinitivo, em todas as pessoas, excepto na 3ª do singular. Esta forma-se juntando *s* ou *-es* ao infinitivo.

	(to) speak falar	(to) come vir	(to) go ir
I	speak	come	go
you	speak	come	go
he/she	speaks	comes	goes
we	speak	come	go
they	speak	come	go

A negação faz-se com o auxiliar DO/DOES + NOT + INFINITIVO.

We do not (don't) like this hotel.   Não gostamos deste hotel.

Interrogação

Faz-se também com o auxiliar DO + SUJEITO + INFINITIVO.

Do you like her?   Gosta dela?

Presente contínuo

Este tempo forma-se com o verbo *to be* + o particípio presente do verbo conjugado.
O particípio presente forma-se acrescentando *-ing* ao infinitivo (caindo o *-e* final,
se o verbo assim terminar). O presente contínuo emprega-se apenas com certos verbos,
visto indicar uma ação ou estado que tem lugar no momento em que se fala. Em português corresponde à forma do presente contínuo.

Sendo *to be* um verbo auxiliar, a negação faz-se simplesmente por meio de *not* e a
interrogação por inversão do sujeito.

What are you doing?	Que está fazendo?
I'm writing a letter.	Estou escrevendo uma carta.

Imperativo

O imperativo (singular e plural) tem a mesma forma que o infinitivo (sem *to*). A negação faz-se com *don't*.

Please bring me some water.	Traga-me água, por favor.
Don't be late.	Não chegue tarde.

Verbos irregulares

Segue-se a lista dos verbos irregulares ingleses. Os verbos compostos ou com pre-fixo conjugam-se como os verbos principais. Por exemplo: *withdraw* conjuga-se como *draw* e *mistake* como *take*.

Infinitivo	Imperfeito	Particípio passado	
arise	arose	arisen	*surgir*
awake	awoke	awoken/awaked	*despertar*
be	was	been	*ser, estar*
bear	bore	borne	*trazer; suportar*
beat	beat	beaten	*bater*
become	became	become	*tornar-se*
begin	began	begun	*começar*
bend	bent	bent	*curvar*
bet	bet	bet	*apostar*
bid	bade/bid	bidden/bid	*fazer um lanço; ordenar*
bind	bound	bound	*ligar*
bite	bit	bitten	*morder*
bleed	bled	bled	*sangrar*
blow	blew	blown	*soprar*
break	broke	broken	*quebrar*
breed	bred	bred	*criar*
bring	brought	brought	*trazer*
build	built	built	*construir*
burn	burnt/burned	burnt/burned	*queimar*
burst	burst	burst	*rebentar*
buy	bought	bought	*comprar*
can*	could	–	*poder*
cast	cast	cast	*lançar; fundir*
catch	caught	caught	*apanhar*
choose	chose	chosen	*escolher*
cling	clung	clung	*agarrar-se*
clothe	clothed/clad	clothed/clad	*vestir*
come	came	come	*vir*
cost	cost	cost	*custar*
creep	crept	crept	*arrastar-se*
cut	cut	cut	*cortar*
deal	dealt	dealt	*tratar; distribuir*
dig	dug	dug	*cavar*
do (he does*)	did	done	*fazer*
draw	drew	drawn	*puxar; desenhar*
dream	dreamt/dreamed	dreamt/dreamed	*sonhar*
drink	drank	drunk	*beber*
drive	drove	driven	*conduzir*
dwell	dwelt	dwelt	*morar*
eat	ate	eaten	*comer*
fall	fell	fallen	*cair*

* presente do indicativo

feed	fed	fed	*alimentar*
feel	felt	felt	*sentir*
fight	fought	fought	*lutar*
find	found	found	*achar, encontrar*
flee	fled	fled	*fugir*
fling	flung	flung	*arremessar*
fly	flew	flown	*voar*
forsake	forsook	forsaken	*abandonar*
freeze	froze	frozen	*gelar*
get	got	got	*obter*
give	gave	given	*dar*
go (he goes*)	went	gone	*ir*
grind	ground	ground	*moer*
grow	grew	grown	*crescer*
hang	hung	hung	*pendurar*
have (he has*)	had	had	*ter*
hear	heard	heard	*ouvir*
hew	hewed	hewed/hewn	*talhar*
hide	hid	hidden	*esconder*
hit	hit	hit	*dar (uma) pancada*
hold	held	held	*segurar*
hurt	hurt	hurt	*ferir; doer*
keep	kept	kept	*guardar*
kneel	knelt	knelt	*ajoelhar-se*
knit	knitted/knit	knitted/knit	*tricotar*
know	knew	known	*saber, conhecer*
lay	laid	laid	*deitar*
lead	led	led	*dirigir; levar*
lean	leant/leaned	leant/leaned	*apoiar-se*
leap	leapt/leaped	leapt/leaped	*saltar*
learn	learnt/learned	learnt/learned	*aprender*
leave	left	left	*partir; deixar*
lend	lent	lent	*emprestar*
let	let	let	*deixar (licença); alugar*
lie	lay	lain	*estar deitado*
light	lit/lighted	lit/lighted	*acender*
lose	lost	lost	*perder*
make	made	made	*fazer*
may*	might	–	*poder*
mean	meant	meant	*significar*
meet	met	met	*encontrar (pessoas)*
mow	mowed	mowed/mown	*ceifar*
must*	must	–	*ter de*
ought* (to)	ought	–	*dever*
pay	paid	paid	*pagar*
put	put	put	*pôr*
read	read	read	*ler*
rid	rid	rid	*desembaraçar*
ride	rode	ridden	*montar, andar*

* presente do indicativo

ring	rang	rung	tocar (campainha)
rise	rose	risen	subir, levantar-se
run	ran	run	correr
saw	sawed	sawn	serrar
say	said	said	dizer
see	saw	seen	ver
seek	sought	sought	procurar
sell	sold	sold	vender
send	sent	sent	enviar, mandar
set	set	set	pôr; fixar
sew	sewed	sewed/sewn	coser
shake	shook	shaken	sacudir
shall*	should	–	dever
shed	shed	shed	despojar-se; derramar
shine	shone	shone	brilhar
shoot	shot	shot	disparar
show	showed	shown	mostrar
shrink	shrank	shrunk	encolher
shut	shut	shut	fechar
sing	sang	sung	cantar
sink	sank	sunk	afundar(-se)
sit	sat	sat	sentar(-se)
sleep	slept	slept	dormir
slide	slid	slid	escorregar
sling	slung	slung	arrojar
slink	slunk	slunk	esquivar-se
slit	slit	slit	fender
smell	smelled/smelt	smelled/smelt	cheirar
sow	sowed	sown/sowed	semear
speak	spoke	spoken	falar
speed	sped/speeded	sped/speeded	acelerar
spell	spelt/spelled	spelt/spelled	soletrar
spend	spent	spent	gastar; passar
spill	spilt/spilled	spilt/spilled	derramar, entornar
spin	spun	spun	fiar; girar
spit	spat	spat	cuspir
split	split	split	rachar(-se); dividir
spoil	spoilt/spoiled	spoilt/spoiled	estragar
spread	spread	spread	espalhar
spring	sprang	sprung	pular; brotar
stand	stood	stood	estar de pé
steal	stole	stolen	roubar
stick	stuck	stuck	colar
sting	stung	stung	picar
stink	stank/stunk	stunk	cheirar mal, feder
strew	strewed	strewed/strewn	espargir
stride	strode	stridden	andar a passos largos
strike	struck	struck/stricken	golpear; fazer greve
string	strung	strung	esticar cordas

* presente do indicativo

strive	strove	striven	*esforçar-se*
swear	swore	sworn	*jurar*
sweep	swept	swept	*varrer*
swell	swelled	swollen/swelled	*inchar*
swim	swam	swum	*nadar*
swing	swung	swung	*balouçar-se*
take	took	taken	*tomar, pegar*
teach	taught	taught	*ensinar*
tear	tore	torn	*rasgar*
tell	told	told	*contar, dizer*
think	thought	thought	*pensar*
throw	threw	thrown	*atirar*
thrust	thrust	thrust	*empurrar*
tread	trod	trodden	*pisar*
wake	woke/waked	woken/waked	*acordar*
wear	wore	worn	*trazer ou levar (vestido); gastar com o uso*
weave	wove	woven	*tecer*
weep	wept	wept	*chorar*
will *	would	—	*querer*
win	won	won	*ganhar*
wind	wound	wound	*enroscar*
wring	wrung	wrung	*torcer*
write	wrote	written	*escrever*

---

* presente do indicativo

Abreviaturas inglesas

AA	*Automobile Association*	Automóvel Clube da Grã--Bretanha
AAA	*American Automobile Association*	Automóvel Clube dos Estados Unidos
ABC	*American Broadcasting Company*	Companhia particular americana de Rádio e Televisão
A.D.	*anno Domini*	depois de Cristo
Am.	*America; American*	América; americano
a.m.	*ante meridiem (before noon)*	antes do meio-dia (da meia-noite ao meio-dia)
Amtrak	*American railroad corporation*	Companhia particular americana dos Caminhos-de-Ferro
AT & T	*American Telephone and Telegraph Company*	Companhia particular americana de Telefones e Telégrafos
Ave.	*avenue*	avenida
BBC	*British Broadcasting Corporation*	Companhia nacional britânica de Rádio e Televisão
B.C.	*before Christ*	antes de Cristo
bldg.	*building*	prédio, edifício
Blvd.	*boulevard*	alameda
B.R.	*British Rail*	Caminhos-de-Ferro Britânicos
Brit.	*Britain; British*	Grã-Bretanha; britânico
Bros.	*brothers*	irmãos
¢	*cent*	centésima parte do dólar
Can.	*Canada; Canadian*	Canadá; canadiano
CBS	*Columbia Broadcasting System*	Companhia particular americana de Rádio e Televisão
CID	*Criminal Investigation Department*	polícia judiciária britânica
CNR	*Canadian National Railways*	Caminhos-de-Ferro Canadianos
c/o	*(in) care of*	ao cuidado de
Co.	*company*	companhia
Corp.	*corporation*	tipo de sociedade americana
CPR	*Canadian Pacific Railways*	Companhia particular canadiana de Caminhos-de-Ferro
D.C.	*District of Columbia*	Distrito de Colúmbia (Washington, D.C.)
DDS	*Doctor of Dental Science*	dentista
dept.	*department*	repartição; ministério

EEC	*European Economic Community*	CEE (Comunidade Económica Europeia), Mercado Commun
e.g.	*for instance*	por exemplo
Eng.	*England; English*	Inglaterra; inglês
excl.	*excluding; exclusive*	não incluído, exclusive
ft.	*foot/feet*	pé/pés (30,48 cm)
GB	*Great Britain*	Grã-Bretanha
H.E.	*His/Her Excellency; His Eminence*	Sua Excelência; Sua Eminência
H.H.	*His Holiness*	Sua Santidade
H.M.	*His/Her Majesty*	Sua Majestade
H.M.S.	*Her Majesty's ship*	navio da marinha real britânica
hp	*horsepower*	cavalos-vapor
Hwy	*highway*	estrada nacional americana
i.e.	*that is to say*	isto é
in.	*inch*	polegada (2,54 cm)
Inc.	*incorporated*	Sociedade Anónima
incl.	*including, inclusive*	incluído, inclusive
£	*pound sterling*	libra esterlina
L.A.	*Los Angeles*	Los Angeles
Ltd.	*limited*	LDA, (companhia) limitada
M.D.	*Doctor of Medicine*	médico
M.P.	*Member of Parliament*	membro do Parlamento britânico
mph	*miles per hour*	milhas à hora
Mr.	*Mister*	Senhor
Mrs.	*Missis*	Senhora
Ms.	*Missis/Miss*	Senhora/Menina, Senhorita
nat.	*national*	nacional
NBC	*National Broadcasting Company*	companhia particular americana de Rádio e Televisão
No.	*number*	número
N.Y.C.	*New York City*	cidade de Nova Iorque
O.B.E.	*Officer (of the Order) of the British Empire*	Oficial (da Ordem) do Império Britânico
p.	*page; pence*	página; centésima parte da libra esterlina
p.a.	*per annum*	por ano, anual
Ph.D.	*Doctor of Philosophy*	doutorado em filosofia
p.m.	*post meridiem (after noon)*	depois do meio-dia (do meio-dia à meia-noite)
PO	*Post Office*	estação dos correios

POO	*post office order*	vale postal
P.T.O.	*please turn over*	volte, se faz favor
RAC	*Royal Automobile Club*	Automóvel Clube Real da Grã-Bretanha
RCMP	*Royal Canadian Mounted Police*	Polícia Real Montada Canadiana
Rd.	*road*	estrada, rua
ref.	*reference*	veja, confira
Rev.	*reverend*	pastor da Igreja anglicana
RR	*railroad*	caminho-de-ferro
RSVP	*please reply*	responda, se faz favor
$	*dollar*	dólar
Soc.	*society*	sociedade
St.	*saint ; street*	são, santo; rua
STD	*Subscriber Trunk Dialling*	telefone automático
UN	*United Nations*	Nações Unidas
UPS	*United Parcel Service*	Companhia particular de expedição de encomendas (Bras. pacotes)
US	*United States*	Estados Unidos
USS	*United States Ship*	navio da marinha de guerra americana
VAT	*value added tax*	Imposto de Transacção
VIP	*very important person*	personalidade que goza de privilégios particulares
Xmas	*Christmas*	Natal
yd.	*yard*	jarda (91,44 cm)
YMCA	*Young Men's Christian Association*	Associação Cristã de Rapazes
YWCA	*Young Women's Christian Association*	Associação Cristã de Raparigas
ZIP	*Zip code*	código postal

Numerais

Numerais cardinais

0	zero
1	one
2	two
3	three
4	four
5	five
6	six
7	seven
8	eight
9	nine
10	ten
11	eleven
12	twelve
13	thirteen
14	fourteen
15	fifteen
16	sixteen
17	seventeen
18	eighteen
19	nineteen
20	twenty
21	twenty-one
22	twenty-two
23	twenty-three
24	twenty-four
25	twenty-five
30	thirty
40	forty
50	fifty
60	sixty
70	seventy
80	eighty
90	ninety
100	a/one hundred
230	two hundred and thirty
1,000	a/one thousand
10,000	ten thousand
100,000	a/one hundred thousand
1,000,000	a/one million

Numerais ordinais

1st	first
2nd	second
3rd	third
4th	fourth
5th	fifth
6th	sixth
7th	seventh
8th	eighth
9th	ninth
10th	tenth
11th	eleventh
12th	twelfth
13th	thirteenth
14th	fourteenth
15th	fifteenth
16th	sixteenth
17th	seventeenth
18th	eighteenth
19th	nineteenth
20th	twentieth
21st	twenty-first
22nd	twenty-second
23rd	twenty-third
24th	twenty-fourth
25th	twenty-fifth
26th	twenty-sixth
27th	twenty-seventh
28th	twenty-eighth
29th	twenty-ninth
30th	thirtieth
40th	fortieth
50th	fiftieth
60th	sixtieth
70th	seventieth
80th	eightieth
90th	ninetieth
100th	hundredth
230th	two hundred and thirtieth
1,000th	thousandth

As horas

Os Britânicos e os Americanos usam o sistema das doze horas. A expressão «a.m.» (ante meridiem) designa as horas que precedem o meio-dia, «p.m.» (post meridiem) as da tarde e da noite (até à meia-noite). Contudo, na Grã-Bretanha, os horários são progressivamente redigidos segundo o modelo continental.

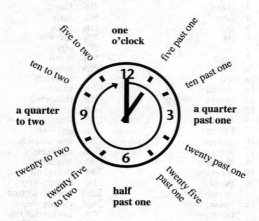

I'll come at seven a.m.	Venho às 7 da manhã.
I'll come at one p.m.	Venho à 1 da tarde.
I'll come at eight p.m.	Venho às 8 da noite.

Os dias da semana

Sunday	domingo	*Thursday*	quinta-feira
Monday	segunda-feira	*Friday*	sexta-feira
Tuesday	terça-feira	*Saturday*	sábado
Wednesday	quarta-feira		

Notes

Notes

Notes

Notes

Notas